Cihat Börklüce

Big-Data-Missbrauch und Vertragsschluss

Schriften zum Europäischen und Internationalen Privat-, Bank- und Wirtschaftsrecht

EIW Band 68

Cihat Börklüce

Big-Data-Missbrauch und Vertragsschluss

Ein deutsch-türkischer Rechtsvergleich auf der Grundlage des Europäischen Rechts

DE GRUYTER

Dr. iur. **Cihat Börklüce**, Berlin.
Dissertation Humboldt-Universität zu Berlin 2025

ISBN 978-3-11-914948-8
e-ISBN (PDF) 978-3-11-165368-6
e-ISBN (EPUB) 978-3-11-165430-0

Library of Congress Control Number: 2024948501

Bibliografische Information der Deutschen Nationalbibliothek
Die Deutsche Nationalbibliothek verzeichnet diese Publikation in der Deutschen Nationalbibliografie; detaillierte bibliografische Daten sind im Internet über http://dnb.dnb.de abrufbar.

Satz: jürgen ullrich typosatz, Nördlingen
Druck: CPI books GmbH, Leck

www.degruyter.com
Fragen zur allgemeinen Produktsicherheit:
productsafety@degruyterbrill.com

FSC www.fsc.org
MIX
Papier | Fördert gute Waldnutzung
FSC® C083411

Meinen Eltern Adil und Meral Börklüce

Danksagung

An dieser Stelle möchte ich all denjenigen danken, die mich während meines gesamten Promotionsstudiums unterstützt haben. Ich bin überaus glücklich, so viele besondere Menschen an meiner Seite zu haben.

Mein tiefster Dank gilt Prof. Dr. Dr. Stefan Grundmann, LL.M., meinem Betreuer, für sein herausragendes Fachwissen, seine unermüdliche Bereitschaft, jederzeit Hilfe anzubieten, und seine persönliche Unterstützung in schwierigen Zeiten. Er ist ein hervorragendes Vorbild für das, was ich als Akademiker anstrebe. Seine Denk- und Herangehensweise wird meine zukünftigen Arbeiten nachhaltig prägen und verfeinern.

Ebenso möchte ich Prof. Dr. Christoph G. Paulus, LL.M., meinen zweiten Gutachter, würdigen. Er war nicht nur der Betreuer meiner Masterarbeit, sondern hat mich auch in Kontakt mit Prof. Grundmann gebracht, wodurch mein Promotionsvorhaben erst möglich wurde. Trotz seines vollen Terminkalenders hielt er stets den persönlichen Kontakt zu mir aufrecht und übernahm das zweite Gutachten für meine Dissertation. Ohne seine Unterstützung wäre diese Arbeit nicht realisierbar gewesen.

Mein Dank gilt auch Herrn Prof. Dr. Axel Metzger, LL.M., für seine wertvolle Unterstützung bei meiner Arbeit. Er war nicht nur mein Lehrer für Patentrecht und juristische Methodenlehre, sondern auch der Vorsitzende meiner Disputation. Ohne seine Vorlesungen über Methodenlehre wäre diese Arbeit von deutlich geringerer Qualität.

Ein weiterer Dank gebührt Prof. Dr. Philipp Hacker, LL.M., der mich bei der Wahl des Themas meiner Dissertation inspirierte. Seine Freundlichkeit und Hilfsbereitschaft waren während des gesamten Arbeitsprozesses von unschätzbarem Wert.

Besonderer Dank gebührt auch meinem Betreuer in der Türkei, Prof. Dr. Mesut Serdar Çekin. Seine Begeisterung und sein Engagement seit Beginn meiner Arbeit waren für mich stets eine große Motivation. Ich freue mich schon darauf, in Zukunft mit ihm gemeinsam den Lehrstuhl zu teilen.

Meine lieben Freunde, Kollegen und Promotionskandidaten Ömer Salha, LL.M., Muhammet Alkame Günay, LL.M., Hüseyin Talha Tuncel, LL.M., Fatih Özdede, LL.M., und Mehmet Ali Akgün, LL.M., verdienen ebenfalls meinen aufrichtigen Dank. Sie fungierten als inoffizielle Korrekturleser für Teile dieser Dissertation und sind zudem zu meiner Familie in Deutschland geworden.

Ein Dank geht auch an das Bildungsministerium der Türkei, das die Kosten meines Auslandsstudiums übernommen hat, welche ich aus eigenen Mitteln nicht hätte tragen können. An dieser Stelle möchte ich besonders Frau Hülya Kunig erwähnen, die nun im wohlverdienten Ruhestand ist. Sie war immer bereit, Tag und Nacht zu helfen und sich zu kümmern.

https://doi.org/10.1515/9783111653686-203

Zu guter Letzt möchte ich meinen lieben Eltern, Adil und Meral Börklüce, meinen tiefen Dank aussprechen für ihre lebenslange Liebe und uneingeschränkte Unterstützung. Ihnen widme ich diese Arbeit.

Berlin, Juli 2024
Cihat Börklüce

Inhaltsverzeichnis

Abkürzungsverzeichnis

ACM	Association for Computer Machinery
ACM-SIGIR	Association for Computer Machinery – Special Interest Group on Information Retrieval
AcP	Archiv für die civilistische Praxis
AEUV	Vertrag über die Arbeitsweise der Europäischen Union
a. F.	alte Fassung
AGB	Allgemeinen Geschäftsbedingungen
AJoL	Athens Journal of Law
AJP	Aktuelle Juristische Praxis (die Schweiz)
a. M.	andere Meinung
ApBetrO	Verordnung über den Betrieb von Apotheken (Apothekenbetriebsordnung)
Ausf.	ausführlich
B2B	Business to Business
B2C	Business to Consumer
BDSG	Bundesdatenschutzgesetz
BGB	Bürgerliches Gesetzbuch
BtMG	Gesetz über den Verkehr mit Betäubungsmitteln (Betäubungsmittelgesetz)
bzw.	beziehungsweise
C2C	Consumer to Consumer
c.i.c.	culpa in contrahendo
CLR	Columbia Law Review
CMLR	Common Market Law Review
COPPA	Children's Online Privacy Protection Act (USA)
CPC	Consumer Protection Cooperation
DEÜHFD	Dokuz Eylül Üniversitesi Hukuk Fakültesi Dergisi
d. h.	das heißt
DLR	Denver Law Review
DMA	Digital Markets Act (Gesetz über digitale Märkte)
DOJ	Department of Justice (USA)
DSA	Digital Services Act (Das Gesetz über digitale Dienste)
DSGVO	Datenschutz-Grundverordnung
EEG	Erneuerbare-Energien-Gesetz
EGBGB	Einführungsgesetz zum Bürgerlichen Gesetzbuche
Einf.	Einführung
EJCL	European Journal of Consumer Law
EnWG	Gesetz über die Elektrizitäts- und Gasversorgung (Energiewirtschaftsgesetz)
ERCL	European Review of Contract Law
ETAHS	Elektronik Ticaret Aracı Hizmet Sağlayıcı (Vermittlungsplattform)
ETHS	Elektronik Ticaret Hizmet Sağlayıcı (Dienstleistungserbringer-Plattformen)
ETK	Elektronik Ticaretin Düzenlenmesi Hakkında Kanun (Gesetz über die Regulierung des elektronischen Geschäftsverkehrs)
ETY	Elektronik Ticaret Yönetmeliği (Elektronik Ticaret Aracı Hizmet Sağlayıcı Ve Elektronik Ticaret Hizmet Sağlayıcılar Hakkında Yönetmelik) (Verordnung über Anbieter von Vermittlungsdiensten im elektronischen Geschäfts-

https://doi.org/10.1515/9783111653686-205

	verkehr und Anbieter von Dienstleistungen im elektronischen Geschäftsverkehr)
EuCML	Journal of European Consumer and Market Law
FTC	Federal Trade Commission
GBV	Geoblocking-Verordnung
GG	Grundgesetz (Deutschland)
GLR	Georgia Law Review
GRCh	Charta der Grundrechte der Europäischen Union
GRUR	Gewerblicher Rechtsschutz und Urheberrecht
GUHFD	Gazi Üniversitesi Hukuk Fakültesi Dergisi (Juristische Zeitschrift der Gazi Universität zu Ankara)
GWB	Gesetz gegen Wettbewerbsbeschränkungen
HJLT	Harvard Journal of Law & Technology
HLR	Harvard Law Review
h. M.	herrschende Meinung
ICCLR	International Company and Commercial Law Review
IDPL	International Data Privacy Law
IEEE	Institute of Electrical and Electronics Engineers
IJoC	International Journal of Communication
Insbes.	Insbesondere
i. S. d.	im Sinne des
i. S. v.	im Sinne von
JCP	Journal of Consumer Policy
JoCMC	Journal of Computer Mediated Communication
JoCBTP	Journal of Central Banking Theory and Practice
JoDM	Journal of Direct Marketing
JoEL	Journal of Economic Literature
KVKK	Kişisel Verileri Koruma Kurulu (Türkische Datenschutzkommission)
KVKK	Kişisel Verilerin Korunması Kanunu (Türkisches Datenschutzgesetz)
K&R	Kommunikation und Recht
lit.	littera (Buchstabe)
m. a. W.	Mit anderen Worten
m. M.	Mindermeinung
MMR	Multimedia und Recht
MMR-HdB	Handbuch Multimediarecht
MS	Management Science
m. w. N.	Mit weiteren Nachweisen
NIQ	Network Industries Quarterly
NJW	Neue Juristische Wochenschrift
NK-BGB	Nomos Kommentar zum BGB
NPR	National Public Radio
NU	Northeastern University
NYT	New York Times
ÖBVwG	Bundesverwaltungsgericht (Österreich)
OR	Bundesgesetz Betreffend die Ergänzung des Schweizerischen Zivilgesetzbuches (Fünfter Teil: Obligationenrecht) (Schweiz)
ORDO	Jahrbuch für die Ordnung von Wirtschaft und Gesellschaft

P2B-Verordnung	Verordnung des Europäischen Parlaments und des Rates vom 20. Juni 2019 zur Förderung von Fairness und Transparenz für gewerbliche Nutzer von Online-Vermittlungsdiensten
PBefG	Personenbeförderungsgesetz
PLDV	Postdienstleistungsverordnung
PNAS	Proceedings of the National Academy of Sciences (of the United States of America)
RDi	Recht Digital
Rn.	Randnummer
S.	Siehe
SaEE	Science and Engineering Ethics
SchwarzArbG	Gesetz zur Bekämpfung der Schwarzarbeit und illegalen Beschäftigung
SMR	Sloan Management Review
SSRN	Social Science Research Network
sUWG	Bundesgesetz gegen den unlauteren Wettbewerb (in der Schweiz)
SZW	Schweizerische Zeitschrift für Wirtschafts- und Finanzmarktrecht
TBK	Türk Borçlar Kanunu (Türkisches Obligationengesetz)
TGG	Türkisches Grundgesetz (Anayasa)
TKG	Telekommunikationsgesetz
TKHK	Tüketicinin Korunması Hakkında Kanun (Türkisches Verbraucherschutz-gesetz)
TL	Türkische Lira
TMK	Türk Medeni Kanunu (Türkisches Zivilgesetzbuch)
TRHTUY	Ticari Reklam Ve Haksiz Ticari Uygulamalar Yönetmeliği (Verordnung über Kommerzielle Werbung und Unlautere Geschäftspraktiken)
TRK	Türk Rekabet Kanunu (Türkisches Wettbewerbsgesetz)
TTK	Türk Ticari Kanunu (Türkisches Handelsgesetzbuch)
UAbs.	Unterabsatz
Überbl.	Überblick
UCDLR	University of California Davis Law Review
Urt.	Urteil
Urt. v.	Urteil vom
USGAO	nited States Government Accountability Office
usw.	und so weiter
UWLDC	University of Washington Law Digital Commons
Vgl.	Vergleiche
Vorb.	Vorbemerkung
VUB	Vrije Universiteit Brussel
VVG	Versicherungsvertragsgesetz
WoVermittG	Wohnungsvermittlungsgesetz
WSJ	Wall Street Journal
YHGK	Yargıtay Hukuk Genel Kurulu (Versammlung der Zivilkammern des Obersten Gerichtshofs)
z. B.	Zum Beispiel
ZD	Zeitschrift für Datenschutz
ZfDR	Zeitschrift für Digitalisierung und Recht
ZfPW	Zeitschrift für die gesamte Privatrechtswissenschaft

ZGB	Schweizer Zivilgesetzbuch
ZHAW	Zürcher Hochschule für angewandte Wissenschaften
ZKG	Zahlungskontengesetz

Zusammenfassung

Neue Rechtsstudien werden durch die jüngsten Technologien herausgefordert, die sich auf die Vertragsbeziehungen zwischen ohnehin schon stärkeren und angreifbareren Parteien auswirken, und zwar mit der Tendenz, dass sie die Schere beim Machtgefälle zwischen beiden durch Big-Data-Einsatz noch weiter öffnet. Während sich die meisten juristischen Studien zu diesem Thema auf den Datenschutz und das europäische Recht konzentrieren, versucht dieser Beitrag eine Perspektive zu bieten, was solche vertraglichen Unterscheidungen für das klassische Vertragsrecht bedeuten, wie es sich über Jahrhunderte entwickelte. Da das türkische Recht in den letzten Jahren eine Tendenz gezeigt hat, den europäischen Regelungen zu folgen, soll der Vergleich zwischen dem deutschen und dem türkischen Vertragsrecht in diesem Beitrag nicht nur die Nuancen zwischen den jeweiligen Implikationen aufzeigen, sondern auch den Grundstein für ähnliche Diskussionen, Studien und auch Regelungen im türkischen Recht legen. In dieser Hinsicht gibt es vier Hauptergebnisse dieser Arbeit: Erstens stellen Big Data Analysen eine neue Art der Informationsasymmetrie und eine neue Manipulationsmacht für datengetriebene Unternehmen dar. Zweitens funktionieren die bestehenden Säulen des Vertragsrechts auch gegen die mit Big Data Analytics verbundene Diskriminierung weitgehend effektiv. Drittens könnten die meisten der bestehenden Unsicherheiten in Bezug auf Big Data Analytics durch eine angemessene Aufklärung der Nutzer über die eingesetzten Methoden beseitigt werden, wofür die neuen Regelungen im europäischen Recht eine adäquate Grundlage bieten. Nicht zuletzt fehlen im türkischen Recht bislang einige essenzielle Elemente des Datenschutzrechts, um einen tragfähigen Schutz vor möglichen Verstößen zu gewährleisten. Diese Defizite bedürfen einer zügigen Beseitigung.

Schlüsselbegriffe: Big-Data-Analyse, algorithmische Diskriminierung, Informationsasymmetrie, Preisdiskriminierung, Privacy-Verletzung, Geoblocking, Preissteuerung, Suchdiskriminierung, Transparenz, türkisches Vertragsrecht, deutsches Vertragsrecht, Datenschutzrecht

https://doi.org/10.1515/9783111653686-206

Abstract

Novel legal studies are challenged by the latest technologies surrounding the contractual relationship between parties that are already more powerful and those that are more vulnerable. The use of Big Data has the tendency to further widen the power gap between the two. While the majority of the legal studies on this topic revolve around data protection and European law, this paper tries to supply a perspective on what such contractual discriminations mean for the omnipotent contract law as it kept evolving for centuries. As Turkish law has shown a tendency to follow European regulations in recent years, the comparison between German and Turkish contract law in this paper is not only intended to name the subtleties between the respective implications, but also to prepare the ground for similar discussions, studies and even regulations in Turkish law moving forward. In this regard, there are four main findings of this publication: Firstly, the big data analytics form a new type of informational asymmetry and a new manipulation power for the data-driven companies. Secondly, the already existing pillars of contract law also function reasonably well against the discrimination associated with big data analytics. Thirdly, most of the existing uncertainties regarding the big data analytics could be settled by providing users with adequate information on the methods being used, for which the new regulations in European law offer a suitable basis. Last but not least, Turkish law lacks to this day some essential components of data protection law to ensure a robust safeguard against potential breaches. These lacunae need to be addressed without any hesitation.

Keywords: Big Data Analysis, Algorithmic Discrimination, Information Asymmetry, Price Discrimination, Privacy Violation, Geo-blocking, Price Steering, Transparency, Turkish Contract Law, German Contract Law, Data Protection Law

https://doi.org/10.1515/9783111653686-207

Öz

Modern hukuk çalışmaları, halihazırda zaten daha güçlü ve daha savunmasız olan taraflar arasındaki sözleşme adaletsizliğini derinleştiren son teknolojiler tarafından daha da zorlanmaktadır. Büyük Veri ve onun açtığı yeni katmanlar da bu bağlamda incelenmelidir. Bu açıdan şimdiye dek ele alınan hukuki çalışmaların çoğu veri koruma ve Avrupa hukuku etrafında incelemeler sunarken, bu makale bu tür sözleşmesel ayrımcılık faaliyetlerinin yüzyıllarca kullanılagelmiş sözleşme hukuku bağlamında ne anlama geldiğine dair bir perspektif sunmaya çalışmaktadır. Türk hukuk yapma mekanizması son yıllarda Avrupa Birliği Hukuku'ndaki düzenlemelerini takip etme eğilimi gösterdiğinden, bu makalede Alman ve Türk sözleşme hukuku arasında yapılan karşılaştırma, sadece ilgili uygulamalar arasındaki nüansları tespit etmeyi değil, aynı zamanda ileride Türk hukukunda benzer tartışmalara, çalışmalara ve hatta düzenlemelere zemin hazırlamayı amaçlamaktadır. İşbu eserin kısaca dört temel çıkarımı bulunmaktadır: Birincisi, büyük veri bazlı analitik imkânları, bu imkana sahip modern şirketler lehine yeni bir tür bilgi asimetrisi ve yeni bir manipülasyon ihtimali ortaya çıkarmıştır. İkincisi, halihazırda mevcut olan sözleşme hukuku düzenlemeleri büyük veri analitiği sonucu ortaya çıkan ayrımcılık hallerine karşı da oldukça iyi işlemektedir. Üçüncüsü, büyük veriyle ilgili mevcut belirsizliklerin çoğu, kullanıcılara uygulanan yöntemler hakkında yeterli bilgi sağlanmasıyla çözülebilir ve Avrupa Birliği'ndeki yeni düzenlemeler bunun için uygun bir temel sunmaktadır. Son olarak, Türk hukuku, olası ihlallere karşı sağlam bir koruma sağlamaktan, veri koruma hukukunun bazı temel bileşenlerinden halen yoksun olduğu için uzaktır. Bu eksikliklerin hiç tereddüt edilmeden giderilmesi ve kanun çalışmalarının tempo kazanması gerekmektedir.

Anahtar Kelimeler: Büyük Veri Analizi, Algoritmik Ayrımcılık, Bilgi Asimetrisi, Fiyat Ayrımcılığı, Mahremiyet İhlali, Coğrafi Engelleme, Fiyat Yönlendirme, Şeffaflık İlkesi, Türk Sözleşme Hukuku, Alman Sözleşme Hukuku, Veri Koruma Hukuku

https://doi.org/10.1515/9783111653686-208

Einleitung in das Thema

I. Vermittlung als Ausgangspunkt: Datenverfügbarkeit, -abhängigkeit und -personalisierung

Die Digitalisierung hat unsere Welt grundlegend verändert. Drahtlose Verbindungen wie Wi-Fi, Mobilfunk und Bluetooth sind allgegenwärtig. Durch die Kombination von künstlicher Intelligenz und dem Internet der Dinge können Geräte und Technologien miteinander kommunizieren und kooperieren. Dadurch werden Autos autonomer sowie sicherer und Alltagsgeräte zunehmend kommunikationsfähiger. Mobiltelefone werden zu intelligenten Kleincomputern. Tragbare Messgeräte wie Smartwatches liefern wichtige Daten für die medizinische Versorgung. Navigationssysteme sparen Zeit und Kraftstoff, indem sie Strecken und Verkehrslage überwachen und die beste Fahrtroute empfehlen. Webseiten und Verkaufsplattformen nutzen diese Technologien, um personalisierte Werbung anzuzeigen und ihre Chancen auf Verkäufe zu verbessern. Dazu werden große Datenmengen benötigt sowie daraus generiert.

Im heutigen digitalen Zeitalter ist eine hochgradige Personalisierung omnipräsent. Nahezu jeder besitzt ein Smartphone und ist ständig online. Viele Menschen nutzen Online-Märkte, um Produkte zu suchen, zu vergleichen und zu kaufen. Individuelle Musikpräferenzen werden über Playlisten erkannt, unterschiedliche Vorlieben für Videoinhalte lassen sich aus YouTube-Playlisten ableiten. Smartwatches werden genutzt, um grundlegende Alltagsroutinen wie die Überwachung von Schrittzahlen und Schlafzyklen zu verfolgen. Online-Plattformen werden zur Planung des nächsten Urlaubs und zur Buchung von Flügen und Hotels genutzt. Soziale Medien werden regelmäßig genutzt, um politische Einstellungen, Gefühlslagen, Sport- und Freizeitvorlieben zu veröffentlichen und sich mit Bekannten und Freunden zu vernetzen. Dabei ist es wichtig zu wissen, dass die meisten Nutzer damit einverstanden sind, dass ihre Daten an Dritte weitergegeben werden.

Aus all diesen Aktivitäten entsteht ein digitaler Fußabdruck des einzelnen Nutzers,[1] der durch speziell entwickelte intelligente Algorithmen verfolgt werden kann. Als Ergebnis werden dem Nutzer personalisierte Video- oder Musikempfehlungen sowie Produkte und Dienstleistungen angeboten, die für ihn von Interesse sein könnten. Ist beispielsweise gerade Urlaubszeit, werden verschiedene Urlaubsziele vorgeschlagen. Dem Fußballfan kann das Trikot seines Lieblingsspielers angezeigt

1 Zur besseren Lesbarkeit und Verständlichkeit wird in dieser Arbeit für die Personenbezeichnungen und Pronomen die männliche Form verwendet. Gemeint sind jedoch alle Geschlechter. Alle verwendeten Begriffe sind geschlechtsneutral zu verstehen.

https://doi.org/10.1515/9783111653686-001

werden, während seine Frau, die zur gleichen Zeit neben ihm im Internet surft, Werbung für Konzerttickets ihres Lieblingssängers sieht.

Anders ausgedrückt lässt sich sagen, dass auch das heutige Zeitalter durch Vermittlung gekennzeichnet ist. Face-to-Face-Interaktionen werden immer mehr zu vermittelten Transaktionen.[2] Der moderne Verbraucher ist daher ein vermittelter Verbraucher,[3] d.h. seine Transaktionen erfolgen in der Regel über eine Plattform, die ein Unternehmen detailliert kontrollieren kann.[4] Durch die genaue Beobachtung der Verbrauchergewohnheiten können Unternehmen nicht nur allgemeine kognitive Vorurteile ausnutzen oder die Verbraucher in einem bestimmten Teil der Gesellschaft einteilen, sondern auch die spezifischen Barrieren bzw. Schwachstellen jedes einzelnen Verbrauchers identifizieren.[5] Ermöglicht wird dies durch die umfassende Sammlung und Verarbeitung großer Mengen personenbezogener Daten, m.a.W. die Big-Data-Analyse.

Die Entwicklung von Big Data reicht bis in die frühen 2000er Jahre zurück.[6] Der Begriff wird jedoch immer häufiger verwendet und gewinnt zunehmend an Bedeutung. Big Data ist die Bezeichnung für sehr große Datenmengen und die Gesamtheit der Technologien, die zur Verarbeitung, Nutzung und Analyse dieser Daten eingesetzt werden.[7] Diese enormen Datenmengen werden von Unternehmen, Regierungen und anderen großen Organisationen gesammelt und sind häufig Gegenstand umfangreicher Analysen,[8] die unter dem Begriff „Big-Data-Analyse" zusammengefasst werden. Per definitionem gibt es viele wirtschaftliche Anwendungsbereiche für Big Data, auch im Zusammenhang mit künstlicher Intelligenz und dem Internet der Dinge:[9] Gesundheitswesen, Logistik, Agrarwissenschaften, Stadtentwicklung,

---

2 *Calo*, Digital Market Manipulation, UWLDC 2014, 995–1051, 1003.

3 *Calo/Rosenblat*, The Taking Economy: Uber, Information and Power, CLR 2017, 1623–1689, 1651.

4 Für eine ähnliche Bezeichnung als algorithmic consumer (algorithmische Verbraucher – algoritmik tüketici) s. auch *Gal/Elkin-Koren*, Algorithmic Consumers, Harvard Journal of Law § Technology, Vol. 30, Nr. 2 2017, 309–353.

5 Beispielweise seine Willigkeit für einen bestimmten Vertrag oder der möglichst höchste Preis, den er gegen eine Ware oder Dienstleistung bezahlen wolle. S. ausführlich *Zurth*, Personalisierte Preise, AcP 221, 514–554, 517, 527; *Schäfers*, Rechtsgeschäftliche Entscheidungsfreiheit im Zeitalter von Digitalisierung, Big Data und Künstlicher Intelligenz, AcP 221, 66.

6 *Fuster/Scherrer*, Big Data and Smart Devices and their Impact on Privacy, 2015, 10.

7 Definition abrufbar unter: https://www.duden.de/suchen/dudenonline/Big%20Data; vgl. hierzu auch *Weber*, Rechtswörterbuch, 24. Auflage 2022, Künstliche Intelligenz, 1019.

8 *Fuster/Scherrer*, 2015, 5.

9 *Wachter*, GDPR and the Internet of Things: Guidelines to Protect Users' Identity and Privacy, 2017, 2; *Gal/Elkin-Koren*, HJLT 2017, 309–353, 319ff.; *USGAO*, Internet of Things: Status and Implications of an Increasingly Connected World, 2017. Abrufbar unter: https://www.gao.gov/assets/690/684590.pdf.

Smart Homes und Fahrzeuge, Versorgungsketten, Energielösungen, Kreditwürdigkeitsprüfung durch Finanzinstitute[10] und – wohl am relevantesten – E-Commerce.

E-Commerce gehört weltweit zu den gängigsten und wichtigsten Online-Aktivitäten.[11] Der weltweite E-Commerce-Umsatz stieg von etwa 3,5 Billionen US-Dollar im Jahr 2019[12] auf etwa 6,5 Billionen US-Dollar im Jahr 2022,[13] indem der Anteil des E-Commerce am Gesamtumsatz weiter zunimmt. Im Jahr 2023 wird der E-Commerce etwa ein Viertel des weltweiten Gesamtumsatzes ausmachen, wobei dieser Anteil in den letzten Jahren stetig gestiegen ist und in den 2030er Jahren voraussichtlich 30 % erreichen wird.[14] Der elektronische Handel hat sich zu einer riesigen Industrie entwickelt, welche in die Alltagsgeräte der Menschen integriert ist.

Heutzutage werden Waren und Dienstleistungen immer seltener in Geschäften gekauft. Stattdessen verfügt fast jeder über ein Konto bei einem der bekanntesten Verkaufsportale, greift über mobile Apps[15] auf sein Bankkonto zu, nutzt geteilte Fahrzeuge, bucht Flüge und Hotels online und sieht im E-Commerce eine sichere und schnelle Möglichkeit einzukaufen. Diese Entwicklung ist auf das Bedürfnis der Menschen nach Schnelligkeit und Effizienz im modernen Leben zurückzuführen. Rund 30 % der Kunden weltweit haben 2022 mindestens einmal wöchentlich mobil eingekauft.[16] Die Zahl und der Anteil der Online-Geschäfte werden voraussichtlich weiter steigen.[17]

Das Wachstum des elektronischen Handels ist kein Zufall, sondern das Ergebnis zahlreicher Vorteile. Er ermöglicht eine schnelle, sichere und personalisierte Interaktion zwischen Käufer und Verkäufer durch den Einsatz von Big-Data-Analysen und kann unabhängig von Öffnungszeiten und Standort erfolgen. Bedenkt man beispielsweise, wie schwierig und kostspielig es wäre, ein Auto auf herkömm-

---

10 *Ebers*, Beeinflussung und Manipulation von Kunden durch Behavioral Microtargeting, MMR 2018, 423–428, 424.

11 Ausführlich *Paschke*, Digital Commerce und Softwarevertragsrecht, in Albrecht (Hrsg.) Informations- und Kommunikationsrecht, 2018, 156–186.

12 Die angezeigten Zahlen beziehen sich nur auf den B2C-Griff des E-Commerce. Wenn man das Wachstum der anderen Handelstypen wie B2B und C2C denkt, erhöhen sich die Zahlen jeweils.

13 Beide Statistiken sind abrufbar unter: https://www.statista.com/statistics/379046/worldwide-retail-e-commerce-sales/.

14 Abrufbar unter: https://www.statista.com/statistics/534123/e-commerce-share-of-retail-sales-worldwide/.

15 Abkürzung für Applikation bzw. mobile Anwendung (Türkisch: Aplikasyon/Mobil Uygulama).

16 Abrufbar unter: https://www.statista.com/statistics/280134/online-smartphone-purchases-in-selected-countries/.

17 So ist beispielsweise der türkische E-Commerce-Markt im Jahr 2022 im Vergleich zum Vorjahr um 64 % gewachsen. Ausführliche Statistiken abrufbar unter: https://www.strategyand.pwc.com/tr/turkish-e-commerce-ecosystem-outlook.

liche Weise für eine Hin- und Rückfahrt zu mieten, oder für Kurzstrecken innerhalb der Stadt jedes Mal ein Taxi zu nehmen, anstatt eine Carsharing-App wie DriveNow oder Miles zu nutzen, wird schnell deutlich, dass der E-Commerce Vorteile mit sich bringt.[18] Darüber hinaus ist ein notwendiger Kauf nur ein paar Klicks entfernt; der Käufer muss nicht in ein physisches Geschäft gehen, welches gegebenenfalls weit entfernt ist.

Während des gesamten Prozesses werden die bisherigen Verhaltensweisen und personenbezogenen Daten des Nutzers gesammelt, verarbeitet und manchmal weitergeleitet, um dem Nutzer in Zukunft bessere Dienstleistungen oder interessantere Werbungen oder Angebote präsentieren zu können. Dies ist einerseits vorteilhaft für den Anbieter, da seine Erfolgschancen für den Verkauf oder das Angebot seiner Dienstleistungen erheblich steigen.[19] Andererseits ist es vorteilhaft für den Nutzer, da er durch die personalisierten Ergebnisse aufgrund der analysierten Daten Zeit spart und optimierte Angebote erhält.[20] Im Idealfall könnte die personalisierte Beziehung eine dauerhafte *Win-Win-Situation* für beide Vertragsparteien schaffen. Leider entspricht die Umsetzung nicht immer dem Potenzial.[21]

Der personalisierte elektronische Handel auf der Grundlage von Big Data wirft zahlreiche moralische und rechtliche Fragen auf. Obwohl das Sammeln, Verarbeiten und Übertragen von Daten über einzelne Personen oder Personengruppen auf den ersten Blick wenig bedeutsam erscheinen mag, erfordern das Ausmaß der Daten und die potenziellen Risiken des Datenhandels eine Klärung und Erläuterung der rechtlichen Aspekte.

Dabei geht es vor allem um grundlegende rechtliche Fragen wie das Eigentum an Daten oder die Verletzung von Menschenrechten. Darüber hinaus könnten auch ethische Fragen aufgeworfen werden. Diese Fragen werden in dieser Arbeit grundsätzlich ausgeklammert. Die Arbeit legt den Schwerpunkt eher auf die vertragsrechtlichen Aspekte der Thematik und konzentriert sich auf Fälle, die im Alltag bei Vertragsabschlüssen auftreten können. Diese Fälle zeigen nicht nur die bestehenden Gefahren der Big-Data-Analyse, sondern auch das größere Missbrauchspotential der Unternehmen, die Big-Data-Analysen einsetzen.[22]

Diese Begriffe werden im Zeitalter von künstlicher Intelligenz und Big-Data-Analyse noch lange relevant bleiben. Aufgrund der reaktiven, bürokratischen und

---

18 Für ein vergleichbares Beispiel über Airbnb s. *Mak*, Regulating Online Platforms – The Case of Airbnb. In Grundmann (Hrsg.), European Contract Law in the Digital Age, Investopedia 2018, 87–102, 88.

19 Vgl. *Hennemann*, Die personalisierte Vertragsanbahnung, AcP 219, 819–854, 825.

20 S. hierzu *Gal/Elkin-Koren*, HJLT 2017, 309–353, 318 ff.

21 Vgl. *Dornis*, Personalisierte Vertragsanbahnung und Privatautonomie, ZfPW 2022, 310–345, 312.

22 Ausführlich Teil C-II beim Kapitel 1.

somit langsamen Natur des Rechtssystems ist es jedoch schwierig, mit dem schnellen Tempo der Wirtschaft schrittzuhalten. Die Gesetzgeber neigen daher oft dazu, ein vielversprechendes Phänomen entweder durch zu strikte Regulierung vollständig zu bremsen oder sich passiv zu verhalten und das Phänomen unreguliert zu lassen.[23]

Das Ziel der Rechtssysteme sollte weder darin bestehen, ein neues, herausforderndes Phänomen zu ignorieren,[24] noch darin, durch exzessive Regulierung zu einem Hindernis für die Wirtschaftsentwicklung zu werden.[25] Vielmehr muss das Ziel darin bestehen, tragfähige und vernünftige Lösungen zu finden, um die Interessen der Wirtschaft zu fördern und gleichzeitig den Verbraucherschutz im Alltag zu gewährleisten.[26] Die vorliegende Arbeit konzentriert sich auf die Hauptbereiche, in denen das sich aus den Analysen ergebende Vertragsverhalten der Unternehmer in Frage gestellt werden sollte, und versucht, die problematischen oder unklaren Zwischenbereiche zu identifizieren und erforderlichenfalls de lege ferenda Vorschläge zu formulieren.[27]

II. Herangehensweise der Dissertation

Diese Arbeit zielt auf einen Rechtsvergleich der deutschen und türkischen Vertragsrechtsgrundsätze ab, die durch Big Data-Analysen potenziell gefährdet sind, und versucht, zivilrechtliche Grenzen zu dem Phänomen zu definieren. In der Arbeit wird nicht primär auf der Ebene von Rechtsakten zur Regulierung öffentlicher Güter argumentiert, sondern vorrangig auf dem Instrumentarium des Vertragsrechts.[28] In einigen Teilen werden solche Diskussionen allerdings auch geführt.[29]

---

23 Dies ist derzeit z.B. ansatzweise in der Türkei der Fall. S. auch hierzu Teile B und C beim Kapitel 6.

24 Vgl. *Calo*, UWLDC 2014, 995–1051, 1041.

25 Vgl. *Hirsch*, Protecting the Inner Environment: What Privacy Regulation Can Learn from Environmental Law, GLR 2006, 4–63, 33ff., 63, *Mittelstadt/Floridi*, The Ethics of Big Data: Current and Foreseeable Issues in Biomedical Contexts, SaEE 2015.

26 Vgl. auch *Mak*, in Grundmann (Hrsg.), 87–102, 102.

27 S. insbes. Teil D beim Kapitel 6.

28 Wesentlich für das Verhältnis zwischen Regulierung und Privatrecht s. *Grundmann*, Privatrecht und Regulierung, in: Privatrechtsdogmatik im 21. Jahrhundert: Festschrift für Claus-Wilhelm Canaris zum 80. Geburtstag, 2017, 907–948; *Hellgardt*, Regulierung und Privatrecht, Mohr Siebeck 2016; *Collins*, Regulating Contracts, Oxford University Press, 2002; ferner über Verhaltenssteuerung und Privatrecht s, *Wagner*, Prävention und Verhaltenssteuerung durch Privatrecht – Anmaßung oder legitime Aufgabe?, AcP 206, 352–476.

29 S. Teile C-II-4 beim Kapitel 2 und C-II-5 beim Kapitel 3.

Es werden verschiedene Praktiken im Hinblick auf die Grundsätze des Vertragsrechts untersucht,[30] wobei Fallbeispiele und Studien aus verschiedenen Ländern wie Brasilien, den USA und Frankreich herangezogen werden. Zur Auswahl verwandter Falltypen wendet die Dissertation folgendes Verfahren an:

- Damit der Schwerpunkt der Arbeit im Bereich des Vertragsrechts bleibt, muss ein direkter oder indirekter Zusammenhang zwischen der betreffenden Praxis und dem Inhalt bzw. Zustandekommen des Vertrags[31] bestehen.
- Es muss mindestens eine fundierte Studie, wissenschaftliche Arbeit oder ein anderer vorläufiger Nachweis für die Existenz der betreffenden Praxis vorliegen, damit die Arbeit realitätsnäher bleibt.

Die Arbeit gliedert sich – abgesehen von der Einleitung – in sechs Kapitel. Das folgende erste Kapitel beleuchtet die positiven sowie negativen Aspekte der Thematik, um sodann die verschiedenen Fallgruppen bzw. das neue Missbrauchspotential der Unternehmen durch Algorithmen aufzuzeigen. In zweiten, dritten und vierten Kapiteln wird die Zulässigkeit der einzelnen in diesem Papier hervorgehobenen Praktiken im Detail analysiert und – falls notwendig – ein Rechtsvergleich zwischen den beiden Rechtsordnungen vorgenommen. Kapitel 5 dann befasst sich mit der Frage der Kombinierung mehrerer Praktiken und versucht, die fraglichen Diskriminierungspraktiken in ihren Kombinationsmöglichkeiten zu untersuchen, da sie häufig miteinander verbunden sind.[32] Sechstes und letztes Kapitel vergleicht die beiden Rechtssysteme als Ganzes, hebt die Stärken und möglichen Schwächen jedes Systems im Hinblick auf algorithmische Diskriminierung hervor, macht Vorschläge für künftige Regulierungen und fasst die Ergebnisse der Arbeit in Form von Thesen zusammen.

Obwohl die Fälle und Studien, auf die in diesem Beitrag Bezug genommen werden, sich weltweit ereignet haben, ist es möglich, dass ähnliche Fälle in Zukunft in Deutschland und der Türkei auftreten werden, da die Art des datenbezogenen Geschäftsverkehrs weltweit ähnlich ist.[33] Aus diesem Grund konzentriert sich der vorliegende Beitrag in erster Linie auf das deutsche Recht und vergleicht dieses – soweit erforderlich – mit dem türkischen Recht. Aufgrund der Ähnlichkeit der beiden Rechtssysteme wird dies jedoch nur selten der Fall sein.

---

30 Preisdiskriminierung, Privacy-Verstoß, Geoblocking, Suchdiskriminierung und Intransparenz (und Vernetzung solcher Praktiken) S. auch Teil B beim Kapitel 1.

31 Evtl. auch Nichtzustandekommen eines Vertrags. S. hierzu Teile A-I und A-II beim Kapitel 4.

32 Z.B. könnte eine preisdiskriminierende Praxis mit den richtigen Anpassungen zugelassen werden, aber die mangelnde Transparenz einer solchen Diskriminierung könnte die Rechtswidrigkeit dieser Praxis verursachen.

33 Vgl. *Zurth*, AcP 221, 514–554, 523.

Das türkische und das deutsche Vertragsrecht sind einander sehr ähnlich und weisen – anders als etwa das deutsche und das US-amerikanische Recht – seltener nennenswerte Unterschiede auf. Gleichwohl kann es zu interessanten praktischen Veränderungen kommen, wenn die Rechtsprechung abweicht oder das Schrifttum divergiert.

Ein weiteres Kriterium für die Auswahl dieser beiden Rechtsordnungen ist, dass das türkische Recht in vertragsrechtlichen Fragen in der Regel den aktuellen Tendenzen und Diskussionen des deutschen und europäischen Rechts folgt. Der vorliegende Beitrag kann daher als Vorläufer für vergleichbare Diskussionen in der Türkei zu einem aktuellen Thema dienen und die Ausführungen können ohne weiteres direkt oder mit einigen Anpassungen auf das türkische Recht übertragen werden.

Darüber hinaus ist es wichtig, in der türkischen Literatur sowie Gesetzgebung das Bewusstsein für die möglichen Gefahren der algorithmischen Diskriminierung zu schärfen.

III. Erster Überblick über die verglichenen Rechtssysteme: Deutschland und die Türkei

Da das türkische Zivilrecht auf dem schweizerischen Rechtssystem basiert, weist es viele Ähnlichkeiten mit dem deutschen Zivilrecht auf.[34] Daher wird in diesem Beitrag darauf verzichtet, die Gemeinsamkeiten der beiden Rechtsordnungen, soweit sie im rechtlichen Sinne identisch oder nur unwesentlich verschieden sind, wiederholt zu erwähnen. Vielmehr wird lediglich auf die entsprechenden Kodifikationen in beiden Rechtsordnungen verwiesen. Soweit jedoch Unterschiede in einer bestimmten Frage bestehen, wird ein Rechtsvergleich vorgenommen und die bevorzugte Stellungnahme dargelegt.

Die türkische und die deutsche Rechtsordnung unterscheiden sich vor allem in der Gesetzessystematik. Während der deutsche Gesetzgeber fast alle zivilrechtlichen Vorschriften in einem Gesetzbuch zusammenfasst, zieht es der türkische Gesetzgeber vor, verschiedene Gesetzbücher für unterschiedliche Bereiche zu erlassen. Das türkische Zivilgesetz TMK erfasst die allgemeinen Vorschriften und Definitionen sowie das Familien- und Erbrecht bzw. das Sachenrecht.[35] Das türkische Obligatio-

---

34 Gleiche Erklärungen ist auch zu finden bei *Börklüce*, Rechtsfragen zum Alexa-Fall, 11ff. Abrufbar unter: https://www.academia.edu/44350324/Rechtsfragen_zum_Alexa_Fall.

35 Das TMK hat insgesamt vier Bücher und 1030 Absätze. Das erste Buch beinhaltet die §§ 8 bis 117 und erfasst das Personenrecht (wie das Buch 1 Abschnitt 1 des BGB – §§ 1–89). Das zweite Buch umfasst das Familienrecht und beinhaltet die §§ 118 bis 494 (wie das vierte Buch des BGB – §§ 1297–

nengesetz TBK deckt den allgemeinen und besonderen Teil des Schuldrechts[36] ab und das türkische Gesetz über Verbraucherrecht TKHK regelt die Verbraucherverträge[37].[38] Deswegen werden die erwähnten türkischen Gesetze öfter je nach dem behandelten Aspekt der Kontrahierung variieren.

Ein wesentlicher Unterschied zwischen der deutschen und der türkischen Rechtsordnung ergibt sich aus den jeweiligen Datenschutzgesetzen. Das deutsche Datenschutzsystem beruht im Wesentlichen auf zwei Säulen – dem Bundesdatenschutzgesetz (BDSG) und der Datenschutz-Grundverordnung (DSGVO). Sie regelt seit ihrer Verabschiedung am 14.10.2016 und ihrem Inkrafttreten Mitte 2018 die Verarbeitung und den Verkehr personenbezogener Daten innerhalb der EU-Mitgliedstaaten. Dagegen ist das BDSG aus dem Jahr 2017 das nationale deutsche Datenschutzgesetz, das nur in Deutschland gilt und die DSGVO ergänzt.[39] In der Türkei findet dagegen ein separates Gesetz Anwendung, das türkische Datenschutzgesetz (KVKK), welches am 07.04.2016 in Kraft getreten ist. Stimmen der türkischen Literatur kritisieren,[40] dass die Kodifizierung des KVKK zwar zeitgleich mit der DSGVO erfolgte, aber nicht auf dieser, sondern auf der wesentlich älteren EU-Datenschutzrichtlinie aus dem Jahr 1995[41] basiert.[42] Unter Berücksichtigung der Hauptunterschiede zwischen den Rechtssystemen der beiden Länder lässt sich daher feststellen, dass das KVKK weder dem BDSG noch der DSGVO als Ganzes ähnelt.

Ein weiterer Unterschied zwischen den beiden Rechtsordnungen ergibt sich im Bereich des Rechts des unlauteren Wettbewerbs. Während der deutsche Gesetz-

---

1921). Das dritte Buch umfasst die §§ 495 bis 682 und beinhaltet das Erbrecht (wie das fünfte Buch des BGB – §§ 1922–2385). Das vierte und letzte Buch beinhaltet das Sachenrecht und die §§ 683 bis 1030 (wie das dritte Buch des BGB – §§ 854–1296).

36 Das am 1.7.2012 in Kraft getretene TBK hat insgesamt 649 Absätze. Es entspricht dem dritten, vierten, fünften, sechsten und siebten Abschnitt des ersten Buches des BGB (§§ 104–240) und dem gesamten zweiten Buch des BGB (§§ 241–853), nur die Klauseln über Verbraucherverträge (§§ 312 ff.) sind nicht erfasst.

37 Das TKHK hat insgesamt 88 Absätze. Es reguliert die Verbraucherverträge (§§ 312 ff. BGB) und andere verbraucherrechtliche Aspekte des Alltags.

38 Die verbraucherschutzrechtlichen Normen wurden 2002 mit der Schuldrechtsmodernisierung ins BGB aufgenommen.

39 Vgl. beispielsweise zur Datenverarbeitung durch öffentliche Stellen: Gola/Heckmann/*Gola*/*Reif*, 3. Auflage 2022, BDSG § 1 Rn. 3.

40 *Çekin*, 6698 Sayılı Kişisel Verilerin Korunması Kanunu, 2018, 3.

41 Richtlinie 95/46/EG des Europäischen Parlaments und des Rates vom 24. Oktober 1995 zum Schutz natürlicher Personen bei der Verarbeitung personenbezogener Daten und zum freien Datenverkehr.

42 S. ausführlich *Çekin*, Das türkische Datenschutzrecht im Überblick – Gemeinsamkeiten und wesentliche Unterschiede zur RI 95/46 und zur DSGVO in Theorie und Praxis, TAÜHFD Heft: 5(1), 323–336.

geber das Recht des unlauteren Wettbewerbs in einem eigenen Gesetz (UWG) behandelt, hat sich der türkische Gesetzgeber dafür entschieden, die entsprechende Kodifizierung als Teil des Handelsrechts in den §§ 54 und 55 des türkischen Handelsgesetzbuchs (TTK) zu regeln.[43] Ein weiterer Grund für diese Handhabung ist, dass das neue türkische Handelsgesetzbuch, welches 2012 in Kraft getreten ist, die entsprechenden Bestimmungen aus dem Schweizer Bundesgesetz gegen den unlauteren Wettbewerb von 1986[44] übernommen hat.[45]

IV. Fragestellungen der Dissertation

Grundlage aller Fragestellungen in dieser Arbeit sind die im Abstrakt erwähnten Eckpunkte: Erstens die neuartige Informationsasymmetrie sowie eine gesteigerte Manipulationskapazität für datengetriebene Unternehmen. Zweitens erweisen sich die bestehenden Grundpfeiler des Vertragsrechts weitgehend effektiv im Umgang mit den Diskriminierungsaspekten, die mit Big Data Analytics einhergehen. Drittens könnte eine sachgerechte Aufklärung der Nutzer über die angewandten Methoden die meisten der bestehenden Unsicherheiten bezüglich Big-Data lindern, wobei die neuen Vorschriften im europäischen Recht eine angemessene Grundlage bieten. Nicht zuletzt mangelt es im türkischen Recht bis dato an essenziellen Elementen des Datenschutzrechts, die einen robusten Schutz vor potenziellen Verstößen sicherstellen könnten.

Aus diesen Eckpunkten ergeben sich im Einzelnen die folgenden Punkte zur Untersuchung:

- Was die grundlegenden Begriffe im Zusammenhang mit der Analyse von Big Data im Sinne dieser Arbeit sind und was sie bedeuten,[46]
- Ob und in welchem Umfang neue Technologien im Vertragsrecht, insbesondere Big-Data-Analysen, ein neuartiges Missbrauchspotenzial für das moderne Unternehmen mit sich bringen,[47]

---

43 Im Wortlaut räumt keine der beiden Rechtsordnungen den einzelnen Verbrauchern einen Anspruch auf Schadenersatz ein. Allerdings gibt es im europäischen Recht eine aktuelle Diskussion, die natürlich auch Deutschland betrifft. S. z. B. Teile C-II-4 und insb. C-II-4-b beim Kapitel 2.

44 Zur Vermeidung von Missverständnissen wird das schweizerische Gesetz gegen unlauteren Wettbewerb als sUWG bezeichnet.

45 Ausführlich *Kendigelen*, Yeni Türk Ticaret Kanunu Değişiklikler, Yenilikler, İlk Tespitler, 3. Auflage, 2016.

46 S. Teil A beim Kapitel 1.

47 S. Teil C beim Kapitel 1.

- Welche Formen der Personalisierung durch Big-Data-Analysen existieren und welche Nachweise es für benachteiligende Diskriminierungen gibt,[48]
- Was unter Preisdiskriminierung zu verstehen ist und welche bürgerrechtlichen Mechanismen in beiden Ländern dagegen Abhilfe leisten könnten,[49]
- Inwieweit personalisierte Werbung die Privatsphäre der Nutzer verletzen könnte und was das BGB und TBK dagegen zur Verfügung stellen,[50]
- Was weitere Diskriminierungspraktiken wie Geoblocking, Suchdiskriminierung und Intransparenz bedeuten, welche Relevanz sie vertragsrechtlich haben und inwieweit sie ebenso wie die vorgenannten Diskriminierungspraktiken rechtswidrig sein könnten,[51]
- Ob der kombinierte Einsatz mehrerer diskriminierender Praktiken vertragsrechtlich relevant ist, sei es für die Beurteilung subjektiver Tatbestandsmerkmale oder als eigenständige Rechtswidrigkeit.[52]
- Welche Unterschiede/Stärken/Schwächen bei dem türkischen und dem deutschen Vertragsrecht in Bezug auf Big-Data-Analysen bestehen.[53]
- Was die Vorschläge für die Definition von zulässigen und unzulässigen Fällen von Diskriminierung sind.[54]

48 S. Teil B beim Kapitel 1.
49 S. Teile B-I beim Kapitel 1 und Kapitel 2.
50 S. Teile B-II Kapitel 1 und Kapitel 3.
51 S. Teile B-III beim Kapitel 1 und Kapitel 4.
52 S. Teile B-IV beim Kapitel 1 und Kapitel 5.
53 S. Teile A, B und C beim Kapitel 6.
54 Teil D beim Kapitel 6.

1. Kapitel
Problemstellung: Potenzial und Gefahren des Phänomens Big Data

A. Konzeptualisierung der Grundbegriffe und -phänomene

Ein hinreichendes Verständnis der Welt der Datenanalyse, ihrer vertragsrechtlichen Relevanz und möglicher Bedrohungen hinsichtlich der Vertragsfreiheit sowie möglicher Missbrauchspotentiale durch datengetriebene Unternehmen setzt zunächst ein grundlegendes Verständnis der entsprechenden Fachterminologie voraus. Dies ist aufgrund der Neuartigkeit und technischen Komplexität der Materie jedoch besonders schwierig, da es weder in der Rechtsprechung noch in der Literatur eine einheitliche Terminologie gibt.

Zahlreiche akademische Studien befassen sich bereits mit der Beziehung zwischen Vertragsrecht und Big Data-Analyse, verwenden jedoch unterschiedliche Terminologien, womit mehr oder weniger dasselbe Thema behandelt wird. Einige Autoren bevorzugen eher den Begriff Big Data,[55] Algorithmen[56] bzw. maschinelles Lernen,[57] während andere das Internet der Dinge[58] oder künstliche Intelligenz nutzen oder sogar beide Begriffe miteinander kombinieren.[59] Auch wenn es geringfügige Unterschiede zwischen diesen Studien gibt, so werden doch ähnliche Probleme in diesen Studien durch grobe Induktion behandelt. Um unnötige Komplikationen zu vermeiden, wird in diesem Artikel hauptsächlich der Begriff *Big-Data-Analyse* und gelegentlich der Begriff *Algorithmen* bzw. *algorithmische Diskriminierung* verwendet, da diese Begriffe alle oben genannnten Technologien und Phasen der Datenindustrie umfassen.

---

55 Vgl. *Mittelstadt/Floridi*, SaEE 2015.

56 Vgl. *Mittelstadt et. al.*, The Ethics of Algorithms: Mapping the Debate, Big Data&Society 2016, 1–21.

57 Vgl. *Hacker*, Exploitative Contracts im Zeitalter maschinellen Lernens: Eine rechtsökonomische Analyse, in Faust/Schäfer (Hrsg.), Zivilrechtliche und rechtsökonomische Probleme des Internets und der künstlichen Intelligenz 2019, 87–119.

58 Vgl. *Fabiano*, Internet of Things and the Legal Issues related to the Data Protection Law according to the new European General Data Protection Regulation, AJoL 2017, 201–214.

59 *Schäfers*, AcP 221, 32–67. Hier benutzt Schäfers einen neuen Begriff, nämlich *BDAI* (steht für Big Data and Artificial Intteligence).

https://doi.org/10.1515/9783111653686-002

Im Mittelpunkt dieses Abschnittes stehen Grundbegriffe wie Big Data Analytics, Sharing Economy, virtuelle Plattformen, Personalisierung und Behavioral Microtargeting, die im Zusammenhang mit Verträgen auf der Grundlage von Datensammlungen verwendet werden.

I. Big Data und algorithmische Analyse

Obwohl die Geschichte von Big Data sich bis Anfang der 2000er Jahre zurückverfolgen lässt,[60] ist Big Data als ein neuerer und technisch komplexer Begriff nicht einfach zu definieren. Es bezieht sich im Allgemeinen auf sehr große Datenmengen und die Gesamtheit der Technologien, mit denen diese Daten verarbeitet, verwendet und ausgewertet werden können.[61] Bei Big Data geht es nicht nur ums Volumen, sondern auch um die Geschwindigkeit der Datengenerierung und -verarbeitung sowie um die Heterogenität bzw. Vielfalt der Daten, die analysiert werden können.[62] Die Hauptmerkmale von Big Data wurden in den früheren Jahren durch diese *drei V-Regel*[63] definiert:

- *Volumen:*[64] Unternehmen und andere Organisationen sind in der Lage, riesige Datenmengen zu sammeln, die sie dank Cloud-Diensten und großen Datenseen auch speichern und verarbeiten können. Die eigentliche Konstruktion des Begriffs Big Data beruht auf zwei Hauptsäulen: *Big* und *Data*. Die Datenmenge muss also zunächst einmal groß sein. Die Größe der Datensätze könnte variabel in Bezug auf elektronische Größen wie Gigabyte, Terabyte oder Petabyte,[65] auf die in den Daten repräsentierten Datensätze oder Einzelereignisse oder alternativ auf die für die Analyse zur Verfügung stehenden Methoden und Technologien definiert werden.[66] Das Datenvolumen könnte also entweder in quantitativer oder in prozessualer Hinsicht verstanden werden.
- *Geschwindigkeit:*[67] Personenbezogene Daten fließen in nie dagewesener Geschwindigkeit durch die Informationssysteme und können in Echtzeit in gro-

60 *Fuster/Scherrer*, 10.

61 Für Definition supra Fn. 7. S. auch *Albrecht*, Das neue Datenschutzrecht, in: Albrecht (Hrsg.), Informations- und Kommunikationsrecht, 2018, 122–155, 147.

62 *Andrejevic*, The Big Data Divide, IJoC 2014, 1673–1689, 1676.

63 Ausführlich *Fuster/Scherrer*, 11 ff.; *Mittelstadt/Floridi*, SaEE 2015, 309 f.

64 Auf Türkisch: Veri Hacmi.

65 Ein Terabyte beträgt 2^{10}=1024 Gigabytes oder 2^{40}= 1099511627776 Bytes und ein Petabyte beträgt 2^{10}=1024 Terabytes oder 2^{50}= 1125899906842624 Bytes.

66 *Mittelstadt/Floridi*, SaEE 2015, 309.

67 Velocity (Türkisch: Sürat).

ßen Mengen verarbeitet werden. So wurden im Jahr 2020 für jede Person durchschnittlich 1,7 Megabyte an personenbezogenen Daten pro Sekunde erhoben,[68] was mehr als 140 Gigabyte an personenbezogenen Daten pro Tag entspricht.[69]

- *Vielfalt:*[70] Daten gibt es in zahlreichen Arten von Formaten. Sie sind nicht nur strukturiert,[71] sondern manchmal auch unstrukturiert[72]. Unabhängig davon, ob es sich um unstrukturierte oder strukturierte Daten handelt, ermöglicht die Analyse von Big Data dank der neuesten Technologien die Verarbeitung aller Arten von personenbezogenen Daten.
- *Wahrhaftigkeit:* Später wurde der Definition ein weiteres V[73] hinzugefügt.[74] Die Datenwahrheit bezieht sich generell darauf, wie genau oder wahrheitsgetreu ein Datensatz sein könnte. Im Zusammenhang mit Big Data erhält der Begriff jedoch eine etwas größere Bedeutung. Bei der Genauigkeit von Big Data geht es nicht nur um die Qualität der Daten selbst, sondern auch um die Zuverlässigkeit der Datenquelle, des Datentyps und der Datenverarbeitung. Die Eliminierung von Verzerrungen, Anomalien oder Inkonsistenzen, Doppelarbeit und Volatilität trägt zur Verbesserung der Genauigkeit von Big Data bei.[75]

Die personenbezogenen Daten, die danach in die Big-Data-Analyse einfließen, stammen aus verschiedenen Quellen. Sie können in Form von freiwilligen[76] Daten,[77] be-

---

68 Das heißt nicht, dass jeder einzelne Benutzer diese Menge an persönlichen Daten pro Sekunde erzeugt. Das sind vielmehr alle persönlichen Daten, die aus erster Hand und auch aus zweiter Hand – indem bereits gesammelte Daten verarbeitet werden, was neue Daten erstellt – gesammelt werden, und durch die Anzahl der Menschen auf der Erde geteilt werden. Nichtsdestotrotz ist die Menge an durchschnittlichen personenbezogenen Daten pro Benutzer enorm. Vgl. *Domo*, 6. Auflage, 2018 in: *Federal Trade Commission*, Secret Surveillance Scoring: Urgent Request for Investigation and Enforcement Action, Report vom 24.06.2019, 4.

69 Für aktuelle Statistiken vgl. *Domo*, Data Never Sleeps, 10. Auflage 2022. Abrufbar unter: https://www.domo.com/data-never-sleeps#.

70 Variety (Türkisch: Çeşitlilik).

71 Numerische, traditionelle Daten, die viel einfacher zu handhaben und zu verarbeiten sind.

72 Audios, Videos, Kommunikation über soziale Medien usw.

73 Veracity. Auf Türkisch: İsabet, Doğruluk.

74 *Mittelstadt/Floridi*, SaEE 2015, 309.

75 *Fuster/Scherrer*, 11ff.

76 Für die Diskussion über die datenschutzrechtliche Einwilligung ausführlich Teil C-II-1-c) beim Kapitel 1.

77 Wenn man einen Social-Media-Konto erstellt oder seine Kreditkarteninformationen für zukünftige Online-Einkäufe angibt und seine Einwilligung für die Datenverarbeitung mitteilt (Volunteered/Surrendered Data – Rıza Gösterilmiş Veri).

obachteten Daten[78] und abgeleiteten Daten[79] vorliegen.[80] Die riesigen Datenmengen können von Unternehmen, Regierungen und anderen großen Organisationen versammelt[81] und danach einer ausführlichen Analyse unterzogen werden. In diesem Zusammenhang kommt der Begriff *Big-Data-Analyse* in Betracht. Dieser sehr große Datenpool durchläuft eine Reihe von Schnellanalysen und wird dann in verschiedene Kategorien unterteilt und in wertvolle Informationen für Unternehmen und sonstige Organisationen umgewandelt. Definitionsgemäß hat Big Data viele wirtschaftliche Nutzungsbereiche:[82] Gesundheitsdienste, Logistik, Landwirtschaft, Stadtplanung, Smart Homes und Fahrzeuge, Lieferkette, Energie, Bonitätsanalyse durch Kreditinstitute[83] und E-Commerce.

II. Internet der Dinge und Künstliche Intelligenz

Die drei Schlagworte – Big-Data, Internet der Dinge und künstliche Intelligenz – sind stark miteinander verbunden.[84] Das Internet der Dinge (IdD) bezieht sich auf ein Ökosystem miteinander verbundener Computergeräte, mechanischer und digitaler Maschinen, Objekte, Tiere oder Menschen, die mit *eindeutigen Kennungen*[85] versehen sind, sowie die Fähigkeit, Daten über ein Netzwerk zu transferieren, wobei weder eine zwischenmenschliche noch eine Mensch-Maschine-Interaktion stattfinden muss.[86] Die wesentliche Bedeutung von IdD liegt darin, dass keine menschliche Interaktion erforderlich ist, um Daten sammeln, verarbeiten und analysieren

78 Wenn die Browsing-Aktivität mithilfe von Cookies verfolgt oder der Standort des Benutzers des Geräts bestimmt wird (Observed Data – Gözlem Verisi).

79 Wenn eine Vielzahl von Daten aus verschiedenen Quellen – insbesondere von Datenbrokern – bezogen, kombiniert und analysiert wird (Inferred Data – Kombine/Elde Edilmiş Veri).

80 *Europäische Kommission*, Consumer Market Study on Online Market Segmentation Through Personalized Pricing/Offers in the European Union, Executive Summary 07.2018, 2; *Fuster/Scherrer*, 19.

81 *Fuster/Scherrer*, 5.

82 *Gal/Elkin-Koren*, HJLT 2017, 309–353, 319 ff.; *Wachter*, GDPR and the Internet of Things: Guidelines to Protect Users' Identity and Privacy, 2017, 2; *USGAO*, Internet of Things: Status and Implications of an Increasingly Connected World, 2017.

83 *Ebers*, MMR 2018, 423–428, 424.

84 Für einen Vergleich zwischen Begriffen ausführlich *Çekin*, 1 ff., 13 ff.

85 Unique identifiers – UIDs.

86 *Rouse*, Internet of Things (IoT), IoT Agenda, 02.2020. Abrufbar unter: https://internetofthingsagenda.techtarget.com/definition/Internet-of-Things-IoT.

zu können. Obwohl dieses Ökosystem verschiedene Arten der Kommunikation umfasst, besteht es grundsätzlich aus drei Komponenten:[87]

– Das IdD-Gerät bzw. die Hardware, wie z.B. eine Antenne oder ein Sensor, welche die Daten erfasst und überträgt. Dieser Sensor oder diese Antenne kann in einem handelsüblichen Mobiltelefon, einem Computer, einer Smartwatch, einem Fahrzeug, einem Tier oder sogar einem Menschen integriert sein.
– Das Netzwerk, das das IdD-Gerät mit Cloud-Diensten und anderen Geräten verbindet. Die Netzwerkverbindung kann entweder kabelgebunden oder kabellos sein, wie etwa Wi-Fi, Bluetooth oder Mobilfunk.
– Die Software, welche die bereits gesammelten und übertragenen Daten verarbeitet und für verschiedene Zwecke einsetzt: Automatisierung, Datenauswertung oder Verbesserung der Kommunikation zwischen den Geräten im IdD.

Künstliche Intelligenz (KI) hingegen ist die Fähigkeit eines Computers oder computergesteuerten Roboters, bestimmte Aufgaben auszuführen, die üblicherweise nur intelligenten Lebewesen vorbehalten sind.[88] Die Begriffsbestimmung sollte auf den wesentlichen funktionalen Merkmalen der Software beruhen, insbesondere darauf, dass sie im Hinblick auf eine Reihe von Zielen, die vom Menschen festgelegt werden, Ergebnisse wie Inhalte, Vorhersagen, Empfehlungen oder Entscheidungen hervorbringen kann, die das Umfeld beeinflussen, mit dem sie interagieren, sei es physisch oder digital.[89] Künstliche Intelligenz wird traditionell in zwei Kategorien eingeteilt:[90] Im weiteren Sinne handelt es sich um eine vollständige Simulation der menschlichen Intelligenz.[91] In diesem Sinne wird der Begriff häufig mit der Robotikindustrie in Verbindung gebracht, deren vollständige Entwicklung noch in weiter Ferne zu liegen scheint. Andererseits haben einige Softwareprogramme bei der Ausführung bestimmter spezifischer Aufgaben bereits das Leistungsniveau menschlicher Experten und Spezialisten erreicht.[92] Künstliche Intelligenz in diesem eingeschränkten

---

87 *USGAO*, Internet of Things: Status and Implications of an Increasingly Connected World, 2017, 7ff.; *Tschider*, Regulating the Internet of Things: Discrimination, Privacy and Cybersecurity in the Artificial Intelligence Age, DLR 2018, 87–143.

88 *Copeland*, Artificial Intelligence, Britannica 11.09.2020. Abrufbar unter: https://www.britannica.com/ technology/artificial-intelligence.

89 Erwägungsgrund Nr. 6 aus dem Vorschlag zur Verordnung des Europäischen Parlaments und des Rates zur Festlegung Harmonisierter Vorschriften für Künstliche Intelligenz (Gesetz über Künstliche Intelligenz) und zur Änderung Bestimmter Rechtsakte der Union, 2021/0106 (COD).

90 S. auch *Weber*, Rechtswörterbuch, Künstliche Intelligenz, 1019.

91 Starke KI. Ausführlich *Conrad*, Künstliche Intelligenz und die DSGVO – Ausgewählte Problemstellungen, K&R 2018, 741–746, 741.

92 Ausführlich *Frankenfield*, Artificial Intelligence (AI), Investopedia 13.05.2020. Abrufbar unter: https://www.investopedia.com/terms/a/artificial-intelligence-ai.asp.

Sinne[93] findet sich in verschiedenen Anwendungsbereichen wie medizinische Diagnostik, Computersuchmaschinen und Sprach- oder Handschrifterkennung.

Die Relevanz intelligenter, vernetzter Geräte in diesem Zusammenhang beruht vor allem auf ihrer Fähigkeit, Daten über einzelne Benutzer zu sammeln. Sie sammeln jedoch nicht ausschließlich Daten von Einzelpersonen, sondern können auch selbst eine gewisse Menge an Daten erzeugen.[94] Insofern sind sie auch Teil des Datenanalyse-Universums. Aktuelle Berichte zeigen, dass etwa ein Fünftel der Datenanalyse direkt in intelligent vernetzten Objekten wie Autos, intelligenten Haushaltsgeräten oder Herstellungsrobotern stattfindet, und dass dieser Anteil in den kommenden Jahren drastisch steigen wird.[95]

Die Big-Data-Analyse hat dank einer immer größeren Zahl intelligenter Geräte und der kontinuierlichen Kommunikation zwischen den betreffenden Geräten ein Entwicklungsstadium erreicht, in dem das Benutzerverhalten verfolgt und vor allem antizipiert werden könnte. Mit der Unterstützung von KI und IdD werden sich die Einsatzmöglichkeiten von Big-Data-Analysen, insbesondere bei der Personalisierung der Vertragsgestaltung, noch weiter erhöhen.[96]

III. Vermittlung der modernen Verbraucher durch Digitale Plattformen

Der konventionelle Handel findet durch den persönlichen Kontakt statt. Der derzeitige digitale Handel ist jedoch in der Regel vermittelt.[97] Ein gewöhnlicher Benutzer kauft virtuell mit einem Laptop, einem Mobiltelefon oder einem anderen internetfähigen Endgerät ein. Zur Bezahlung greift er auf eine Kredit- oder Bankkarte zurück. Er erhält die Werbung auf einer stark personalisierten Weise, d.h., ihm wird relevante Werbung präsentiert, und er erhält sie zu jeder Zeit, dank der Vielzahl von vernetzten Geräten, die er regelmäßig in Gebrauch hat. Dies geschieht häufig über eine sogenannte App, die als jede Anwendungssoftware für Mobiltelefone, Tablets oder Computer bezeichnet werden darf.[98] Diese Apps ermöglichen die Implementierung verschiedener Arten von Plattformen.

---

93 Schwache KI. Hierzu ausführlich *Conrad*, K&R 2018, 741–746, 741.

94 Über die Beziehung zwischen KI und europäisches Vertragsrecht s. auch *Hacker et al.*, Explainable AI under Contract and Tort Law: Legal Incentives and Technical Challenges, AI and Law 28, 2020, 415–439.

95 Ausführlich *Europäische Kommission*, A European Strategy for Data 19.02.2020, COM (2020) 66 final, 2.

96 *Europäische Kommission*, Consumer Market Study on Online Market Segmentation Through Personalized Pricing/Offers in the European Union, Executive Summary 07.2018, 3.

97 S. ausführlich *Cohen*, Law for the Platform Economy, UCDLR 2017, 133–204, 136 ff.

98 Ausführlich *Taeger/Kremer*, Recht im E-Commerce und Internet, 2021, 26 ff.

1) Arten digitaler Plattformen

Digitale Plattformen sind virtuelle Orte, an denen sich mindestens zwei Akteure mit Kooperationsinteressen treffen, um Informationen auszutauschen oder eine bestimmte Ware oder Dienstleistung zu kaufen, zu verkaufen, zu mieten, zu leasen, zu teilen oder anderweitig zur Verfügung zu stellen.[99] Sie sind intermediäre Dienstleister in der modernen Informationsgesellschaft, die in der Sharing Economy eine sehr wichtige Funktion erfüllen.[100] Sie senken vor allem die Kosten für die Speicherung, Verarbeitung, Reproduktion, den Weitertransport und den Abruf von Informationen und ermöglichen durch Big-Data-Analysen eine schnelle und zielgerichtete Suche in großen Datenmengen.[101] Im Allgemeinen lassen sich zwei Arten von Plattformen voneinander unterscheiden:[102] Vermittlungs- und Informationsplattformen.

Vermittlungsplattformen[103] wie eBay-Kleinanzeigen für Gebrauchtwaren und BlaBlaCar für Mitfahrgelegenheiten bringen Anbieter und Nachfrager zusammen, um ein bestimmtes Geschäft zu organisieren.[104] In den kürzlich angenommenen DSA ist das Verständnis dieser Begriffe etwas breiter. Nach Art. 3 Abs. 1 lit. g) DSA könnten die Vermittlungsdienste einer der folgenden Dienste der modernen Informationsgesellschaft anbieten:

- eine *reine Durchleitung*, die darin besteht, von einem Nutzer bereitgestellte Informationen über ein Kommunikationsnetz zu leiten oder den Zugang zu einem Kommunikationsnetz zu vermitteln,
- ein *Caching-Dienst*, der in der Übermittlung von durch einen Nutzer eingegebenen Informationen in einem Kommunikationsnetz besteht, wobei eine automatische, zeitlich begrenzte Zwischenspeicherung ausschließlich zu dem Zweck erfolgt, die Übermittlung dieser Informationen an andere Nutzer auf deren Anfrage hin effizienter zu gestalten,
- ein *Hosting-Dienst*, der darin besteht, von einem Nutzer bereitgestellte Informationen für diesen zu speichern.

---

99 Für die vertragsrechtliche und wirtschaftliche Relevanz der Plattformen ausführlich *Grundmann/Hacker*, The Digital Dimension as a Challenge to European Contract Law – The Architecture, in Grundmann (Hrsg.), European Contract Law in the Digital Age, 2018, 3–46, 3ff.

100 Vgl. *Navarro*, Discrimination and Online Platforms in the Collaborative Economy, EuCML 2019, 34–38, 34; *La Diega*, Uber Law and Awareness by Design. An Empirical Study on Online Platforms and Dehumanised Negotiations, EJCL 2015/2, 383–413.

101 *Engert*, Digitale Plattformen, AcP 218, 304–376, 307.

102 Dazu ausführlich Teil A-III beim Kapitel 1. Für die Diskussionen über die rechtliche Einordnung der Plattformen und ihre vertrags- und Lauterkeitsrechtliche Relevanz (insbesondere, ob sie die eigentlichen Schuldner oder bloße Vermittler der sich aus dem Vertrag ergebende Leistung seien): *Engert*, AcP 218, 304–376.

103 *Engert*, AcP 218, 305–376, 309.

104 Vgl. Art. 2 Abs. 1 Nr. 2 P2B-Verordnung.

Informationsplattformen[105] bzw. Online-Suchmaschinen[106] wie Idealo für Waren und Flüge, Trivago für Hotels oder Carwow, welches verschiedene Autohändler für das gleiche Auto kontaktiert und deren Preisangebote auflistet, ebnen den Weg für einen Preisvergleich,[107] damit der Nutzer den niedrigsten Preis für die entsprechende Gegenleistung erhält. Es gibt auch Plattformen wie Anker – Hersteller von hochwertigen Batterien –, Zalando – Onlinehändler für Bekleidung, Schuhe und Kosmetika – bzw. die während der Pandemie zunehmend bekannt gewordenen Lebensmittellieferdienste wie Flink, Getir und Grovy,[108] die nicht als Vermittler, sondern direkt als Erbringer einer Dienstleistung auftreten oder von der Rechtsprechung als solche anerkannt wurden, obwohl sie als bloßer Vermittlungsdienstleister agieren wollen,[109] wie z. B. Uber[110]. Amazon[111] ist ein gutes Beispiel für Unternehmen, die teilweise als Dienstleistungserbringer und teilweise als Vermittler auftreten.

---

105 *Engert*, AcP 218, 305–376, 310.

106 Informationsplattformen werden in der P2B-Verordnung sowie im DSA als *Online-Suchmaschinen* bezeichnet. Nach § 3 Abs. 1 lit. i) DSA ist eine Online-Suchmaschine ein Vermittlungsdienst, der es Nutzern ermöglicht, durch Eingabe eines Suchbegriffs, einer Wortfolge, eines Satzes oder einer anderen Eingabe Anfragen einzugeben, um grundsätzlich alle Webseiten oder alle Webseiten in einer bestimmten Sprache zu einem beliebigen Thema zu durchsuchen und Ergebnisse in einem beliebigen Format zu erhalten, die Informationen zu dem angefragten Inhalt enthalten.

107 Diese Art von Plattformen sind auch als Preisvergleichsplattformen bezeichnet.

108 Vgl. *Rainer*, Lebensmittellieferung in zehn Minuten – kann das auf Dauer funktionieren?, Spiegel 02.04.2021. Abrufbar unter: https://www.spiegel.de/wirtschaft/unternehmen/gorillas-flink-und-grovy-lebensmittel-in-zehn-minuten-geliefert-kann-das-auf-dauer-funktionieren-a-4bcd3ea0-ee43-4459-b5e6-423e8dec73d8.

109 Für vergleichbare AGB von Airbnb s. auch *Mak*, in Grundmann (Hrsg.), 87–102, 90, 91.

110 EuGH C-434/15, 20.12.2017. Insbesondere wichtig ist die Rn. 39. Mit eigenen Worten des Gerichts: *„Insoweit geht aus den dem Gerichtshof vorliegenden Informationen hervor, dass der Vermittlungsdienst von Uber auf der Auswahl nicht berufsmäßiger, das eigene Fahrzeug benutzender Fahrer beruht, denen diese Gesellschaft eine Applikation stellt, ohne die zum einen die Fahrer nicht Verkehrsdienstleistungen erbringen würden und zum anderen die Personen, die eine Fahrt im innerstädtischen Bereich unternehmen möchten, nicht die Dienste dieser Fahrer in Anspruch nehmen würden. Zudem übt Uber einen entscheidenden Einfluss auf die Bedingungen aus, unter denen diese Fahrer die Leistung erbringen. Dabei ist insbesondere klar ersichtlich, dass Uber durch die gleichnamige Anwendung zumindest den Höchstpreis für die Fahrt festsetzt, dass diese Gesellschaft den Preis beim Kunden erhebt und danach einen Teil davon an den nicht berufsmäßigen Fahrer des Fahrzeugs überweist und dass sie eine gewisse Kontrolle über die Qualität der Fahrzeuge und deren Fahrer sowie über deren Verhalten ausübt, die gegebenenfalls zu ihrem Ausschluss führen kann.“*. Ausführlich *Hacker*, UberPop, UberBlack and the Regulation of Digital Platforms after the Asociacion Profesional Elite Taxi Judgement of the CJEU, ERCL 2018, 14(1), 80–96, 84, 89f.

111 Ein virtueller Marktplatz, auf dem die eigenen Waren und Dienstleistungen von Amazon und auch anderen Händlern angeboten wird und, der sowohl in Deutschland als auch in der Türkei operiert.

Nach der DMA-Regulierung wird zwischen größeren und kleineren datenverarbeitenden Unternehmen weiter unterschieden, indem Unternehmen mit hinreichender Marktmacht vom DMA als Torwächter[112] bezeichnet und mit strengeren Verpflichtungen belegt werden.[113] Voraussetzung für die Einstufung eines Unternehmens als Torwächter ist, dass die folgenden Bedingungen erfüllt sind:[114]

- **Binnenmarktrelevanz (Großenkriterium):** Ein Mindestjahresumsatz im Europäischen Wirtschaftsraum und ein zentraler Plattformdienst in mindestens drei EU-Mitgliedstaaten,
- **Kontrolle über ein wichtiges Zugangsportal als Brückenfunktion zwischen gewerblichen Nutzern und Endnutzern (Gateway-Kriterium):** Das Unternehmen bietet einen zentralen Plattformdienst an, der mindestens 45 Millionen monatlich aktive Endnutzer mit Niederlassung oder Wohnsitz innerhalb der Europäischen Union und mindestens 10.000 jährlich aktive gewerbliche Nutzer mit Niederlassung innerhalb der Europäischen Union hat,
- **Etablierte Position (Dauerhaftigkeitskriterium):** Erreichung der vorgenannten Nutzerzahlen in den letzten drei Geschäftsjahren.[115]

Im Vergleich stammt die Einordnung der Plattformen aus dem zuletzt 2022 geänderten ETK[116] sowie der neuen ETY[117] in der Türkei und unterscheidet sich in etwa von der in Deutschland. Nach § 2 Abs. 1 lit. f) ETK sowie Art. 4 Abs. 1 lit. f) ETY sind Vermittlungsplattformen solche, die die Kontaktaufnahme zwischen Anbietern und Nachfragern ermöglichen und die bloße Vermittlung von Transaktionen durchführen.[118] Dienstleistungsplattformen sind nach § 2 Abs. 1 lit. g) ETK und Art. 4 Abs. 1

---

112 Gatekeeper (Türkisch: Bekçi Şirket). S. ausführlich *Herbers*, Der Digital Markets Act (DMA) kommt – neue Dos and Don'ts für Gatekeeper in der Digitalwirtschaft, RDi 2022, 252–259, 254ff.

113 S. ausführlich *Hacker*, KI und DMA – Zugang, Transparenz und Fairness für KI-Modelle in der digitalen Wirtschaft, GRUR 2022, 1278–1284.

114 S. ausführlich *Herbers*, RDi 2022, 252–259, 254; *Europäische Kommission*, Wegweisende EU-Regeln für faire digitale Märkte treten in Kraft, Pressemitteilung vom 31.10.2022. Abrufbar unter: https://germany.representation.ec.europa.eu/news/wegweisende-eu-regeln-fur-faire-digitale-markte-treten-kraft-2022-10-31_de.

115 Auch wenn die in dieser Arbeit analysierten Unternehmen diese Kriterien nicht erfüllen (für diese Arbeit weniger relevant), so sind sie immerhin Platzhirsche in den jeweiligen Marktsegmenten.

116 Gesetz über die Regulierung des elektronischen Geschäftsverkehrs (Elektronik Ticaretin Düzenlenmesi Hakkında Kanun).

117 Elektronik Ticaret Yönetmeliği (Richtlinie über den elektronischen Geschäftsverkehr).

118 § 4 Abs. 1 lit. f) EYT: Elektronik ticaret aracı hizmet sağlayıcı (ETAHS): Elektronik ticaret pazar yerinde elektronik ticaret hizmet sağlayıcıların mal veya hizmetlerinin teminine yönelik sözleşme yapılmasına ya da sipariş verilmesine imkân sağlayan aracı hizmet sağlayıcıyı... (Anbieter von Vermittlungsdiensten für den elektronischen Geschäftsverkehr (ETAHS): Der Anbieter von Vermitt-

lit. h) Plattformen, welche die Waren und Dienstleistungen unter eigenen Namen anbieten.[119] Mit dieser Klassifizierung akzeptiert die türkische EYT z. B. Idealo als Vermittlungsplattform und Amazon als Dienstleistungsplattform. EYT unterteilt die beiden Arten von Plattformen nach ihrer Unternehmensgröße und ihrem Gesamtumsatzvolumen und erlegt ihnen je nach Größe unterschiedliche Verpflichtungen auf:[120] Je mächtiger das Unternehmen ist, desto strikter fallen diese aus.[121]

2) Sharing Economy

Als eine wichtige Art von Plattform ist die sogenannte Sharing Economy zu nennen. Der Begriff *Sharing Economy*[122] bezieht sich auf eine Reihe von Techniken zur Ermöglichung vertrauenswürdiger Transaktionen zwischen Fremden auf einer digitalen Plattform.[123] Diese Transaktionen reichen von der Vermietung von Unterkünften, wie z. B. über Airbnb, bis hin zum Carsharing über Miles, DriveNow, Uber usw., von der Montage von gekauften Möbeln über TaskRabbit bis hin zum gemeinsamen Abendessen mit Fremden über Feastly. Das maßgebliche Unterscheidungsmerkmal der Sharing Economy gegenüber anderen Plattformtypen ist ihr Fokus auf den *C2C-Bereich*.[124]

Obwohl das Konzept der Sharing Economy bis in die 1950er Jahre zurückverfolgt werden kann,[125] schafft die weit verbreitete Verfügbarkeit von Smartphones und anderen vernetzten Geräten[126] sowie von Technologien – wie z. B. Bewertungs-

---

lungsdiensten, der es Anbietern von Diensten des elektronischen Geschäftsverkehrs ermöglicht, einen Vertrag zu schließen oder eine Bestellung für die Lieferung von Waren oder die Erbringung von Dienstleistungen auf dem Marktplatz des elektronischen Geschäftsverkehrs aufzugeben...).

119 § 4 Abs. 1 lit. h) EYT: Elektronik ticaret hizmet sağlayıcı (ETHS): Elektronik ticaret pazar yerinde ya da kendine ait elektronik ticaret ortamında mal veya hizmetlerinin teminine yönelik sözleşme yapan ya da sipariş alan hizmet sağlayıcıyı... (Anbieter von Dienstleistungen im elektronischen Geschäftsverkehr (ETHS): Ein Dienstleister, der einen Vertrag über die Lieferung von Waren oder die Erbringung von Dienstleistungen auf einem E-Commerce-Marktplatz oder in seiner eigenen E-Commerce-Umgebung abschließt oder eine Bestellung entgegennimmt...).

120 In den beiden oben genannten Artikeln werden die Vermittlungs- oder Dienstleistungsplattformen in mittlere, große und sehr große Plattformen eingeteilt. Die Differenzierung basiert auf dem Jahresumsatz.

121 S. Teil B-II-3 beim Kapitel 5.

122 Wirtschaft des Teilens (Türkisch: Paylaşım Ekonomisi).

123 *Calo/Rosenblat*, CLR 2017, 1623–1689, 1634.

124 Obwohl die Sharing Economy hauptsächlich im C2C-Bereich angesiedelt ist, ist sie immer noch ein riesiges Spielfeld für die Platzhirsche auf dem Markt, die mit ihren Algorithmen einen großen Einfluss auf die Transaktionen zwischen Nutzern haben.

125 *Calo/Rosenblat*, CLR 2017, 1623–1689, 1626.

126 Connected devices. (Türkisch: Bağlı Cihazlar)

systemen – Vertrauen unter Fremden. In diesem Punkt unterscheidet sich die moderne Sharing Economy von ihren Vorläufern. Die Sharing Economy ist mit klaren wirtschaftlichen und wettbewerblichen Vorteilen verbunden.[127] Sie ist im hohen Maße von Big-Data-Analysen und dem Internet der Dinge abhängig, ebenso wie andere Akteure der Plattformökonomie.

3) Vermittelte Verbraucher

Alle oben genannten Technologien und Wirtschaftsstrukturen haben zur Folge, dass die Verbraucher bei Plattformen – und in diesem Sinne auch die kleinen Unternehmen[128] – nicht direkt mit dem Verkäufer oder dem Anbieter in Kontakt treten, sondern über eine Reihe von vordefinierten Schnittstellen.[129] In der Literatur spricht man daher vom sog. *vermitteltem Verbraucher*.[130] Aus der Tatsache, dass der Verbraucher heutzutage ein vermittelter Verbraucher ist, ergeben sich für die Unternehmen drei wesentliche Vorteile,[131] die im Folgenden aufgeführt werden:[132]

- Sie verfügen über eine große Menge an Daten über vergangene und aktuelle Online-Aktivitäten der Verbraucher. Mit ausreichender Menge und Qualität dieser Daten und Algorithmen können daraus wertvolle Erkenntnisse für Unternehmen – z. B. die Verhaltensweise und Präferenzen bestimmter Nutzergruppen – gewonnen werden.
- Sie sind in der Lage, jeden Aspekt der Interaktion zu gestalten. Dies bezieht sich nicht nur auf die rechtlichen Rahmenbedingungen an die Transaktion, wie z. B. die Garantie oder die Nutzungsbedingungen bzw. die AGB, sondern auch sowohl auf die physische als auch auf die virtuelle Schnittstelle, an der die Interaktion bzw. die Kontrahierung stattfindet.
- Anstatt dass der Kunde den richtigen Zeitpunkt für den Markteintritt wählt, dürfen die Unternehmen den richtigen Zeitpunkt für die Kontaktaufnahme mit einem bestimmten Kunden wählen. Ermöglicht wird dies u. a. durch personali-

---

127 Sharing Economy schafft vor allem neue Einkommensmöglichkeiten für seine Benutzer, z. B. als Uber-Fahrer oder Airbnb-Gastgeber. Sie ermöglicht es ihren Benutzern auch, ähnliche Dienstleistungen zu einem niedrigeren Preis zu erhalten. Sie reduziert die Zeiten des Stillstandes von Gütern wie Computern und Autos mit dem Ergebnis einer höheren Effizienz. Vielleicht am wichtigsten: Sie zwingt die traditionellen Großunternehmen, mit den modernen Erwartungen der Verbraucher schrittzuhalten bzw. ihre Preise insgesamt zu reduzieren.

128 S. unten Teil C-II-3-c beim Kapitel 1.

129 Online-Schnittstelle ist nach der Definition aus Art. 3 Abs. 1 lit. m) DSA eine Software, darunter auch Webseiten oder Teile davon sowie Anwendungen, einschließlich Mobil-Apps.

130 S. supra Fn. 4.

131 Und dem Verbraucher oder kleinerem Unternehmen gleichzeitig drei Hauptnachteile.

132 Ausführlich dazu *Calo*, UWLDC 2014, 995–1051, 1004.

sierte Werbeanzeigen zwischen Nutzern. So kann sich ein Unternehmen seine Werbezeit aussuchen, was mitunter auch bedeuten mag, dass ein Nutzer ohne vorherigen Willen an einer Transaktion teilnimmt oder sogar zum Kauf eines Produktes bewegt wird.[133]

Die grundsätzlichen Effekte von Vermittlung sind weitgehend identisch, unabhängig davon, ob es sich um eine Plattform der Sharing Economy oder andere Formen von Algorithmen wie Flug- oder Hotelpreisvergleiche oder sogar B2B[134] handelt. Denn die Macht der Algorithmen wirkt auch gegen die Marktteilnehmer der übrigen Plattformtypen.

IV. Behavioral Targeting und Direktmarketing durch Personalisierung

Behavioral Targeting[135] oder Direktmarketing[136] besteht darin, das bisherige Verhalten der Benutzer zu überwachen und auf Grundlage der gesammelten Informationen zielgerichtete Werbung und andere personalisierte Inhalte anzuzeigen.[137] Zahlreiche Unternehmen haben bereits in den 80er Jahren begonnen, Direktmarketing anstelle von Massen-Targeting einzusetzen.[138] Ziel dieser frühen Phase des personalisierten Marketings war die Identifizierung der wahrscheinlichsten Käufer bestimmter Produkte und die entsprechende Werbung für diese Waren und Dienstleistungen. Die Unternehmen erkannten, dass sich durch die direkte Kommunikation mit den Kunden die Wahrscheinlichkeit erhöhte, dass diese ihre Waren und Dienstleistungen auch kaufen würden.

Ein Beispiel ist AT&T, das 1990 erfolgreich in das Kreditkartengeschäft einstieg.[139] AT&T hatte bereits einen guten Ruf als erfolgreiches Telefonunternehmen und verfügte über eine große Menge an Daten über seine bestehenden Kunden, so dass es leicht war, diejenigen unter ihnen ausfindig zu machen, die wahrscheinlich eine Kreditkarte kaufen würden. Ein weiteres Beispiel ist die die personalisierte

---

133 S. Teil C-III-2-a beim Kapitel 3.

134 S. Teil C-II-3-c beim Kapitel 1.

135 Für derartige Nutzung s. *Dornis*, ZfPW 2022, 310–345, 313 ff.

136 Ausführlich Splittgerber/*Katko*/*Kaiser*, Praxishandbuch Rechtsfragen Social Media, 256 ff.

137 *Borgesius*, Personal Data Processing for Behavioural Targeting: Which legal Basis?, IDPL 2015, 163–176, 164.

138 *Hannak*, Personalization in Online Services, College of Computer and Information Science Northeastern University, 2016, 14 ff.

139 *Blattberg*/*Deighton*, Interactive Marketing: Exploiting the Age of Addressability, SMR 1991, 5–14.

Coupon-Werbung nach den 1970er Jahren:[140] Jeder Kunde erhielt Coupons, die für seine Kaufpräferenzen relevant waren, und die Kunden neigten dazu, diese Coupons auch tatsächlich einzulösen. Eine aktuelle Studie zeigt, dass die vorherige Information über einen einzigen früheren Kauf die Wahrscheinlichkeit, einen Gutschein tatsächlich einzulösen, um 50 % erhöhen kann.[141]

Es ist evident, dass die Unternehmen diese Denkweise angesichts der langen Tradition der Personalisierung im Einzelhandel auch auf ihre Online-Plattformen übertragen haben. Für die Verarbeitung von Daten und die Vorhersage des Verbraucherverhaltens werden im großen Umfang Algorithmen eingesetzt. Als neue, vielversprechende Strategie hat sich in den letzten Jahren das Behavioral Microtargeting entwickelt.[142] Mit dem Einsatz von Big Data im Direktmarketing wird mehr oder weniger dasselbe Ziel verfolgt wie beim traditionellen Direktmarketing, nämlich das richtige Produkt für den richtigen Verbraucher zum richtigen Zeitpunkt zu bewerben. Der Unterschied ist vielmehr die spezifischere Art der Personalisierung, die durch die Analyse von Big Data ermöglicht wird. Es wird davon ausgegangen, dass der Erfolg des Direktmarketings mit der Menge an Informationen korreliert, die den Unternehmen zur Verfügung stehen, und mit den spezifischen Mitteln, die sie einsetzen, um die Verbraucher zu erreichen.[143]

Big-Data-Analysen schlagen bildlich gesprochen zwei Fliegen mit einer Klappe: Sie ermöglichen Unternehmen den Zugriff auf große Mengen personenbezogener Daten und auf der anderen Seite eine viel genauere Vorhersage des wahrscheinlichen Verbraucherverhaltens. Die moderne Art des Microtargeting, die sich aus der Big-Data-Analyse ergibt, begünstigt die Unternehmen gegenüber den Zielkonsumenten auf eine Art und Weise, die sie bisher nicht kannten:[144] Es entsteht eine neue Form der Macht- und Informationsasymmetrie.[145]

---

140 *Hannak*, 14.

141 *Hannak*, 15.

142 *Ebers*, MMR 2018, 423–428, 423.

143 Vgl. *Nowak/Phelps*, Direct Marketing and the Use of Individual-level Consumer Information: Determining How and When „Privacy“ Matters, JoDM 1999, 94–108, 95.

144 Dazu ausführlich Teil C beim Kapitel 1.

145 *Zurth*, AcP 221, 514–554, 534; *Ebers*, MMR 2018, 423–428, 423, *Wagner/Eidenmüller*, In der Falle der Algorithmen? Abschöpfen von Konsumentenrente, Ausnutzen von Verhaltensanomalien und Manipulation von Präferenzen: Die Regulierung der dunklen Seite personalisierter Transaktionen, ZfPW 2019, 220–246, 221; *Brunnenberg*, Privates Datenschutzrecht, 227. Zu diesem Thema ausführlich *Grundmann*, Information, Party Autonomy and Economic Agents in European Contract Law, Common Market Law Review, Volume 39, Issue 2, 2002, 269–293, 279 ff.

V. Die vertragsrechtliche Relevanz der Big-Data-Analyse

Der Umfang und die Vielfalt des elektronischen Geschäftsverkehrs nehmen in atemberaubendem Tempo zu. Täglich werden riesige Mengen und eine Vielzahl von Verträgen über Vermittlungs- und Informationsplattformen abgeschlossen.[146] Alle namhaften Marken verfügen über eine Webseite bzw. eine App, auf der sie anbieten und verkaufen können. Nahezu alle Banken verfügen über eigene Online-Portale und mobile Anwendungen für ihre Dienstleistungen, die es den Kunden ermöglichen, Geld zu überweisen, ihre Konten zu verwalten und sofort Geld anzulegen, ohne sich in eine Filiale begeben zu müssen. Sowohl die Verlängerung der Kaskoversicherung seines Autos als auch die Verlängerung des Mobilfunkvertrages sind mittlerweile problemlos online möglich. Auch das Vergleichen von Angeboten sowie das Buchen von Hin- und Rückflügen für die nächste Sommerreise sind auf diversen Vergleichsportalen möglich. Darüber hinaus lassen sich viele Menschen den Heimweg über Google Maps oder Apple Karten anzeigen.

Datenverarbeitungszwecke werden auch von sozialen Netzwerken wie Meta,[147] YouTube oder LinkedIn verfolgt. Sie zeigen ihren Nutzerinnen und Nutzern Werbung und verlangen Geld für das Vorankommen eines Kontos, eines Suchergebnisses oder eines Beitrags. Eine Studie aus dem Jahr 2013 schätzte, dass ein großes Unternehmen wie LinkedIn oder Meta zwischen sieben und mehr als 15 US-Dollar im Jahr pro Nutzer allein durch das Schalten von Werbung und die Weitergabe von Daten an Dritte verdienen könnte.[148] So gut wie alle mobilen Spiele sind finanziell von den Werbegeldern abhängig, die von Google und anderen großen Unternehmen im Austausch für die Gesamtzahl, der den Nutzern angezeigten Werbung zur Verfügung gestellt werden. Insgesamt ist von einem Geschäft im Wert von mehr als 4 Billionen Dollar die Rede.[149]

Die Auswertung von umfangreichen Datenbeständen ist von kritischer Bedeutung für die Effektivität dieses großen Mechanismus.[150] Mit ihrer Hilfe lassen sich große Datenmengen in nahezu Echtzeit und in großer Vielfalt erfassen. Dadurch wird eine personalisierte Erfahrung für jeden einzelnen Benutzer möglich. Ein wichtiger Grund für die Intelligenz der Dinge im Internet der Dinge ist, dass ihre Funktionalität von der Nutzung und dem kontinuierlichen Fluss von Benutzerdaten abhängt. Intelligente Geräte und Dienste müssen in der Lage sein, Daten sowohl mit

146 S. etwa *Cohen*, UCDLR 2017, 133–204, 136ff., 145ff.

147 Vormals Facebook.

148 *Louis*, How Much is a User Worth?, Forbes 31.08.2013. Abrufbar unter: https://www.forbes.com/sites/tristanlouis/2013/08/31/how-much-is-a-user-worth/#351a221d1c5.

149 Vgl. die Daten bei „Vermittlung als Ausgangspunkt" bei der Einleitung.

150 Vgl. an dieser Stelle *Zurth*, AcP 221, 514–554, 534ff.

dem Hersteller als auch mit dem Anbieter des Dienstes zu verbinden und miteinander zu kommunizieren.[151] Aus diesem Grund sind – mit wenigen Ausnahmen – alle digitalen Plattformen, Webseiten und mobilen Anwendungen bestrebt, die Zustimmung der Nutzerinnen und Nutzer für die Erhebung, Nutzung und Weitergabe personenbezogener Daten einzuholen.

Solange es um den elektronischen Geschäftsverkehr geht, dreht sich die Verwendung personenbezogener Daten um die Personalisierung von Angeboten und um eine spezifischere, auf den Benutzer zugeschnittene Form der Vertragsgestaltung. Auf den ersten Blick mag dies harmlos und für beide Seiten sogar vorteilhaft erscheinen. Es wird erwartet, dass diese Art der Werbung und Vertragsgestaltung, die weniger von menschlichen Faktoren abhängt, von Natur aus neutraler, persönlicher und fairer ist.[152] Die regelmäßige Benachteiligung von Benutzern infolge vom Big-Data-Einsatz scheint jedoch primär ein strukturelles Marktproblem und eine ernstzunehmende Gefahr darzustellen.

B. Die Schattenseite algorithmischer Personalisierung

Die Analyse von Big Data und die darauf basierende Personalisierung von Inhalten wirft Probleme auf, die aus rechtlicher Sicht nicht zu ignorieren sind.[153] Zunächst zeigen einige wissenschaftliche Werke, dass bereits bestehende Vorurteile einer Gesellschaft oder einer Gruppe von Menschen durch Big-Data-Analysen reproduziert werden können. Wenn die Gemeinschaft, deren Daten durch Algorithmen verarbeitet werden, Vorurteile gegenüber einem bestimmten Gender oder einer bestimmten ethnischen Herkunft hat, kann die Analyse zu einer ungewollten Reproduktion dieser Vorurteile führen.[154] Die Verwendung von Daten aus Stichprobenpopulationen kann sich in den Analyseergebnissen manifestieren, ohne dass die Unternehmen, welche die Daten verarbeiten, dies beabsichtigen oder sich dieser Diskriminierung überhaupt bewusst sind.[155]

151 *Helberger*, Profiling and Targeting Consumers in the Internet of Things – A New Challenge for Consumer Law, SSRN Electronic-Journal, 2016, 7.

152 *Rosenblat/Hwang*, The Wisdom of the Captured, Data&Society, 2016, 3.

153 *Calo/Rosenblat*, CLR 2017, 1623–1689, 1647. So schreiben die Autoren etwa, dass das Bewertungssystem von Uber die Diskriminierung von Fahrgästen verschleiern und dazu führen könnte, dass Fahrer mit den Attributen einer geschützten Personengruppe schlechter bewertet werden, was zu einer geringeren Bezahlung oder sogar zur Kündigung des Vertrags durch den Fahrdienstleister führen könnte.

154 *Barocas/Selbst*, Big Data's Disparate Impact, CLR 2016, 671–732, 674; vgl. über Plattformen auch *Grundmann/Hacker*, in Grundmann (Hrsg.), 3–46, 29.

155 Vgl. *Zurth*, AcP 221, 514–554, 540 ff.

Ein weiteres Problem scheint die sichere Speicherung und Aufbewahrung personenbezogener Daten zu sein. So hat die türkische Datenschutzkommission entschieden, Meta zu einer Strafe zu verurteilen, weil das Netzwerk die Daten von 6,8 Millionen Nutzern 12 Tage lang nicht vor externen Anwendungen schützen konnte.[156] Die Entscheidung basierte auf einer vorherigen Meldung des Verstoßes durch Meta.[157] Aufgrund eines Fehlers in der Foto-API[158] von Facebook konnten Anwendungen von Drittanbietern nicht nur wie vorgesehen auf die Timeline-Fotos der Nutzer zugreifen, sondern auch auf andere Teile des Netzwerks, die Fotos enthielten, und sogar auf Fotos, die noch nicht vollständig hochgeladen waren. Ähnliche Entscheidungen der angesehenen englischen[159] und italienischen[160] Datenschutzkommissionen[161] zeigen die Notwendigkeit eines besseren Schutzes personenbezogener Daten vor Missbrauch und ähnlichen Verstößen.

Ein ähnlicher kürzlich bekannt gewordener Cyberangriff aus England führte zur Entwendung von 40 Millionen Wählerdaten wie Namen und Adressen, deren Existenz für etwa ein Jahr unentdeckt blieb und dann für weitere zehn Monate vor der Öffentlichkeit geheim gehalten wurde.[162] Die englische Wahlkommission entschuldigte sich in der Folge für das Vorkommnis.[163]

Obschon auch für datenbezogene Vertragsabschlüsse relevant, werden in dieser Arbeit Fragen der Datensicherheit und auch der Cybersecurity ausgeblendet, da diese Probleme so weitreichend und komplex sind, dass sie das eigenständige Thema einer derartigen Dissertation darstellen könnten.

---

156 KVKK, Urteil vom 10.05.2019, 2019/104.

157 Der ganze Report ist abrufbar unter: https://developers.facebook.com/blog/post/2018/%2012/14/notifying-our-developer-ecosystem-about-a-photo-api-bug/.

158 Application Programming Interface – Programmierschnittstelle.

159 Ausführlich *Waterson*, UK Fines Facebook £500,000 for Failing to Protect User Data, The Guardian 25.10.2018. Abrufbar unter: https://www.theguardian.com/ technology/2018/oct/25/facebook-fined-uk-privacy-access-user-data-cambridge-analytica.

160 *Graham*, Italy Fines Facebook 10 Million Euro for Misleading Users over Data Practices, Euronews 08.12.2018. Abrufbar unter: https://www.euronews.com/2018/12 /08/italy-fines-facebook-10million-for-misleading-users-over-data-practices.

161 ICO (Information Commissioner's Office) in England und AGCM (Autorita' Garante della Concorrenza e del Mercato) in Italien.

162 *Mason/Farah*, Electoral Commission Apologises for Security Breach Involving UK Voters' Data, The Guardian 08.08.2023. Abrufbar unter: https://www.theguardian.com/technology/2023/aug/08/uk-electoral-commission-registers-targeted-by-hostile-hackers.

163 *Electoral Commission*, Pressemitteilung vom 08.08.2023. Abrufbar unter: https://www.electoralcommission.org.uk/media-centre/electoral-commission-subject-cyber-attack.

In der Phase der Vertragsgestaltung lassen sich fragwürdige Praktiken beobachten, die auf Big-Data-Analysen basieren und für diese Arbeit von größerer Relevanz sind. Die in dieser Dissertation angewandte Methode zur Auswahl verwandter Falltypen ist folgende:

- Damit der Schwerpunkt im Bereich des Vertragsrechts bleibt, muss es einen direkten oder indirekten Zusammenhang zwischen der betreffenden Praxis und dem Inhalt oder dem Abschluss bzw. Nichtzustandekommen eines Vertrags geben.
- Damit die Gefahr der Wahrscheinlichkeit solcher Praktiken wahrgenommen wird, muss es mindestens eine rechtlich relevante Studie, ein akademisches Schreiben oder eine andere Form des vorläufigen Nachweises für die Existenz dieser bestimmten Praxis geben.

Die Praktiken im Bereich des Vertragsrechts, die Gegenstand dieser Arbeit sind, werden in die folgenden Kategorien eingeteilt:

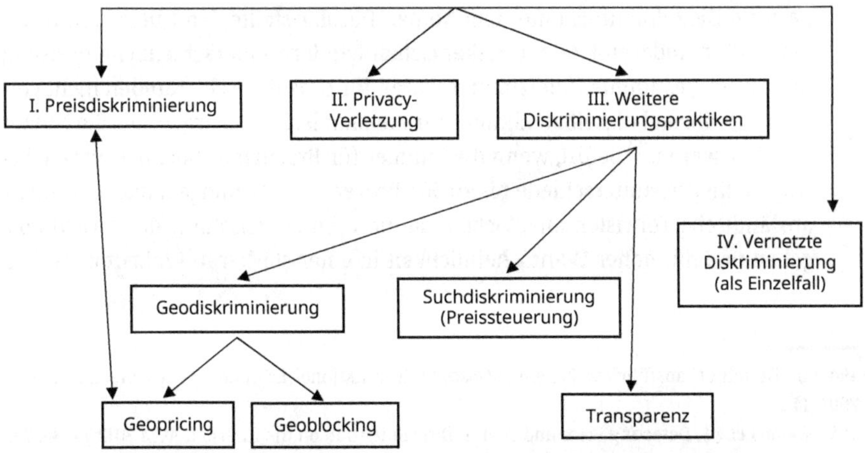

Abbildung 1: Diskriminierungstypen durch Big-Data-Analyse. (Quelle: Vom Autor erstellt.)

I. Preisdiskriminierung

Bei der Preisdiskriminierung handelt es sich um die Praxis, verschiedenen Kunden unterschiedliche Preise in Rechnung zu stellen.[164] Sie ist die individuelle Festlegung des Preises für ein bestimmtes Produkt oder eine bestimmte Dienstleistung für jeden Kunden auf der Grundlage seiner Wertschätzung für dieses bestimmte Produkt oder diese bestimmte Dienstleistung.[165] Der Begriff der Diskriminierung ist hier nicht im Sinne des Antidiskriminierungsrechts zu verstehen,[166] sondern soll ausschließlich im ökonomischen Sinne einer Unterscheidung zwischen verschiedenen Nutzern[167] verstanden werden.[168] Deshalb wird diese Praxis auch als *personalisierte Preisgestaltung* bezeichnet.[169]

Das Resultat der Preisdiskriminierung ist das gleiche: Unterschiedliche Käufer zahlen unterschiedliche Preise, allerdings zu unterschiedlichen Gründen. Die üblichsten Varianten sind folgende:

– **Nutzerstandort (Geopricing):** Ein beachtenswertes Bußgeld aus Brasilien bezog sich sowohl auf Geoblocking als auch auf Geopricing-Praktiken.[170] Die reisebasierte Digitalplattform mit dem Namen Decolar stellte den Nutzern in Brasilien und in anderen lateinamerikanischen Ländern unterschiedliche Preise in Rechnung. Bestimmte Hotelzimmer waren für brasilianische Kunden nicht verfügbar, während dieselben Zimmer für mexikanische und argentinische Nutzer buchbar waren.[171] Selbst, wenn die Zimmer für Brasilianer buchbar waren, betrugen die Preisunterschiede bis zu 500 Prozent. Der Grundgedanke war, mehr ausländische Touristen anzulocken, da diese im Durchschnitt mehr Geld ausgeben und mit hoher Wahrscheinlichkeit in einer stärkeren Währung als dem

164 Für Definition ausführlich *Krugman/Obstfeld*, International Economics – Theory and Policy, 2003, 142.

165 *Mikians et. al.*, Detecting Price and Search Discrimination on the Internet, ACM 2012 79–84, 79.

166 In Bezug auf das Verhältnis zwischen dem Privatrecht und dem Antidiskriminierungsrecht ausführlich *Renner*, Non-discrimination, in: Grundmann et al, New Private Law Theory: A Pluralist Approach, 261–271; *Zurth*, AcP 221, 514–554, 536 ff.

167 Oft zwischen Verbrauchern.

168 Für eine ähnliche Unterscheidung vgl. *Hennemann*, AcP 219, 819–854, 825.

169 *Europäische Kommission*, Consumer Market Study on Online Market Segmentation Through Personalized Pricing/Offers in the European Union 19.07.2018.

170 Die Entscheidung ist abrufbar unter: https://www.procon.sp.gov.br/procon-sp-multa-decolar/. Vgl. auch *Meyerhof Salama/Batista da Silva*, Personalized Pricing in Brazil, 2023. Abrufbar unter: https://papers.ssrn.com/sol3/papers.cfm?abstract_id=4559468.

171 *Souto Correa Advogados*, Procon/SP Fines Decolar on BRL 1.1 Million for Varying Prices in Accordance with Customer Location, 05.02.2020. Abrufbar unter: https://www.soutocorrea.com.br/en/newsletters/consumidor-product-liability-7-fev2020/.

brasilianischen Real[172] bezahlen.[173] Das Bußgeld wurde anfänglich auf 7,5 Millionen brasilianische Real[174] festgesetzt. Decolar legte jedoch Berufung ein, woraufhin es auf 2,5 Millionen BRL[175] reduziert wurde.[176]
Preisdiskriminierung kann nicht nur zwischen Ländern, sondern auch zwischen verschiedenen Regionen eines Landes auftreten. Eine Untersuchung in den USA hat gezeigt, dass die Bürobedarfsriesen Staples und Home Depot Preisdiskriminierung betreiben, indem sie die geschätzte Postleitzahl des Kunden verwenden, um die Preise zu variieren.[177] Drei Journalisten des Wall Street Journal verwendeten VPN-Programme und andere Algorithmen, um mit ihren geschätzten Standorten zu spielen. Sie simulierten mehr als 29.000 Postleitzahlen in allen 50 Bundesstaaten sowie im Distrikt of Columbia und erhielten bis zu drei verschiedene Preise für die gleichen Produkte. Obwohl das genaue Preisschema der Webseite verborgen blieb, wurden einige Tendenzen deutlich, z.B. ein höherer Preis, wenn der Nutzer mehr als 30 km von einem Konkurrenzgeschäft von Staples entfernt war. Außerdem gelten in bestimmten Stadtteilen dauerhaft niedrigere Preise, in anderen höhere.

– **Eingesetztes Betriebssystem (OS):** Das eingesetzte Betriebssystem[178] ist eine der einfachsten Informationen über den Nutzer, da es leicht anhand der Seriennummer des verwendeten Geräts ermittelt werden kann. Das Risiko besteht darin, dass ein Nutzer allein aufgrund des von ihm verwendeten Geräts persona-

---

172 Die brasilianische Wirtschaft und ihre Währung, der Real, gehören in der Wirtschaftsliteratur zu den sogenannten *Fragile Five*. Der Begriff wurde erstmals von James Lord -einem Analysten von Morgan Stanley- geprägt und umfasst die Länder Brasilien, Indonesien, Indien, Südafrika und die Türkei. Die Zugehörigkeit zu den *Fragile Five* hängt von einer Reihe wirtschaftlicher Indikatoren ab, wie z.B. Inflation, Industriemetallpreise, realer Wechselkurs, Wirtschaftswachstum und allgemeine wirtschaftliche Unsicherheit. Diese Arbeit wird nicht tief in dieses Thema eintauchen, nur so viel, um eventuell die Motivation der oben genannten Webseite zu verstehen, mehr auf ausländische Kunden abzuzielen, da ausländische Kunden oft auch stabilere Währungen mitbringen. Dazu ausführlich *Bayat et al.*, Re-Visiting Fisher Effect for Fragile Five Economies, JoCBTP 2018 203–218, 203ff.

173 *BR na Rede*, Brazil's Decolar.com Is in Hot Water for Geopricing Allegations, 22.07.2018. Abrufbar unter: http://brnarede.com.br/en/brazils-decolar-com-is-in-hot-water-for-geopricing-allegations/#more-363.

174 Ende 2024 ca. 1,22 Millionen Euro.

175 Ende 2024 ca. 407.000 Euro.

176 *Tironi*, Geopricing and Geoblocking are Considered a Violation of Consumer Rights by Senacon, GCA 06.07.2022. Abrufbar unter: https://gcalaw.com.br/en/geopricing-and-geoblocking-are-considered-a-violation-of-consumer-rights-by-senacon/.

177 *Valentino-DeVries et. al.*, Websites Vary Prices, Deals Based on Users' Information, WSJ 24.12.2012. Abrufbar unter: https://www.wsj.com/articles/SB1000142412788732377204578189391813881534.

178 Operating System (OS) – (Türkisch: İşletim Sistemi).

lisierten Preisen ausgesetzt werden könnte.[179] Im Jahr 2012 fanden die Algorithmen von Orbitz[180] heraus, dass ein durchschnittlicher Apple-Nutzer tendenziell zwischen 20 und 30 US-Dollar mehr pro Nacht für eine Unterkunft als ein PC-Nutzer ausgibt.[181] Zwar bezeichnete Orbitz diese Ergebnisse lediglich als experimentell,[182] doch bietet das so genannte Experiment der Webseite zwei Optionen an, um für Nutzer eines Macbooks oder eines IPhones einen höheren Preis zu berechnen: Entweder um den Preis eines bestimmten Hotelzimmers zu diskriminieren, was im Sinne dieser Arbeit eine Preisdiskriminierung darstellen würde, oder um Mac-Nutzer zur Buchung teurerer Hotelzimmern zu verleiten, indem die Ergebnisseiten geändert werden.[183]

– **Sonstige Merkmale:** Preisdiskriminierung scheint auf eine Reihe weiterer Ursachen zurückzuführen zu sein. Als einer dieser Gründe könnte das bisherige Verhalten des Nutzers im Internet angesehen werden, das jüngsten Berichten zufolge als Methode zur Bewertung der Verbraucher herangezogen wird.[184] Ob der Nutzer dazu neigt, Artikel regelmäßig zurückzusenden, ob er nach einer verspäteten Lieferung oder einer nicht zufriedenstellenden Leistung schlechte Bewertungen schreiben würde oder ob er bereit ist, für eine bestimmte Art von Produkt mehr zu bezahlen, könnte als Teil des bisherigen Internetverhaltens angesehen werden. Ebenso unterscheiden einige Webseiten die Preise für Artikel zwischen Mitgliedern und Nichtmitgliedern.[185] Wenn der Nutzer Mitglied der Webseite ist, die er nutzt, kann dies zu niedrigeren Preisen führen, während Nichtmitglieder höhere Preise für die gleichen Produkte zahlen.[186] Ein weiterer Grund für diskriminierende Preisgestaltung ist die Quelle, über die der Nutzer das Produkt findet. Wenn der Nutzer die Webseite oder das Produkt direkt über eine Websuche oder eine

179 *Zurth*, AcP 221, 514–554, 521, 522.

180 Orbitz ist eine amerikanische Vergleichsplattform für Flugtickets, Hotelzimmer usw. Die Haupseite ist: https://www.orbitz.com/.

181 *Mattioli*, On Orbitz, Mac Users Steered to Pricier Hotels, WSJ 23.08.2012. Abrufbar unter: https://www.wsj.com/articles/SB10001424052702304458604577488822667325882.

182 Ausführlich dazu *Dignan*, Mac users pay more than PC users, says Orbitz, C-Net 25.07.2012. Abrufbar unter: https://www.cnet.com/news/mac-users-pay-more-than-pc-users-says-orbitz/#:~:text=The%20travel%20site%20says%20Mac,on%20hotels%20than%20PC%20users.&text=Apple%20customers%20are%20known%20to,strong%20design%2C%20and%20integrated%20software.

183 Bei dieser zweiten Variante würde es sich im Sinne dieser Arbeit nicht um Preisdiskriminierung, sondern um Suchdiskriminierung handeln. S. Teil A-II beim Kapitel 4.

184 *Federal Trade Commission*, Secret Surveillance Scoring: Urgent Request for Investigation and Enforcement Action, Report vom 24.06.2019, 10 ff.

185 *Hannak et.al.*, ACM 2018, 315–318, 306.

186 In den übrigen Fällen könnte es durchaus vorkommen, dass ein Benutzer auf die Mitgliedschaft verlinkt wird, ohne dass es einen signifikanten Vorteil in den Kaufbedingungen zu finden gäbe.

Online-Werbung findet, wird ihm ein normaler Preis berechnet, während ein anderer Nutzer, der eine Preisvergleichswebseite nutzt, möglicherweise einen besonderen Rabatt oder Gutschein erhält:[187]

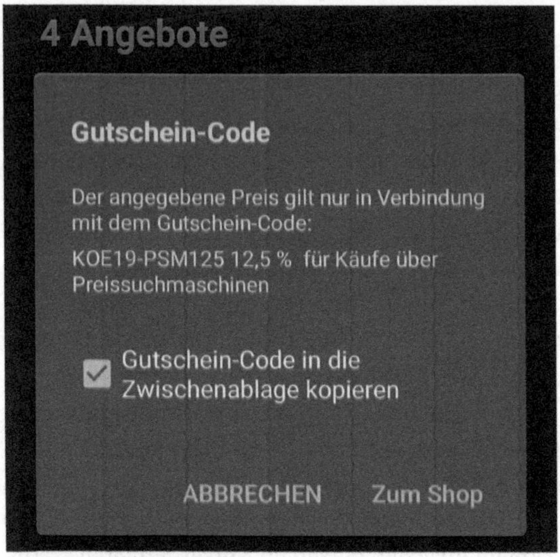

Abbildung 2: Preisdiskriminierung bei Anfragen über Suchmaschinen – ein Beispiel.
(Quelle: www.idealo.de)

Preisdiskriminierung kann sogar auf der Grundlage der verbleibenden Akkuladung des Geräts erfolgen.[188] Uber wurde vor kurzem beschuldigt, höhere Preise zu verlangen, wenn der Akku des Telefons weniger als 20 % geladen ist, da die Algorithmen des Unternehmens einen niedrigen Akkustand des Telefons als Notsituation erkennen und diesen Umstand ausnutzen, um einen sofortigen Service zu erhalten.[189]

Ob Preisdiskriminierung auf der Grundlage von Big-Data-Analysen eine Bedrohung für die vertragsrechtlichen Grundsätze in Deutschland und der Türkei darstellt und inwieweit sie gegebenenfalls zulässig sein sollte, ist die zentrale Frage, die diese Arbeit zu beantworten versucht. Hierbei kommt zunächst Allgemeiner Teil des BGB in Betracht, vor allem die Anfechtbarkeit wegen arglistiger Täuschung i.S.v. § 123 BGB und, § 36 TBK, Sittenwidrigkeit gemäß § 138 BGB sowie § 27 ff. TBK –

187 Abbildung 2 wurde bei einer Preisvergleichssuche in der App von Idealo erfasst. Die Webseite ist abrufbar unter: https://www.idealo.de/.

188 S. *Dornis*, ZfPW 2022, 310–345, 314, 315.

189 S. nur: *Hacker*, Personal data, exploitative contracts, and algorithmic fairness: autonomous vehicles meet the internet of things, IDPL 2017, 266–286, 273.

insbesondere § 138 Abs. 2 BGB und § 27 TBK – und *culpa in contrahendo* bzw. Lauterkeitsrecht i.S.v. §§ 3ff. UWG und §§ 54ff. TTK.

II. Privacy-Verletzung

Ferner gibt es erste Anhaltspunkte und einige von großen datengesteuerten Unternehmen gewonnene Erkenntnisse, die darauf hindeuten, dass Daten auch gezielt verwendet und übermittelt werden können, um eine Person dazu zu bewegen, einen bestimmten Vertrag abzuschließen, oder um zumindest den Entscheidungsprozess der Person zu stören, einen bestimmten Vertrag in Erwägung zu ziehen. So hat Meta in einem durchgesickerten Insiderbericht behauptet, dass es in der Lage sei, junge Nutzer, die sich wertlos fühlen, zu identifizieren, um sie mit psychologiebasierter Werbung anzusprechen und ihnen zu helfen.[190] Das Unternehmen müsse also einen Weg gefunden haben, eine Metrik für psychische Labilität aus den ihm zur Verfügung stehenden Daten zu entwickeln, so Philipp Hacker.[191] Wie gravierend das Problem ist, zeigt allein die Tatsache, dass Werbetreibende diese Metrik tatsächlich auswählen könnten, um gezielt junge, labile Menschen anzusprechen. Ebenso könnte Meta mit seinem Datensatz von 2016 den Werbetreibenden bereits 52.000 verschiedene Persönlichkeitsmerkmale für jeden einzelnen Nutzer anbieten.[192] Unter den sehr unterschiedlichen Merkmalen der Nutzer dürften sich auch sensible Charakteristika befinden, wie z.B. die sexuelle Orientierung, der psychische Zustand oder ähnliche diskrete Informationen.

In ähnlicher Weise werden in einem anderen PHD[193]-Bericht aus dem Jahr 2013[194] die genauen Zeiten und Situationen aufgezeigt, in denen sich Frauen besonders schlecht oder hässlich fühlen.[195] Aus dem Bericht geht hervor, dass sich fast die

---

190 Vgl. *Levin*, Facebook Told Advertisers It Can Identify Teens Feeling ‚insecure' and ‚worthless', The Guardian, 01.05.2017. Abrufbar unter: https://www.theguardian.com /technology/2017/may/01/facebook-advertising-data-insecure-teens.

191 *Hacker*, in: Faust/Schäfer (Hrsg.), 87–119, 101.

192 *Federal Trade Commission*, Report vom 24.06.2019, 4.

193 Einer globalen Medien- und Kommunikationsagentur. Die Webseite: https://www.phdmedia.com/about-us/.

194 *Rosen*, Is This the Grossest Advertising of All Time?, The Atlantic, 03.10.2013. Die Umfrage wurde unter 648 Frauen aus verschiedenen Bevölkerungsgruppen durchgeführt, um die spezifischen Zeiträume und Situationen herauszufinden, in denen sich die Frauen in Bezug auf ihr Aussehen und ihre Attraktivität am verwundbarsten fühlen.

195 *Gauvry*, New Beauty Study Reveals Days, Times and Occasions When U. S. Women Feel Least Attractive, PR Newswire, 02.10.2013. Abrufbar unter: https://www.prnewswire.com/news-releases/new-beauty-study-reveals-days-times-and-occasions-when-us-women-feel-least-attractive-226131921.html.

Hälfte der Frauen an Montagen und fast zwei Fünftel der Frauen an Sonntagen schlecht fühlen. Auf die Frage, in welchen Situationen sie sich unwohl fühlten, antworteten 69 Prozent, wenn sie aufwachen, 67 Prozent, wenn sie krank sind, 61 Prozent, wenn sie gestresst sind, und 54 Prozent, wenn der Tag zu Ende geht.[196] Damit können Werbetreibende diese Zeiten und Situationen gezielt nutzen, um für ihre Make-up- oder Wellnessprodukte zu werben. Die Verkaufschancen für diese Produkte können dadurch deutlich erhöht werden. Damit verbunden sind auch vertragsrechtliche Fragen.

Bei der Prüfung des Privacy-Verstoßes kommen vor allem die Sittenwidrigkeit i.S.v. § 138 BGB und § 28 TBK, die arglistige Täuschung i.S.v. § 123 Abs. 1 Alt. 1 BGB und § 36 Abs. 1 TBK sowie die Datenschutzinstrumente der jeweiligen Länder, die DSGVO und das türkische KVKK, in Betracht. Privacy-verletzende Verhaltensweisen könnten schließlich durch organisatorische Regelungen wie DMA, DSA oder ETY verboten sein.

III. Weitere, auch überlappende Praktiken algorithmischer Diskriminierung

1) Geoblocking

Beim Geoblocking handelt es sich um eine Praxis, bei der der Zugang zu bestimmten Inhalten, Produkten oder Dienstleistungen auf der Grundlage des Standorts eines Nutzers blockiert wird.[197] Dies kann verschiedene Ursachen haben, wie rechtliche Vorschriften, geografische Beschränkungen oder Geschäftsbedingungen. Auch wenn Geoblocking als eine Form der Geodiskriminierung angesehen werden kann, beziehen sich die beiden Begriffe auf sehr unterschiedliche Praktiken. Geodiskriminierung ist ein Oberbegriff, der sich auf jede Art der Personalisierung auf der Grundlage des Standorts des Nutzers bezieht.

Geodiskriminierung mag als Geopricing, Geoblocking oder anderweitige standortbezogene Personalisierung[198] auftreten. Geoblocking ist die Sperrung eines Nutzers oder einer Gruppe von Nutzern auf der Grundlage ihres Standorts, während Geopricing die Praxis ist, einem Nutzer auf der Grundlage seines Standorts mehr oder weniger für die gleiche Ware oder Dienstleistung in Rechnung zu stellen. Das Ergebnis des Geoblockings ist nicht eine Änderung der Dienstleistung, sondern das Nichtzustandekommen eines Vertrags, der andernfalls abgeschlossen werden könnte.

196 *Rosen*, The Atlantic, 03.10.2013.

197 Für eine Definition s. *Weber*, Rechtswörterbuch, Geoblocking, 694.

198 Z.B. die Personalisierung der Suchergebnisse. Siehe unten Teil B-III-2 beim Kapitel 1.

Die oben erwähnte Decolar-Entscheidung könnte als ein Beispiel für Geoblocking-Praktiken angesehen werden, da sie sich nicht nur auf Preisdiskriminierung aufgrund des Standorts bezieht, sondern auch auf Geoblocking für Nutzer, die von Brasilien aus verbunden sind.[199] Während der Olympischen Spiele 2016 in Brasilien, einer Zeit mit besonders hohem Touristenaufkommen, wurden bestimmte Hotelzimmer für ausländische Gäste reserviert, indem brasilianische Nutzer aufgrund ihres Standorts blockiert wurden und erlebten Preisdiskriminierung.[200]

Geoblocking-Praktiken könnten auch gegen die allgemeinen Regeln des BGB und des TBK verstoßen. Gegen ungerechtfertigtes Geoblocking in der EU trat mittlerweile eine Verordnung in Kraft,[201] welche für Deutschland auch von Bedeutung ist. Konkrete Regelungen hierzu hat der türkische Gesetzgeber noch nicht erlassen.

2) Suchdiskriminierung / Preissteuerung

Eine weitere Folge der Personalisierung eines Vertrags ist nach der Analyse von Big Data die Diskriminierung bei den Suchergebnissen.[202] Dabei handelt es sich um Fälle, in denen Algorithmen den Standort des Nutzers erfassen oder auf andere Weise[203] seine wirtschaftliche Leistungsfähigkeit oder seine generelle Zahlungsbereitschaft für ein bestimmtes Produkt oder eine bestimmte Dienstleistung einschätzen, um die Reihenfolge der angezeigten Ergebnisse entsprechend zu ändern.[204] Im Zusammenhang mit der Preissteuerung wird von einem Szenario gesprochen, bei dem jeder einzelne Nutzer für die gleiche Suchanfrage die gleichen Ergebnisse erhält, jedoch in einer personalisierten Reihenfolge.[205] Dieser Unterschied kann sich aus dem ver-

199 Vgl. *Grundmann*, Knowledge and Information, in: Grundmann et. al., New Private Law Theory: A Pluralist Approach, 230–247, 240.

200 S. ausführlich *Meyerhof Salama/Batista da Silva*, Personalized Pricing in Brazil, 2023.

201 Verordnung 2018/302 Des Europäischen Parlaments Und Des Rates vom 28. Februar 2018 über Maßnahmen gegen ungerechtfertigtes Geoblocking und andere Formen der Diskriminierung aufgrund der Staatsangehörigkeit, des Wohnsitzes oder des Ortes der Niederlassung des Kunden innerhalb des Binnenmarkts und zur Änderung der Verordnungen (EG) Nr. 2006/2004 und (EU) 2017/2394 sowie der Richtlinie 2009/22/EG. Abrufbar unter: https://eur-lex.europa.eu/legal-content/DE/TXT/HTML/?uri=CELEX:32018R0302&from=DE.

202 Auch als Suchdiskriminierung, Preissteuerung bzw. Suchergebnislenkung bezeichnet.

203 Die Informationen, die zu Diskriminierung führen, können vom Betriebssystem bis zum Standort des Benutzers oder anderen persönlichen Informationen (z.B. ob der Benutzer extravagant oder budgetbewusst ist) abweichen. Vgl. *Mikians et. al.*, ACM 2012 79–84, 80 ff.

204 S. *Dornis*, ZfPW 2022, 310–345, 315 ff.

205 Preissteuerung ist möglich, da E-Commerce-Webseiten Suchergebnisse häufig nicht nach einer objektiven Metrik wie Preis, Gesamtbenutzerbewertung oder Datum des Uploads sortieren. Stattdessen sortieren sie die Ergebnisse anhand einer mehrdeutigen Metrik wie „Am relevantesten". Obwohl jede Plattform unterschiedliche Implementierungen hat, haben sie es gemeinsam, dass sie eine

wendeten Betriebssystem ergeben, aus dem Browserverlauf früherer Klicks und Käufe, aus dem Vorhandensein oder Nichtvorhandensein einer Mitgliedschaft für diese bestimmte Webseite oder mobile Anwendung oder aus dem Standort des Nutzers.[206]

An dieser Stelle wird zum besseren Verständnis ein Beispiel angeführt:

> Person X und Person Y suchen gleichzeitig nach Hotels in Berlin. Sie wollen für den gleichen Zeitraum in Berlin bleiben. Es gibt derzeit 10 Hotels in Berlin, von A bis E sind die Hotels günstiger und von F bis K sind die Hotels relativ teuer. Person X erhält auf der ersten Seite die Hotels A, B, C, D und E, während Person Y auf der ersten Seite die Hotels F, G, H, J und K und auf der zweiten Seite die Hotels A bis E angezeigt bekommt. Obwohl beide Personen die gleichen Ergebnisse für die gleiche Suchanfrage erhalten – im Gegensatz zum Geoblocking gibt es keine Sperrung für die Nutzer – sehen sie diese Ergebnisse auf den verschiedenen Seiten und in einer anderen Reihenfolge. Dies ist häufig darauf zurückzuführen, dass die Algorithmen erkennen, dass Y wahrscheinlich mehr für dieselbe Übernachtung zu zahlen bereit ist als X und versuchen, diese Einschätzung zu nutzen, um einen höheren Gewinn zu erzielen.

Die Ergebnisse der Studie von Hannak et. al. zeigen, dass einige Unternehmen in den USA bereits heute Diskriminierung betreiben, indem sie eine Preissteuerung zwischen den Verbrauchern vornehmen.[207]

Hierbei handelt es sich um die reine Darstellung ähnlicher Suchergebnisse, eine konkrete Diskriminierung wie bei der Preisdiskriminierung, die leicht beobachtet / bemerkt werden kann, liegt nicht vor. Aus vertragsrechtlicher Sicht ist dies jedoch nicht zu vernachlässigen, da bereits die Reihenfolge der Ergebnisse für die Vertragsgestaltung von Bedeutung ist. Zunächst nähert sich die Preissteuerung manchmal dem Geoblocking, da verschiedene Ergebnisse nicht erreichbar sind.[208] In anderen Fällen tritt Preissteuerung zusammen mit anderen Formen der Diskriminierung auf, die bei der rechtlichen Prüfung subjektiver Tatbestandsmerkmale einbezogen werden muss[209] und manchmal eine eigene Rechtswidrigkeit begründen kann[210]. Schließlich hat die Preissteuerung eine Funktion in der tatsächlichen Kontrahierung auch als solche.

Art personalisierte Metrik verwenden. Amazon verwendet zum Beispiel seine eigene Metrik namens „Amazon Präsentiert", während Ebay seine Ergebnisse nach „Beste Ergebnisse„ und Alibaba nach „Best Match" sortiert.

206 Für die Bezeichnung und Typen der Preissteuerung ausführlich *Hannak et.al.*, ACM 2018, 315–318.

207 *Hannak et.al.*, ACM 2018, 305–318, 306, 309 f., 317.

208 Preisdiskriminerung ersten Grades. Dazu Teil A-II beim Kapitel 4.

209 S. hier die Diskussionen über Kombinierung mehrerer Praktiken in Teil A-I beim Kapitel 5.

210 Ausführlich die Diskussion in Teil A-II beim Kapitel 5.

Auf den ersten Blick mag eine Korrelation zwischen der Reihenfolge der Ergebnisse und der Wahrscheinlichkeit, dass der Suchende tatsächlich klickt oder aus einer Vielzahl von Optionen auswählt, etwas weit hergeholt erscheinen. Eine weitere Studie hat allerdings wertvolle Ergebnisse gezeigt, die dazu beitragen können, die Wichtigkeit der Reihenfolge der auf einer Webseite angezeigten Ergebnisse für die Vertragsgestaltung zu verstehen.[211] Ziel der Studie war es herauszufinden, ob die Reihenfolge, in der die Ergebnisse einer Google-Suche angezeigt werden, tatsächlich einen Einfluss darauf hat, wie viel Zeit die Nutzer auf der Seite verbringen und auf welche Ergebnisse sie klicken. Bei allen Teilnehmern handelte es sich um Studierende, die mit *Eye-Trackern* ausgestattet waren und Google täglich als Suchmaschine nutzten. Sie neigten dazu, der Objektivität und Transparenz der Algorithmen zu vertrauen, mit denen Google die Ergebnisse sortiert.

Die Teilnehmer mussten fünf Aufgaben zur Navigation[212] und fünf Aufgaben zur Informationssuche[213] bei Google erledigen. Die Reihenfolge der Suchergebnisse war jedoch gemischt. Die Forscher manipulierten die Suchergebnisse für jeden Teilnehmer über einen eigenen Server. Das Ergebnis zeigte, dass die Teilnehmer mit hoher Wahrscheinlichkeit auf die Ergebnisse mit dem höchsten Rang klickten, unabhängig davon, ob es sich tatsächlich um das für die Suche relevanteste Ergebnis handelte oder nicht.[214] Sie entschieden sich dafür, Zeit mit den weniger relevanten, aber höher platzierten Ergebnissen zu verschwenden, anstatt auf der Ergebnisseite nach unten zu gehen und das genaueste Suchergebnis zu finden. In ähnlicher Weise hat eine frühere Studie gezeigt, dass Nutzer die meiste Zeit damit verbringen, auf das erste oder zweite Ergebnis einer bestimmten Suche bei Google zu klicken, unabhängig davon, wie relevant oder vorteilhaft dieses Ergebnis für ihre Suche ist.[215]

3) Mangel an Transparenz / Mischformen

Ferner könnte man die allgemeine Opazität des gesamten Analyseprozesses bzw. die daraus resultierenden Vertragspraktiken in Frage stellen. Transparenz ist nicht nur ein Problem an sich, sondern wohl das größte Problem in der Welt der Daten-

---

211 *Pan et. al.*, In Google We Trust: Users' Decisions on Rank, Position and Relevance, JoCMC 2007, 801–823.

212 Z.B. Finden Sie die Homepage von Michael Jordan, dem Statistiker.

213 Z.B. Wie heißt der Forscher, der das erste moderne Antibiotikum entdeckt hat.

214 *Pan et. al.*, JoCMC 2007, 801–823, 812ff.

215 *Granka et. al.*, Eye-Tracking Analysis of User Behaviour in WWW Search, ACM SIGIR 2004, 478–479.

analyse. Der eigentliche Eigentümer der Daten,[216] d.h. der Nutzer einer bestimmten App oder Webseite, weiß so wenig darüber, wie und zu welchem Zweck seine eigenen Daten verwendet und weitergegeben werden. Obwohl moderne Rechtsinstrumente wie die DSGVO oder das KVKK versuchen, solche Folgen durch einen transparenteren Einwilligungsprozess zu überwinden, bleibt die Transparenz ein wesentliches vertragsrechtliches Problem bei der Big-Data-Analyse.[217]

Die Probleme im Zusammenhang mit der Transparenz reichen von den Verfahren zur Einholung der Einwilligung bis hin zu fragwürdigen Praktiken bei der Verwendung der gesammelten personenbezogenen Daten. So hat sich zum Beispiel herausgestellt, dass kaum bekannte Unternehmen selbst die kleinsten persönlichen Daten – wie frühere Lebensmittelbestellungen oder Airbnb-Nachrichten[218] – sammeln und die daraus gewonnenen Analysen an ihre Kunden verkaufen.[219] All dies, so die Studie, führe zu einer versteckten Bewertung jedes einzelnen Verbrauchers, die darüber entscheide, welchen Service er erhalte oder wie lange er warten müsse, wenn er ein bestimmtes Produkt kaufen wolle.

So wurde beispielsweise bereits vom LG München entschieden, dass eine Einwilligung im Sinne des Art. 4 Nr. 11 DSGVO eine bewusste Handlung eines informierten Nutzers voraussetzt.[220] Der Betroffene müsse genau wissen, was mit seinen Daten geschieht, unspezifische Pauschaleinwilligungen und Blankoeinwilligungen seien unzulässig, so das Gericht.

---

216 Die ganze Diskussion über die rechtliche Einordung der personalisierten Daten und die Möglichkeit eines Dateneigentums wird für die Zwecke dieser Arbeit ausgeschlossen. Dazu ausführlich *Bauermeister*, Die „Bezahlung“ mit personenbezogenen Daten bei Verträgen über digitale Produkte, AcP 222, 372–400; *Amstutz*, Dateneigentum – Funktion und Form, AcP 218, 439–551. *Metzger*, Dienst gegen Daten: Ein synallagmatischer Vertrag, AcP 216, 817–865; *Hacker*, Daten als Gegenleistung: Rechtsgeschäfte im Spannungsfeld von DS-GVO und allgemeinem Vertragsrecht, ZfPW 2019, 148–196; *Hessel et. al.*, Datengetriebene Geschäftsmodelle, ZD 2021, 537–541, 537; *Dornis*, ZfPW 2022, 310–345, 316, 317. Unabhängig von dieser Diskussion ist klar zu bestimmen, dass personenbezogene Daten zumindest einen geldähnlichen wirtschaftlichen Wert für die Unternehmen haben.

217 S. Teile A-III beim Kapitel 4 und Teil B beim Kapitel 5.

218 Die sogenannten Verbraucherberichte umfassen bis zu 400 Seiten für einen einzelnen Verbraucher.

219 *Hill*, I Got Access to My Secret Consumer Score. Now You Can Get Yours Too, NYT 4.11.2019. Abrufbar unter: https://www.nytimes.com/2019/11/04/business/secret-consumer-score-access.html?utm_campaign=The%20Interface&utm_medium=email&utm_source=Revue%20newsletter.

220 LG München, Urt. vom 11.10.2018 – 12 O 19277/17. Die Entscheidung bezieht sich auf eine Klausel in den AGB eines Online-Dating-Portals, die es ermöglicht, dass der Betreiber des Portals im Namen des jeweiligen Benutzers Nachrichten mit nicht näher bestimmtem Inhalt versenden darf. S. auch *McColgan*, Die Inhaltskontrolle von Datenschutzerklärungen ist keine Inhaltskontrolle – Zum Verhältnis von Datenschutzrecht und AGB-Recht, AcP 221, 695–731, 727.

Eine noch weiter gehende Entscheidung wurde in Frankreich getroffen. Unmittelbar nach Inkrafttreten der Datenschutz-Grundverordnung führte die französische Datenschutzbehörde CNIL[221] eine Untersuchung gegen Google im Hinblick auf die neuen Standards durch und beschloss die Verhängung einer Rekordstrafe in Höhe von 50 Millionen Euro gegen das Unternehmen.[222] Die generelle Intransparenz hinter den Datenpraktiken sowie die fehlende Rechtsgrundlage für die Verarbeitung von Nutzerdaten für personalisierte Werbung waren die Gründe für diese Entscheidung.[223] Die Strafe wurde von Google angefochten, aber in der Folge vom französischen *Conseil d'Etat* bestätigt. Es ist davon auszugehen, dass solche Entscheidungen auch in Zukunft auf andere Unternehmen zukommen werden, da andere datenverarbeitende Unternehmen häufig mit ähnlicher Kritik konfrontiert werden.

Die große Bedeutung der Fälle im Zusammenhang mit der Transparenz liegt darin, dass sie nicht nur ein rechtliches Problem an sich darstellen, sondern auch die Wahrscheinlichkeit erhöhen, dass andere Praktiken, die in diesem Papier behandelt werden, rechtswidrig sind. Selbst wenn ein Unternehmen beispielsweise Preise steuert oder diskriminiert und dies innerhalb der rechtlichen Grenzen tut, ist es dennoch eine legitime Erwartung des Nutzers zu wissen, was genau ein Unternehmen mit seinen personenbezogenen Daten macht. Dieses grundlegende rechtliche Interesse an Transparenz leitet sich unmittelbar aus der Tatsache ab, dass der Nutzer die Quelle ist, die solche Daten in erster Linie erzeugt. In der Literatur ist die Transparenz deshalb wohl die umstrittenste Datenpraxis.[224]

Für die vertragsrechtliche Beurteilung von Transparenzfällen sind insbesondere die Instrumente des AGB-Rechts im Sinne der §§ 307ff. BGB und §§ 20ff. TBK, *culpa in contrahendo* und die datenschutzrechtlichen Instrumente über die Legitimität der Datenverarbeitung, nämlich die DSGVO und das türkische KVKK.

---

221 Commission Nationale de l'Informatique et des Libertés (Nationale Kommission für Informatik und Freiheiten).

222 CNIL, SAN-2019-001, 21.01.2019. Die Entscheidung ist abrufbar unter: https://www.legifrance.gouv.fr/cnil/id/CNILTEXT000038032552/. S. für eine englische Zusammenfassung der Rechtsgrundlagen: https://gdprhub.eu/index.php?title=CNIL_(France)_-_SAN-2019-001.

223 *Hern*, Google fined Record £44m by French Data Protection Watchdog, Independent, 21.01.2019. Abrufbar unter: https://www.theguardian.com/technology/2019/jan/21/google-fined-record-44m-by-french-data-protection-watchdog.

224 S. für derartige Diskussionen *Tschider*, DLR 2018, 87–143; *Hacker*, Datenprivatrecht, 159ff., 175, 260ff.; *Wachter*, 2ff.; *Denga*, Digitale Manipulation und Privatautonomie-Provozierte Erklärungen im Privatrecht, ZfDR, 229–260; *Solove*, Privacy Self-Management and the Consent Dilemma, HLR 2013, 1880–1903; *Schäfers*, AcP 221, 32–67.

IV. Ausblick: Vernetzte Diskriminierung als Einzelfall

Algorithmische Diskriminierung ist in der Regel keine einseitige Praxis, sondern ein gebündeltes, mehrdimensionales Phänomen. So kann es zum Beispiel vorkommen, dass eine Webseite unterschiedliche Preise für verschiedene Teile einer Stadt oder eines Landes anbietet und bestimmte Regionen ganz von der Bereitstellung von Dienstleistungen oder Produkten ausschließt. In anderen Fällen können Suchergebnisse personalisiert und ebenfalls unterschiedlich bepreist werden. Manchmal werden gleichzeitig mildere Diskriminierungspraktiken angewandt, die jedoch geheim gehalten oder nicht angemessen mitgeteilt werden, was ein Transparenzproblem darstellt.

In einigen Fällen kann die so genannte Vernetzung von Praktiken auch zu einer rechtlichen Haftung führen. Auch wenn eine bestimmte Praxis noch nicht die Schwelle eines Rechtsverstoßes erreicht hat, könnte sie als Teil eines mehrdimensionalen Rechtsverstoßes dazu führen, dass das Unternehmen, das Big Data-Analysen einsetzt, um einzelne Verträge für sich zu optimieren, zur Verantwortung gezogen wird. Damit entsteht eine neue und gemischte Art der Rechtsverletzung. Insofern weist algorithmische Diskriminierung ähnliche Merkmale auf wie der sogenannte Summierungseffekt[225] im AGB-Kontext.[226] Denn auch wenn ein einzelner Verstoß für sich genommen noch nicht zur Rechtswidrigkeit führen kann, so kann eine Vielzahl von sich wiederholenden Verstößen ohnehin zur Rechtswidrigkeit führen.

Für die Erfüllung eines Tatbestandsmerkmals kann unter Umständen die Kombination mehrerer algorithmischer Diskriminierungen eine Rolle spielen.[227] Dies bezieht sich vor allem auf die subjektiven Tatbestandsmerkmale der in den nachfolgenden Abschnitten behandelten Rechtsinstitute.[228] Es besitzt eine hohe Signifikanz, ob ein Unternehmen diskriminierendes Verhalten nur in Einzel- bzw. Ausnahmefällen praktiziert oder ob es verschiedene Diskriminierungen in Kombination ausübt. Denn eine Kombination von Diskriminierungen ist vor allem ein Indikator dafür, dass das Unternehmen nicht zufällig zwischen seinen Kundinnen und Kunden diskriminiert oder dass die Diskriminierung allein aus der Art der Datenanalyse resultiert, sondern systematisch und aus Manipulationsmotiven. Für die Beurteilung sub-

---

225 Auch als Verstärkungseffekt bzw. Verstärkereffekt bezeichnet. Ausführlich Wolf/Lindacher/Pfeiffer/*Pfeiffer*, AGB-Recht Kommentar § 307 Rn. 213ff.; Spindler/Schuster/*Schuster*, Recht der elektronischen Medien – Kommentar, BGB § 307 Rn. 24.

226 Ausführlich Wolf/Lindacher/Pfeiffer/*Pfeiffer*, AGB-Recht Kommentar § 307 Rn. 213ff. Vgl. etwa auch BGH NJW 2006, 2116, 2117.

227 S. etwa Teil A-I beim Kapitel 5.

228 S. Teile C-II beim Kapitel 2 und C-II beim Kapitel 3.

jektiver Tatbestandsmerkmale wie Vorsatz, Fahrlässigkeit oder Arglist seitens dieses Unternehmens ist dies dann von erheblicher Bedeutung.

Ferner wird eine kombinierte Diskriminierung als eigener Fall betrachtet.[229] In solchen Fällen stellen die diskriminierenden Praktiken, die im Einzelnen nicht zwingend einen bestimmten Grad der Widerrechtlichkeit erreichen, in ihrer Gesamtheit eine unangemessene Benachteiligung des Nutzers bzw. eine besondere Manipulationsfähigkeit des Unternehmens, welches die Algorithmen einsetzt, dar.

In diesem Fall können die in dieser Arbeit erörterten Diskriminierungsformen und auch neuere Formen, die noch nicht aufgetreten sind oder in Zukunft auftreten könnten, in einem so geringen Ausmaß auftreten, dass keine von ihnen für sich genommen ausreicht, um eine Haftung bzw. einen Anspruch zu begründen; in ihrer Gesamtheit bewertet können diese Diskriminierungsfälle hingegen zu einer Verletzung von Vorschriften wie §§ 138, 242, 311 BGB bzw. §§ 28, 20ff. TBK oder § 2 TMK führen, die auf Grundsätzen wie Treu und Glauben und dem Gebot der Redlichkeit beruhen. Daneben können Unlauterkeitstatbestände nach §§ 3 Abs. 2 i.V.m § 9 Abs. 2, 4a, 5, 5a UWG oder §§ 54ff. TTK vorliegen. Dabei kommen der datenschutzrechtliche Schadensersatzanspruch aus Art. 82 DSGVO und weitere Einschränkungen aus DSA, DMA, ETK und ETY in Betracht.

C. Das neue Missbrauchspotenzial der modernen Unternehmen

I. Einführung in die Möglichkeit der Manipulation

Das Zeitalter der Personalisierung ist angebrochen. So gut wie jeder Mensch verfügt über ein Smartphone und ist ständig mit dem Internet verbunden. Die meisten Menschen nutzen Online-Märkte zum Suchen, Vergleichen und Kaufen der Dinge, die sie brauchen. Jeder Mensch hat einen anderen Musikgeschmack, der sich in den von ihm verwendeten Playlisten widerspiegelt. Jede Person bevorzugt unterschiedliche Arten von Videos, die über ihren YouTube-Verlauf eingesehen werden können.

Die Menschen benutzen Smartwatches, um ihre täglichen Routinen zu überwachen. Dazu gehören z.B. die Gesamtzahl der Schritte oder die Schlafzyklen. Sie nutzen Online-Plattformen, um ihren nächsten Urlaub zu buchen, einschließlich der Buchung von Flügen und der Reservierung von Hotels. Sie veröffentlichen regelmäßig Beiträge in den sozialen Medien, die Aufschluss über ihren politischen oder emotionalen Status geben oder über ihre Vorlieben in Bezug auf Sport oder Freizeitaktivitäten. Ihnen gefallen Posts oder Fotos von Freunden oder sie beschwe-

229 S. Teil A-II beim Kapitel 5.

ren sich über ihren letzten Einkauf, weil die Lieferung ein paar Tage zu spät kam oder der Kurier nicht höflich zu ihnen war. Und das Wichtigste ist, dass sie sich damit einverstanden erklären, dass ihre Daten gesammelt und an Dritte weitergegeben werden dürfen.

Das Ergebnis ist ein digitaler Schritt des einzelnen Nutzers, der durch intelligente Algorithmen, die speziell für diesen Zweck entwickelt wurden, verfolgt werden kann. Als Ergebnis erhält der Nutzer Video- oder Musikempfehlungen, Waren und Dienstleistungen, die er vielleicht als Nächstes kaufen möchte. Er erhält Empfehlungen für verschiedene Urlaubsziele, wenn er gerade in der Ferienzeit ist. Ein Fußballfan kann ein neues Trikot seines Lieblingsspielers als empfohlene Werbung erhalten, während seine Frau, die zur gleichen Zeit neben ihm im Internet surft und die gleiche Wi-Fi-Verbindung nutzt, ein neues Make-Up von ihrer Lieblingsmarke erhält.

Ermöglicht wird dies durch die umfassende Sammlung und Auswertung großer Mengen personenbezogener Daten, die so genannte Big-Data-Analyse. Um die Inhalte auf den einzelnen Nutzer zuzuschneiden, implementieren Webdienste verschiedene Personalisierungsalgorithmen: Google verwendet beispielsweise die IP-Adresse[230] und die GPS-Koordinaten der Nutzer.[231] In vergleichbarer Weise basieren die Empfehlungen von Amazon auf der Kaufhistorie vergleichbarer Nutzer, deren Online-Aktivitäten einander ähneln.[232]

Problematisch wird es, wenn Unternehmen versuchen, aus den Vorteilen der Personalisierung Kapital zu schlagen, indem sie die Vertragsgestaltung durch Diskriminierung und Anpassung an ihre Bedürfnisse ohne Rücksicht auf die Rechte der Verbraucherinnen und Verbraucher manipulieren. Es ist auch möglich, dass die Automatisierung und die Algorithmen, die an dem Prozess beteiligt sind, selbst zu einer solchen Diskriminierung führen, ohne dass dies von den Unternehmen beabsichtigt ist.[233] Diese neuen Manipulationsmöglichkeiten sollen zuerst verstanden werden.[234]

Es ist kein neues Phänomen, dass zwischen Käufer und Verkäufer oder zwischen Unternehmen und Verbraucher Informationsasymmetrien bestehen. Dennoch ist das Verhältnis zwischen den Vertragsparteien bei der traditionellen Vertragsgestaltung, von einigen Ausnahmen abgesehen,[235] ausgeglichener.[236] Die Informationen

---

230 Ausführlich *Albrecht*, in: Albrecht (Hrsg.), 122–155, 150.

231 Ausführlich *Hannak*, 2.

232 Vgl. hier: *Linden et al.*, Amazon.com Recommendations: Item-to-item Collaborative Filtering, IEEE in Internet Computing 2003, 76–80.

233 S. etwa: *Barocas/Selbst*, CLR 2016, 671–732.

234 S. hier: *Cohen*, UCDLR 2017, 133–204, 175ff.

235 Als Beispiel hierfür könnte ein Kreditvertrag zwischen einer Bank und einem Verbraucher oder ein Arbeitsvertrag zwischen einem Arbeitgeber und einem Arbeitnehmer genannt werden.

236 S. auch *Zurth*, AcP 221, 514–554, 516.

des Verkäufers über den Käufer und die Informationen des Käufers über den Verkäufer sind oft ähnlich. Im Einzelhandel besteht darüber hinaus häufig die Möglichkeit, Vereinbarungen zu treffen.[237] Mit Sicherheit lässt sich aber feststellen, dass die Verkäufer – insbesondere die größeren Unternehmen – auch dann einen Vorteil gegenüber den Verbrauchern haben, wenn es sich um herkömmliche Verträge handelt. Die Digitalisierung des Handels durch Personalisierung verändert die Fähigkeit von Unternehmen drastisch, Verbraucher auf persönlicher Ebene zu beeinflussen, argumentiert Ryan Calo.[238] Häufig werden dadurch bestehende Formen der Informationsasymmetrie vertieft oder es entstehen neue Formen der Informationsasymmetrie zugunsten der Nutzer von Algorithmen, die strategisch ausgenutzt werden können.[239]

Die Nutzung von Big Data kommt häufig den Verkäufern zugute. Sie können Algorithmen nutzen, um mehr über die Online-Aktivitäten des Käufers, seine Vorlieben, seine allgemeine Zahlungsfähigkeit oder seinen voraussichtlichen Bedarf an Waren oder Dienstleistungen des Verkäufers zu erfahren. Diese neuen Technologien werden die Art und Weise revolutionieren, in der Unternehmen erfahren, wer ihre Kunden sind, sowie die Art und Weise der Kommunikation und Interaktion mit den Kunden.[240]

Es gibt bereits eine erhebliche Menge an Wirtschafts-[241] und Rechtsliteratur,[242] die sowohl theoretisch als auch empirisch beschreibt, wie überlegenes Wissen über das erwartete Verhalten der Gegenpartei Unternehmen ermöglicht, den Inhalt von Verträgen oder die Art und Weise der Vertragsschließung so anzupassen, dass sie ihren erwarteten Nutzen maximieren, ohne besondere Rücksicht auf die Rechte und Interessen der Verbraucher zu nehmen.[243]

Dieses neue Missbrauchspotenzial hat eindeutig nicht nur eine, sondern mehrere Ausprägungen, wie z.B. die Leistungsfähigkeit und Genauigkeit der Algorithmen oder der mangelnde Schutz bzw. das mangelnde Bewusstsein der Verbraucher. Diese Aspekte sollten Gegenstand einer eingehenderen Untersuchung sein.

---

237 *Schäfers*, AcP 221, 56.

238 *Calo*, UWLDC 2014, 995–1051, 999. Vgl. *Cohen*, 2017, 133–204, 153ff. S. auch *Dornis*, ZfPW 2022, 310–345, 313, 314.

239 Vgl. *Hacker*, in: Faust/Schäfer (Hrsg.), 87–119, 87.

240 *Helberger*, SSRN Electronic-Journal, 2016, 3.

241 Ausführlich *Köszegi*, Behavioral Contract Theory, JoEL, 1175–1118 und *Youyou et al.*, Computer-based Personality Judgements are More Accurate than Those Made by Humans, PNAS 2015, 1036–1040, *Hannak et.al.*, ACM 2018, 305–318.

242 Ausführlich *Calo*, UWDLC 2014, 995–1051, *Tschider*, DLR 2018, 87–143.

243 Vgl. *Hacker*, IDPL 2017, 266–286, 271ff.; *Gal/Elkin-Koren*, HJLT 2017, 309–353, 324.

II. Faktoren, Potenzierung und Gewicht des neuen Risikos

1) Treibende Faktoren und mögliche Rechtfertigung?

a) Die Stärke / Präzision der Algorithmen

Die herausragende Präzision der datengetriebenen Analyse wird an dieser Stelle als die primär zu ergründende Charakteristik betrachtet. Bekannt ist bereits die Gefahr der emotionalen Ansteckung durch die bloße Nutzung eines Social-Media-Kontos und die Übertragung positiver oder negativer Gefühlszustände anderer auf die eigene Person, ohne dass diese sich dessen bewusst ist.[244] Diese Beeinflussungskraft wird durch den Einsatz von Algorithmen, die auf Big Data basieren, verändert und verstärkt.[245]

Big-Data-gesteuerte Algorithmen sind durchaus in der Lage, das Verhalten von Nutzern zu manipulieren, zu beeinflussen oder zumindest vorherzusagen. Die Genauigkeit dieser Algorithmen nimmt ständig zu, da Unternehmen mehrere Milliarden Euro in diesen Bereich investieren und die Technologien der Datenanalyse mit der Zeit präziser werden. Ein weiteres Beispiel zeigt, wie das Unternehmen Target auf der Grundlage der jüngsten Suchhistorie eines 13-jährigen Mädchens den Hinweis auf dessen Schwangerschaft geben konnte, noch bevor die Familie des Mädchens davon wusste.[246]

Ähnliche seltsame Ergebnisse liefert ein weiteres Experiment aus dem Jahr 2015.[247] Youyou und seine Kollegen wiederholten einen elementaren psychologischen Test mit Hilfe von Algorithmen. Sie befragten mehr als 16.000 Personen, die ihre eigenen Freunde oder Familienmitglieder in fünf folgenden Kategorien bewerteten:[248] Offenheit für Erfahrungen,[249] Extraversion,[250] Verträglichkeit,[251] Neu-

---

244 Vgl. *Kramer et. al.*, Experimental Evidence of Massive-Scale Emotional Contagion Through Social Networks, PNAS 2014, 8788–8790, 8788; *Dornis*, ZfPW 2022, 310–345, 314.

245 S. auch *Manwaring*, Will Emerging Technologies Outpace Consumer Protection Law? The Case of Digital Consumer Manipulation, Competition and Consumer Law Journal 2018, 141–181.

246 *Hill*, How Target Figured Out A Teen Girl Was Pregnant Before Her Father Did, Forbes, 16.02. 2012. Abrufbar unter: https://www.forbes.com/sites/kashmirhill/2012/02/16/how-target-figured-out-a-teen-girl-was-pregnant-before-her-father-did/.

247 *Youyou et al.*, PNAS 2015, 1036–1040.

248 Diese fünf Dimensionen der Persönlichkeit werden als *die Big Five* bezeichnet und weitgehend in der psychologischen Literatur verwendet, um die verschiedene Persönlichkeitsprofile abzuschätzen. Ausführlich *Schreiber/Iller*, Handbuch Fragebogen zur Erfassung der Persönlichkeit, ZHAW 2016.

249 Türkisch: Yeni Tecrübelere Açıklık.

250 Auch Aufgeschlossenheit (Türkisch: Dışadönüklük).

251 Türkisch: Tolerans, Uyumluluk.

rotizismus[252] und Gewissenhaftigkeit[253]. Parallel dazu verwendeten sie einen Algorithmus, der dieselben Personen bewertete, seine Einschätzungen aber nur auf die vorhandenen Facebook-Likes dieser Personen stützte. Die Ergebnisse der verwendeten Algorithmen wurden mit den tatsächlichen Antworten der Teilnehmer verglichen:

> So war es nicht verwunderlich, dass die Algorithmen die Persönlichkeit eines Nutzers umso besser einschätzten, je mehr Likes man auf seiner persönlichen Facebook-Seite hatte. Je vertrauter und näher sich die Personen standen, desto genauer waren auch ihre Einschätzungen. Im Ergebnis waren die Algorithmen jedoch in der Lage, alle befragten Personen zu übertrumpfen, unabhängig davon, wie familiär sie mit den Teilnehmern waren.
>
> Es zeigt sich, dass die Computermodelle nur 10 Likes benötigen, um einen Arbeitskollegen des Umfrageteilnehmers zu übertreffen, 70 Likes, um einen Freund zu übertreffen, 150 Likes, um ein Familienmitglied zu übertreffen und schließlich 300 Likes, um einen Ehepartner zu übertreffen. Angesichts der Intimität zwischen Ehemann und Ehefrau scheinen 300 Facebook-Likes, über die wahrscheinlich fast jede Person mit einem aktiven Konto auf dieser Social-Media-Plattform verfügt, keine unerreichbare Datenmenge darzustellen, die über den Teilnehmer gesammelt werden kann. Es sei auch darauf hingewiesen, dass dieses Experiment im Jahr 2015 durchgeführt wurde und die Technologien und Modelle, die von datengetriebenen Unternehmen verwendet werden, in der Zwischenzeit noch smarter und präziser geworden sind.

Laut einer weiteren Vorstudie der Universität Cambridge können anhand von nur 68 Facebook-Likes die Hautfarbe mit einer Genauigkeit von 95 Prozent, die sexuelle Orientierung mit einer Genauigkeit von 88 Prozent und die politische Orientierung mit einer Genauigkeit von 85 Prozent geschätzt werden.[254] Eine weitere Studie zeigte die Macht der Algorithmen bei der Schätzung der sexuellen Orientierung nur anhand der Gesichtsmerkmale.[255]

b) Vertrauensfaktor

Ein weiterer Aspekt, der das neue Missbrauchspotenzial der Unternehmen begünstigt, ist die Tendenz der Menschen, auf die Objektivität von Algorithmen zu vertrauen. Wenn Unternehmen den Nutzern einen bestimmten Dienst oder eine andere Empfehlung auf der Grundlage von Daten anbieten, kann dies bei den Nutzern ein

---

252 Auch emotionale Instabilität (Türkisch: Duygusal Dengesizlik).

253 Auch Mangel an Impulsivität (Türkisch: Sorumlu Hareket Edebilme).

254 *Kosinski et al.*, Private Traits And Attributes Are Predictable From Digital Records Of Human Behavior, PNAS 11.3.2013. Abrufbar unter: https://www.pnas.org/doi/10.1073/pnas.1218772110.

255 *Kosinski/Wang*, Deep Neural Networks Are More Accurate Than Humans at Detecting Sexual Orientation From Facial Images, Journal of Personality and Social Psychology 2018, 246–257.

erhebliches Vertrauen schaffen.[256] Dies ist eine direkte Folge der Neigung, glauben zu wollen, dass die Ergebnisse von Big-Data-Analysen fair sind, da sie auf hochkomplexen algorithmischen Berechnungen beruhen und ohne die Störung durch menschliche Voreingenommenheit funktionieren. Die oben erwähnte *Google-Studie* wäre hier ein typisches Beispiel.[257] Das Ergebnis dieser Studie ist, wie die Forscher behaupten,[258] eine Auswirkung der positiven Einstellung der Teilnehmer gegenüber der Objektivität der Algorithmen, mit denen Google ein bestimmtes Suchergebnis präsentiert.

Diese vermeintliche Neutralität entspricht nicht immer der Realität. Tatsächlich investieren Unternehmen viel Zeit und Geld, um ihre Apps und Webseiten gezielt so zu gestalten, dass die Erfahrung für den Nutzer vertrauenswürdiger wirkt. Es werden Daten- und Erfahrungswissenschaftler eingestellt, die fast ausschließlich zu diesem Zweck arbeiten. Laut einem Bericht aus dem Jahr 2013 beschäftigt der Technologieriese Microsoft die zweitmeisten Anthropologen in den USA, gleich nach der US-Regierung, mit der zusammen er ständig bessere Software und Hardware entwickelt.[259]

Die Datenwissenschaftler von Uber haben ferner herausgefunden, dass die Nutzerinnen und Nutzer misstrauisch werden, wenn die App eine Preiserhöhung durchführt und der Multiplikator der Preiserhöhung eine fraktionslose Zahl wie 2,0 oder 3,0 ist.[260] In ihren Augen sind solche Preiserhöhungen vorbearbeitet und daher verdächtig. Um die bloße Existenz solcher Preissteigerungen zu verschleiern, schlugen die Datenwissenschaftler vor, spezifischere Multiplikatoren zu verwenden,[261] z. B. 2,05 statt 2,0 oder 2,9 statt 3,0 oder die Einführung von Vorabpreisen[262].

---

256 *Rosenblat/Hwang*, Data&Society 2016, 3.

257 S. Teil C-II-1-b beim Kapitel 1. Dort entschieden sich viele Teilnehmer dafür, auf die höher platzierten Suchergebnisse zu klicken, anstatt entsprechend der Relativität der Ergebnisse weiter nach unten auf der Webseite zu gehen.

258 Die Teilnehmer ließen sich besonders durch das *inverse Design* täuschen, bei dem das tatsächliche zehnte Ergebnis ganz oben, das neunte an zweiter Stelle, das achte an dritter Stelle usw. angezeigt wurde. Auf die Frage, ob sie etwas Verdächtiges gefunden hätten, gaben sie eher an, sich selbst die Schuld zu geben (z. B. „Ich habe keinen passenden Suchbegriff gefunden"), als dass sie die manipulierten und schlechten Google-Ergebnisse verantwortlich machten. Ausführlich *Pan et. al.*, JoCMC 2007, 801–823, 812 ff.

259 *Wood*, Anthropology Inc., The Atlantic 03.2013. Abrufbar unter: https://www.theatlantic.com/magazine/ archive/2013/03/anthropology-inc/309218/.

260 Ausführlich *Dahl*, People Get Suspicious When the Uber Surge Price Is A Round Number, The Cut, 17.05.2016. Abrufbar unter: https://www.thecut.com/2016/05/people-get-suspicious-when-the-uber-surge-price-is-a-round-number.html.

261 *Calo/Rosenblat*, CLR 2017, 1623–1689, 1658, *Dahl*, The Cut, 17.05.2016.

262 *Hawkins*, Uber is Trying to Make You Forget that Surge Pricing Exists, The Verge 23.06.2016. Abrufbar unter: https://www.theverge.com/2016/6/23/12017002/uber-surge-pricing-upfront-fare-app-

In diesem Fall hat der Unterschied zwischen 2,0 und 2,05 kaum eine wirtschaftliche, rechtliche oder praktische Bedeutung, es sei denn für das ungestörte Vertrauen der Nutzer in die Algorithmen und deren Glaubwürdigkeit im Hinblick auf die Objektivität der Preisgestaltung bzw. -berechnung.

c) Einverständnis zur Datenverarbeitung

Zur weiteren Schwächung der vertraglichen Position des Verbrauchers holen Online-Plattformen und ähnliche Unternehmen häufig vorab die Einwilligung des Nutzers ein. Die Einwilligung legitimiert häufig auch exzessive Formen der Erhebung, Verwendung oder Weitergabe personenbezogener Daten.[263] Sie umfasst die Erhebung oder Verarbeitung personenbezogener Daten, ihre Nutzung und ihre Weitergabe an Dritte zur Verbesserung der Qualität des Dienstes oder für andere wirtschaftliche Zwecke.

Tatsächlich ist der Dienst ohne personenbezogene Daten oft unbrauchbar, z. B. muss eine Carsharing-App wie Miles oder Bolt wissen, wo sich der Nutzer befindet, um ihm mögliche Mietwagen zeigen zu können. Instagram muss Zugriff auf die Kamera und die Galerie haben, um für einen aktiven Nutzer vollständig zu funktionieren. Ebenso muss ein Cloud-Anbieter in der Lage sein, auf bestimmte Bereiche des Mobiltelefons oder des Computers des Nutzers zuzugreifen. Diese Erlaubnis, auf personenbezogene Daten zuzugreifen, ergibt sich aus der Wesensart des angebotenen Dienstes oder aus dem Vertrag, der demnächst abgeschlossen wird.

Diese Zustimmung wird jedoch fast immer durch den *Mythos der Gelegenheit zum Lesen*[264] verdeckt, wie auch in diesem Dokument festgestellt wird.[265] In Wirklichkeit hat der Nutzer weder die Gelegenheit noch die Zeit noch den Wunsch oder gar das Ziel, die Allgemeinen Geschäftsbedingungen zu lesen; in der Realität ist er oft nur am Wegklicken interessiert.[266] Ein Extrembeispiel hat gezeigt, dass 98 Prozent der Teilnehmer gar nicht realisiert haben, dass sie sich damit einverstanden erklärt haben, dass ihr erstgeborenes Kind als Zahlungsmittel zur Verfügung steht.[267] Sie

---

update-announcement#:~:text=Now%2C%20Uber%20is%20testing%20a,be%20multiplied%20are%20both%20gone.&text=%22No%20math%2C%22 %20Uber%20says%2C%20 %22no%20surprises.%22.

263 *Solove*, HLR 2013, 1880–1903, 1880. S. auch *Zander-Hayat et. al.*, VUR Heft 11 2016, 403–409, 408 ff.

264 Originell: The Myth of opportunity to read (Türkisch: Okuma Fırsatı Miti). Ausführlich zum Thema *Ben-Shahar*, The Myth of the 'Opportunity to Read' in Contract Law, ERCL 1/2009, 1–28.

265 Es gibt mit anderen Worten eine unübersehbare Lücke zwischen der gesetzlichen -idealischen-Einwilligung und der tatsächlichen Einwilligung.

266 Vgl. auch *Dornis*, ZfPW 2022, 310–345, 313, 314.

267 *Vedantam*, NPR 23.09.2016. die schriftliche Form des ganzen Gesprächs ist abrufbar unter: https://www.npr.org/2016/08/23/491024846/do-you-read-terms-of-service-contracts-not-many-do-research-shows?t=1600011945692.

klickten auf jede einzelne Einwilligungsklausel, um fortzufahren, ohne sie vollständig zu lesen, und dies spiegelt das typische Nutzerverhalten im täglichen Umgang mit dem Internet wider.

Die Begrifflichkeiten in den Datenschutzbestimmungen solcher Apps und Webseiten sind ohnehin nicht klar genug formuliert, um verständlich zu sein, selbst wenn der Nutzer sie durchliest. Selbst wenn er alle Klauseln liest und einige Probleme erkennt, wie z. B. einige Klauseln, die zu weit von der Notwendigkeit für die Erbringung der Dienstleistung entfernt sind, hat er vor allem keine Macht darüber, diese Klauseln zu ändern oder auszuschließen, da sie einseitig vom Verwender gestellt wurden. Wenn eine Person nicht in der Lage ist, eine Datenschutzerklärung zu lesen und ihre Auswirkungen auf den bevorstehenden Vertrag oder auf ihre Privatsphäre zu verstehen, bleibt die Frage, ob diese Person überhaupt eine vernünftige Wahl hätte, offensichtlich unbeantwortet.[268]

Selbst nachdem man alles gelesen hat, kann man sich natürlich auch für den *Kauf einer Überraschung* entscheiden, ohne die Zeit für ein vollständiges Verständnis der Art und des wahren Inhalts des Vertrags zu verlieren.[269] Die Entscheidung, etwas nicht zu lesen oder eine Überraschung zu kaufen, wird jedoch nur dann getroffen, wenn tatsächlich die Möglichkeit besteht, die entsprechenden Bedingungen zu lesen[270] und bei Gelegenheit zu modifizieren. Die einzige wirkliche Wahl, die man allerdings hat, ist oft die Entscheidung, ob man diese bestimmte Applikation nutzen möchte oder nicht, ob man auf dieser Webseite bleiben möchte oder nicht, oder ob man ein neues Konto einrichten möchte oder nicht.[271]

Daraus ergeben sich zwei Hauptprobleme im Zusammenhang mit der Big-Data-Analyse:

– **Das Problem der mangelnden Transparenz:** Transparenz ist wahrscheinlich das größte Problem des gesamten Prozesses.[272] Natürlich stellt Transparenz allein noch keinen ausreichenden Schutz gegen einen möglichen Missbrauch bei der Gestaltung von Verträgen dar, aber sie ist der erste Schritt in die richtige Richtung.[273] Unklar ist – zumindest für den Durchschnittsnutzer – der genaue Umfang der Verarbeitung seiner Daten, und das ist ein Problem, das auch für

---

268 *Tschider*, DLR 2018, 87–143, 114.

269 Anders ausgedrückt: Sie konnten sich bewusst dafür entscheiden, nicht darauf einzugehen. Manchmal, z. B. beim Kauf eines Lottoscheins, ist das Überraschungsmoment sogar ein Merkmal des Vertrags. Vgl. hier etwa: *Grundmann*, CMLR 2002, 269–293, 291.

270 *Ben-Shahar*, ERCL 1/2009, 1–28, 9, 15 ff.

271 *Tschider*, DLR 2018, 87–143, 114. Die Autorin bezeichnet diese sogenannte Wahl als „take it or leave it (nimm es oder lass es)".

272 Vgl. Teil C-III beim Kapitel 1.

273 *Rosenblat/Hwang*, Data&Society 2016, 7.

den Datenschutz von Bedeutung ist. So zeigt eine Studie, dass aus den Nutzungsbedingungen nicht ersichtlich ist, welche Art von Daten Meta zu welchem Zweck an Dritte weitergeleitet werden, obwohl eine vorherige Einwilligung offenbar im Mittelpunkt steht.[274] Die meisten Menschen haben keine Vorstellung von der Menge an Daten, die in der gesamten datengestützten Wirtschaft gesammelt und verarbeitet werden, geschweige denn von der Macht, die diese Daten haben. In einigen Beiträgen wird den Anbietern von Online-Diensten empfohlen, transparentere Vertragsbedingungen zu verwenden, und es wird auf die Notwendigkeit hingewiesen, den Begriff der Transparenz genauer zu beschreiben.[275]

– **Das Problem des Missbrauchspotenzials:** Ferner haben die Unternehmen die Möglichkeit, diese Analysen zu missbrauchen, indem sie die sogenannten Grauzonen ausnutzen und sie gegen ihre ursprüngliche Quelle – den Nutzer – wenden.[276] Die Algorithmen können das, was sie über den Nutzer wissen, nutzen, um ihn zum Abschluss eines bestimmten Vertrages zu bewegen. Sie können ihn dazu bringen, für eine ähnliche Dienstleistung oder ein ähnliches Produkt mehr zu bezahlen, oder sie können ihn ganz davon abhalten, bestimmte Angebote zu sehen. Die vom Nutzer gesammelten und durch intelligente Algorithmen verarbeiteten Daten werden sozusagen zu seinem *Brutus*.

2) Praktische Grenzen der Prüfung und Eingrenzung der Praktiken

a) Stetig steigendes Volumen der Datenverarbeitung

Die enorme Menge an gesammelten und analysierten personenbezogenen Daten stellt eine weitere Dimension des Missbrauchspotenzials dar. Die Verbraucher erzeugen eine fast unüberschaubare Informationsflut durch die Nutzung des Internets, sozialer Medien und vernetzter Geräte.[277] Jedes an das Internet angeschlossene Gerät sammelt Informationen über den Nutzer.[278] Diese Daten scheinen sich in den persönlichen Akten jedes einzelnen Nutzers anzusammeln, was dazu führt, dass bei den täglichen Aktivitäten im Internet auf den Einzelnen zugeschnittene Dienste angeboten werden.

---

274 *Goanta/Mulders*, 'Move Fast and Break Things': Unfair Commercial Practices and Consent on Social Media, EuCML 2019, 136–146.

275 Vgl. *Loos/Luzak*, Wanted: A Bigger Stick. On Unfair Terms in Consumer Contracts with Online Service Providers, JCP 2015, 63–90, 86.

276 Vgl. *Hannak*, 13. Da schreibt Hannak beispielsweise, dass Suchmaschinen wie Google und andere große internetbasierte Unternehmen über große Datenmengen verfügen und jederzeit die Personalisierung vornehmen können, auch wenn dies zu einem bestimmten Zeitpunkt nicht der Fall ist.

277 *Federal Trade Commission*, Report vom 24.06.2019, 2.

278 Vgl. Teile A-I und A-II beim Kapitel 1.

So hat zum Beispiel ein Reporter der NYT herausgefunden, dass jeder Mensch als Konsument über einen geheimen Glaubwürdigkeitsscore verfügt.[279] Eine hohe Punktzahl ist angeblich ein Garant für eine Elitebehandlung, während eine niedrige Punktzahl ein Anzeichen für längere Wartezeiten oder einen Service von geringerer Qualität sein kann. Nachdem er einen Verbraucherbericht an die Federal Trade Commission der USA[280] gelesen hatte, in dem die Kommission aufgefordert wurde, solche Monitoring-Ergebnisse zu untersuchen, wurde er inspiriert, seine eigenen Daten zu verfolgen. Er wählte fünf große Unternehmen aus,[281] die Verbraucherbewertungen erhalten hatten. Von jedem forderte er seine Daten an. Wie vorherzusehen war, erhielt er nur eine beachtenswerte Rückmeldung:

> Nur das Unternehmen Sift stellte ihm seine eigene 400-seitige Datei zur Verfügung, in der selbst die kleinsten Details seines Online-Lebens verzeichnet waren: einzelne Essensbestellungen; jedes Mal, wenn er mit seinem Handy eine Coinbase-App geöffnet hatte; eine Online-Beschwerde, die er vor Jahren über eine bestimmte Übernachtung eingereicht hatte; und jede einzelne Nachricht, die er an seine Airbnb-Gastgeber geschickt hatte. Viele der Einträge enthielten auch detaillierte Informationen über das Gerät, das er zur Ausführung dieser Aufgaben verwendet hatte, einschließlich der IP-Adresse, die er zu diesem Zeitpunkt verwendet hatte, dem genauen Zeitpunkt der Aktion und so weiter.

Schätzungen zufolge wurden schon im Jahr 2020 für jeden Menschen auf der Erde durchschnittlich 1,7 Megabyte an personenbezogenen Daten pro Sekunde erhoben, das sind über 140 Gigabyte an personenbezogenen Daten pro Tag.[282] Damit würden die personenbezogenen Daten eines einzelnen Nutzers in nur einer Woche durchschnittlich fast ein Terabyte erreichen, was bereits die Speicherkapazität der meisten lokalen Geräte wie Computer oder Mobiltelefone übersteigt. Die enorme Menge an Daten führt auch zu Tausenden von diskreten oder sensiblen Merkmalen über jeden einzelnen Nutzer.[283]

So konnte Meta seinen Werbepartnern im Jahr 2016 bereits 52.000 unterschiedliche Merkmale für jeden seiner Nutzer zur Verfügung stellen. Eine weitere Schät-

---

279 *Hill*, NYT 4.11.2019.

280 *Federal Trade Commission*, Report vom 24.06.2019.

281 Die fünf im Artikel genannten Unternehmen sind: Sift, Zeta Global, Retail Equation, Riskified und Kustomer.

282 S. supra Fn. 68, 69. Vgl. *Domo*, 6. Auflage, 2018 in: *Federal Trade Commission*, Secret Surveillance Scoring: Urgent Request for Investigation and Enforcement Action, Report vom 24.06.2019, 4. Für aktuelle Statistiken s. *Domo*, 10. Auflage, 2022. Abrufbar unter: https://www.domo.com/data-never-sleeps#.

283 *Federal Trade Commission*, Report vom 24.06.2019, 4.

zung aus dem Jahr 2018 geht davon aus, dass etwa 90 % der Daten, die bis zum Jahr 2018 weltweit gesammelt werden, in den Jahren 2016 bis 2018 erhoben wurden.[284]

Über jeden Nutzer wird beim üblichen Online-Verhalten mehrere hundert Seiten an Daten gespeichert haben, die datenbetriebene Unternehmen für seine Bewertung nutzen könnten. Selbst wenn die Unternehmen diese sogenannte Verbraucherakte freigeben, was in diesem Beispiel nur eines der fünf Unternehmen tat, verraten sie nicht, mit welchem System sie ihn bewerten und wofür sie die Daten verwenden. Aus diesem Grund bleiben viele Fragen in Bezug auf die Analyse offen, selbst wenn die eigenen Unterlagen auf die eine oder andere Weise erhalten geblieben sind. Die Menge und Genauigkeit personenbezogener Daten sowie die allgemeine Undurchsichtigkeit des Prozesses legen nahe, dass das Missbrauchspotenzial datengestützter Unternehmen eine echte Vertragsbedrohung darstellt. Es ist sogar die Rede davon, dass die gesammelten Daten ausreichen, um das Verhalten einer Person im Voraus mit einer Genauigkeit von annähernd hundert Prozent zu bestimmen.[285]

b) Nachweisschwierigkeiten

Ein weiteres Element der neuen Macht der Manipulation ist die einfachere Aufdeckung der Manipulation auf analogem bzw. traditionellem Wege, da der Preis, die Platzierung eines Artikels oder die Bedingungen für die Rückerstattung des Kaufpreises auf der Hand liegen. Digitale Marktmanipulation bzw. allgemeiner Missbrauch durch Digitalunternehmen, da sie das Resultat der Verarbeitung personenbezogener Daten im Hintergrund sind, sind per definitionem schwerer nachweisbar.[286] Die Nachteile für die Nutzer und die Vorteile für die Unternehmen werden aufgrund ihrer Schwierigkeit sie zu erkennen, und ihrer subtilen Auswirkungen häufig von den Rechtsordnungen und selbst von den Nutzern vernachlässigt.[287]

Der Verbraucher schließt aufgrund von Datenanalysen einen personalisierten Vertrag ab und zahlt etwas mehr für ein Produkt oder kauft impulsiv bzw. datengesteuert, was er bei Vertragsabschluss nicht wissen könnte. Besonders deutlich wird diese Problematik in Fällen des Geoblockings,[288] in denen die Verbraucherin-

---

284 *Marr*, How Much Data Do We Create Every Day? The Mind-Blowing Stats Everyone Should Read, Forbes 21.05.2018. Abrufbar unter: https://www.forbes.com/sites/bernardmarr/2018/05/21/how-much-data-do-we-create-every-day-the-mind-blowing-stats-everyone-should-read/?sh=9443ace60ba9.

285 Vgl. hier *Federal Trade Commission*, Secret Surveillance Scoring: Urgent Request for Investigation and Enforcement Action, Report vom 24.06.2019, 1, 9 ff.

286 *Calo/Rosenblat*, CLR 2017, 1623–1689, 1653. S. auch *Zurth*, AcP 221, 514–554, 549 ff.

287 *Calo*, UWLDC 2014, 995–1051, 1002.

288 S. ausführlich unten Teil A-I beim Kapitel 4.

nen und Verbraucher kaum Kenntnis davon haben, dass sie zum Zeitpunkt der Sperrung Opfer einer Blockade werden. Daher bleibt es schwierig, derartige Vorfälle bekannt zu machen.

3) Eingriffe in Entscheidungsfreiheit und Schutzbedürftigkeit

a) Die Filterblase rund um den Konsumenten

Um den Nutzer herum entsteht durch die Leistungsstärke und die unvorstellbare Menge der verwendeten datengetriebenen Algorithmen oft eine *„Filterblase"*.[289] Der Begriff der Filterblase bezieht sich auf eine bildliche Sphäre, die den Nutzer beim Surfen im Internet umgibt. Sie beschreibt online Inhalte auf einer Webseite oder App, die Algorithmen aussortieren, um selektiv zu erraten, welche Informationen ein Nutzer sehen dürfte bzw. sollte, basierend auf Informationen, die bereits über den Nutzer gesammelt wurden,[290] wie z.B. seine Suchhistorie oder sein Standort.

Die Filterblase ist nicht per se schädlich. Meistens sehen die Menschen, was sie sehen wollen und sollen.[291] Beispielsweise sind einige nationalsozialistische Webseiten in Frankreich und Deutschland nicht zugänglich, deren Inhalte für diese beiden Länder besonders brisant sind.[292] In einer anderen Studie wurde festgestellt, dass neue Musikempfehlungen, die sich aus der persönlichen Filterung ergeben, den Musikgeschmack der angegebenen Nutzer eher erweitern als einschränken.[293] Jedoch birgt die Filterblase potenzielle Risiken. Vor möglichen Nachteilen wie dem Ausschluss von neuen Ideen und wichtigen Informationen warnt Eli Pariser.[294]

Ähnliche Risiken sind auch mit der Vertragsgestaltung verbunden. Eine Filterblase um den Verbraucher könnte hier insbesondere zu Geoblocking führen.[295] Umgeben von seiner eigenen Filterblase, da er unterschiedliche Ergebnisse für die gleichen Suchanfragen, unterschiedliche Preise für das gleiche Produkt oder die gleiche Dienstleistung sieht, ohne die Existenz einer solchen Personalisierung überhaupt zu

---

289 Filter bubble (Türkisch: Erişim Filtresi). Ausführlich *Pariser*, The Filter Bubble: What the Internet is Hiding from You, 2011; *Wagner/Eidenmüller*, ZfPW 2019, 220–246, 234ff.

290 *Hannak*, 12.

291 Für derartige Diskussion s. auch *Micklitz*, Digital Architecture of Private Law Relations, in: Grundmann et al., New Private Law Theory: A Pluralist Approach, Cambridge University Press 2021, 298–314, 308.

292 *Morrissey*, Google Filters Sites in France and Germany, 2002. URL: http://www.internetnews.com/bus-news/article.php/1488031/Google+Filters+Sites+in+France+and+Germany.htm.

293 *Hosanagar et al.*, Will the Global Village Fracture into Tribes? Recommender Systems and Their Effects on Consumer Fragmentation, MS 2013, 805–823.

294 Vgl. *Pariser*, 66ff.

295 Vgl. Teil C-II-3-a beim Kapitel 1.

bemerken, ist jeder Nutzer anfällig für missbräuchliche oder manipulierte Verträge oder sollte zumindest das Recht haben, über die Existenz der Beschränkung informiert zu werden.

b) Anreize zur Willenserklärung

Ein weiterer Aspekt digitaler Transaktionen ist, dass Unternehmen mit Hilfe von Big-Data-Analysen versuchen, Kunden zu einer bestimmten Willenserklärung zu bewegen, indem sie sie mit verschiedenen Tools dazu provozieren. Diese Aktionen werden in der Literatur mit dem Begriff „*Nudges*"[296] oder „*Nudging*"[297] bezeichnet.[298]

Dazu gehören beispielsweise Rabatt-Countdowns auf einer Webseite,[299] die den Eindruck erwecken, dass das Angebot nach einer bestimmten Zeit abläuft, obwohl weder der Countdown noch der Rabatt in Wirklichkeit real, sondern rein zufällig und Algorithmus basiert sind. In der Tat werden solche Countdowns oft von Anfang an gestartet, wenn die Webseite aktualisiert wird oder wenn die Webseite nach Ablauf einer bestimmten Zeit erneut aufgerufen wird.

Ein weiteres Beispiel ist, dass Unternehmen den Kunden in ein sogenanntes Labyrinth führen, in dem die Kündigung eines Dienstes komplizierter und schwieriger ist als der Abschluss eines Abonnements oder die Stornierung einer Bestellung komplizierter als deren Abschluss. Mitunter wird auch eine sehr kurze kostenlose Testphase angeboten, um den Kunden zu ködern.[300] Dann folgt beispielsweise ohne Vorwarnung das kostenpflichtige Abonnement.

Wenn diese Praktiken mit der oben erwähnten Macht von Big Data kombiniert werden, entsteht beim Kunden ein Gefühl der Eilbedürftigkeit. Dieses Gefühl der Dringlichkeit, entweder ein attraktives Geschäft zu realisieren oder es zu verlieren oder ein günstiges Angebot zu akzeptieren oder es abzulehnen, beeinflusst häufig den Entscheidungsprozess des Kunden und führt dazu, dass er seine Entscheidungen eher aus diesem Impuls heraus trifft. Dies ist vor allem bei unerfahrenen Nutzern nützlich, aber fast unvermeidlich, unabhängig davon, wie gut der Kunde darüber informiert ist, wie Algorithmen funktionieren oder wie Online-Verträge zustande kommen.

---

296 Auf Türkisch: Dürtmeler, Dürtüler. Für derartige Nutzung *Denga*, ZfDR 2022, 229–260.

297 Für derartige Nutzung *Dornis*, ZfPW 2022, 310–345, 313 ff.

298 Auf Deutsch könnte man dies als „*Anreiz zum Vertrag*" und auf Türkisch als „*Sözleşmeye Teşvik*" übersetzen. Dazu ausführlich *Denga*, ZfDR 2022, 229–60, 233 ff.

299 *Denga*, ZfDR 2022, 229–60, 234.

300 *Denga*, ZfDR 2022, 229–60, 234–235.

c) Verhältnis mit B2B Vertragsabschlüssen

Nicht zufällig sind nur einige der größten Unternehmen und Online-Plattformen an der Diskussion über Big-Data-Analysen beteiligt, da nur sie über einen ausreichenden Zugang zu solchen Analysen verfügen, um Verträge zu personalisieren. Der gesamte Prozess ist kostspielig und anspruchsvoll. Viele kleinere Unternehmen verfügen nicht über das oben genannte Potenzial, und der Konkurrenzkampf zwischen den Unternehmen, die den Vorteil von Big Data auf ihrer Seite haben, und denen, die ihn nicht haben, verschlechtert sich weiter.[301]

Dies hat zwei Konsequenzen: Zum einen ist der Wettbewerb weiter gefährdet. Zum anderen könnten KMU[302] auch in ihren eigenen Vertragsbeziehungen mit größeren Unternehmen Opfer eines sogenannten Missbrauchs werden. Die Vor- und Nachteile der Analyse gefährden dann auch B2B-Kontrakte, denn eine Personalisierung der Vertragsanbahnung erfolgt natürlich nicht nur gegenüber Verbrauchern, sondern auch und gerade im B2B -Geschäftsverkehr.[303] So auch das Europäische Parlament und der Rat:[304]

> „Verbraucher und Unternehmen, insbesondere Kleinstunternehmen und KMU, sind beim Erwerb von Waren oder Dienstleistungen im Rahmen allgemeiner Geschäftsbedingungen für den Zugang als Endnutzer häufig in einer ähnlichen Lage. Daher sollten für die Zwecke dieser Verordnung sowohl Verbraucher als auch Unternehmen in ihrer Eigenschaft als Kunden vor Diskriminierung aufgrund der Staatsangehörigkeit, des Wohnsitzes oder des Ortes der Niederlassung geschützt werden (...)"

Auch scheint es einige Marktungleichgewichte in Bezug auf den Zugang zu und die Nutzung von Daten zu geben, wenn es um den Zugang von KMU zu Daten geht.[305] Große Online-Plattformen, die in der Lage sind, große Datenmengen zu sammeln, gewinnen auch wichtige Erkenntnisse und letztlich Wettbewerbsvorteile aus der Vielfalt und Qualität der Daten, während kleinere Plattformen dies nicht leisten können.[306] Daher lässt sich argumentieren, dass die digitale Asymmetrie auch zu Wettbewerbsproblemen zwischen großen und kleinen Unternehmen führen kann.

---

301 S. auch *Zurth*, AcP 221, 514–554, 531, 532.

302 Kleine und Mittlere Unternehmen.

303 *Hennemann*, AcP 219, 819–854, 825.

304 Geoblocking-Verordnung, Begründung Art. 2.

305 Mittlerweile sind diese Ungleichgewichte in Europa teilweise reguliert. S. beispielsweise *Bomhard/Merkle*, Der Entwurf eines EU Data Acts – Neue Spielregeln für Data Economy, RDi 2022, 168–176, 172, 173.

306 *Europäische Kommission*, A European Strategy for Data 19.02.2020, COM (2020) 66 final, 8.

d) Verhältnis mit Schutzbedürftigen

Ein ebenfalls zu berücksichtigender Aspekt ist die Korrelation zwischen der Datenanalyse bzw. ihrem Rohstoff, den personenbezogenen Daten, und den besonderen Personengruppen, deren personenbezogene Daten analysiert werden. Zu diesen Sondergruppen gehören Kinder, Jugendliche, Senioren, Menschen mit Behinderung[307] sowie neue Nutzer, die nicht genau verstehen, wie die Welt der personenbezogenen Daten und der Big-Data-Analyse funktioniert.

In der Welt der Datenanalyse sind auch Bußgelder und Entscheidungen wegen des Missbrauchs von schutzbedürftigen Gruppen keine Fremdwörter.[308] In einem aktuellen Bußgeldbescheid der US-amerikanischen Kartellbehörde FTC wurde Microsoft zur Zahlung von 20 Millionen Dollar verurteilt, weil das Unternehmen illegal personenbezogene Daten von Kindern ohne Zustimmung der Eltern gesammelt haben soll.[309]

In einer früheren Entscheidung aus dem Jahr 2023 warfen die FTC und das DOJ dem Unternehmen Amazon vor, gegen die Datenschutzgesetze für Kinder verstoßen zu haben, indem das Unternehmen die Alexa-Sprachaufzeichnungen von Kindern für immer speicherte und die Löschanfragen der Eltern ignorierte.[310] Die Kommission forderte Amazon auf, 25 Millionen Dollar zu zahlen und die Daten der Kinder, Geolokalisierungsdaten und andere Sprachaufzeichnungen zu löschen. Im Rahmen der Einigung der Parteien erklärte sich Microsoft bereit, die gesetzlichen Bestimmungen zum Schutz der Privatsphäre von Kindern auf Xbox Live einzuhalten und die Zustimmung der Eltern für personenbezogene Daten für Kinderkonten zu erhalten, die vor Mai 2021 registriert wurden.[311]

Aufbauend auf den vorherigen Diskussionen im Kontext des B2B-Bereichs wird deutlich, dass sich die Kluft zwischen bereits verwundbaren Vertragsparteien, wie beispielsweise Kindern, Senioren oder unerfahrenen Nutzern, die die potenziellen Risiken datengetriebener Vertragsabschlüsse möglicherweise nicht vollständig er-

---

307 Für erweiterte Kategorisierung s. Spindler/Schuster/*Micklitz/Schirmbacher*, § 3 UWG Rn. 173, 174.

308 Vgl. *Hill*, Forbes, 16.02.2012.

309 *Federal Trade Commission*, FTC Will Require Microsoft to Pay $20 million over Charges it Illegally Collected Personal Information from Children without Their Parents' Consent, Report v. 05.06.2023. Abrufbar unter: https://www.ftc.gov/news-events/news/press-releases/2023/06/ftc-will-require-microsoft-pay-20-million-over-charges-it-illegally-collected-personal-information.

310 *Federal Trade Commission*, FTC and DOJ Charge Amazon with Violating Children's Privacy Law by Keeping Kids' Alexa Voice Recordings Forever and Undermining Parents' Deletion Requests, Report v. 31.03.2023. Abrufbar unter: https://www.ftc.gov/news-events/news/press-releases/2023/05/ftc-doj-charge-amazon-violating-childrens-privacy-law-keeping-kids-alexa-voice-recordings-forever.

311 *Federal Trade Commission*, The Microsoft Xbox Live settlement: What it means for your child's privacy, Report vom 05.06.2023.

fassen, und erfahrenen Nutzern, die mit dieser modernen Form der Kontrahierung bestens vertraut sind, vertieft. Im Wesentlichen stärkt die Nutzung von Big-Data-Analysen die Position derjenigen, die bereits widerstandsfähig sind, während sie gleichzeitig die Verletzlichkeit derjenigen, die bereits fragil sind, in verschiedenen Dimensionen, einschließlich des unternehmerischen, persönlichen und vertraglichen Bereichs, verschärft. Dies stellt eine Hürde dar, die für eine Vielzahl von Rechtsdisziplinen, einschließlich des Vertragsrechts und seiner jahrhundertealten Grundpfeiler, zu bewältigen ist.

Ein rücksichtsloser Umgang mit Daten könnte in der Türkei und in Deutschland unterschiedliche gesetzliche Mechanismen in Bewegung setzen. Zu nennen sind vor allem die Möglichkeit der Sittenwidrigkeit im Rahmen von § 138 BGB und § 27 Abs. 1 TBK,[312] datenschutzrechtliche Schutzmechanismen wie Art. 8 DSGVO für Kinder unter 16 Jahren[313] und auch § 3 Abs. 4 UWG unter Berücksichtigung der angesprochenen Durchschnittsverbraucher[314].

III. Synopse des unternehmerischen Missbrauchspotentials qua Analysepower

Die Menschen leben umgeben von Überwachungstechnologien und einer datengetriebenen Wirtschaft in einer neuen Normalität. Die Analyse von Big Data und der Einsatz von modernem Microtargeting führen zu einer neuen Form der Macht- und Informationsasymmetrie und zugleich zu einer *„Erosion der Privatautonomie“*[315].[316] Sie führen zur Prognostizierung des Verbraucherverhaltens und verleihen Unternehmen eine Macht, die sie vor dem Digitalzeitalter nicht hatten.[317]

Zunächst sei darauf hingewiesen, dass diese Arbeit nicht dazu dient, blind gegen die Unternehmen zu spekulieren und ein quasi *Orwellsches-Universum* zu schaffen, das die Nutzer abschrecken soll. Nicht in jedem Fall gestalten die in dieser Arbeit genannten Unternehmen ihre Analysen und anschließend ihre Webseiten

---

312 Vgl. Unterteil C-II-2 beim Kapitel 3.

313 Vgl. Unterteil B-II-2 beim Kapitel 5.

314 Vgl. Unterteil B-II-1 beim Kapitel 5.

315 *Ebers*, MMR 2018, 423–428, 424.

316 S. auch *Grundmann*, CMLR 2002, 269–293, 271; *Dornis*, ZfPW 2022, 310–345, 312ff.

317 Strukturell wird dadurch die Verhandlungsposition der Unternehmen exponentiell gestärkt, da sie nicht mehr nur wissen bzw. bestimmen können, wie die Kunden als Gruppe handeln, sondern auch, wie der einzelne Kunde handeln kann, und sie versuchen, dieses Verhalten durch andere Vertragsmechanismen wie Zustimmung zu legitimieren, indem sie verbindliche Regulierung umgehen wollen. Vgl. hier insbes. den Untertitel „Plattform Markets and Individual Contracts“ bei: *Grundmann/Hacker*, in Grundmann (Hrsg.), 22ff; vgl. für die Legitimierungsfunktion der Zustimmung auch *Grundmann*, Privatrecht und Regulierung, 940ff.

oder Applikationen so, dass sie gezielt die Schwächen der respektierten Verbraucher ausnutzen. Trotzdem ist es plausibel, dass Big-Data-Analysen den Weg zur Manipulation der Verbraucher ebnen, da sie den Unternehmen eine Macht verleihen, die sie vorher nicht hatten. Zusammenfassend lässt sich sagen, dass mit der Macht der Analyse der Starke noch stärker und der Schwache noch schwächer wird. Zur Zusammenfassung des neuen Missbrauchspotentials von heutigen Unternehmen:

- Es gibt keinen wirklichen Raum, keinen Feiertag, keine Pause für die Art und Weise des Vertragsabschlusses in der heutigen Zeit. Die Unternehmen haben die Möglichkeit, über ihre eigenen Plattformen und über die Werbedienste der großen Anbieter wie Google zu jeder Zeit und an jedem Ort mit den potenziellen Käufern in Kontakt zu treten. Sie können die richtige Werbung und sicherlich auch den richtigen Preis an die passenden Zielgruppen richten. Es dauert buchstäblich Sekunden, um eine Dienstleistung oder eine Ware zu kaufen. Der traditionelle Prozess des Nachdenkens darüber, ob eine bestimmte Ware oder Dienstleistung gekauft werden soll oder ob eine Ware wirklich notwendig ist, wird durch die Schnelligkeit des elektronischen Handels oft über den Haufen geworfen.[318] Die Menschen kaufen mehr denn je Dinge, die sie eigentlich nicht brauchen, einfach weil sie mehr Werbung ausgesetzt sind und manchmal impulsiv Kaufverhalten an den Tag legen.
- Die Unternehmen haben Zugriff auf große Mengen personenbezogener Daten, bis zu 400 Seiten gespeicherter Daten über einen einzelnen Nutzer. Dies hilft ihnen dabei, das Verhalten der Nutzer besser zu verstehen und vorherzusagen. Diese Vorhersagen können sehr gut die allgemeine Zahlungsfähigkeit und Glaubwürdigkeit des Nutzers abdecken. Auch seine Persönlichkeitsmerkmale wie Geschlecht, Alter, Wohnort und Arbeitsplatz, seine bevorzugten Arten von Waren oder Dienstleistungen und seine Bereitschaft bzw. wahrscheinliche Grenze, für ein bestimmtes Produkt einen Geldbetrag auszugeben, können berücksichtigt werden.
- Die Algorithmen, die sie zur Verarbeitung dieser Daten und zur Erstellung von Einschätzungen über sie verwenden, werden noch intelligenter als der menschliche Verstand selbst. Mit nur 300 Facebook-Likes kann ein Algorithmus die Persönlichkeitsmerkmale einer Person genauer als die des Ehepartners einschätzen. Die Unternehmen verfügen folglich nicht nur über eine ausreichende Datenmenge, sondern auch über die Instrumente, mit denen sie diese Datenmengen auf effiziente Art und Weise verarbeiten können.
- Die Aktivitäten der datengetriebenen Wirtschaft finden weitgehend unsichtbar statt. Was tatsächlich mit den einmal gespeicherten personenbezogenen Daten

---

318 Vgl. hier *Wagner/Eidenmüller*, ZfPW 2019, 220–246, 234.

geschieht und welcher Algorithmus der Datenverarbeitung zugrunde liegt, bleibt bislang unbekannt. Ebenso ist es insbesondere für den alltäglichen Verbraucher schwierig, Manipulationen bei der Vertragsgestaltung zu erkennen, selbst wenn er Verdacht schöpft und nachforscht.

- Trotz der sehr mächtigen, verdächtigen und im Großen und Ganzen gefährlichen Natur der Big-Data-Analyse haben die Menschen immer noch Vertrauen in sie und gehen davon aus, dass sie neutral und fair ist. Dieser Irrglaube dient auch dem generellen Missbrauchspotenzial von Unternehmen, und das haben einige Firmen bereits erkannt. Um diesen Irrglauben an die Objektivität der Algorithmen aufrechtzuerhalten, geben Unternehmen sogar Geld aus und beschäftigen Experten.
- Big-Data-getriebene Unternehmen versuchen auch, ihre Kundinnen und Kunden zu einer bestimmten Willenserklärung zu verleiten, indem sie Countdowns für einen so genannten Rabatt anzeigen oder indem sie den Prozess der Abmeldung oder des Widerrufs schwieriger gestalten als die eigentliche Bestellung selbst.
- Auch die Kluft zwischen großen und kleinen Unternehmen wird durch die Nutzung von Big Data für Vertragszwecke größer. Auf der einen Seite schafft sie einen weiteren Wettbewerbsnachteil gegenüber kleineren Unternehmen, wenn es darum geht, die Verbraucher anzusprechen. Denn Unternehmen, die auf Big Data zurückgreifen können, haben den Vorteil, dass sie effizienter werben, ihre Verträge stärker personalisieren und insgesamt eine größere Chance haben, Verträge abzuschließen. Auf der anderen Seite könnte genau dieses Missbrauchspotenzial gegenüber KMU bei Vertragsabschlüssen mit größeren Unternehmen ausgenutzt werden.
- Schutzbedürftige Gruppen wie Jugendliche, Kinder und ältere Menschen sowie Personen mit unzureichender Erfahrung über die Funktionsweise von Algorithmen sind hierbei besonders gefährdet. Die Schere zwischen den ohnehin schon schutzbedürftigen Vertragspartnern, die sich der möglichen Nachteile datengetriebener Kontrahierung nicht bewusst sind, und den erfahrenen Nutzern, die mit dieser vertraut sind, nimmt zu.
- Der vorläufige Nachweis der exzessiven Datenverarbeitung und die bereits vorliegenden Fälle, in denen die Nutzer möglicherweise benachteiligt wurden, werfen solche Fragen weiter auf. Einige Unternehmen in der Sharing Economy haben bereits bewiesen, dass sie in der Lage sind, die Grauzonen des Zivilrechts auszunutzen und gleichzeitig eine Größe zu erreichen, die ihnen politischen Einfluss verschafft, um zukünftige Regulierungsbemühungen gegen ihre Praktiken zu bekämpfen.[319]

---

319 Vgl. *Calo/Rosenblat*, CLR 2017, 1623–1689, 1640.

Die neuen Vertragsgestaltungsmöglichkeiten, die der datengesteuerten Wirtschaft zur Verfügung stehen, sollten bei der Festlegung des vertragsrechtlichen Ansatzes für fragwürdige Praktiken stets berücksichtigt werden. Unternehmen, die über die Macht von Big Data verfügen, scheinen heute über Potenzial zu haben, um alltägliche Verträge eher nach ihren eigenen Interessen als nach den Interessen der Verbraucher zu gestalten und dabei manchmal die rechtlichen Grenzen zu überschreiten.[320] Der Grund für den Schutz eines Arbeitnehmers vor seinem Arbeitgeber oder eines Verbrauchers vor einem Unternehmen ist seine überwältigende Benachteiligung im Rechtsverkehr. Ohne das Eingreifen des Gesetzes ist er anfällig für Manipulationen und Druck beim Abschluss von Verträgen.

Das Vorhandensein oder Nicht-Vorhandensein von Big-Data-Analysemöglichkeiten hat sicherlich vergleichbare Auswirkungen auf die Vertragsparteien und die Vertragsgestaltung. Dies könnte in Zukunft zu neuen Vorschriften für datengetriebene Verträge führen, bei denen der Nutzer besonders gut vor dem algorithmischen Potenzial moderner Unternehmen geschützt wird.[321] Im Übrigen sollte jede in dieser Arbeit hinterfragte Praxis vor dem Hintergrund der oben dargestellten Manipulationsmöglichkeiten zu Lasten der Verbraucher und der enormen Informationsasymmetrie zwischen den Vertragsparteien betrachtet werden.

---

320 Vgl. hier auch *Grundmann/Hacker*, in Grundmann (Hrsg.), 3–46, 19. Die Autoren bezeichnen diese Kraft als *„bargaining power“* (Verhandlungskraft, Pazarlık Gücü).

321 S. etwa Teil B-II-3 beim Kapitel 5.

2. Kapitel
Vertragsrechtliche Prüfung der Preisdiskriminierung

A. Der Gesamtrahmen und Kategorisierung

I. Preisdiskriminierung – eine Einleitung

Bei der Preisdiskriminierung handelt es sich im weitesten Sinne um die Praxis, verschiedenen Kunden unterschiedliche Preise in Rechnung zu stellen.[322] Dabei wird der Preis für ein bestimmtes Produkt oder eine bestimmte Dienstleistung für jeden Kunden individuell festgelegt, und zwar in Abhängigkeit von der Wertschätzung, die dieser Kunde dem betreffenden Produkt oder der betreffenden Dienstleistung entgegenbringt, oder in Abhängigkeit von anderen wirtschaftlichen Entscheidungskriterien.[323] Der Begriff Diskriminierung weckt hier zunächst keine antidiskriminierungsrechtlichen Konnotationen, sondern ist rein ökonomisch als Unterscheidung zwischen verschiedenen Nutzern[324] zu verstehen.[325] Aus diesem Grund wird diese Praxis auch als *„personalisierte Preisgestaltung“* bezeichnet.[326] Außerdem wird in diesem Papier nicht auf das Antidiskriminierungsrecht eingegangen, sondern nur auf die vertragsrechtlichen Konsequenzen der personalisierten Preisgestaltung zwischen Nutzern.[327]

II. Kategorisierung von Preisdiskriminierungsarten

Preisdiskriminierungspraktiken haben verschiedene Erscheinungsformen und die gebräuchlichste Systematik, zwischen ihnen zu unterscheiden, ist wie folgt:[328]

---

322 *Krugman/Obstfeld*, 142.
323 *Mikians et. al.*, ACM 2012 79–84, 79.
324 Oft zwischen Verbrauchern.
325 *Hennemann*, AcP 219, 819–854, 825.
326 *Europäische Kommission*, Zusammenfassung vom 19.07.2018. S. auch *Zander-Hayat et. al.*, Personalisierte Preise – Eine verbraucherpolitische Einordnung, VUR Heft 11 2016, 403–409, 403, 404.
327 Zum Verhältnis Privatrecht und Antidiskriminierungsrecht: *Renner*, in: Grundmann et. al., 261–271; *Zurth*, AcP 221, 514–554, 536 ff.
328 Für diese Gruppierung ausführlich *Wagner/Eidenmüller*, ZfPW 2019, 220–246, 224 ff.; *Zurth*, AcP 221, 514–554, 517 ff.; *Zander-Hayat et. al.*, VUR Heft 11 2016, 403–409, 406; *Hofmann/Freiling*, Persona-

https://doi.org/10.1515/9783111653686-003

- **Preisdiskriminierung dritten Grades:** Eine Preisdiskriminierung dritten Grades liegt vor, wenn verschiedene Kundengruppen unterschiedliche Preise erhalten, wie z. B. bei den weit verbreiteten Preisnachlässen für Senioren, Kinder, Studenten, Vereinsmitglieder usw. So verkaufen z. B. viele Museen ermäßigte Eintrittskarten für Studenten, Kinder oder Inhaber von Mitgliedskarten.[329] In ähnlicher Weise bieten die meisten Unternehmen Studierenden ermäßigte Preise für technische Geräte wie Computer, Tablets, Smartphones usw. an, um deren Studium zu unterstützen. In diesen Fällen werden die Preise nicht auf der persönlichen Ebene angepasst, sondern auf verschiedene Personengruppen zugeschnitten.
- **Preisdiskriminierung zweiten Grades (Mengenrabatte):** Preisdiskriminierung zweiten Grades bezieht sich auf unterschiedliche Preise, die verschiedenen Verbrauchern in Abhängigkeit von der Quantität bzw. Qualität der gekauften Waren oder Dienstleistungen angeboten werden. Zahlreiche Einzelhändler bieten beispielsweise niedrigere Preise für ihre Waren an, wenn der Kunde davon eine gewisse Menge überschreitet. Diese Art der Personalisierung stellt an sich keine Preisdiskriminierung dar, sondern ist lediglich eine mikroökonomische Methode, um den Absatz in großen Mengen zu steigern und die Erwartungen der Käufer, die Waren in großen Mengen kaufen, hinsichtlich eines Preisnachlasses zu erfüllen.[330] Die Methode wird oft als *Gewinn aus Nachfrage*[331] bezeichnet. Ein weiteres Beispiel wäre der Verkauf von B-Ware mit Rabatt, die eigentlich die gleichen Eigenschaften wie neue Waren hat, deren Kartons jedoch geöffnet sind oder fehlen oder die auf andere Weise optisch nicht einwandfrei sind.
- **Preisdiskriminierung ersten Grades:** Preisdiskriminierung ersten Grades betrifft jedoch jeden einzelnen Verbraucher und bedeutet, dass einzelne Verbraucher je nach ihren persönlichen Präferenzen und Reservationspreisen[332] unterschiedliche Preise erhalten. Die Ursachen für Preisdiskriminierung können von der Zahlungsfähigkeit des Verbrauchers bis zu seinem Standort oder von dem für den Vertragsabschluss verwendeten Gerät bis zu anderen Merkmalen des Nutzers reichen. Die problematische Seite der Preisdiskriminierung tritt häufig

---

lisierte Preise und das Datenschutzrecht, ZD 2020, 331–335, 331. Für die türkische Literatur vgl. *Çekin*, Yapay Zeka Teknolojilerinin Hukuki İşlem Teorisine Etkileri, 2021, 102.

329 Vgl. auch *Zander-Hayat et. al.*, VUR Heft 11 2016, 403–409, 406.

330 Gerade deshalb wird Preisdiskriminierung zweiten Grades in dieser Arbeit nicht als problematisch eingestuft.

331 Gain from demand (Türkisch: Sürümden kazanmak).

332 Gemeint wird damit der höchste Preis, den ein bestimmter Kunde bereit ist, für die angebotene Ware oder Dienstleistung zu bezahlen. Ausführlich *Zurth*, AcP 221, 514–554, 517, 527; *Schäfers*, AcP 221, 66. Vgl. auch Supra Fn. 5.

auf dieser Ebene auf,[333] da die personalisierte algorithmische Preisgestaltung in diese Kategorie fällt und auch fragwürdige Fälle mit sich bringt.

Freilich sind nicht alle Formen der Preisdiskriminierung gleich gefährlich. Die Preisdiskriminierung zweiten Grades wird bereits oben ausgeschlossen. Andere Formen der Preisdiskriminierung, z.B. nach Verfügbarkeit beim Vergleich von Hotels und Flügen, sind aus vertragsrechtlicher Sicht relativ unproblematisch. Der Unterschied liegt darin, dass diese Diskriminierungen vielmehr im Kern des Marktmechanismus liegen, während die problematischen Diskriminierungen aus den Motiven datengetriebener Unternehmen entstehen.[334] Denn dann besteht die Gefahr, dass diese Unternehmen die Umverteilung, die eigentlich eine Staatsaufgabe ist, privatisieren und nicht der Allgemeinheit zurückgeben.[335]

Nach der Untersuchung des Grades der Preisdiskriminierung müssen die oben genannten Ursachen ermittelt werden, die der algorithmischen Preisdiskriminierung zugrunde liegen können. Diese können vom verwendeten Betriebssystem bis hin zum Batteriestand des Geräts reichen. Die häufigsten Varianten, die zu Preisdiskriminierung führen, sind nachstehend aufgeführt:

– **Der Standort des Nutzers (Geopricing):** Eine in Brasilien verhängte Geldbuße betraf sowohl Geoblocking[336] als auch Geopricing.[337] Das Unternehmen Decolar berechnete Nutzern in Brasilien und anderen lateinamerikanischen Ländern unterschiedliche Preise. Verschiedene Hotelzimmer waren für brasilianische Kunden nicht verfügbar, während dieselben Zimmer für mexikanische und argentinische Nutzer buchbar waren.[338] Selbst wenn die Zimmer für Brasilianer buchbar waren, betrugen die Preisunterschiede bis zu fünfhundert Prozent, damit die Zimmer für Ausländer verfügbar blieben. Dahinter stand die Absicht, mehr ausländische Touristen anzulocken, da diese im Durchschnitt mehr ausgeben und höchstwahrscheinlich in einer stärkeren Währung als dem brasilianischen Real bezahlen.[339] Das Bußgeld betrug 2,5 Millionen brasilianische Real.[340]

---

333 Vgl. *Dornis*, ZfPW 2022, 310–345, 314, 315.
334 Für diese Unterscheidung bin ich Prof. Grundmann zu Dank verpflichtet.
335 S. hier zentral supra Fn. 316, 317.
336 Vgl. Teil B-III-1 beim Kapitel 1.
337 Die Entscheidung ist abrufbar unter: https://www.procon.sp.gov.br/procon-sp-multa-decolar/.
338 *Souto Correa Advogados*, 05.02.2020. S. ausführlich *Meyerhof Salama/Batista da Silva*, Personalized Pricing in Brazil, 2023.
339 S. für die Diskussion *Bayat et. al.*, JoCBTP 2018 203–218, 203ff. S. auch Teil B-I beim Kapitel 1.
340 *BR na Rede*, Bericht vom 22.07.2018. Abrufbar unter: http://brnarede.com.br/en/brazils-decolar-com-is-in-hot-water-for-geopricing-allegations/#more-363.

Preisdiskriminierung kann nicht nur zwischen verschiedenen Ländern auftreten, sondern auch zwischen verschiedenen Landesregionen. Eine Untersuchung in den Vereinigten Staaten hat gezeigt, dass der Büroartikelriese Staples Preisdiskriminierung auf der Grundlage der geschätzten Postleitzahlen der Nutzer betreibt.[341] Zwei Journalisten des Wall Street Journal verwendeten VPN-Programme und andere Algorithmen, um mit ihren geschätzten Standorten zu spielen, indem sie mehr als 29.000 Postleitzahlen in allen 50 Bundesstaaten und im Distrikt Columbia (DC) simulierten und bis zu drei verschiedene Preise für dieselben Produkte erhielten. Obwohl das genaue Preisschema der Webseite verborgen blieb, wurden einige Tendenzen deutlich, z.B. ein höherer Preis, wenn der Nutzer mehr als ca. 30 km von einem Geschäft eines Konkurrenten von Staples entfernt war. Darüber hinaus wurden in einigen Bezirken einer Stadt durchgehend niedrigere Preise und in anderen Bezirken höhere Preise verlangt.[342]

– **Das Betriebssystem (OS):** Das eingesetzte Betriebssystem[343] ist eine der offensichtlichsten Informationen über den Nutzer, da es sich leicht anhand der Seriennummer des verwendeten Geräts ermitteln lässt. Es besteht die Gefahr, dass ein Nutzer allein aufgrund des von ihm verwendeten Geräts personalisierten Preisen angeboten wird. Im Jahr 2012 haben die Algorithmen von Orbitz[344] ergeben, dass ein durchschnittlicher Apple-Nutzer tendenziell 20 bis 30 US-Dollar mehr pro Nacht für eine Unterkunft als ein PC-Nutzer[345] ausgibt.[346] Obgleich Orbitz die Ergebnisse nur als Experiment beschrieb,[347] bietet das sogenannte Experiment der Webseite zwei Optionen, um Macbook- oder IPhone-Nutzern eventuell mehr in Rechnung zu stellen: Entweder um den Preis eines bestimmten Hotelzimmers zu diskriminieren, was im Sinne dieses Papiers eine Preisdiskriminierung ersten Grades darstellen würde, oder um Mac-Benutzer durch Änderung der Ergebnisseiten zu teureren Hotelzimmern zu kanalisieren, was im Sinne dieses Papiers eine Preissteuerung bzw. Suchdiskriminierung[348] darstellen würde.[349]
– **Weitere Ursachen für Preisdiskriminierung:** Preisdiskriminierung scheint aus einer Reihe weiterer Ursachen zu resultieren. Das bisherige Verhalten des

---

341 *Valentino-DeVries et. al.*, WSJ 24.12.2012.
342 Vgl. Teil C-III- 2 beim Kapitel 2.
343 Operating System (OS) – (Türkisch: İşletim Sistemi).
344 S. supra Fn. 181.
345 Gemeint sind Nutzer, die Computer mit Microsoft-Betriebssystem einsetzen.
346 *Mattioli*, WSJ 23.08.2012.
347 *Dignan*, C-Net 25.07.2012.
348 Teil A-II beim Kapitel 4.
349 Vgl. Teil C-III-3 beim Kapitel 2.

Nutzers im Internet, das jüngsten Berichten zufolge als Methode zur Bewertung von Verbrauchern verwendet wird, könnte einer dieser Faktoren sein.[350] Ob ein Nutzer dazu neigt, regelmäßig Artikel zurückzusenden, ob er nach einer verspäteten Lieferung oder einer nicht zufriedenstellenden Leistung schlechte Bewertungen schreiben würde oder ob er bereit ist, für eine bestimmte Art von Produkt mehr zu bezahlen, könnte als Teil des bisherigen Internetverhaltens angesehen werden.

Ebenso unterscheiden einige Webseiten die Preise für Artikel zwischen Mitgliedern und Nichtmitgliedern.[351] Ist der Nutzer Mitglied der jeweiligen Webseite, kann dies zu niedrigeren Preisen führen, während Nichtmitgliedern höhere Preise für die gleichen Produkte berechnet werden.[352] Ein weiterer Grund für diskriminierende Preisgestaltung ist die Quelle, über die der Nutzer das Produkt findet. Wenn der Nutzer die Webseite oder das Produkt direkt über eine Websuche oder eine Online-Werbung findet, wird ihm der normale Preis berechnet, während ein anderer Nutzer, der eine Preisvergleichswebseite verwendet, möglicherweise einen bestimmten Rabatt oder Gutschein erhält.[353] Sogar die verbleibende Akkuladung des Geräts kann zu diskriminierenden Preisen führen.[354] Uber wurde unlängst mit dem Vorwurf konfrontiert, höhere Preise zu verlangen, wenn der Akku weniger als 20 % geladen ist, da die Algorithmen den niedrigen Akkustand des Mobilgeräts als Notsituation einschätzen und diesen vermuteten Bedarf an sofortiger Dienstleistung missbrauchen.[355]

B. Denkbare Normgrundlagen in beiden Ländern

I. Vertragsrechtlich relevante Vorschriften für Preisdiskriminierung

Während die Möglichkeiten, mit algorithmischer Preisdiskriminierung umzugehen, von der Nichtbeachtung des Phänomens bis hin zu seiner Eindämmung durch verschiedene rechtliche Instrumente reichen, wird sich dieser Abschnitt in erster Linie auf das Verhältnis zwischen algorithmischer Preisdiskriminierung und dem BGB sowie der TBK konzentrieren. Hierbei kommt vor allem das allgemeine Teil des BGB

---

350 *Federal Trade Commission*, Report vom 24.06.2019, 10 ff.

351 *Hannak et.al.*, ACM 2018, 305–318, 306.

352 Hier könnte die diskriminierende Praxis auch als Preisdiskriminierung dritten Grades klassifiziert werden.

353 S. oben Abbiludng 2 beim Teil C-I beim Kapitel 1.

354 Vgl. Teil C-III-1 Kapitel 2. S. auch *Dornis*, ZfPW 2022, 310–345, 314, 315.

355 S. nur *Hacker*, IDPL 2017, 266–286, 273.

in Betracht, insbesondere die § 123 BGB und § 36 TBK, eine mögliche Nichtigkeit des Vertrags durch Sittenwidrigkeitsfall gem. § 138 BGB und § 28 Alt. 2 TBK und die Anfechtbarkeit i. S. v. §§ 119 ff. BGB und §§ 30 ff. TBK.

Der erste organisatorische Unterschied zwischen dem türkischen und dem deutschen Recht findet sich bei der Einordnung der Nichtigkeit eines Rechtgeschäftes. Während das türkische Recht jede Nichtigkeitsmöglichkeit unter zwei Paragrafen fasst, nämlich § 27 und § 28 TBK, gibt es im BGB eine Vielzahl von Paragrafen zu finden in den §§ 134 und 143 BGB. Hier entspricht der § 27 Abs. 1 TBK den §§ 134,[356] 135,[357] 136[358] und 137 BGB[359] sowie den § 138 Abs. 1 BGB über die Sittenwidrigkeit, während § 27 Abs. 2 TBK dem § 139 BGB über die Teilnichtigkeit entspricht. § 28 TBK kommt dem sogenannten Wucher-Absatz im BGB gleich, der sich in § 138 Abs. 2 BGB befindet. Somit deckt einer der beiden Artikel in der TBK allein 6 Paragrafen des BGB ab, während der andere einem einzelnen Absatz im deutschen BGB entspricht.

Sie unterscheiden sich auch im Rechtsergebnis, da das deutsche Bürgerliche Gesetzbuch eine Nichtigkeit des gesamten Vertrages durch Sittenwidrigkeit vorsieht, folgt das türkische Gesetzbuch jedoch der Lösung vom Artikel 21 des schweizerischen Obligationengesetzes über Übervorteilung[360] und räumt dem Geschädigten ein Wahlrecht zwischen zwei Möglichkeiten ein: Entweder den wucherischen Vertrag nicht mehr zu halten oder ihn zu halten und die Differenz zwischen Leistungen zurückzuverlangen.

---

356 Gesetzliches Verbot. Die Arbeit nutzt außerdem die Bezeichnung der Verbotswidrigkeit.

357 Gesetzliches Veräußerungsverbot.

358 Behördliches Veräußerungsverbot.

359 Rechtsgeschäftliches Verfügungsverbot.

360 Artikel 21 Abs. 1 OG lautet: Wird ein offenbares Missverhältnis zwischen der Leistung und der Gegenleistung durch einen Vertrag begründet, dessen Abschluss von dem einen Teil durch Ausbeutung der Notlage, der Unerfahrenheit oder des Leichtsinns des andern herbeigeführt worden ist, so kann der Verletzte innerhalb Jahresfrist erklären, dass er den Vertrag nicht halte, und das schon Geleistete zurückverlangen.

II. Die Lage in Deutschland

Im Anschluss an die erste Literatur in den USA[361] und erste Stellungnahmen europäischer Behörden[362] werden Preisdiskriminierung durch Big Data-Algorithmen und ihre vertragsrechtlichen Folgen in Deutschland vergleichsweise umfassend diskutiert.[363] Während die allgemeine Meinung Preisdiskriminierung per se nur ungern als rechtswidrig ansieht, zeigen einige Beiträge die zugrundeliegenden Probleme auf und benennen bestimmte Umstände, unter denen eine vertragliche Haftung der Vertragsparteien, die eine solche Diskriminierung vornehmen, entstehen kann. Wagner/Eidenmüller weisen darauf hin, dass es sowohl problematisch ist, algorithmische Preisdiskriminierung so wie sie ist zu tolerieren und die damit verbundenen Probleme zu ignorieren, als auch das Phänomen vollständig zu zensieren.[364] Sie schlagen vor, dass Unternehmen eine Opt-out-Option einräumen sollten, die es dem Nutzer ermöglicht, diskriminierende Preise abzulehnen und auf diese Weise einen Vertrag ohne Diskriminierung abzuschließen.[365]

Engert verfolgt einen ähnlichen Ansatz und betont, dass ein Offenlegungsgebot nach §§ 5 Abs. 1 Nr. 2, 5a Abs. 1, Abs. 2 UWG bei algorithmischer Preisdiskriminierung eine conditio sine qua non sein sollte.[366] Auch Ebers stellt fest, dass ein diskriminierender Preis sogar sittenwidrig i. S. v. § 138 BGB sein könnte, allerdings nur unter sehr restriktiven Voraussetzungen.[367]

Hacker behandelt den Zusammenhang zwischen datenbasierten Vertragsklauseln und Sittenwidrigkeit in einem weiteren Rahmen und schließt die Sittenwidrigkeit als wucherähnliches Geschäft i. S. v. § 138 Abs. 1 BGB in Fällen ein, in denen ein auffälliges Missverhältnis der Leistungen und eine verwerfliche Gesinnung des Unternehmens vorliegen.[368] Die Sittenwidrigkeit führe grundsätzlich zur Gesamtnich-

---

361 Vgl. *Calo*, UWLDC 2014, 995–1051; *Calo/Rosenblat*, CLR 2017, 1623–1689; *Hannak et.al.*, ACM 2018, 305–318; *Rosenblat/Hwang*, Data&Society, 2016, 3. Für eine Voruntersuchung s. zentral *Odlyzko*, Privacy, Economics, and Price Discrimination on the Internet, CEC2003: Fifth International Conference on Electronic Commerce, 355–366. S. auch Beispiele bei *Zurth*, AcP 221, 514–554, 520 ff.

362 Vgl. *Europäische Kommission*, Zusammenfassung vom 07.2018; *Europäische Kommission*, A European Strategy for Data 19.02.2020, COM (2020) 66 final.

363 S. auch *Zander-Hayat et. al.*, VUR Heft 11 2016, 403–409; *Grundmann*, in: Grundmann et. al., 2021, 230–247, 240; *Hofmann/Freiling*, ZD 2020, 331–335; *Linderkamp*, Der digitale Preis – eine automatisierte Einzelfallentscheidung?, ZD 2020, 506–511; *Dornis*, ZfPW 2022, 310–345.

364 *Wagner/Eidenmüller*, ZfPW 2019, 220–246, 244.

365 *Wagner/Eidenmüller*, ZfPW 2019, 220–246, 246.

366 *Engert*, AcP 218, 304–376, 375 f.

367 *Ebers*, MMR 2018, 423–428, 428.

368 *Hacker*, Datenprivatrecht, 476 ff.

tigkeit mit Ausnahme der Teilnichtigkeit bei erheblichen Vorleistungen des Verwenders.[369]

Zurth spricht von personalisierten Preisen und untersucht das Phänomen in seinen verschiedenen Dimensionen unter Berücksichtigung der Lauterkeits- und des Verbraucherrechts.[370] Dornis verneint die allgemeinen Rechtsbehelfe des BGB mit Ausnahme der arglistigen Täuschung durch Unterlassen und der *culpa in contrahendo*.[371]

Den restriktivsten Ansatz vertritt letztlich Schäfers, der argumentiert, dass algorithmische Preisdiskriminierung nur unter bestimmten Voraussetzungen gestattet sein sollte:[372]

> *„Der Unternehmer muss sich den Informationsvorsprung rechtmäßig erarbeitet haben. Eine freiwillige und informierte datenschutzrechtliche Einwilligung des Verbrauchers (Art. 6 Abs. 1 S. 1 i. V. m. Art. 7 und 4 Nr. 11 DSGVO) setzt voraus, dass der Unternehmer den Verbraucher darüber aufklärt, dass er auf der Grundlage von BDAI-Analysen Preise differenziert, dass die Analysen darauf abzielen, den Reservationspreis des Verbrauchers zu ermitteln, und mit welchen Chancen und Risiken die Preisdifferenzierung verbunden ist. Auch ist der Verbraucher über die involvierte Logik der Preisdifferenzierung aufzuklären. Hinzu tritt die auf den Schutz der Entscheidungsfreiheit im Einzelfall gerichtete bürgerlich-rechtliche Pflicht, den Verbraucher im Zeitpunkt eines Vertragsschlusses gesondert darauf hinzuweisen, dass es sich bei dem angebotenen Preis um einen individualisierten Preis handelt.“*

Der letztgenannte Ansatz bezieht die Preisdiskriminierungspraktiken nicht nur auf das UWG, sondern vor allem auch auf die Datenschutz-Grundverordnung und die sich daraus ergebenden Informationspflichten bzw. auf die allgemeinen Regelungen des Bürgerlichen Gesetzbuches. Zum anderen kehrt er den pauschalen Ansatz der grundsätzlichen Zulässigkeit algorithmischer Preisdiskriminierungspraktiken mit einigen Einschränkungen um und lässt diese nur in bestimmten Situationen zu.

III. Die Lage in der Türkei

In der Türkei ist die algorithmische Diskriminierung als neuere Form der Diskriminierung noch nicht ausreichend thematisiert worden. Anders als in Deutschland ist in der türkischen Literatur die Diskussion von Fällen algorithmischer Diskriminierung bezogen auf das Vertragsrecht noch nicht umfassend behandelt worden. Es

---

369 *Hacker*, Datenprivatrecht, 492.
370 *Zurth*, AcP 221, 514–554.
371 *Dornis*, ZfPW 2022, 310–345, 331 ff.
372 *Schäfers*, AcP 221, 66.

gibt jedoch einige Aufsätze zum Thema sowie Schriften von Çekin über künstliche Intelligenz und ihre Auswirkungen auf Vertragsfreiheit und Privatautonomie.[373]

Er verwirft die Möglichkeit der Nichtigkeit aufgrund von Sittenwidrigkeit gemäß § 27 TBK bzw. § 138 BGB und behauptet, dass dies nur in außergewöhnlichen Fällen möglich sei, in denen der Verbraucher vollständig objektiviert wird.[374] Ebenso lehnt er die Anfechtbarkeit gemäß § 37 bzw. § 123 Abs. 1 Alt. 2 BGB wegen Drohung, § 31 BGB und § 123 Abs. 1 Alt. 1 BGB wegen Täuschung sowie § 36 Abs. 1 TBK bzw. § 119 Abs. 1 BGB ab.[375]

Stattdessen erkennt er die Möglichkeit des Wuchers gemäß § 28 TBK und § 138 Abs. 2 BGB an, wenn es eine erhebliche Diskrepanz zwischen den Leistungen der Vertragsparteien gibt, die *culpa in contrahendo* in Fällen von Schäden und einen kausalen Zusammenhang zwischen der der Diskriminierung und dem Schaden sowie eine Haftung gemäß § 62 Abs. 1 TKHK in Fällen, in denen das Verhalten des Verbrauchers auf bedeutsame Weise manipuliert wird.[376]

C. Vergleichende Analyse und Einzelvergleich

Preisdiskriminierung ist ein Phänomen, von dem sowohl Käufer als auch Verkäufer Vorteile haben können, da der Verkäufer die Möglichkeit hat, den Vertrag so einzurichten, dass er seinen Nutzen maximiert, indem er den tatsächlichen Preis an den vom Käufer reservierten Preis annähert, wobei der Käufer in gewissen Fällen eventuell weniger als den ursprünglichen, nicht personalisierten Preis zahlen muss. Vor diesem Hintergrund erscheint es unvertretbar – wenn nicht überhaupt unmöglich – zu argumentieren, dass diskriminierende Preise, wie sie hier beschrieben werden, nicht existieren sollten, da sie für beide Vertragsparteien vorteilhaft sein dürften.[377]

Die Problematik beginnt, wenn man die oben erwähnte Unilateralität der Transaktion und die Möglichkeiten der Vertragskonstruktion in Betracht zieht, nämlich die Manipulationswahrscheinlichkeit der datengetriebenen Unternehmen durch Ausnutzung von Preisdiskriminierung, die in bestimmten Fällen weder den gegenseitigen Interessen der Parteien noch dem Gesamtwohl der Gemeinschaft dienen könnte, sondern allein den Eigeninteressen des Datenunternehmens.[378] Inso-

373 *Çekin*, Yapay Zekâ Teknolojilerinin Hukuki İşlem Teorisine Etkileri, 2021.
374 *Çekin*, Yapay Zekâ Teknolojilerinin Hukuki İşlem Teorisine Etkileri, 2021, 106.
375 *Çekin*, Yapay Zekâ Teknolojilerinin Hukuki İşlem Teorisine Etkileri, 2021, 108, 109.
376 *Çekin*, Yapay Zekâ Teknolojilerinin Hukuki İşlem Teorisine Etkileri, 2021, 110–112.
377 Vgl. Teil A-V beim Kapitel 1.
378 Vgl. *Zurth*, AcP 221, 514–554, 525, 528 ff.

fern müsste, so der richtige Vorschlag von Wagner/Eidenmüller,[379] ein Ausgleich gefunden werden, der die Rechte beider Vertragspartner berücksichtigt und schützt. An dieser Stelle kann der Rahmen der tolerierbaren algorithmischen Preisdiskriminierung durch die einschlägigen Bürgerlichen Gesetzbücher und Datenschutzgesetze der jeweiligen Länder gezogen werden.

Im Wesentlichen folgt diese Arbeit dem Ansatz von Schäfers, welcher behauptet, dass eine Preisdiskriminierung nur unter bestimmten engen Voraussetzungen zulässig sein sollte.[380] Derartige Voraussetzungen können sich aus den allgemeinen Regelungen des BGB und der DSGVO bzw. des TBK und KVKK in der Türkei ergeben.

Die zivilrechtlichen Probleme im Zusammenhang mit Big-Data-getriebener Preisdiskriminierung lassen sich in zwei Hauptkategorien unterteilen: die Theorie zur Abgrenzung diskriminierender Preise[381] und die problematische Praxis[382]. Die erste Kategorie ergibt sich aus der Natur der Praxis selbst und könnte als Abgrenzungsproblem bezeichnet werden. Zunächst müssen die allgemeinen Grenzen festgelegt werden, wann Preisdifferenzierung zulässig ist und wann nicht. Diese erste Bestimmung erfolgt unabhängig von möglichen Ergebnissen, bei denen der Nutzer durch die algorithmische Diskriminierung benachteiligt wird.

Dann folgt das sogenannte Praxisproblem, bei dem der Nutzer durch die algorithmische Preisdiskriminierung bereits benachteiligt wurde oder in Zukunft benachteiligt werden könnte. Kurzum, einige Arten der Preisdiskriminierung sollten durch die Festlegung des rechtlichen Rahmens von vornherein verboten werden, andere sollten durch das Zivilgesetzbuch in bestimmten Fällen unter Strafe gestellt werden. Für die theoretische Abgrenzung könnten die jeweiligen Datenschutzgesetze Deutschlands und der Türkei herangezogen werden, während sich der Allgemeine Teil des BGB und das türkische TBK auf die Berücksichtigung einzelner Praktiken konzentrieren könnten.

Alles in allem sollte ein diskriminierender Preis zunächst die datenschutzrechtlichen Erfordernisse erfüllen, um rechtmäßig zu sein, und dann den Zivilgesetzbüchern der einzelnen Länder entsprechen, um nicht im Nachhinein für nichtig erklärt oder anderweitig rechtlich angefochten zu werden oder eine Haftung auszulösen.

---

379 *Wagner/Eidenmüller*, ZfPW 2019, 220–246, 244ff.

380 Vgl. *Schäfers*, AcP 221, 66ff.

381 Vgl. *Rosenblat/Hwang*, Data&Society 2016; *Tschider*, DLR 2018, 87–143; *Calo*, UWLDC 2014.

382 Vgl. *Calo/Rosenblat*, Columbia Law Review 2017; *Schäfers*, AcP 221, 32–67; *Hannak, et al.*, ACM 2018.

I. Die datenschutzrechtliche Begrenzung der Preisdiskriminierung

Unabhängig von den Folgen diskriminierender Preisgestaltung ist zu betonen, dass algorithmische Preisdiskriminierung erst nach der Verarbeitung personenbezogener Daten erfolgt.[383] Daher erscheint es hier plausibel, die grobe Grenze der algorithmischen Preisdiskriminierung mit der neu umgesetzten DSGVO, insbesondere deren Informationspflichten in §§ 6 Abs. 1 S. 1 i.V.m. Art. 7 DSGVO und Art. 4ff. KVKK,[384] in Einklang zu bringen. Algorithmische Preisdiskriminierung sollte daher – unabhängig von der Art der über den Nutzer erhobenen Informationen oder dem Ergebnis des jeweiligen Vertragsschlusses – nur zulässig sein, wenn der Nutzer ordnungsgemäß darüber informiert wurde, dass er mit einem diskriminierenden oder personalisierten Preis konfrontiert wird. Eine Opt-out-Möglichkeit, wie sie von verschiedenen Autoren vorgeschlagen wird, könnte auch im Zusammenhang mit den Informationspflichten der Unternehmen sinnvoll sein.[385] Der Nutzer sollte den diskriminierungsfreien Preis wählen und den Vertrag damit fortsetzen dürfen. Eine datenschutzkonforme Einwilligung ist somit erforderlich, um dem Nutzer die Möglichkeit zu geben, sich über den Vorgang zu informieren und gegebenenfalls zu widersprechen.

Die Kombination dieser beiden Verpflichtungen für datengetriebene Unternehmen würde für beide Parteien mehrere Vorteile mit sich bringen: Das datengetriebene Unternehmen könnte weiterhin personalisierte Preise verwenden, während der Nutzer zumindest die Möglichkeit hätte, korrekt darüber informiert zu werden, wie genau er die Preise erhält, die er erhält, und sich gelegentlich dafür zu entscheiden, keinen personalisierten Preis auf der Grundlage von Big-Data-Analysen zu erhalten.

Davon profitieren alle Nutzertypen.[386] Der sogenannte uninformierte Nutzer, der wenig über die datengetriebene Ökonomie weiß, könnte durch das Ausfüllen der Informationspflicht den Vertrag bewusst weiterführen. Der gut informierte Nutzer, der sich der Auswirkungen personalisierter Preise bereits bewusst ist, könnte dadurch viel Zeit sparen, dass er keine VPN-Dienste oder Webbrowser zur Anonymisierung von Verbindungsdaten wie Tor[387] nutzt oder anderweitig versucht, seine Online-Identität zu verbergen.[388] Auf diese Weise könnten Unternehmen weiterhin personalisierte Tarife auf der Grundlage von Big-Data-Analysen anbieten, und die

---

383 S. *Zurth*, AcP 221, 514–554, 534ff.

384 Vgl. *Çekin*, TAÜHFD 2023, 323–336, 328ff.

385 Vgl. *Wagner/Eidenmüller*, ZfPW 2019, 220–246, 229; *Schäfers*, AcP 221, 56–57.

386 Vgl. Teil C-II-3-d beim Kapitel 1.

387 Abkürzung für: „The Onion Router". Tor ist ein junges Projekt, das es den Benutzern ermöglicht, mit anonymen IP-Daten im Internet zu surfen. Um Tor nutzen zu können, sollte man den Browser installieren und damit browsen. Abrufbar unter: https://www.torproject.org/.

388 Vgl. *Wagner/Eidenmüller*, ZfPW 2019, 220–246, 227.

Nutzer könnten in voller Transparenz und Kenntnis der Sachlage entscheiden, ob sie trotz personalisierter Tarife einen Vertrag abschließen möchten.

Dies könnte die Unternehmen auch davon abhalten, den Kunden ohne Rücksicht auf dessen Rechte und Interessen zu überlasten. Vielmehr würden die Unternehmen dadurch dazu verpflichtet selbst dann, wenn sie zwischen Kunden diskriminieren müssen oder wollen, eine relativ ausgewogene Differenzierung des vom jeweiligen Kunden gezahlten Preises zu praktizieren. Viele der sonst möglichen Anfechtungstatbestände im Sinne der §§ 119 ff. BGB und §§ 30 ff. TBK lassen sich auch einfach dadurch vermeiden, dass man den Kunden gesetzeskonform informiert und ihm eine Ausweichmöglichkeit einräumt. Damit wäre das aus der Big-Data-Analyse resultierende Geschäft wesentlich ausgewogener und zweiseitiger und die Nachteile der Informationsasymmetrie zwischen den Parteien würden durch diese Modifikationen verringert.

II. Die Praxisproblematik

Nachdem die Anwendung diskriminierender Praktiken durch die Datenschutzbestimmungen bis zu einem gewissen Grad eingeschränkt wurde, ist die zweite Kategorie vertragsrechtlicher Probleme, die sich aus der ungerechtfertigten Benachteiligung des Nutzers durch Big-Data-Analysen ergibt, untersucht werden. Besonders relevant ist dabei die Benachteiligung in Bezug auf den gezahlten Preis. Statt das Phänomen nur dogmatisch zu behandeln, erfordert die Zweite Kategorie die Heranziehung eines konkreten Falles.

Es haben bereits zahlreiche Unternehmen Preisdiskriminierung im großen Umfang als eine Form von personalisiertem Inhalt eingesetzt.[389] Dies führt nicht immer zum gegenseitigen Vorteil der Vertragsparteien, sondern in der Regel zur Gewinnmaximierung der datengetriebenen Unternehmen, oft auf Kosten der Nutzer.[390] Theoretisch ist es natürlich möglich, dass ein Konsument nach einer Personalisierung weniger bezahlt als ohne. Oft ist jedoch das Gegenteil der Fall, denn Studien haben bereits erwiesen, dass Unternehmen, die diskriminierende Preise anwenden, ihren Gesamtgewinn deutlich steigern, wodurch der Kunde im Durchschnitt mehr für die identischen Waren und Dienstleistungen bezahlen soll.[391]

---

389 Teil B-I beim Kapitel 1 und Kapitel 2.

390 *Wagner/Eidenmüller*, ZfPW 2019, 220–246, 226. Hier erwähnen die Professoren ein paar Studien, die beweisen, dass Unternehmen wie Netflix durch Preisdiskriminierung seinen Gewinn um 12.18 % oder iTunes um 50–66 Prozent steigern könnten, während die Konsumentenrechte insgesamt 25–33 Prozent sinken.

391 *Schäfers*, AcP 221, 35.

Wie aber sind die Schranken der Diskriminierung im Hinblick auf das BGB bzw. das TBK zu ziehen? Zunächst wäre im Extremfall eine mögliche Nichtigkeit des Vertrages aufgrund von Wucher nach § 138 Abs. 2 BGB und § 28 Abs. 1 TBK denkbar. Wucher ist ein Sonderfall des sittenwidrigen Geschäfts, der in § 138 Abs. 2 BGB und in der Türkei in § 28 Abs. 1 TBK gesetzlich geregelt ist. Gemäß der rechtlichen Definition ist Wucher gegeben, wenn eine Partei in einem Vertragsverhältnis eine Leistung anbietet oder erbringt und dabei die Schwächesituation der anderen Vertragspartei in unangemessener Weise ausnutzt, wodurch ein erheblich überhöhter oder inadäquat niedriger Gegenleistungspreis festgelegt wird.

Sind die Tatbestandsmerkmale des Wuchers nicht vollständig erfüllt, kann ein wucherähnliches Rechtsgeschäft i. S. v. § 138 Abs. 1 BGB in Betracht kommen.[392] Ausnahmsweise ist ein Rechtsgeschäft auch dann aufgrund von Sittenwidrigkeit nichtig, wenn der Tatbestand des Wuchers i. S. v. § 138 Abs. 2 BGB nicht vollständig erfüllt ist. Voraussetzung ist ein auffälliges Missverhältnis der Leistungen und eine verwerfliche Gesinnung.[393]

Abhilfe könnten auch andere vertragsrechtliche Instrumente bieten. Nach der Untersuchung der möglichen Wuchertatbestände wegen Sittenwidrigkeit kommen die Anfechtungsmöglichkeiten nach § 123 Abs. 1 Alt. 1 BGB und § 36 Abs. 1 TBK wegen arglistiger Täuschung sowie eine Haftung aus vorvertraglichem Schuldverhältnis bzw. *culpa in contrahendo* i. S. v. § 311 Abs. 2 BGB i. V. m. § 242 Abs. 1 BGB und § 280 Abs. 1 BGB bzw. § 2 TMK in Betracht. Schließlich ist auch an die allgemeinen verbraucherrechtlichen Widerrufs- und Schadensersatzansprüche beider Länder zu denken.

1) Wucher als Sonderform der Sittenwidrigkeit i. S. v. § 138 Abs. 2 BGB und § 28 Abs. 1 TBK

Nach § 138 Abs. 2 BGB ist insbesondere ein Rechtsgeschäft nichtig, durch das jemand unter Ausbeutung der Zwangslage, der Unerfahrenheit, des Mangels an Urteilsvermögen oder der erheblichen Willensschwäche eines anderen sich oder einem Dritten für eine Leistung Vermögensvorteile versprechen oder gewähren lässt, die in einem auffälligen Missverhältnis zu der Leistung stehen.[394]

---

392 Ausführlich *Hacker*, Datenprivatrecht, 476 ff.

393 Für die Diskussionen vgl. Teile C-III-2 und C-III-3 beim Kapitel 2.

394 Ausführlich MüKoBGB/*Armbrüster*, BGB § 138 Rn. 267 ff.; Dannemann/Schulze/*Wais*, German Civil Code (BGB), § 138, Rn. 13,14; *Stadler*, Allgemeiner Teil des BGB, 21. Auflage 2022, 429 ff.; *Medicus/Petersen*, Allgemeiner Teil des BGB, 11. Auflage 2016, 310 ff.; *Bork*, Allgemeiner Teil des Bürgerlichen Gesetzbuchs, 4. Auflage 2016, 458 ff.; *Neuner*, Allgemeiner Teil des bürgerlichen Rechts, 13. Auflage 2023, 569 ff.; Spindler/Schuster/*Müller*, BGB § 138 Rn. 20 ff.

Beruht das auffällige Missverhältnis zwischen Leistung und Gegenleistung auf einem Vertrag im Sinne des § 28 Abs. 1 TBK, dessen Abschluss von einem Teil durch Ausbeutung der Notlage, der Unerfahrenheit oder des Leichtsinns des anderen herbeigeführt worden ist, so kann der Benachteiligte innerhalb eines Jahres vom Vertrag zurücktreten und das bereits Geleistete zurückverlangen.

Obwohl die Voraussetzungen für einen Wuchertatbestand in Deutschland und in der Türkei vergleichbar sind, sind die Rechtsfolgen unterschiedlich. In Deutschland führt Wucher wegen Sittenwidrigkeit zur Nichtigkeit des Rechtsgeschäfts, während § 28 Abs. 1 TBK dem Wucherbetroffenen die Möglichkeit einräumt, entweder von dem Vertrag zurückzutreten oder an dem Vertrag festzuhalten und in diesem Fall den Differenzbetrag zu verlangen, ohne dass der Vertrag zivilrechtlich als nichtig erklärt wird. Wucher wird daher in der türkischen Rechtsliteratur häufig zwischen den Anfechtungs- und Nichtigkeitsvorschriften eingeordnet,[395] und auch die bevorzugte Stellung des Paragrafen im Gesetz bekräftigt diese Argumentation.[396]

Der Tatbestand des Wuchers in diesem Sinne setzt objektiv ein auffälliges Missverhältnis zwischen Leistung und Gegenleistung voraus, d.h. die Preisdiskriminierung muss eine bestimmte Grenze des Missverhältnisses überschreiten. Die Frage, wann ein solches Missverhältnis vorliegt, wird nicht einheitlich beantwortet.[397] In Deutschland wird diese Grenze mit wenigen Ausnahmen[398] bei 100 % angenommen.[399] Bei der Wohnraummiete reicht es aus, wenn die vereinbarte Miete die ortsübliche Miete um 50 % überschreitet, bei der Geschäftsraummiete ist eine Überschreitung der Marktmiete um 100 % erforderlich.[400] Der türkische Kassationsge-

---

395 Vgl. *Eren*, 436 ff., *Helvacı*, Turkish Contract Law, 77 ff.; *Hatemi/Gökyayla*, Borçlar Hukuku 105 ff.; *Oğuzman/Öz*, Borçlar Hukuku, 142 ff.

396 Auch in der Gesetzessystematik des türkischen Obligationenrechts wird Wucher als einen Unwirksamkeitsfall zwischen den beiden Rechtsinstituten anerkannt. Zwischen § 26, der den Grundsatz der Vertragsfreiheit regelt, und § 28, der die Fälle der Nichtigkeit aufzählt, und den §§ 30 ff., die die Fälle des Willensmangels behandeln, regelt das TBK in § 28 das Recht der wucherischen Rechtsgeschäfte.

397 *Brox/Walker*, Allgemeiner Teil des BGB, 46. Auflage 2022, 169 ff.; *Bork*, 459.

398 Der § 4a Abs. 2 Satz 2 WoVermittG lautet: „Die Vereinbarung über das Entgelt ist unwirksam, soweit dieses in einem auffälligen Missverhältnis zum Wert der Einrichtung oder des Inventarstücks steht.“ Diese Grenze wird von BHG als 50 % akzeptiert. Vgl: BGH NJW 1997, 1845–1847, 1846. In ähnlicher Weise genügt ein auffälliges Missverhältnis von ungefähr 60 % bei einem Grundstückskaufvertrag. Vgl: *Faust*, Bürgerliches Gesetzbuch AT, 7. Auflage, 108.

399 BGH, Beschluss vom 13-07-1989 – III ZR 201/88 (Hamm). Ausführlich NJW-RR 1989, 1068: *„Auch beim gewerblichen Kredit ist ein auffälliges Missverhältnis im Allgemeinen zu bejahen, wenn der Vertragszins den Marktzins relativ um rund 100 % übersteigt; auch hier fallen den Kreditnehmer unbillig belastende AGB-Bestimmungen zusätzlich ins Gewicht.“* Ausführlich *Medicus/Petersen*, 311, 312.

400 MüKoBGB/*Armbrüster*, BGB § 138 Rn. 271.

richtshof[401] verfolgt einen wesentlich rigideren Ansatz und setzt eine Differenz von lediglich 25 % oder mehr zwischen den Leistungen voraus.[402]

Nicht jedes auffällige Missverhältnis stellt ein wucherisches Rechtsgeschäft dar: Eine Mutter verkauft z.B. ihr Auto zu einem deutlich reduzierten Preis an ihre Tochter.[403] Ziel ist es, das Auto teilweise zu verschenken und die Tochter zu entlasten. In diesem Fall liegt keine Benachteiligung des Vertragspartners vor.

Deswegen erfordern § 138 Abs. 2 BGB und § 28 Abs. 1 TBK auch subjektiv, dass der Wucherer die Zwangslage, die Unerfahrenheit, den Mangel an Urteilsvermögen oder die erhebliche Willensschwäche eines anderen ausbeutet.[404] Eine Zwangslage liegt vor, wenn aufgrund einer gegenwärtigen, meist wirtschaftlichen Notlage ein dringendes Bedürfnis nach Sach- oder Geldleistungen besteht.[405] Unerfahrenheit ist ein Mangel an Lebens- oder Geschäftserfahrung, der insbesondere bei Jugendlichen,[406] älteren Menschen, geistig Behinderten usw. auftreten kann.[407] Mangelndes Urteilsvermögen ist die Unfähigkeit, die Vor- und Nachteile eines Geschäfts abzuschätzen, und erhebliche Willensschwäche kann als Unfähigkeit definiert werden, eine richtige Einschätzung des Geschäfts in die Tat umzusetzen.[408]

Hinzukommen muss das Ausbeuten der Zwangslage durch die Vertragsparteien. Ein Ausnutzen im Sinne des § 138 Abs. 2 BGB liegt vor, wenn eine Partei[409] das Missverhältnis der Leistungen kennt und die Zwangslage, Unerfahrenheit usw. der anderen Partei bewusst ausnutzt. Eine besondere Ausbeutungsabsicht ist nicht erforderlich.[410] Insoweit besteht keine Diskrepanz zwischen den beiden Rechtsordnungen, da auch in § 28 Abs. 1 TBK der gleichbedeutende Begriff des Ausbeutens[411] verwendet wird.

Der objektive Tatbestand muss auch bei algorithmischer Preisdiskriminierung vorliegen, damit ein Wuchertatbestand vorliegt. Die Preisdifferenz muss in Deutschland mindestens 100 % und in der Türkei mindestens 25 % betragen. Anzumerken ist an dieser Stelle, dass die von den deutschen Gerichten gezogene Grenze logischer erscheint als die von den türkischen Gerichten gezogene Grenze. Eine Preisdifferenz von 25 % dürfte nicht ausreichen, um eine Willenserklärung als ge-

401 Yargitay.
402 Yargitay 1. Zivilkammer, 27.12.1976, 1976/12751.
403 Für die englische Version des Beispiels s. *Helvacı*, Turkish Contract Law, 77.
404 *Brox/Walker*, 169, 170; *Stadler*, 430.
405 *Brox/Walker*, 170.
406 BGH, Urteil vom 25.3.1966 – VIII ZR 225/65 (Düsseldorf).
407 Grüneberg/*Ellenberger*, § 138 BGB Rn. 70.
408 Jauernig/*Jauernig*, Bürgerliches Gesetzbuch Kommentar, § 138, 93.
409 In diesem Fall der Wucherer.
410 Grüneberg/*Ellenberger*, § 138 BGB Rn. 74.
411 Die Aussage *yararlanmak suretiyle* könnte als durch Ausbeutung der Lage übersetzt werden.

gen die guten Sitten verstoßend zu beurteilen und den Tatbestand des Wuchers zu bejahen. Der Unterschied im Ergebnis gleicht dieses Ungleichgewicht jedoch aus: Im BGB ist die Konsequenz die Nichtigkeit des Verpflichtungsgeschäfts,[412] im TBK lediglich Ansprüche des Bewucherten auf Schadensersatz oder Rücktritt vom Vertrag.

In Bezug auf die subjektive Voraussetzung kann argumentiert werden, dass die exzessive Informationsasymmetrie zwischen den Vertragsparteien und die neue Manipulationsmacht der datengetriebenen Unternehmen auch dazu führen könnten, dass sich der Käufer in einer Situation der Unerfahrenheit oder in einer Zwangslage befindet. Eine Zwangslage könnte beispielsweise in dem Uber-Fall mit diskriminierenden Preisen auftreten, in welchem der Nutzer einen schwachen Akku hat und innerhalb weniger Minuten eine Fahrt erhalten muss. Die Erosion der Entscheidungsfähigkeit des Käufers und seine Unfähigkeit zur Verhandlung[413] über den Preis oder andere Vertragsbedingungen zum Zeitpunkt des Vertragsabschlusses sowie die Undurchsichtigkeit der datengetriebenen Wirtschaft selbst könnten ihn möglicherweise in einen Zustand der Unerfahrenheit – insbesondere für Schutzbedürftigen – versetzen, der dann zu einem Wuchertatbestand im Sinne von § 138 Abs. 2 BGB und § 28 Abs. 1 TBK werden könnte.

Nach der deutschen Rechtsprechung ist dabei keine besondere Ausbeutungsabsicht des Wucherers erforderlich, sondern es genügt die Kenntnis der objektiven Tatbestandsmerkmale.[414] In bestimmten Fällen, in denen die Diskriminierung auf einem bestimmten Sachverhalt in Bezug auf den Nutzer beruht, z.B. dem Batteriezustand seines Geräts oder seinem geologischen Standort zum Zeitpunkt des Vertragsschlusses, könnte mit Sicherheit davon ausgegangen werden, dass diese Kenntnis bereits vorhanden ist.[415] In Extremfällen könnten Unternehmen sogar vorsätzlich handeln, indem sie diese diskriminierenden Komponenten absichtlich in Algorithmen einbauen, um ihre Gewinne zu maximieren oder bestimmte Arten von Personen für bestimmte Arten von Verträgen zu rekrutieren.

---

412 Für die Diskussion über Abstraktionsprinzip vgl. Teil C-II-1 beim Kapitel 3.

413 Vgl. *Zurth*, AcP 221, 514–554, 515, 516.

414 BGH, Urt. vom 24.05.1985 – V ZR 47/84 (Stuttgart). *BGH* NJW 1985, 3006, 3007: *„Die Feststellungen des BerGer. reichen nicht aus, das subjektive Tatbestandsmerkmal des Wuchers, nämlich die Ausbeutung – hier: des mangelnden Urteilsvermögens der Kl. oder ihrer erheblichen Willensschwäche durch die Bekl. – auszufüllen. Für den Wuchertatbestand ist zwar keine besondere Ausbeutungsabsicht erforderlich; es reicht aus, wenn der Wucherer Kenntnis von dem auffälligen Leistungsmißverhältnis und der Ausbeutungssituation hat und sich diese Situation vorsätzlich zunutze macht…“*. S. auch *Bork*, 462, 463.

415 Vgl. zum Profiling *Zurth*, AcP 221, 514–554, 515, 540.

Folglich schließt diese Arbeit einen Fall von Wucher nicht aus, wie es einige andere Autoren tun,[416] denn die neue Art der algorithmischen Preisdiskriminierung könnte durchaus das Potenzial haben, eine neue Art von laesio enormis zu verkörpern. Die jeweiligen Paragrafen beider Gesetze bieten einen tragfähigen Rechtsschutz gegen exzessive algorithmische Preisgestaltung.

Während die Rechtsfolge des Wuchers in der Türkei das Recht ist, den Vertrag nicht einzuhalten und bereits erbrachte Leistungen zurückzufordern, wird das Rechtsgeschäft nach deutschem Recht wegen Sittenwidrigkeit vernichtet[417]. Voraussetzung für diese Rechtsfolge ist, dass eine gewisse Leistungsdifferenz eingetreten ist, grundsätzlich 100 % in Deutschland und 25 % in der Türkei.

Im Ergebnis setzt ein Wuchertatbestand im Sinne des § 138 Abs. 2 nach deutschem Vertragsrecht bzw. des § 18 Abs. 1 nach türkischem Vertragsrecht die folgenden Tatbestandsmerkmale voraus:
- Ein auffälliges Missverhältnis zwischen Leistung und Gegenleistung (je nach Land mehr als 100 % bzw. 25 %),
- eine Zwangslage, Unerfahrenheit, mangelndes Urteilsvermögen oder erhebliche Willensschwäche der anderen Vertragspartei (hier insbesondere Zwangslage oder Unerfahrenheit gegenüber algorithmischen Aktivitäten), und
- Ausnutzung dieser Rechtslage durch Wucherer.

2) Anfechtbarkeit i. S. v. § 123 Abs. 1 BGB und § 36 TBK

Eine weitere Möglichkeit zur Entlastung des Nutzers bei algorithmischer Preisdiskriminierung könnte die Anfechtung der unter den diskriminierenden Preisen abgegebenen Willenserklärung sein.[418] Nach § 142 BGB und § 30 TBK ist eine angefochtene Willenserklärung *ex tunc* nichtig. Anfechtungsklauseln geben dem Vertragspartner die Möglichkeit, ein ansonsten wirksames Rechtsgeschäft von Anfang an rückgängig zu machen, so als hätte es dieses Rechtsgeschäft rechtlich nie bestanden.

Die Paragrafen zur Anfechtung der jeweiligen Länder befinden sich in den §§ 119–124 BGB und den §§ 30–39 TBK. Die Paragrafen §§ 30,[419] 31[420] und 32[421] TBK

416 Für die Gegenmeinung vgl. *Wagner/Eidenmüller*, ZfPW 2019, 220–246, 228, *Hennemann*, AcP 219, 819–854, 839; Spindler/Schuster/*Müller*, BGB § 138 Rn. 20; Dornis, ZfPW 2022, 310–345, 331 ff.

417 Gemeint ist sowohl das Verpflichtung- als auch Verfügungsgeschäft. S. hier *Stadler*, 430; *Bork*, 463.

418 S. ausführlich *Medicus/Petersen*, 341 ff.; *Stadler*, 340 ff., 381 ff.; Dannemann/Schulze/*Wais*, § 123, Rn. 1 ff.; *Bork*, 337 ff.; Spindler/Schuster/*Spindler*, BGB § 123 Rn. 2 ff.

419 Rechtsfolge des Irrtums.

420 Erklärungsirrtum.

421 Motivirrtum.

korrespondieren mit dem Paragrafen § 119 BGB, während der § 33 TBK[422] dem § 120 BGB entspricht. §§ 34, 35 TBK regeln die mögliche Schadensersatzpflicht als Folge einer Anfechtung und sind deswegen ähnlich wie der § 122 BGB. Die § 36 TBK über Täuschung und §§ 37, 38 TBK über Drohung entsprechen dem § 123 BGB und letztlich bestimmt § 39 TBK die Anfechtungsfrist und deswegen ist dem § 124 BGB ähnlich.

Im Ergebnis eines anfechtbaren Vertrages unterscheiden sich die beiden Rechtsordnungen zunächst. Das BGB erkennt zwar die Wirksamkeit einer anfechtbaren Willenserklärung an, räumt dem Betroffenen aber die Möglichkeit der Vernichtung der Willenserklärung bzw. des Rücktritts vom Vertrag ein.[423] Das TBK sieht die umgekehrte Kategorisierung vor, indem es besagt, dass der von Irrtum, Täuschung oder Drohung Betroffene den Vertrag nur genehmigt, wenn er nicht innerhalb der Anfechtungsfrist anficht. Demnach ermöglicht das türkische Rechtssystem, eine wirksame Willenserklärung zu beseitigen, während das deutsche Vertragsrecht dem Vertragspartner die Möglichkeit gewährt, eine sonst unwirksame Willenserklärung wieder aufleben zu lassen. In der türkischen Literatur ist jedoch aufgrund der nicht eindeutigen Formulierung des § 39 TBK nach wie vor umstritten, welche Konsequenz nach türkischem Vertragsrecht zu ziehen ist.[424]

Obwohl die Rechtsergebnisse in beiden Ländern gleich sind, beinhalten die jeweiligen Gesetzestexte gegensätzliche Regelungen. Eine vom Willen abweichende und später angefochtene Willenserklärung wird *„ex tunc aus der Welt geschafft"*,[425] bleibt aber wirksam, solange sie nicht innerhalb der Anfechtungsfrist durch eine Anfechtungserklärung beseitigt wird. Nach Ablauf der Anfechtungsfrist wird die Willenserklärung endgültig wirksam.

Da in Fällen algorithmischer Preisdiskriminierung kein eigener Erklärungsirrtum des Nutzers vorliegt, könnten sich mögliche Anfechtungsgründe vielmehr aus § 123 BGB und § 36 TBK wegen arglistiger Täuschung und §§ 37, 38 TBK wegen Drohung[426] ergeben. In Betracht kommen hier insbesondere die arglistige Täuschung nach § 123 Abs. 1 Alt. 1 BGB und nach § 36 Abs. 1 TBK.

Laut § 123 Abs. 1 BGB kann der Erklärende seine Willenserklärung anfechten, wenn er zur Abgabe dieser Erklärung durch arglistige Täuschung oder widerrechtlich durch Drohung bestimmt worden ist. Ähnlich lautet § 36 Abs. 1 TBK:

---

422 Falsche Übermittlung.

423 *Brox/Walker*, 183,184.

424 Für die Diskussionen ausführlich *Eren*, 392ff., *Helvacı*, Turkish Contract Law, 70–75; *Hatemi/Gökyayla*, 98ff.; *Reisoğlu*, Türk Borçlar Hukuku, 141ff.

425 *Brox/Walker*, Rn. 12, 183.

426 Ausführlich dazu Spindler/Schuster/*Spindler*, BGB § 123 Rn. 6.

„Ist eine Vertragspartei durch Täuschung von der anderen Vertragspartei zum Abschluss eines Vertrages bestimmt worden, so ist der Vertrag für sie auch dann nicht verbindlich, wenn der erregte Irrtum nicht wesentlich war."

Hierin liegt ein weiterer Unterschied zwischen beiden Rechtsordnungen. Während § 123 Abs. 1 BGB ausdrücklich die *Arglist* des Täuschenden voraussetzt, lässt der Wortlaut des § 36 Abs. 1 TBK ein Kriterium für die Täuschungshandlung vermissen, indem er lediglich die Äußerung *durch Täuschung* erwähnt. Allerdings bejaht die herrschende Meinung in der türkischen rechtswissenschaftlichen Literatur den Vorsatz als subjektives Tatbestandsmerkmal der Täuschung i.S.v. § 36 TBK.[427]

Daneben wird in der deutschen Literatur diskutiert, ob der Begriff der Arglist nur den einfachen Vorsatz erfasst oder ob er vom Gesetzgeber bewusst gewählt wurde, um eine Abstufung zwischen alltäglichen Täuschungssituationen, die keinen besonderen Anfechtungsgrund darstellen, und signifikanten Täuschungshandlungen, die den Getäuschten hinreichend benachteiligen, um seine ursprüngliche Willenserklärung anfechten zu dürfen, vorzunehmen.[428]

Der letztgenannte Ansatz erscheint hier angemessener. In der Formulierung des Gesetzgebers wird ausdrücklich der Begriff der Arglist verwendet, der nach dem Duden mit *Heimtücke, Hinterlist*[429] bzw. nach der Literatur *bewusste Böswilligkeit*[430] übersetzt werden könnte.[431] Ein gewisser Grad an Täuschung, der eine alltägliche Situation, sozusagen einen Schwindel, von einer echten Täuschungshandlung trennen könnte, wird im BGB gesucht.

Ansonsten bleibt das Gesamtschema der arglistigen Täuschung praktisch gleich, egal welcher Ansatz gewählt wird.[432] Andererseits definiert der türkische Gesetzgeber keinen Täuschungsgrad, aber der Gesamtrahmen bleibt nahezu identisch. Der Unterschied zwischen den beiden Ländern besteht daher nur oberflächlich und in der Wortwahl. Diese geringfügigen Unterschiede erscheinen vernachlässigbar, insbesondere für die Zwecke dieser Arbeit.

---

427 *Eren*, 416, *Helvacı*, Turkish Contract Law, 72: *„The third partie's fraudulent conduct must be wilful."*

428 Vgl. *Schwab/Löhnig*, Einführung in das Zivilrecht, 20. Auflage, 2016, Rn 635ff., 279ff. Hier geben die Autoren ein Beispiel, bei dem ein Verkäufer eine Jacke verkauft und sagt, dass sie dem Käufer seht gut passe, obwohl sie für den Käufer etwas zu groß ist. Hierbei täuscht der Verkäufer den Käufer und tut dies auch vorsätzlich. Der Fall beschreibt eher eine erlaubte Übertreibung, und nicht als eine arglistige Täuschung.

429 Definition abrufbar unter: https://www.duden.de/rechtschreibung/Arglist.

430 *Köbler*, Juristische Wörterbuch, 18. Auflage 2022, Arglist, 32; arglistig, 32, arglistige Täuschung, 32.

431 Vgl. auch *Weber*, Rechtswörterbuch, Anfechtung von Willenserklärungen, 68.

432 Vgl. *Dornis*, ZfPW 2022, 310–345, 334.

Die Anfechtung wegen arglistiger Täuschung i.S.v. § 123 Abs. 1 BGB und wegen Täuschung i.S.v. § 36 Abs. 1 TBK setzt einen Anfechtungsgrund,[433] die Kausalität des Irrtums für die Willenserklärung, die Rechtswidrigkeit der Täuschung und schließlich Arglist in Deutschland bzw. Vorsatz in der Türkei voraus. Die Frage, ob es sich bei der algorithmischen Preisdiskriminierung um eine Täuschung handelt, lässt sich nur nach gründlicher vertragsrechtlicher Forschung beantworten.

Preisdiskriminierung durch Algorithmen ist eine einseitige Änderung der Vertragsbedingungen, von der beide Vertragsparteien profitieren können. In der Tat gibt es Umstände, unter denen algorithmische Preisdiskriminierung den Kunden einen finanziellen Vorteil verschafft. Das Phänomen der algorithmischen Preisdiskriminierung hat zweifellos ein Territorium im Bereich der Zulässigkeit.

Es erscheint daher leicht überzogen, eine derartige Praktik generell als anfechtbar zu klassifizieren.[434] Die bloße Preisdifferenzierung von Verträgen darf nicht direkt angefochten werden. Insbesondere wäre eine Täuschung durch positives Tun, d.h. durch Vorspiegelung falscher Tatsachen oder nachprüfbarer Umstände, eine Überreaktion, da der Verkäufer weder falsche Angaben über das Produkt noch über die Leistung oder den Preis macht. Er bietet dem Käufer das gleiche Produkt zu einem geänderten Preis an, wobei der Käufer immer noch die Möglichkeit hat, das Angebot anzunehmen oder abzulehnen. Aus vertragsrechtlicher Sicht ist die algorithmische Preisbestimmung in der Regel nicht als positive Täuschung anzusehen.

Ein etwaiger Anfechtungsgrund könnte dem Nutzer jedoch durch Unterlassen oder Schweigen der datenverarbeitenden Unternehmen an die Hand gegeben werden. Dies ist nur dann der Fall, wenn den Verkäufer eine Rechtspflicht zur Aufklärung[435] der verschwiegenen Tatsache trifft.[436] Die Aufklärungspflicht ist dann anzunehmen, wenn die Bekanntgabe nach Treu und Glauben und der Verkehrsanschauung zu erwarten ist. Diese Pflicht ergibt sich in Deutschland vor allem aus § 242 BGB und in der Türkei aus den allgemeinen Vorschriften des TMK, und zwar aus § 2 Abs. 1 TMK[437].

Dabei ist jedoch der Interessengegensatz zwischen Verkäufer und Käufer zu berücksichtigen.[438] Es besteht daher keine allgemeine Offenbarungspflicht für alle

433 Hier eine Täuschungshandlung, insbesondere Unterlassen durch Schweigen.

434 S. hier die ähnliche Diskussion oben beim Wucherfall. Vgl. Teil C-II-1 beim Kapitel 2.

435 Auch als Offenbarungspflicht genannt. Vgl. MüKoBGB/*Armbrüster*, BGB § 123 Rn. 32.

436 Grüneberg/*Ellenberger*, § 123 BGB Rn. 5ff.

437 Der Titel dieses Paragrafen lautet „Dürüstlük Kuralı" (Türkisch für Treu und Glauben). Dieser Paragraf entspricht auch § 2 ZGB in der Schweiz. Für weitere Erklärungen und Vergleichungen mit anderen Rechtsordnungen vgl. *Helvacı*, Medeni Hukuk ve Borçlar Hukuku Terimleri ve Kullanım Örnekleri, 2020, 82.

438 *Brox/Walker*, 212, 213.

Umstände, die für die Entschließung des anderen Teils von Bedeutung sein können, sondern nur für besonders wichtige Umstände, bei denen der andere Teil durch bloßes Schweigen unangemessen benachteiligt werden könnte.[439] Dies gilt insbesondere für Umstände, die den Vertragszweck vereiteln oder erheblich gefährden können[440] oder geeignet sind,[441] dem Vertragspartner einen erheblichen wirtschaftlichen Schaden zuzufügen.[442] Insoweit sind sich beide Rechtsordnungen einig, da auch die türkische Rechtsliteratur die Anfechtung wegen Schweigens oder Unterlassens nur in bestimmten Fällen und nur bei besonderen Umständen zulässt.[443]

Sodann geht es um die Frage, ob ein auf Algorithmen beruhender diskriminierender Preis durch Schweigen als anfechtbar qualifiziert werden kann. Hierzu ist zu prüfen, ob ein durch Algorithmen diskriminierender Preis eine besondere Aufklärungspflicht des Verkäufers begründet.

Ein diskriminierender Preis beinhaltet eine Praxis, die die essentialia negotii eines Vertrages betrifft. Die Änderung des Kaufpreises ist im vertragsrechtlichen Sinne keine Nebensächlichkeit und darf daher nicht vernachlässigt werden. Darüber hinaus wurde bereits festgestellt, dass Preisunterschiede durch Big-Data-Analysen Hunderte von Prozent erreichen können.[444]

Man könnte auch argumentieren, dass bereits eine Preisdifferenz in Höhe von einem Prozent für die Interessen des Käufers relevant sei.[445] Denn selbst wenn man diese Praxis im Hinblick auf die Vertragsfreiheit akzeptiert, hat der Käufer ein offensichtliches Interesse daran, über diese diskriminierenden Praktiken unterrichtet zu werden, was ihn dazu veranlassen könnte, den Vertrag gar nicht erst abzuschließen oder zu versuchen, eine für ihn günstigere Vereinbarung bzw. einen günstigeren Preis zu finden. Dieses Interesse ergibt sich unmittelbar aus dem Grundsatz von Treu und Glauben und den entsprechenden Vorschriften beider Rechtsordnungen, namentlich § 242 BGB und § 2 Abs. 1 TMK.

Ferner besteht in Fällen algorithmischer Preisdiskriminierung eine erkennbare Informationsasymmetrie zwischen den Vertragsparteien.[446] Besteht eine erkennbare Informationsasymmetrie, kann die geschäftliche oder technische Un-

439 BGH NJW 71, 1795–1799; Spindler/Schuster/*Spindler*, BGB § 123 Rn. 5.
440 BGH NJW 79, 2243.
441 BGH NJW 10, 3362.
442 Vgl. Grüneberg/*Ellenberger*, § 123 BGB Rn. 5b.
443 Vgl. *Eren*, 415ff.
444 Vgl. Teil B-I beim Kapitel 1.
445 Vgl. etwa *Linderkamp*, ZD 2020, 506–511, 510.
446 Ausführlich vgl. Teil C beim Kapitel 1.

erfahrenheit der anderen Vertragspartei nach Treu und Glauben eine Aufklärung durch den Vertragspartner erfordern.[447]

Verkäufer, die algorithmische Diskriminierung anwenden, sollten die Praxis explizit klarstellen und den Käufer seine eigene transparente Entscheidung über die wesentlichen Verhandlungspunkte des abgeschlossenen Vertrags treffen lassen, anstatt sie über die bereits verschleierte Natur der Algorithmen im Unklaren zu lassen. Im Gegensatz zum Fall des Wuchers, bei dem die Diskriminierung eine bestimmte Schwelle überschreiten muss, spielt die Größe oder das Volumen der Diskriminierung keine Rolle.

Das Auskunftsrecht des Käufers i. S. v. § 242 BGB und § 2 Abs. 1 TMK besteht weiterhin, da er derzeit einer diskriminierenden Praxis ausgesetzt ist. Darüber hinaus sind die im obigen Untertitel[448] und in der Diskussion zur Transparenz[449] angesprochenen Offenlegungspflichten aus den Datenschutzgesetzen der jeweiligen Länder zu berücksichtigen.

Zur Vermeidung rechtlicher Konsequenzen sollte der Käufer in der Phase der Vertragsanbahnung wirksam gewarnt und über die algorithmische Preisgestaltung informiert werden. Insbesondere ein deutlicher Hinweis vor und während der Zahlungsphase erscheint rechtskonform und plausibel.[450]

Abgesehen von der Drohung, für die § 123 Abs. 1 Alt. 2 BGB ausdrücklich Widerrechtlichkeit verlangt, ist dieser Tatbestandsmerkmal bei der Täuschung nicht genannt. Ausweislich der Motive ist der Gesetzgeber davon ausgegangen, dass die arglistige Täuschung stets rechtswidrig sei.[451] Wie Armbrüster allerdings auch darlegt:[452]

> *„Inzwischen hat sich aber gezeigt, dass es Fälle gibt, bei denen zwar eine vorsätzliche Irreführung vorliegt, während deren Rechtswidrigkeit durchaus fraglich erscheint. Dies ist z.B. dann der Fall, wenn der Arbeitnehmer bei seiner Einstellung Fragen bewusst wahrheitswidrig beantwortet, die der Arbeitgeber unzulässigerweise bzw. ohne berechtigtes Interesse an der Beantwortung an ihn gerichtet hat, wie etwa Fragen nach Vorstrafen, die für das in Rede stehende Arbeitsverhältnis sachlich nicht bedeutsam sind."*

Voraussetzung für eine arglistige Täuschung ist ferner, dass der Täuschende bei der Täuschung arglistig handelt. Arglistig handelt, wer die Täuschungssituation kennt und will, also Vorsatz im Sinne von § 276 Abs. 1 BGB hat. Dabei genügt in bedingter

447 MüKoBGB/*Armbrüster*, BGB § 123 Rn. 35.
448 Teil A-II beim Kapitel 2 i. V. m. Teil B-III-3 beim Kapitel 1.
449 Teil A-III beim Kapitel 4.
450 Für Diskussion über eine analoge Button Lösung vgl. Teil D-I beim Kapitel 6.
451 MüKoBGB/*Armbrüster*, BGB § 123 Rn. 19.
452 MüKoBGB/*Armbrüster*, BGB § 123 Rn. 19.

oder Eventualvorsatz,[453] der vorliegt,[454] wenn der Täuschende den Erfolg ernstlich für möglich hält und die Gefahr in Kauf nimmt oder sich billigerweise damit abfindet.[455] Ein Autoverkäufer nimmt z.B. eine mögliche Täuschung von vornherein in Kauf, wenn er auf die Frage des Käufers nach der Unfallfreiheit des Wagens ohne genaue Kenntnis der Sachlage die Unfallfreiheit des Wagens bestätigt.[456]

In den meisten Fällen wird die algorithmische Diskriminierung von den Unternehmen gezielt eingesetzt, möglicherweise auch mit böser Willensrichtung. Das Unternehmen ist sich daher in der Regel bewusst und beabsichtigt, den Verbraucher zu benachteiligen, oder nimmt dies zumindest aus Gründen der Gewinnmaximierung in Kauf.[457] Selbst wenn dies nicht der Fall sein sollte, ist davon auszugehen, dass ein Unternehmen, das Algorithmen zur diskriminierenden Preisgestaltung einsetzt, die möglichen Folgen dieses Einsatzes bereits kennt und dennoch nutzt. Grundsätzlich ist daher zumindest von einem Eventualvorsatz des Unternehmens auszugehen.

In den seltenen Fällen, in denen der Verkäufer tatsächlich ohne Vorsatz handelt, muss er nachweisen, dass er die möglichen Folgen nicht kannte oder nicht kennen musste. Angesichts der neuen Manipulationsmöglichkeiten von Unternehmen,[458] die sich auf Big Data stützen, dürfte der letztgenannte Fall jedoch selten sein. Die vorliegende Arbeit bejaht daher auch ein Anfechtungsrecht wegen passiver Täuschung unter Berücksichtigung von Treu und Glauben und der Aufklärungspflichten nach § 123 Abs. 1 BGB i.V.m. § 242 BGB und § 36 Abs. 1 TBK i.V.m. § 2 Abs. 1 TBK.

Insoweit wird durch die Anfechtung des Käufers dessen unter dem Einfluss der algorithmischen Preisgestaltung abgegebene Willenserklärung *ex tunc* unwirksam.[459] Dieses Risiko der Nichtigkeit des Rechtsgeschäfts geht jedes Unternehmen ein, das Big-Data-Analysen zum eigenen Vorteil einsetzt, ohne die Auskunftsansprüche der Käufer bzw. Kunden zu beachten. Zur Erreichung dieses Rechtserfolgs ist eine Anfechtungserklärung innerhalb der Jahresfrist nach Entdeckung der Täuschung im Sinne von § 124 BGB und § 39 TBK erforderlich.

---

453 *Schwab/Löhnig*, Rn 636, 280.

454 OLG Karlsruhe NJW 2014, 3733; BGH NJW 2007, 2041; BGHZ 117, 363, 368 NJW 1992, 1953.

455 MüKoBGB/*Armbrüster*, BGB § 123 Rn. 15, *Eren*, 416.

456 *Schwab/Löhnig*, Rn 636, 280.

457 Vgl. hier *Hofmann/Freiling*, ZD 2020, 331–335, 334ff.

458 Teil C beim Kapitel 1.

459 Für ähnliche Meinung zum Thema s. *Schäfers*, AcP 221, 32–6, 65. Für eine Gegenmeinung s. *Hennemann*, AcP 219, 819–854, 839ff.

Kurz zusammengefasst setzt ein Fall der arglistigen Täuschung i. S. v. § 123 Abs. 1 BGB und ein Fall der Täuschung in der Türkei i. S. v. § 36 Abs. 1 TBK folgende Tatbestandsmerkmale voraus:
- Anfechtungsgrund (hier: passive Täuschungshandlung durch Unterlassen)
- Kausalität zwischen der Täuschung und der Willenserklärung
- Rechtswidrigkeit der Täuschung
- Subjektiv: Arglist oder Vorsatz bei der Täuschung

3) Culpa in contrahendo i. S. v. § 311 Abs. 2 BGB und § 2 TMK

Alternativ könnte bei algorithmischer Preisdiskriminierung auch auf *culpa in contrahendo* zurückgegriffen werden, die in Deutschland in § 311 Abs. 2 BGB i. V. m. § 241 Abs. 1, 280 Abs. 1 BGB und § 249 BGB geregelt ist und in der Türkei aus der Allgemeinklausel § 2 TMK stammt.[460] *Culpa in contrahendo* betrifft die Fälle des Verschuldens bei Vertragsanbahnung. Sie ermöglicht dem Geschädigten im Wesentlichen zwei Anspruchswege:[461]
- Ein quasivertraglicher Anspruch, falls es nicht zum Vertragsschluss kommt.
- einen Schadensersatzanspruch aus vorvertraglichem Fehlverhalten bei Zustandekommen des Vertrages.

Demgegenüber hat die *culpa in contrahendo* im türkischen Recht keine konkrete Regelung, sondern findet ihren Anwendungsbereich im Rahmen von Treu und Glauben i. V. m. § 2 Abs. 1 TMK.[462] Nach § 2 Abs. 1 TMK[463] hat sich jedermann bei der Ausübung seiner Rechte und der Erfüllung seiner Pflichten nach Treu und Glauben zu richten. Dieser im türkischen Recht auch als Vertrauensprinzip bezeichnete Grundsatz gebietet es, dass Personen, zwischen denen eine besondere Rechtsbeziehung besteht,[464] die eine Grundlage für gegenseitiges Vertrauen bilden kann, dieses Vertrauen, das sie in die andere Partei gesetzt haben, nicht durch ihre Worte und Taten enttäuschen.[465]

Darüber hinaus sind einige Fälle der vorvertraglichen Haftung auch im türkischen Schuldrecht konkret geregelt. Beispiele hierfür sind § 35 TBK über die Scha-

---

460 S. zentral *Dornis*, ZfPW 2022, 310–345, 320 ff., 334 ff.
461 *Looschelders*, Schuldrecht Allgemeiner Teil, 19. Auflage 2021, 64 ff.
462 Vgl. *Helvacı*, 162, 163.
463 Wortlaut § 2 TMK: „Herkes, haklarını kullanırken ve borçlarını yerine getirirken dürüstlük kurallarına uymak zorundadır."
464 Hier z. B. ein Schuldverhältnis.
465 *Serozan*, Medeni Hukuk, 8. Auflage 2018, 278 ff.

densersatzpflicht des Anfechtenden[466] und § 47 TBK über die Haftung des Vertreters ohne Vertretungsmacht[467]. Derjenige, der der anderen Partei während der vorvertraglichen Verhandlungen rechtswidrig einen Schaden zufügt, ist zum Ersatz dieses Schadens verpflichtet. Überdies führt das Vorliegen von *culpa in contrahendo* nicht automatisch zur Unwirksamkeit des späteren Vertrages. Wer dies erreichen will, muss sich auf andere Rechtsbehelfe wie Übervorteilung i.S.v. § 28 TBK, Anfechtung wegen Irrtums i.S.v. §§ 30ff. TBK oder wegen Täuschung i.S.v. § 36 TBK berufen.[468]

Zum Verständnis, inwieweit dieses Rechtsinstrument bei der algorithmischen Preisgestaltung funktionieren könnte, ist zunächst ein Blick auf die Geschichte, die Voraussetzungen und den Anwendungsbereich der *culpa in contrahendo* erforderlich. *Culpa in contrahendo* ist ein lateinischer Rechtsbegriff und bedeutet Haftung für Fahrlässigkeit bei Vertragsverhandlungen. Zum ersten Mal wurde die *culpa in contrahendo* im preußischen ALR von 1794 in § 284[469] gesetzlich geregelt.[470]

Für Deutschland sind Jherings Schrift *„Culpa in contrahendo bei nichtigen oder nicht zur Perfektion gelangten Verträgen"* aus dem Jahr 1860[471] und Leonhards nachfolgende Dissertation *„Die Haftung des Verkäufers für sein Verschulden beim Vertragsschlusse"* aus dem Jahr 1896[472] als erste Studien zu diesem Thema zu nennen. Dabei ging es im Wesentlichen um Fälle, in denen eine der am Vertragsschluss beteiligten Parteien einen Schaden dadurch erleidet, dass die Wirksamkeit des Vertrages aus Gründen scheitert, die die andere Partei typischerweise kennen konnte.[473] Die Lehre Jherings hat die modernen Schuldrechtskodifikationen wie das schweizerische Obligationenrecht[474] und das BGB entscheidend geprägt[475] und sich später auch auf Artikel des BGB wie § 122[476] BGB und § 179[477] BGB ausgewirkt.

---

466 Entspricht § 122 BGB.

467 Entspricht § 179 BGB.

468 *Eren*, 1156ff.

469 Der § 278 des ALR lautet: „Was wegen des bei Erfüllung des Vertrages zu vertretenden Grades der Schuld Rechtens ist, gilt auch für den Fall, wenn einer der Kontrahenten bei Abschluss des Vertrags die ihm obliegenden Pflichten vernachlässigt hat."

470 MüKoBGB/*Emmerich*, BGB § 311 Rn. 38.

471 *Von Jhering*, Jahrbücher für die Dogmatik des heutigen römischen und deutschen Privatrechts 4, 1ff.

472 *Leonhard*, Die Haftung des Verkäufers für sein Verschulden beim Vertragsschlusse, 1896.

473 *Medicus/Lorenz*, Schuldrecht I-Allgemeiner Teil, 241.

474 Und damit auch das türkische Obligationenrecht wegen des späteren Einflusses des schweizerischen auf dieses.

475 *Bucher*, Schweizerisches Obligationenrecht – Allgemeiner Teil ohne Deliktsrecht, 279.

476 Vertrauen auf eine angefochtene oder nicht ernstgemeinte Willenserklärung. Entspricht § 35 TBK.

477 Vertrauen auf eine nicht vorhandene Vertretungsmacht. Entspricht § 47 TBK.

Die *culpa in contrahendo* wird in vielen Ländern des kontinentaleuropäischen Rechtssystems als von hoher Bedeutung angesehen und gründet sich auf dem Prinzip von Treu und Glauben. Sie bezieht sich auf die Sorgfalts-, Aufklärungs- und Schutzpflichten der Parteien bei Vertragsschluss, die auf einem vertragsähnlichen Vertrauensverhältnis beruhen. Bereits mit der Aufnahme rechtsgeschäftlicher Kontakte wie Vertragsverhandlungen entsteht zwischen den Parteien ein gesetzliches Schuldverhältnis, das vom tatsächlichen Zustandekommen eines Vertrages und dessen Wirksamkeit weitgehend unabhängig bleibt.[478] Für Schäden, die aus diesem besonderen Rechtsverhältnis entstehen, haftet derjenige, der durch sein schuldhaftes Verhalten unter Verletzung des Vertrauensverhältnisses dem anderen einen solchen Schaden zufügt. § 311 BGB[479] regelt die Haftung aus *culpa in contrahendo.*

Zu beachten ist in diesem Zusammenhang auch § 241 Abs. 2 BGB, wonach das Schuldverhältnis nach seinem Inhalt jeden Teil zur Rücksicht auf die Rechte, Rechtsgüter und Interessen des anderen Teils verpflichten kann.

Schließlich gewährt § 280 Abs. 1 BGB als Rechtsfolge einen Schadensersatzanspruch: Verletzt der Schuldner eine Pflicht aus dem Schuldverhältnis, so kann der Gläubiger Ersatz des hierdurch entstandenen Schadens verlangen. Dies gilt nicht, wenn der Schuldner die Pflichtverletzung nicht zu vertreten hat.

Ein vorvertragliches Schuldverhältnis, das sich aus dem Zusammentreffen dieser Tatbestandsmerkmale ergibt, berechtigt jeden, der durch vorvertragliche Handlungen der anderen Vertragspartei einen Schaden erlitten hat, Schadensersatz zu verlangen.

Einige Autoren wie Ebers[480] und Hacker[481] haben sich bereits mit der Anwendbarkeit dieses Rechtsinstruments auseinandergesetzt und ein entsprechendes System vorgeschlagen. Ihnen zufolge bietet die *culpa in contrahendo* eine effektive rechtliche Lösung nicht nur für Preisdiskriminierung, sondern generell für alle Schadensfälle im Zusammenhang mit Verträgen, die auf Big-Data-Analysen beruhen. Indem sie sich nicht spezifisch auf Preisdiskriminierung beschränken, sondern Rationalitätsdefizite[482] in Big-Data-Analyse-basierten Verträgen im Allgemeinen

---

478 *Medicus/Lorenz*, 242.

479 Der § 311 Abs. 2 BGB lautet: Ein Schuldverhältnis mit Pflichten nach § 241 Abs. 2 entsteht auch durch:

1. Die Aufnahme von Vertragsverhandlungen,

2. Die Anbahnung eines Vertrags, bei welcher der eine Teil im Hinblick auf eine etwaige rechtsgeschäftliche Beziehung dem anderen Teil die Möglichkeit zur Einwirkung auf seine Rechte, Rechtsgüter und Interessen gewährt oder ihm diese anvertraut, oder

3. Ähnliche geschäftliche Kontakte.

480 *Ebers*, MMR 2018, 423–428, 427ff.

481 *Hacker*, Verhaltensökonomik und Normativität, 661ff.

482 Ausführlich Teil A beim Kapitel 3.

adressieren, bieten sie eine plausible, vertragsrechtlich orientierte Lösung des Problems, die leicht auf algorithmische Preisdiskriminierung anwendbar wäre.[483]

Dieser Ansatz setzt zwei Voraussetzungen für eine Haftung aus *culpa in contrahendo* voraus: Erstens muss ein erhebliches Rationalitätsdefizit auf Seiten der Verbraucher vorliegen,[484] und dieses muss von der anderen Vertragsseite bewusst aufgebaut, verstärkt oder ausgenutzt werden.[485] Angesichts der neuen Manipulationsmöglichkeiten in der datengetriebenen Wirtschaft nehmen sie die Existenz der letzteren Voraussetzung in der Regel als vermutet an.

Bei Preisdiskriminierungen durch Big-Data-Analysen kommt üblicherweise der Vermögensschaden im Rahmen der Wirksamkeit des Vertrages in Betracht, insbesondere wegen unterlassener Aufklärung über das Vorhandensein solcher Praktiken. Entscheidend ist stets der Umfang der hier genannten vorvertraglichen Pflichten. Auch hier gilt der gleiche Maßstab wie bei § 123 Abs. 1 BGB:[486] Darunter ist die Pflicht einer Partei zu verstehen, die andere Partei ungefragt über erkennbar entscheidungserhebliche Umstände aufzuklären. Nach herrschender Meinung gehören solche Aufklärungspflichten im engeren Sinne auch zu den Nebenpflichten im Sinne des § 241 Abs. 2 BGB.[487]

Es besteht keine allgemeine Pflicht, bei der Vertragsanbahnung den anderen Teil ungefragt über alle Tatsachen aufzuklären, die für dessen Entschließung von Bedeutung sein können.[488] Eine Aufklärungspflicht ist jedoch zu bejahen, wenn die Tatsachen für den Entschluss einer Vertragspartei erkennbar von ausschlaggebender Bedeutung sind und diese Vertragspartei nach Treu und Glauben und der Verkehrssitte die Mitteilung solcher Umstände erwarten darf.[489]

In Analogie zur Diskussion über die Anfechtungsmöglichkeit erscheint es plausibel, dem Vertragspartner, dessen Daten zu diskriminierenden Zwecken verwendet wurden, das Recht auf umfassende Information über die ergriffenen Maßnahmen einzuräumen, die dazu führen, dass er für einen ähnlichen Vertrag höhere Kosten[490] tragen muss. Aus der Sicht des Verbrauchers ist es nahezu immer der Fall, dass er ein angemessenes Recht auf Aufklärung gegenüber der anderen Partei hat,

483 Für Gegenmeinung s. *Hennemann*, AcP 219, 819–854, 844.

484 Vgl. auch *Dornis*, ZfPW 2022, 310–345, 313 ff.

485 *Ebers*, MMR 2018, 423–428, 426, 427.

486 Für ähnliche Diskussion vgl. Teil C-II-2 beim Kapitel 2 (Anfechtungsmöglichkeit).

487 MüKoBGB/*Bachmann*, BGB § 241 Rn. 184; Dannemann/Schulze/*Schulze*, § 241, Rn. 9; NK-BGB/*Krebs*, § 241, Rn. 55 ff.; *Brömmelmeyer*, Schuldrecht Allgemeiner Teil, 2. Auflage 2020, S. 55, 56; *Denga*, ZfDR 2022, 229–260, 250; Grüneberg/*Grüneberg*, § 242 BGB Rn. 7,8.

488 *Medicus*/*Lorenz*, 247; Dannemann/Schulze/*Schulze*, § 241, Rn. 9.

489 BGH Urt. vom 11.11.2011 – V ZR 145/10 (OLG Hamm). Vorhanden in NZW 12/2012, 846 ff.

490 Evtl. auch weniger. S. zentral *Zurth*, AcP 221, 514–554, 525, 526.

da diese Umstände zu einem erheblichen Unterschied in den wesentlichen Verhandlungsgrundlagen, m.a.W. essentiale negotii, eines bestimmten Vertrages führen.[491] Des Weiteren lässt sich vertreten, dass bereits eine Preisdifferenz von einem Prozent für die Interessen des Käufers relevant sein kann. Dabei kommt es – anders als beim Wucher – nicht auf die Größe oder den Prozentsatz der Diskriminierung an.

In seiner Entscheidung zu einem Grundstückskaufvertrag führt der BGH aus, dass ein Verkäufer mit der Übergabe von Unterlagen über das Grundstück seine Aufklärungspflicht nur dann erfüllt, wenn er nach den Umständen die berechtigte Erwartung haben durfte, der Käufer werde die Unterlagen nicht zur allgemeinen Information, sondern gezielt unter einem bestimmten Gesichtspunkt durchsehen.[492] Erst dann könne von einer Erfüllung der Aufklärungspflicht gesprochen werden.

Dieses Urteil könnte einen vernünftigen Ansatzpunkt in Fällen datengestützter Preisdiskriminierung bieten. Wenn sich ein Unternehmen dazu entschließt, Big-Data-Analysen und die damit verbundenen hochgradig personalisierten Vertragsmöglichkeiten zu nutzen, erscheint es nur fair, dass der Kunde zumindest einen klaren Hinweis auf dieses Phänomen erwarten kann. Ähnlich wie die tatsächliche Fläche eines Grundstücks in der BGH-Entscheidung ist auch der für einen Auftrag gezahlte Preis aufgrund algorithmischer Diskriminierung für die Vertragsparteien von erheblicher Bedeutung.

Diese berechtigte Erwartung geht über die obigen Ausführungen hinaus und ist unabhängig von der Art oder dem Inhalt des Vertrages, sondern ergibt sich vielmehr aus Treu und Glauben im Rahmen des Vertragsschlusses. Diese Überlegungen könnten insofern auch auf das türkische Vertragsrecht übertragen werden, dessen zentrale Vorschrift zur *culpa in contrahendo*, § 2 TMK, ebenfalls den Schutz von Treu und Glauben der Vertragsparteien bei Vertragsschluss bezweckt.

Ein einfacher Hinweis auf die Diskriminierung, z.B. durch Ankreuzen eines Kästchens beim erstmaligen Betreten der Webseite oder mobilen Anwendung,[493] sollte nicht ausreichen, um die Sorgfalts- oder Aufklärungspflicht eines Unternehmens zu erfüllen.[494] Auch eigene Klauseln in den AGB oder Nutzungsbedingungen der Webseite oder App sollten nicht als ausreichend angesehen werden, mit denen Verträge individuell gestaltet werden können. Wer umfangreiche und verklausulierte AGB oder Formularverträge verwendet, ist verpflichtet, seine geschäftsunerfahrenen Vertragspartner klar und unmissverständlich über den wesentlichen In-

---

491 Vgl. hier auch *Schäfers*, AcP 221, 32–67, 45. Hier spricht Prof. Schäfers von einem *„schutzpflichtbezogenem Proportionalitätsgrundsatz"*.

492 BGH Urt. vom 11.11.2011 – V ZR 145/10 (OLG Hamm). Dazu NZW: 12/2012, 846ff.

493 Vgl. ausführlich *McColgan*, AcP 221, 695–731, 697ff.

494 *Schäfers*, AcP 221, 32–67, 54.

halt und die Reichweite der Klauseln zu informieren.[495] Die Kunden müssen in einer Weise gewarnt werden, die keinen Raum für Verwirrung lässt.

Im Idealfall sollte vor und während des Bezahlvorgangs auf eine bestehende diskriminierende Preisgestaltung hingewiesen werden, mit der Möglichkeit, weitere Informationen abzurufen, wenn der Kunde dies wünscht.[496] Eine andere Möglichkeit wäre, dass der diskriminierungsfreie Preis zusammen mit dem tatsächlichen Preis angezeigt wird, wenn der Kunde sich für die Old-School-Vereinbarung ohne Datenanalyse entschieden hat. Ebenso könnte während des Bezahlvorgangs ein klarer Vorschlag angezeigt werden, z. B. *„Sie könnten 5 Euro weniger bezahlen, wenn Sie jetzt Mitglied werden und der Datenverarbeitung zustimmen"* oder *„Sie sparen gerade 10 % bei Ihrer Bestellung durch Personalisierung"* oder *„Sie sehen den speziell auf Sie zugeschnittenen Sonderpreis – lesen Sie hier warum und wie"*, natürlich immer mit der Option zum Weiterlesen.[497]

Dies wäre für alle Parteien eines Vertrages zugleich praktisch. Wenn sich der Kunde nach rechtmäßiger Erfüllung der Informationspflichten gleichwohl für die diskriminierende Preisgestaltung entscheidet und diesen konkreten Vertrag abschließt, kann das Unternehmen darauf vertrauen, dass es aus zivilrechtlicher Sicht seinen Pflichten als redlicher Verkäufer[498] nachgekommen ist und damit einige ansonsten mögliche Rechtsbehelfe ausgeschaltet hat.

Der Kunde oder das kleinere Unternehmen könnte auch sicher sein, dass ihm ein transparenter Hinweis darauf gegeben wurde, wie seine Daten für die Preisgestaltung verwendet werden und welche Folgen dies hat, und dass er möglicherweise mehr oder weniger für genau diesen Vertrag bezahlt hat. Die Vertragserfüllung unter diesen Umständen würde ihnen auch ein Gefühl der Sicherheit und der rechtmäßigen Kontrolle über ihre personenbezogenen Daten sowie eine größere Kontrahierungsfreiheit geben.

Wenn diese Klauseln für den Verbraucher gut sichtbar und lesbar wären, würde dies auch den Interessen der Allgemeinheit dienen, weil dadurch ein Großteil der möglichen rechtlichen Probleme und Konflikte, die zwischen den Parteien entstehen könnten, bereits im Voraus vermieden werden könnte, wodurch auch die Arbeitsbelastung der Kundendienstabteilungen der Unternehmen, geschweige denn der Verbraucherverbände und der Gerichte in den jeweiligen Ländern erleichtert würde.

Ein weiterer Vorteil der *culpa in contrahendo* in Fällen algorithmischer Preisdiskriminierung besteht darin, dass sie auch eine Haftung des Unternehmens nicht

---

495 MüKoBGB/*Emmerich*, BGB § 311 Rn. 78; s. Teile C-II-3 beim Kapitel 4 und B-I-1 beim Kapitel 5.
496 Für Diskussion über analoge Button Lösung s. Teil D-I beim Kapitel 6.
497 S. Teil D-I beim Kapitel 6.
498 Vgl. hierzu BGH Urteil vom 11.11.2011 – V ZR 145/10 (OLG Hamm). Dazu NZW: 12/2012, 846 ff.

für Vorsatz, sondern für Fahrlässigkeit begründet. Als Verschulden genügt bei *culpa in contrahendo* einfache Fahrlässigkeit im Sinne der §§ 241 Abs. 2, 280 Abs. 1, 276 BGB, Vorsatz ist hier – anders als bei § 123 BGB – nicht erforderlich.[499] Auch die gleichzeitige Anfechtung des Vertrages nach § 123 wegen arglistiger Täuschung oder Drohung schließt die Verantwortlichkeit aus *culpa in contrahendo* nicht aus.[500] In Fällen, in denen die Aufklärungspflicht vom datenverarbeitenden Unternehmen in unzulässiger Weise nicht erfüllt oder vollständig unterlassen wird, ist ein Anspruch des Vertragspartners aus Verschulden bei Vertragsschluss grundsätzlich zu bejahen.

Der Schadensersatzanspruch aus *culpa in contrahendo* soll in erster Linie einen Ausgleich für den Schaden im Sinne der §§ 249 ff. BGB schaffen.[501] Ebenso ist die Lösung des BGH zum Ersatz des zu viel gezahlten Betrages[502] für den Kunden praxisgerecht und sachgerecht. Zahlt ein App-Nutzer 40 Euro für eine Fahrt, während ein anderer für die gleiche Fahrt 20 Euro bezahlt, so sollte er unter Umständen diese 20 Euro zurückerstattet bekommen, wenn er sich entscheidet, seinen Anspruch auf Rückerstattung dieses Betrages geltend zu machen. Wenn er die Preisdiskriminierung sieht und sich dennoch bewusst für den Vertragsabschluss entscheidet, sollte dieser Anspruch ebenfalls entfallen, es sei denn, er hat zu diesem Zeitpunkt überhaupt keine andere Alternative, auf diesen Vertrag zu verzichten.[503]

Der Anspruch aus *culpa in contrahendo* unterliegt nicht der Frist des § 124 BGB bzw. § 39 Abs. 1 TBK für Anfechtungsfälle, sondern den Verjährungsvorschriften der §§ 195, 199 BGB bzw. § 72 TBK.[504]

Die Beweislast für das Fehlen eines ursächlichen Zusammenhangs zwischen der Informationspflichtverletzung und dem eingetretenen Schaden trägt derjenige, der den Fehler, und sei es unvorsätzlich, verursacht hat.[505] Zur Haftung aus *culpa in contrahendo* bei Preisdiskriminierung durch Big-Data-Analyse sind folgende Tatbestandsmerkmale erforderlich:[506]

- Ein Schuldverhältnis mit Pflichten aus § 241 Abs. 2 BGB.
- Die Verletzung einer Pflicht aus § 241 Abs. 1 i. V. m. § 242 BGB (hier insbesondere Aufklärungspflichten)

499 Vgl. Grüneberg/*Grüneberg*, § 311 BGB Rn. 13.
500 OLG München NJW 2013, 946–947, 947.
501 Die sogenannte Ausgleichsfunktion. Vgl. MüKoBGB/*Oetker*, BGB § 249 Rn. 8; Grüneberg/*Grüneberg*, § 249 BGB Rn. 2.
502 MüKoBGB/*Emmerich*, BGB § 311 Rn. 79.
503 Vgl. die obige Diskussion zum Wucher.
504 Grüneberg/*Grüneberg*, § 311 BGB Rn. 72.
505 MüKoBGB/*Emmerich*, BGB § 311 Rn. 79.
506 Vgl. auch *Dornis*, ZfPW 2022, 310–345, 334 ff.

- Vertretenmüssen dieser Pflichtverletzung nach § 280 Abs. 1 BGB i.V.m. § 276 Abs. 1 BGB (zumindest fahrlässiges Handeln)
- Ersatz des Vermögensschadens nach § 249 BGB (Differenzhypothese)

4) Weitere Anspruchsgrundlagen

Nach den Untersuchungen zu den allgemeinen Regeln des Vertragsrechts könnten Preisdiskriminierungen auf der Grundlage von Big Data weitere Rechtsmittel aus dem BGB und dem TBK sowie aus weiteren Gesetzen nach sich ziehen. Von Bedeutung sind insbesondere das Verbraucherrecht, das Lauterkeits- und Wettbewerbsrecht sowie das Datenschutzrecht.

Hier unterscheidet sich die Diskussion in etwa, da nun auch Gedanken der Regulierung öffentlicher Güter[507] und nicht mehr nur der individuellen Gerechtigkeit ins Spiel kommen. Die Diskussion über das Verhältnis zwischen Regulierung und Privatrecht ist keineswegs neu.[508] Nach frühen Epochen, in denen dieses Verhältnis eher separat verstanden wurde, kam in den 70er Jahren die Pioniertheorie von Akerlof,[509] nämlich der Markt der Zitronen[510].[511]

In seiner These zeigt Akerlof, dass privatrechtliche Individualinteressen und eine gesunde Marktstruktur in einer fundamentalen Abhängigkeit zueinanderstehen, wobei die informationelle Asymmetrie zwischen zwei Vertragsparteien nicht nur zu einer Verletzung der Individualinteressen der jeweils anderen Vertragspartei führt, sondern auch zu einer allmählichen Verschwendung besserer Angebote auf dem Markt, bis zu dem Punkt, an dem der Markt seine Allokationsfunktion nicht

507 Rechtsgüter wie Umwelt, Marktschutz usw.

508 Ganz zentral *Collins*, Regulating Contracts, 2002; *Manne*, Insider Trading and the Stock Market, The Free Press, 1966, 76–91; *Böhm*, Privatgesellschaft und Marktwirtschaft, ORDO, 1966, 75–150. Für die Geschichte und zentrale Stufen der Diskussion ausführlich *Grundmann*, Privatrecht und Regulierung, 2017, 907–948, insb. 912ff.; *Hellgardt*, Regulierung und Privatrecht, 2016, insb. 13ff.

509 *Akerlof*, The Market for „Lemons": Quality Uncertainty and the Market Mechanism, The Quarterly Journal of Economics, Vol. 84, 1970, 488–500.

510 Market for lemons. Hier steht *lemons* als Slang für Gebrauchtwagen mit vielen Problemen, die dem Verkäufer zum Zeitpunkt des Kaufs bekannt, dem Käufer aber unbekannt sind, und *peaches* für Gebrauchtwagen, die noch in gutem Zustand sind.

511 In seiner Arbeit führt Akerlof aus, dass asymmetrische Informationen zwischen den Vertragsparteien nicht nur den Einzelnen, sondern auch dem Markt schädigen. Die Käufer sind nur bereit, einen gewissen Betrag für Gebrauchtwagen auszugeben, da sie nicht wissen, welche Mängel diese Autos möglicherweise haben. Dies führt im Laufe der Zeit dazu, dass die Verkäufer mit besseren Autos den Markt verlassen, da ihre Autos eigentlich mehr wert sind als *lemons*, aber die Kunden nicht bereit sind, solche Autos teurer zu kaufen. Denn von außen sehen alle Autos gleich aus, wenn man die Defekte nicht kennt. S. insb. *Akerlof*, The Market for „Lemons", 490ff.

mehr erfüllen kann.[512] Die Beseitigung solcher Asymmetrien liegt dann nicht nur im Interesse der Käufer eines Marktes, sondern auch im Interesse der anderen Wettbewerber und sogar im Interesse des Marktes selbst.

Ähnliche Argumente könnten auch für die Beziehung zwischen Nutzern und Unternehmen, die Big Data nutzen, vorgebracht werden, dass nämlich der Ausgleich von Informationsasymmetrien nicht nur für die eigenen Rechte der Nutzer von Bedeutung ist, sondern auch für andere Marktteilnehmer und den Markt insgesamt.[513]

Ähnlicherweise von Bedeutung ist auch, dass die Regulierung individuelle Ansprüche aus Individualverträgen nach der europäischer Rechtsprechung nicht ausschließt.[514] Vielmehr ist sie in Interaktion mit privatrechtlichen Ansprüchen zu sehen und erfordert diese geradezu.[515]

Diese Arbeit schließt solche Haftungen und Ansprüche freilich nicht aus, geht aber nicht so weit ins Detail wie die vorgenannten Rechtsinstrumente, da sie aus unterschiedlichen Gründen für den Zweck dieser Arbeit von geringerer Relevanz sind. Im Zusammenhang mit Preisdiskriminierung sind derartige Rechtsinstrumente allerdings zumindest zu erwähnen.

a) Verbraucherrechtliche Widerrufsmöglichkeiten nach BGB und TKHK

Eine Abhilfemöglichkeit bei algorithmischer Preisdiskriminierung stellen die in beiden Ländern anerkannten Verbraucherschutzgesetze dar.[516] Das BGB behandelt Verbraucherverträge im Wesentlichen in den §§ 312 bis 361 BGB, wobei die wichtigen Definitionen des Verbrauchers und des Unternehmers aus den §§ 13, 14 BGB i.V.m. § 2 UWG und die Definition des Verbrauchervertrages aus § 310 Abs. 3 BGB[517]

---

512 S. ausführlich *Grundmann*, Privatrecht und Regulierung, 926 ff.; s. auch *Grundmann*, Knowledge and Information, in: Grundmann et. al., New Private Law Theory: A Pluralist Approach, 230–247.

513 Vgl. auch Teil C-II-3-c beim Kapitel 1.

514 Grundlegend EuGH Urteil vom 21.03.2023 (C-100/21). Der EuGH hat im Verfahren gegen die Mercedes-Benz Group AG (vormals Daimler AG) den Weg für Schadensersatzansprüche der geschädigten Autofahrer geebnet, die durch die Verwendung des Thermofensters individuell geschädigt wurden. Die Entscheidung ist von besonderer Bedeutung, da sie eine quasi-vertragliche Verbindung zwischen dem eigentlichen Hersteller und dem zweiten/dritten Käufer des Fahrzeuges schafft und daher neue Klagerunden in ähnlichen Irreführungsfällen ermöglicht.

515 S. *Grundmann*, Privatrecht und Regulierung, 912, 946–948.

516 Ausführlich *Zurth*, AcP 221, 514–554, 524 ff.; *Ebers*, MMR 2018, 423–428, 426; *Hennemann*, AcP 219, 819–854, 843 ff.; *Paschke*, in: Albrecht (Hrsg.), 156–186, 167; Spindler/Schuster/*Schirmbacher*, BGB § 312 Rn. 5 ff. S. auch *McColgan*, AcP 221, 695–731, 708 ff.

517 Der Absatz lautet: Bei Verträgen zwischen einem Unternehmer und einem Verbraucher (Verbraucherverträge) finden die Vorschriften dieses Abschnitts mit folgenden Maßgaben Anwendung: (...).

stammen. Dem Anwendungsbereich der §§ 312ff. BGB unterfallen ausschließlich Rechtsgeschäfte zwischen Verbrauchern und Unternehmern.[518]

Die Türkei ist, wie auch in den anderen Bereichen des Zivilrechts, einen anderen Weg gegangen und hat ein eigenes Gesetzbuch für Verbraucherverträge und Verbraucherrechte kodifiziert, nämlich das TKHK bzw. das türkische Verbraucherrechtsgesetz, welches zuletzt 2013 aktualisiert wurde und am 28.05.2014 in Kraft trat. Das Gesetz widmet sich in § 3 den Begriffsbestimmungen und gibt in diesem Artikel alle Begriffsbestimmungen wie Verbraucher gemäß § 3 Abs. 1 lit. k) TKHK, Verkäufer gemäß § 3 Abs. 1 lit. n) TKHK, Ware gemäß § 3 Abs. 1 lit. h) TKHK, Dienstleistung gemäß § 3 Abs. 1 lit. d) TKHK und Verbrauchergeschäft gemäß § 3 Abs. 1 lit. m) TKHK an.

Unterschiede bestehen nicht nur in der Kodifizierungstechnik, sondern auch im Umfang der Verbraucherrechte. Dabei unterscheidet sich die Definition des Verbrauchers im türkischen Recht erheblich von der Definition im deutschen Recht. Der § 3 Abs. 1 lit. k) TKHK lautet wie folgt:

> „Verbraucher: natürliche oder *juristische* Person, die zu nichtgewerblichen oder nichtberuflichen Zwecken handelt."

Dementsprechend wird der Verbraucherbegriff des § 13 BGB enger gefasst:

> „Verbraucher ist jede natürliche Person, die ein Rechtsgeschäft zu Zwecken abschließt, die überwiegend weder ihrer gewerblichen noch ihrer selbständigen beruflichen Tätigkeit zugerechnet werden können."

Aus dem Wortlaut der Gesetzbücher ergeben sich zwei wesentliche Unterschiede: Während das türkische TKHK auch juristischen Personen die Möglichkeit einräumt, als Verbraucher zu agieren,[519] räumt das BGB diese Möglichkeit nur natürlichen Personen ein und lässt alle Arten von juristischen Personen wie AG, GmbH, KGaA, eG, Kirchengemeinden, Universitäten oder juristische Stiftungen nicht als Verbraucher auftreten.[520] Zwar lehnt sich das neue türkische Verbrauchergesetz, das derzeit etwa 10 Jahre alt ist, bei der Definition des Verbrauchers an Art. 1 Abs. 2 lit. a der Richtlinie des Europäischen Parlaments aus dem Jahr 1999 an,[521] allerdings wurde diese Definition während der Kodifizierungsarbeiten des Gesetzgebungskommission um den Begriff der juristischen Person erweitert.[522]

---

518 Ausführlich MüKoBGB/*Wendehorst*, BGB § 312 Rn. 1ff.

519 *Aktürk*, Tüzel Kisi Tacirin Tüketici Sıfatı GUHFD 2016, 104ff.

520 Staudinger/*Fritzsche*, 2018 § 13 Rn. 31 S. 509; Spindler/Schuster/*Schirmbacher*, BGB § 312 Rn. 5ff.

521 Richtlinie 1999/44/EG des Europäischen Parlaments und des Rates vom 25. Mai 1999 zu bestimmten Aspekten des Verbrauchsgüterkaufs und der Garantien für Verbrauchsgüter. Abrufbar unter: https://eur-lex.europa.eu/legal-content/DE/TXT/HTML/?uri=CELEX:31999L0044&from=EN.

522 *Gümüş*, 6502 Sayılı Tüketicinin Korunması Hakkında Kanun Şerhi, 2014, 30.

Es ist umstritten, in welchen Fällen eine juristische Person nach türkischem Vertragsrecht als Verbraucher anzusehen ist, doch wird allgemein anerkannt, dass das entscheidende Kriterium darin besteht,[523] ob die betreffenden Waren oder Dienstleistungen für den privaten Gebrauch bestimmt sind oder nicht.[524] Wenn beispielsweise ein Unternehmen Tierfutter von seinen Lieferanten kauft, um es an seine Kunden zu verkaufen, handelt es zweifellos als Unternehmen. Kauft dieses jedoch Tierfutter, um damit z.B. im Rahmen eines Gemeinschaftsprojekts Straßentiere zu füttern, darf es nach türkischem Verbraucherrecht als Verbraucher handeln.

Das türkische Recht beinhaltet in § 47 Abs. 5 TKHK ein zweiwöchiges Widerrufsrecht.[525] Eine vergleichbare Regelung findet sich in § 355 BGB. Dieser sieht ein Widerrufsrecht für Verbraucherverträge vor, welches nach § 355 Abs. 2 BGB ebenfalls mit einer Frist von vierzehn Tagen verbunden ist.

Die verbraucherrechtlichen Eingriffsmöglichkeiten reichen bei auf dem Algorithmus basierender Preisdiskriminierung bei Weitem nicht aus, um einen Mehrwert zu liefern.[526] Folgende Argumente lassen sich hierfür anführen:

- Obgleich Preisdiskriminierung auf der Grundlage von Algorithmen in den meisten Fällen zu Lasten des Verbrauchers geht, ist die andere Vertragspartei nicht zwangsläufig ein Verbraucher. KMU können, wie oben erläutert,[527] ebenfalls Opfer einer solchen Diskriminierung sein. Dieser Umstand schränkt insbesondere in Deutschland, wo juristische Personen kategorisch nicht als Verbraucher auftreten können, die Anwendung der einschlägigen verbraucherrechtlichen Vorschriften gegen algorithmische Diskriminierungspraktiken ein.
- Die dem Verbraucher nach dem Bürgerlichen Gesetzbuch und dem Verbraucherschutzgesetz zustehenden allgemeinen Rechte gelten unabhängig von der Art des Vertrages und den Bedingungen, unter denen er geschlossen wurde. So ist der Verbraucher z.B. im Falle eines Widerrufs i.S.v. § 355 Abs. 1 S. 4 BGB

---

523 Vgl. *Brunner*, Der Konsumentenvertrag im Schweizerischen Recht, AJP 1992, S. 594.

524 *Aktürk*, GUHFD 2016, 112ff.

525 § 47 Abs. 5 TKHK lautet: Der Verbraucher hat das Recht, innerhalb von vierzehn Tagen ohne Angabe von Gründen und ohne Vertragsstrafen vom Vertrag zurückzutreten. Es genügt, wenn die Mitteilung über die Ausübung des Rücktrittsrechts innerhalb dieser Frist an den Unternehmer abgesendet wird. Während der Widerrufsfrist darf der Gewerbetreibende vom Verbraucher als Gegenleistung für die Waren oder Dienstleistungen, die Gegenstand des Vertrags sind, weder eine Zahlung unter irgendeinem Namen noch die Aushändigung eines Dokuments verlangen, das den Verbraucher in eine Schuld verwickelt. Der Gewerbetreibende trägt die Beweislast dafür, dass der Verbraucher über sein Widerrufsrecht belehrt wurde. Der Verbraucher haftet nicht für Veränderungen und Verschlechterungen, die durch den normalen Gebrauch der Waren während der Widerrufsfrist entstanden sind.

526 S. auch *Zurth*, AcP 221, 514–554, 553.

527 Teil C-II-3-c beim Kapitel 1.

nicht verpflichtet, den Grund für die Absendung des Widerrufs anzugeben. Dies bietet dem Verbraucher zwar einen ausreichenden Schutz, berücksichtigt aber die Besonderheiten der Diskriminierung durch Algorithmen und Big Data nicht.

- Bestimmte Verträge können aufgrund ihrer Natur nicht widerrufen oder zurückgegeben werden, auch wenn die andere Partei ein Verbraucher ist. So besteht beispielsweise im Diskriminierungsbeispiel von Uber keine Rückerstattungsmöglichkeit im Rahmen des BGB und des TKHK. In vielen Fällen merkt der Verbraucher auch gar nicht, dass es sich gerade um eine Preisdiskriminierung aufgrund von Big-Data-Analysen handelt, so dass die allgemeinen verbraucherrechtlichen Schutzmechanismen ohne weitere Maßnahmen kaum greifen. Manche Waren und Dienstleistungen sind im Verbraucherrecht auch vom Widerrufsrecht ausgeschlossen,[528] so dass auch das BGB und das TKHK in Diskriminierungsfällen keinen Schutz bieten.
- Die verbraucherrechtlichen Vorschriften des BGB und des TKHK sind zwar für Fälle gegen Verbraucher ausreichend, bedürfen aber einer gewissen Aktualisierung, um auch gegen die heutigen Diskriminierungspraktiken wirksam helfen zu können. Dieser Aktualisierungsbedarf zeigt sich bereits in den neuen europäischen Regelungen.[529]

Ist die diskriminierte Partei eine natürliche Person und Verbraucher im Sinne des § 13 BGB oder eine natürliche oder juristische Person und Verbraucher im Sinne des § 3 Abs. 1 lit. k TKHK und ist die entsprechende Ware oder Dienstleistung nicht vom Widerrufsrecht ausgeschlossen, so ist sie berechtigt, die Ware oder Dienstleistung ohne Angabe von Gründen und ohne Rücksicht auf Rechtswidrigkeit zurückzugeben. Denn anders als bei anderen Rechtsbehelfen ist es im verbraucherrechtlichen Anwendungsbereich für den Rechtserfolg unerheblich, ob der Verkäufer von der Diskriminierung wusste oder ob er seiner Informations- bzw. Aufklärungspflicht nachgekommen ist. Verbraucherrechtliche Instrumente wie der Widerruf erfassen auch nicht vorsätzliche oder fahrlässige Benachteiligungen durch Diskriminierung.

Wichtig ist dabei, dass Verbraucherschutzklauseln keine neuen Rechte oder Ansprüche des Nutzers begründen, die dieser nicht bereits ohne algorithmische Diskriminierung hätte.[530] Daher genügt es an dieser Stelle, die verbraucherrechtlichen

---

528 Ein Beispiel wäre das Erlöschen des Widerrufsrechts bei Verträgen über die Bereitstellung von nicht auf einem körperlichen Datenträger befindlichen digitalen Inhalten i. S. v. § 356 Abs. 5 BGB.

529 So etwa die neuen GBV, DSA und DMA in Deutschland und das ETY in der Türkei. S. auch Teil D-III beim Kapitel 6.

530 S. etwa *Zurth*, AcP 221, 514–554, 553.

Instrumente zu nennen, die gegen algorithmische Preisdiskriminierung eingesetzt werden können, ohne allzu detailliert darauf einzugehen.

Das türkische Verbraucherschutzrecht bietet beispielsweise den offensichtlichen Vorteil, dass auch juristische Personen wie Unternehmen als Verbraucher angesehen werden, wenn diese nicht zu gewerblichen oder geschäftlichen Zwecken handeln. Diese Regelung eröffnet auch die Möglichkeit, sich in anderen denkbaren Fällen auf das Verbraucherschutzrecht zu berufen, wie z. B. bei Universitäten, die für bestimmte Waren oder Dienstleistungen, die sie im Rahmen einer ehrenamtlichen Kampagne erhalten haben, aufgrund der algorithmischen Preisgestaltung mehr bezahlt haben, solange der Erwerbsakt keinen wirtschaftlichen Zwecken dient.

Auf der anderen Seite verfügt das deutsche Recht über ein umfassenderes Instrumentarium zum Schutz der Verbraucher. Zum einen gibt es in Deutschland im Rahmen des § 3 Abs. 2 UWG besondere Lauterkeitstatbestände gegenüber Verbrauchern.[531] Zum anderen sieht § 310 Abs. 3 BGB besondere Verstöße gegen die Allgemeinen Geschäftsbedingungen bei Klauseln gegenüber Verbrauchern vor.[532]

b) Lauterkeits- und Wettbewerbsrecht

Darüber hinaus sind die Regelungen des Lauterkeits- und Wettbewerbsrechts beider Länder zu beachten. Hier sind vor allem die Vorschriften des UWG, TTK und neuere Regelungen wie DSA, DMA in Deutschland und das neue ETY in der Türkei hervorzuheben.[533]

Preisdiskriminierung aufgrund Big-Data-Analyse könnte eine Vielzahl von Unlauterkeits- und Wettbewerbsfällen auslösen. Daneben könnte Preisdiskriminierung auch in Bezug auf DSA, DMA oder ETY[534] verboten sein.

Anzumerken ist, dass das Lauterkeitsrecht bis zum Jahr 2022 keine Rechtsbehelfe gegen individuelle Diskriminierungsfälle vorsah,[535] sondern nur für Verbände,

---

531 S. Teil B-II beim Kapitel 5.

532 S. Teil B-II-1 beim Kapitel 5. Für das AGB-Recht bei Online-Verträgen nach türkischem Verbraucherrecht ausführlich *İnal*, Internet Sözleşmelerinde Haksiz Sartlar, 2018. Nach deutschem Recht ausführlich *Von Münch*, Die Einbeziehung von AGB und AVB im elektronischen Rechtsverkehr, 2004.

533 Insbesondere über Lauterkeits- und Wettbewerbsrecht s. *Denga*, ZfDR 2022, 229–260, 252 ff.; *Ebers*, MMR 2018, 423–428, 424 ff.; *Hennemann*, AcP 219, 819–854, 832 ff.; *Zurth*, AcP 221, 514–554, 546 ff.; *Schäfers*, AcP 221, 32–67, 37 ff.; *Engert*, AcP 2018, 304–376, 376. Zur Beziehung zwischen Vertrags- und Wettbewerbsrecht in Deutschland s. auch *Busch*, Informationspflichten im Wettbewerbs- und Vertragsrecht, 2008, 25 ff.

534 S. ausführlich oben Teil A-III-1 beim Kapitel 1.

535 *Ebers*, MMR 2018, 423–428, 425; *Schäfers*, AcP 221, 32–67, 41, 42.

sonstige Organisationen und öffentliche Stellen i. S. v. § 8a i. V. m. § 8b UWG.[536] Mit der Novellierung des UWG im Jahr 2022 wurde diese Lücke zu Gunsten der Verbraucher geschlossen.[537] In Fällen der Individualschädigung des Verbrauchers wurde daher einen neuen Weg für Individualansprüche geschafft, solange der Ersatz angemessen bleibt und es Vorsatz bzw. Fahrlässigkeit seitens des Unternehmens vorliegt.[538]

Die vorliegende Arbeit klammert diese Diskussion jedoch an dieser Stelle aus und setzt sie im fünften Kapitel fort.[539] Die Möglichkeiten des Lauterkeitsrechts einschließlich des Verbraucherschutzes nach § 3 Abs. 2 i. V. m. § 9 Abs. 2 UWG werden teilweise im Rahmen der Vernetzungsproblematik ebenfalls in diesem Kapitel thematisiert.

Die Regelungen von DSA, DMA und ETY helfen ohnehin nicht im Einzelfall, sondern eher bei der Bestimmung der Marktstellung von Unternehmen und der rechtlichen Grenzen solcher Aktivitäten, denn beide Länder setzen für stärkere Unternehmen mit relativer Marktmacht restriktivere Maßstäbe an.[540]

---

536 Ausführlich Büscher/*Hohlweck*, UWG § 8a Rn. 1ff., § 8b Rn. 1ff. S. auch EuGH Urteil vom 21.03.2023 (C-100/21). Mit Worten des Gerichtshofs: „(...) Zugang zu Reparatur- und Wartungsinformationen für Fahrzeuge sind dahin auszulegen, dass sie neben allgemeinen Rechtsgütern die Einzelinteressen des individuellen Käufers eines Kraftfahrzeugs gegenüber dessen Hersteller schützen, wenn dieses Fahrzeug mit einer unzulässigen Abschalteinrichtung im Sinne von Art. 5 Abs. 2 dieser Verordnung ausgestattet ist.". Wieder in eigenen Worten: „(...) Das Unionsrecht ist dahin auszulegen, dass es in Ermangelung einschlägiger unionsrechtlicher Vorschriften Sache des Rechts des betreffenden Mitgliedstaats ist, die Vorschriften über den Ersatz des Schadens festzulegen, der dem Käufer eines mit einer unzulässigen Abschalteinrichtung im Sinne von Art. 5 Abs. 2 der Verordnung Nr. 715/2007 ausgestatteten Fahrzeug tatsächlich entstanden ist, vorausgesetzt, dass dieser Ersatz in einem angemessenen Verhältnis zum entstandenen Schaden steht."

537 Ausführlich Köhler/Bornkamm/Feddersen/*Köhler*, UWG § 9 Rn. 2.1ff. Art. 11a der UGP-RL, der die Grundlage für diese Aktualisierung bildet, lautet wie folgt: Verbraucher, die durch unlautere Geschäftspraktiken geschädigt wurden, haben Zugang zu angemessenen und wirksamen Rechtsbehelfen, einschließlich Ersatz des dem Verbraucher entstandenen Schadens sowie gegebenenfalls Preisminderung oder Beendigung des Vertrags. Die Mitgliedstaaten können die Voraussetzungen für die Anwendung und die Folgen der Rechtsbehelfe festlegen. Die Mitgliedstaaten können gegebenenfalls die Schwere und Art der unlauteren Geschäftspraktik, den dem Verbraucher entstandenen Schaden sowie weitere relevante Umstände berücksichtigen. (2) Diese Rechtsbehelfe berühren nicht die Anwendung anderer Rechtsbehelfe, die den Verbrauchern nach dem Unionsrecht oder dem nationalen Recht zur Verfügung stehen.

538 § 9 Abs. 2 UGW lautet: Wer vorsätzlich oder fahrlässig eine nach § 3 unzulässige geschäftliche Handlung vornimmt und hierdurch Verbraucher zu einer geschäftlichen Entscheidung veranlasst, die sie andernfalls nicht getroffen hätten, ist ihnen zum Ersatz des daraus entstehenden Schadens verpflichtet. Dies gilt nicht für unlautere geschäftliche Handlungen nach den §§ 3a, 4 und 6 sowie nach Nummer 32 des Anhangs.

539 S. insb. Teil B-II-1 beim Kapitel 5.

540 S. an dieser Stelle die Interventionsvorschläge unter Teil D beim Kapitel 6.

c) Schadenersatzanspruch nach Art. 82 DSGVO

Die Geltendmachung von Schadensersatzansprüchen nach Art. 82 DSGVO im Falle der Preisdiskriminierung wäre die nächste Möglichkeit.[541] Der Art. 82 Abs. 1 DSGVO räumt Betroffenen, die durch einen Verstoß gegen die Verordnung einen materiellen oder immateriellen Schaden[542] erlitten haben, einen Anspruch auf Schadensersatz ein. Nach ihrem Erwägungsgrund Nr. 146 gelten die sich aus der DSGVO – als Teil des Rechts der Europäischen Union – ergebenden Ansprüche unbeschadet von Schadensersatzansprüchen, die sich aus anderen Vorschriften des Rechts der Mitgliedstaaten ergeben.[543]

Die Schadenersatzbeträge für Einzelfälle mit unrechtmäßiger Datenverarbeitung[544] nach Art. 82 DSGVO reichen derzeit in Deutschland von 25 Euro[545] bis zu 10.000 Euro,[546] je nach Schwere, Dauer und Art des Verstoßes und entsprechenden Vorschriften der DSGVO. Nach dem aktuellen Urteil des EuGH ist mit einer Intensivierung von Schadensersatzansprüchen aus der DSGVO zu rechnen, da der Gerichtshof keine Erheblichkeitsschwelle für Schadensersatzansprüche aus der DSGVO voraussetzt.[547]

In den Artikeln 5 bis 12 DSGVO werden die allgemeinen Regeln für die Datenverarbeitung sowie die Einwilligung innerhalb der Europäischen Union festgelegt.

---

541 Vgl. auch Teile C-II-4-b und C-III-3 beim Kapitel 4. Zum Art. 82 DSGVO: Ehmann/Selmayr/*Nemitz*, Art. 82, Rn. 8ff. Vgl. auch *Zander-Hayat et. al.*, VUR Heft 11 2016, 403–409, 409; *Albrecht*, in: Albrecht (Hrsg.), 122–155, 152ff.; Spindler/Schuster/*Spindler*/ *Horváth*, DS-GVO Art. 82 Fn. 7ff.

542 Zu diesem Konnex ausführlich *Paal*/*Aliprandi*, Immaterieller Schadensersatz bei Datenschutzverstößen, ZD 2021, 241–247.

543 Vgl. hier *Hacker*, Datenprivatrecht, 505.

544 Die genannten Entscheidungen rügen keine ungerechtfertigte Preisdiskriminierung, sondern die Verletzung von Datenschutzbestimmungen.

545 LG Heidelberg, U. v. 16.3.2022 – 4 S 1/21 – Übersendung von Werbe-E-Mails ohne Einwilligung des Betroffenen.

546 LG Meiningen, U. v. 23.12.2020 – 3 O 363/20. In diesem Fall gab die Versicherung ohne Einwilligung des Versicherten Gesundheitsdaten aus einem Sachverständigengutachten frei, das für ein Gerichtsverfahren zu den Folgen eines Verkehrsunfalls erstellt wurde. Die Daten gingen an die Rechtsanwaltskanzlei, die den Versicherten in einem weiteren Gerichtsverfahren vertrat, in dem eine andere Versicherung als Gegenseite auftrat. Die Rechtsanwältin verwendete Zitate aus diesem Gutachten in einem Schriftsatz.; ArbG Oldenburg, U. v. 9.2.2023 – 3 Ca 150/21. Hier wurde über eine 20 Monate verspätete Auskunft an ehemalige Beschäftigte nach Art. 15 DSGVO entschieden.

547 EuGH Urteil vom 04.05.2023, (C-300/21). Verstoß gegen die Bestimmungen der DSGVO, die Entstehung eines materiellen oder immateriellen Schadens und der Kausalzusammenhang zwischen Schaden und Verstoß sind für das Gericht ausreichend, damit die betroffene Person Schadenersatz verlangen darf. Ausführlich *Heynike*, EuGH zum Datenschutz: Keine Erheblichkeitsschwelle für Schadensersatz, 09.05.2023. Abrufbar unter: https://kpmg-law.de/eugh-zum-datenschutz-keine-erheblichkeitsschwelle-fuer-schadensersatz/.

So dürfen nach Art. 5 Abs. 1 lit. a) DSGVO Daten nur auf rechtmäßige Weise, nach Treu und Glauben und in einer für die betroffene Person nachvollziehbaren Weise verarbeitet werden. Ähnliche Grundsätze gelten auch für die Übermittlung personenbezogener Daten an Dritte. Preisdiskriminierende Praktiken, die aus Verstößen gegen diese Vorschriften resultieren, können auch individuelle Schadensersatzansprüche nach Art. 82 DSGVO auslösen.

Das türkische Pendant zur DSGVO, das KVKK, lässt diesen wichtigen Ausgleich vermissen und sieht im Gegensatz zu Art. 82 DSGVO keinen Rechtsschutz für einzelne Betroffene vor, sondern beschränkt sich auf organisatorische Sanktionen für Fälle algorithmischer Diskriminierung.

III. Verschiedene Praktiken algorithmischer Preisdiskriminierung

1) Uber-Version: Batteriezustand

Bereits an dieser Stelle wird erkennbar, dass es algorithmische Preisdiskriminierung– mit guten oder bösen Absichten – gibt und dass sie aus verschiedenen Quellen und Gründen entsteht. Im Fall von Uber führt beispielsweise die verbleibende Akkuladung des Geräts zu diskriminierenden Preisen. Dem Unternehmen wurde unlängst vorgeworfen, die Preise zu vervielfachen, wenn die Akkuladung des Nutzers weniger als zwanzig Prozent beträgt, da die Algorithmen den niedrigen Akkustand des Telefons als Notsituation erkennen und das vermeintliche Bedürfnis des Nutzers nach einem sofortigen Service missbrauchen.[548] Die Existenz dieser Art von Diskriminierung wurde beispielsweise in einigen akademischen Arbeiten wie denen von Hacker[549] und Dornis[550] in Deutschland und Calo[551] bzw. Gal/Elkin-Koren[552] in den USA sowie Çekin[553] in der Türkei sowie in einigen Zeitungsartikeln[554] erwähnt.[555]

Benötigt ein Nutzer eine bestimmte Fahrt von einem Punkt A zu einem Punkt B und hat weniger als 20 % Akku, zahlt er den doppelten oder sogar dreifachen Preis

548 Ausführlich *Hacker*, IDPL 266–286, 273.
549 *Hacker*, IDPL 2017, 266–286, 273.
550 *Dornis*, ZfPW 2022, 310–345, 313, 314.
551 *Calo/Rosenblat*, CLR 2017, 1623–1689.
552 *Gal/Elkin-Koren*, HJLT 2017, 309–353, 331.
553 *Çekin*, Yapay Zekâ Teknolojilerinin Hukuki İşlem Teorisine Etkileri, 2021, 100,101.
554 *Dahl*, The Cut, 17.05.2016; *Hawkins*, The Verge 23.06.2016; *Chowdhry*, Uber: Users Are More Likely To Pay Surge Pricing If Their Phone Battery Is Low, Forbes 25.05.2016. Abrufbar unter: https://www.forbes.com/sites/amitchowdhry/2016/05/25/uber-low-battery/?sh=65a003c74b3b.
555 Die Selbstauskunft des Unternehmens zum Umgang mit der Surge-Pricing-Praxis ist abrufbar unter: https://www.uber.com/us/en/drive/driver-app/how-surge-works/.

für die Fahrt. Der Algorithmus von Uber erkennt den niedrigen Akkustand als eine Art Notfall und geht davon aus, dass der Nutzer sofort eine Fahrt benötigt. In der Tat kann ein niedriger Akkustand während eines Uber-Anrufs dazu führen, dass die Person übereilt handelt und die Fahrt trotz des hohen Preises annimmt. Ebenso ist vorstellbar, dass dies zufällig geschieht und in keinem Zusammenhang mit der angestrebten Fahrt des Fahrgastes steht.

Zudem bleiben die Uber-App und die Standorteinstellungen auf dem Telefon des Nutzers während der gesamten Fahrt mit Uber geöffnet, und der Bezahlvorgang erfolgt auch nach der Fahrt über die App. M.a.W. muss der Akku dem Fahrgast nicht nur zum Zeitpunkt des Anrufs bei Uber zur Verfügung stehen, sondern bis zum Ende der Fahrt reichen.

Ein solches dauerhaftes Nutzerverhalten wird von den Algorithmen schnell erkannt und führt in Zukunft zu höheren Preisen für ähnliche Fahrten. Nutzer mit wenig Akku entscheiden sich häufig für diese Fahrt, weil sie so schnell wie möglich an ihr Ziel kommen wollen. Algorithmen identifizieren diese Verhaltensmuster und diskriminieren bei ähnlichen Strecken. Die Nutzer befinden sich in einem Kreislauf. Auch wenn diese Diskriminierung vom Unternehmen nicht bewusst vorgenommen wird, kommt es zu Benachteiligungen, solange der Algorithmus auf Profitmaximierung basiert.

Weitere Hinweise stützen die Annahme, dass Uber an der Preisdiskriminierung nicht ganz unschuldig sei. Die Datenwissenschaftler von Uber haben herausgefunden, dass die Nutzer misstrauisch werden, wenn die App eine Preiserhöhung vornimmt und der Erhöhungsmultiplikator eine nicht gebrochene Zahl wie 2,0 oder 3,0 ist. Sie halten solche Preiserhöhungen für unnatürlich und daher für verdächtig. Daher schlagen die Datenwissenschaftler vor, spezifischere Multiplikatoren wie 2,05 statt 2,0 oder 2,95 statt 3,0 zu verwenden[556] oder Vorabpreise einzuführen,[557] um die bloße Existenz solcher Preissteigerungen zu verschleiern. In diesem Fall hat der Unterschied zwischen 2,0 und 2,05 kaum eine wirtschaftliche, rechtliche oder praktische Bedeutung, abgesehen vom ungestörten Vertrauen der Nutzer in die Algorithmen und in die Glaubwürdigkeit der objektiven Preisgestaltung bzw. -kalkulation.

Unabhängig davon, ob Uber absichtlich eine algorithmische Preisdiskriminierung vornimmt oder ob sein Algorithmus aufgrund eines bestimmten Nutzerverhaltens eine solche Diskriminierung vornimmt, führt dies letztlich dazu, dass bestimmte Kunden aufgrund der geringeren Akkukapazität ihrer mobilen Geräte ein Vielfaches an Fahrpreisen bezahlen müssen.

---

556 *Calo/Rosenblat*, CLR 2017, 1623–1689, 1658, *Dahl*, The Cut, 17.05.2016.

557 *Hawkins*, The Verge 23.06.2016.

Die algorithmische Preisdiskriminierung im Fall von Uber stellt nicht nur eine zivilrechtliche Herausforderung dar, sondern ebnet auch den Weg für weitere Formen der Diskriminierung. Da das Unternehmen Uber eines der machtvollsten Unternehmen der Welt ist und seine Datenwissenschaftler bereits daran arbeiten, seine Algorithmen so zu optimieren, dass sie neutraler aussehen, ist dieses Risiko offensichtlich.

Für Nutzer von Mitfahr-Apps ist diese Entwicklung äußerst problematisch, da sie auch in anderen Szenarien zu ungewollten Mehrkosten für ähnliche Fahrten führen kann. Was passiert beispielsweise, wenn ein Nutzer mit fast leerem Akku eine Fahrt zum Flughafen oder ins Krankenhaus benötigt? Oder wenn er eine Fahrt aus einem ländlichen oder unsicheren Teil der Stadt benötigt und nur eine schwache Batterie hat? Was ist, wenn es bereits spät in der Nacht ist und öffentliche Verkehrsmittel kaum oder gar nicht zur Verfügung stehen? Wenn also das Unternehmen Algorithmen kombiniert und analysiert, um die Bedingungen zu bestimmen, unter denen Nutzer eine Fahrt unabhängig vom berechneten Preis annehmen würden, könnte dies zusätzliche Fälle von Preisdiskriminierung zur Folge haben.

Im Hinblick auf den sogenannten Uber-Fall und die Uber-Version der Preisdiskriminierung stellt sich die Frage nach der Durchsetzbarkeit der oben beschriebenen Rechtsinstrumente. Zunächst ist das Vorliegen von Wucher im Sinne von § 138 Abs. 2 BGB und § 28 TBK zu prüfen.

Um einen Wuchertatbestand nach § 138 Abs. 2 BGB oder § 28 TBK zu erfüllen, müssen bestimmte Voraussetzungen erfüllt sein:[558] Es muss ein auffälliges Missverhältnis zwischen der erbrachten Leistung und der Gegenleistung vorliegen. Des Weiteren muss die andere Vertragspartei sich in einer Zwangslage befinden, unerfahren sein, über eingeschränktes Urteilsvermögen verfügen oder eine erhebliche Willensschwäche zeigen, welche vom Vertragspartner ausgenutzt wird.

In Deutschland wird die Schwelle des auffälligen Missverhältnisses der Leistungen grundsätzlich bei 100 %[559] und in der Türkei bei 25 %[560] angenommen. Unabhängig von der eigenen Position in dieser Diskussion und der Einschätzung des als ausreichend für den objektiven Tatbestand geltenden Prozentsatzes würde der Fall Uber den Voraussetzungen genügen, da die Multiplikatoren von Uber 2,0 und darüber betragen.[561] Die kleinste Differenz zwischen den Entgelten, die normalerweise zu zahlen wären, und den Entgelten, die nach der algorithmischen Diskriminierung zu zahlen sind, beträgt somit mindestens 100 %. Sowohl in Deutschland als auch in

558 S. Teil C-II-4-a beim Kapitel 2.

559 Vgl. MüKoBGB/*Armbrüster*, BGB § 138 Rn. 226.

560 Yargitay 1. Zivilkammer, 27.12.1976, 1976/12751.

561 S. supra Fn. 354, 355.

der Türkei ist von einem auffälligen Missverhältnis zwischen Leistung und Gegenleistung auszugehen.

Als nächstes Tatbestandsmerkmal kommt die Zwangslage, die Unerfahrenheit, der Mangel an Urteilsvermögen oder die erhebliche Willensschwäche der anderen Vertragspartei zum Zeitpunkt des Vertragsschlusses hinzu. Dies ist wahrscheinlich das am schwersten zu definierende Tatbestandsmerkmal in Fällen algorithmischer Diskriminierung. Im Uber-Beispiel ist der Grund für die Diskriminierung der Batteriestand des Nutzers, der in einigen Fällen tatsächlich auf eine Zwangslage hindeuten, in anderen Fällen aber nur zufälliger Natur sein kann.

Selbst wenn im vorliegenden Fall keine tatsächliche Zwangslage vorliegt, könnte man von Unerfahrenheit sprechen, da jeder einzelne Uber-Nutzer mit derselben Informationsasymmetrie gegenüber dem Unternehmen konfrontiert ist und keine andere Wahl hat, als entweder den festgesetzten Preis zu akzeptieren und die Fahrt anzutreten oder ihn abzulehnen und auf die Fahrt zu verzichten, selbst wenn er sich der Diskriminierung bewusst ist. Die Erosion der Entscheidungsfähigkeit des Käufers und seine Unfähigkeit, den Preis oder andere Vertragsbedingungen zum Zeitpunkt des Vertragsabschlusses auszuhandeln, sowie die Intransparenz der datengetriebenen Wirtschaft selbst könnten ihn möglicherweise in einen Zustand der Unerfahrenheit versetzen, der zu einem Wuchertatbestand im Sinne von § 138 Abs. 2 BGB und § 28 Abs. 1 TBK führt.[562]

Interessant wird die rechtliche Betrachtung insofern, als der Algorithmus die geringe Akkukapazität als Notsituation ansieht, die zu einer zivilrechtlichen Zwangslage im Sinne von § 138 Abs. 2 BGB und § 28 Abs. 1 TBK führen könnte, z. B. wenn eine fremde Person nachts schnell und sicher ihr Hotel erreichen muss oder ein Reisender in letzter Minute sein Flugzeug rechtzeitig bekommen will oder ein Ehemann seine Frau zur Geburt seines Kindes ins Krankenhaus bringt und sein Akku schwach ist, so dass er sich mit der Fahrt beeilen muss, bevor der Akku leer ist. Es kann sich aber auch um einen zufälligen Fall einer schwachen Batterie handeln, ohne dass sich der Nutzer in einer Zwangslage befindet.

Gleichermaßen könnte eine Diskriminierung unter bestimmten Umständen auch tatsächlich auf die Unerfahrenheit des Nutzers zurückzuführen sein, insbesondere wenn der Nutzer ein Jugendlicher oder ein älterer Mensch mit begrenzter Online-Erfahrung ist. Allerdings scheint auch dies eher eine Ausnahme als die Regel zu sein.

Sollte man also die Annahme der Algorithmen über die Situation der Nutzer akzeptieren und jede Diskriminierung als einen Fall von Unerfahrenheit oder Notlage des Nutzers betrachten? Es wäre nicht plausibel, die von Uber praktizierte Form der

562 Vgl. für Gegenmeinung *Zurth*, AcP 221, 514–554, 522 ff.

Diskriminierung direkt als eine Form von Unerfahrenheit oder Notlage auszulegen. Das subjektive Tatbestandsmerkmal muss daher im Einzelfall weiter geprüft werden. Ist der Nutzer wie in den obigen Beispielen tatsächlich gezwungen, den Vertrag unabhängig vom Preis abzuschließen, wird die Zwangslage bejaht. Hat er z. B. nur noch eine geringe Akkuladung und bucht von einem Unfallort aus eine Fahrt, damit seine Kinder sicher nach Hause kommen, liegt eine Zwangslage vor. Wenn er besonders unerfahren in Bezug auf die möglichen Folgen und Auswirkungen von Preisdiskriminierung ist, wird eine Form der Unerfahrenheit ebenfalls akzeptiert.

Die nähere Bedeutung der Vermutung durch Algorithmen liegt vielmehr in der Prüfung des subjektiven Tatbestands bzw. der Ausnutzung der Zwangslage durch den Wucherer. Wenn die Algorithmen von Uber einen schwachen Akku des Telefons als Notfall erkennen und ihre Preise entsprechend anpassen, könnte man direkt annehmen, dass Uber die Situation des Nutzers ausnutzt. Ausbeutung im Sinne von § 138 Abs. 2 BGB und § 28 Abs. 1 TBK liegt vor, wenn der Wucherer das Missverhältnis der Leistungen kennt und die Zwangslage oder Unerfahrenheit des anderen bewusst ausnutzt. Im Fall von Uber könnte das Unternehmen sogar vorsätzlich gehandelt haben, indem es diese diskriminierenden Faktoren mittels Algorithmen bewusst einsetzt, um den Gewinn aus den Verträgen zu maximieren. Selbst wenn die konkrete Ausbeutungsabsicht der Unternehmen nicht feststellbar wäre, könnte das Tatbestandsmerkmal bejaht werden, da die deutsche Rechtsprechung für den Tatbestand des Wuchers keine besondere Ausbeutungsabsicht voraussetzt.[563]

Bei der Uber-Version der Preisdiskriminierung sind die erste und dritte Voraussetzung unmittelbar zu bejahen. Im Einzelfall kommt es darauf an, ob sich die schwächere Vertragspartei tatsächlich in einer Zwangslage befindet oder besonders unerfahren ist. In diesen Extremfällen ist der Vertrag gemäß § 138 Abs. 2 BGB wegen Sittenwidrigkeit nichtig. Nach § 28 Abs. 1 TBK bleibt der Vertrag zwar wirksam, der Vertragspartner hat jedoch die Wahl, entweder die Erfüllung des Vertrages zu verweigern oder die Rückzahlung des Differenzbetrages zu verlangen.

Gemäß dem türkischen Vertragsrecht hat der Nutzer das Recht, den Diskriminierungsbetrag einzufordern, da die Transaktion bereits nach der Fahrt abgeschlossen ist und die Zahlung direkt über die Uber-App erfolgt. Dieser Betrag entspricht der Differenz zwischen dem regulären, nichtdiskriminierenden Preis und dem tatsächlich gezahlten Preis. Im Falle eines doppelten Entgeltes beläuft sich dieser Betrag auf die Hälfte des tatsächlichen Fahrpreises, im Falle eines dreifachen Entgelts

563 Vgl. BGH NJW-RR 1990, 1199: *„Zu den subjektiven Voraussetzungen gehört zwar keine besondere Ausbeutungsabsicht des Wucherers, wohl aber ist es notwendig, dass er sich in Kenntnis des auffälligen Missverhältnisses die Zwangslage des Bewucherten bewusst und in verwerflicher Weise zunutze gemacht hat.“*

auf zwei Drittel des tatsächlichen Fahrpreises, und in anderen Fällen wird der Differenzbetrag proportional berechnet.

Ein zweiter möglicher Rechtsbehelf im Fall der Preisdiskriminierung durch die Uber-App wäre die Anfechtung der zum Vertragsschluss führenden Willenserklärung wegen arglistiger Täuschung gemäß § 123 Abs. 1 BGB und Täuschung gemäß § 36 Abs. 1 TBK. Arglistige Täuschung gemäß § 123 Abs. 1 BGB und Täuschung gemäß § 36 Abs. 1 TBK erfordern das Vorliegen bestimmter Tatbestandsmerkmale, darunter der Anfechtungsgrund, die Kausalität zwischen dem Irrtum und der abgegebenen Willenserklärung, die Widerrechtlichkeit der Täuschung sowie Arglist in Deutschland bzw. Vorsatz in der Türkei als subjektiver Tatbestand.

Ein etwaiger Anfechtungsgrund könnte in diesem Fall durch das Unterlassen bzw. das Schweigen des datengetriebenen Unternehmens Uber gegeben sein. Dies ist nur dann der Fall, wenn den Verkäufer hinsichtlich der verschwiegenen Tatsache eine gesetzliche Aufklärungspflicht trifft.[564] Eine Rechtspflicht zur Aufklärung besteht, wenn die Bekanntgabe nach Treu und Glauben und der Verkehrsanschauung zu erwarten ist. Diese Pflicht ergibt sich in Deutschland vor allem aus § 242 BGB und in der Türkei aus den allgemeinen Vorschriften des TMK, insbesondere aus § 2 Abs. 1 TMK.

Dabei ist der Interessengegensatz zwischen Unternehmen und Verwender sorgfältig zu berücksichtigen.[565] Es besteht daher keine generelle Offenbarungspflicht aller Umstände, die für die Entscheidung der anderen Vertragspartei von Bedeutung sein können,[566] sondern nur solcher besonders gewichtigen Umstände, bei denen der Vertragspartner durch ein bloßes Schweigen unangemessen benachteiligt werden könnte.

Sodann stellt sich die Frage, ob ein auf einem Algorithmus beruhender diskriminierender Preis durch Schweigen als anfechtbar qualifiziert werden kann. Dazu ist zu klären, ob eine auf dem Algorithmus basierende Preisdiskriminierung eine besondere Aufklärungspflicht für Uber begründen soll.

Die Preisdiskriminierung stellt eine Praxis dar, die die essentialia negotii eines Vertrages betrifft. Zudem wurde bereits festgestellt,[567] dass die Preisunterschiede durch die algorithmische Diskriminierung von Uber Hunderte von Prozent erreichen. Zusätzlich könnte argumentiert werden, dass bereits eine Preisdifferenz von einem Prozent für die Interessen des Pendlers von Relevanz ist. Selbst wenn die Praxis der algorithmischen Preisdiskriminierung im Rahmen der Vertragsfreiheit

---

564 Grüneberg/*Ellenberger*, § 123 BGB Rn. 5ff.

565 *Brox/Walker*, 212, 213; MüKoBGB/*Armbrüster*, BGB § 123 Rn. 33ff.

566 BGH NJW 71, 1795–1799.

567 Vgl. Teil B-I beim Kapitel 1.

akzeptiert wird, hat der Pendler ein deutliches Interesse daran, dass ihm diese diskriminierenden Praktiken offengelegt werden. Dies könnte dazu führen, dass er den Vertrag möglicherweise gar nicht erst abschließt oder versucht, nach besseren Vertragsbedingungen oder einem für ihn angemesseneren Preis zu suchen. Dieses Interesse ergibt sich unmittelbar aus Treu und Glauben und den entsprechenden Regelungen beider Rechtsordnungen, nämlich § 242 BGB und § 2 Abs. 1 TMK.

Im Falle einer Preisdiskriminierung durch Uber auf der Grundlage des Batterieladezustands ist die andere Partei wirtschaftlich gefährdet, weil sie die genauen algorithmischen Metriken nicht kennt, die den diskriminierenden Preis zwischen den Nutzern bestimmen. Die Aufklärung solcher Aktivitäten wäre dann unter Berücksichtigung von Treu und Glauben und der schutzwürdigen rechtlichen Interessen des Nutzers grundsätzlich angemessen. Ein Schweigen oder Unterlassen der Aufklärungspflicht sollte daher die gleichen Rechtsfolgen wie eine aktive Täuschung zur Folge haben.

Danach muss ein Kausalzusammenhang zwischen der Täuschungshandlung und der Willenserklärung des Vertragspartners bestehen und die Täuschungshandlung muss für die Willenserklärung ursächlich sein.[568] Hätte der Nutzer gewusst, dass sein schwacher Akku zu einer Preisdiskriminierung führen könnte, hätte er den Vertrag nicht in der vorliegenden Form abgeschlossen oder eine andere Maßnahme ergriffen, wie z.B. sein Mobiltelefon aufgeladen, um die Preisdiskriminierung zu vermeiden. Die Täuschungshandlung ist auch kausal für die Willenserklärung.

Die von Uber begangene Täuschung müsste darüber hinaus auch widerrechtlich sein. Die Rechtswidrigkeit der Täuschung ergibt sich nicht aus dem Wortlaut des Gesetzes, im Gegensatz zur Drohung.[569] Das Gesetz sieht Ausnahmen für Fälle vor, in denen zwar eine Täuschung vorliegt, der Vertragspartner jedoch eine rechtmäßige Erklärung abgegeben hat. Mit anderen Worten: Das Unternehmen hat keine legitime Ausnahme oder Notlage für die Anwendung solcher Praktiken gegenüber den Nutzern und für die Diskriminierung zwischen den Preisen. Uber täuscht daher ebenfalls widerrechtlich.

Arglistige Täuschung setzt schließlich voraus, dass der Täuschende bei der Täuschung auch arglistig handelt. Arglistig handelt, wer die Lage der Täuschung weiß und will, m.a.W. Vorsatz i.S.v. § 276 Abs. 1 BGB und türkischem Vertragsrecht[570] hat. Hier genügt bedingter Vorsatz bzw. Eventualvorsatz,[571] der gegeben ist, wenn

568 *Brox/Walker*, 213, 214.
569 *Brox/Walker*, 214.
570 *Eren*, 416.
571 *Schwab/Löhnig*, Rn 636, 280.

der Täuschende den Erfolg ernstlich für möglich hält und die Gefahr in Kauf nimmt oder sich damit abfindet.[572]

Unabhängig von der Diskussion, ob der Gesetzgeber den Begriff der Arglist verwendet und ob er damit ein gewisses Maß an Vorsatz meint,[573] ist im Fall von Uber klar, dass das Unternehmen zumindest dolus eventualis im Prozess hat. Selbst wenn man davon ausgeht, dass das Unternehmen diese Metriken nicht bewusst in seine Algorithmen einbaut, um die Schwächen oder Notlagen seiner Kunden auszunutzen, sondern dass seine Algorithmen beispielsweise ein bestimmtes Verhaltensmuster der Nutzer erkennen und die Verträge daran anpassen,[574] ist Uber selbst dafür verantwortlich, die von seinen Algorithmen verwendeten Metriken regelmäßig und rechtmäßig zu überprüfen und gegebenenfalls unlautere Aktivitäten und Praktiken zu neutralisieren.

Darüber hinaus sollte auch die Beweislast auf das Unternehmen übertragen werden. Das diskriminierende Unternehmen muss selbst nachweisen, dass es seine Sorgfaltspflicht gegen unlautere Aktivitäten, die zu einer Preisdiskriminierung führen könnten, erfüllt hat. Gelingt der Gegenbeweis nicht, ist Uber für die Preisdiskriminierung verantwortlich zu machen, die sich aus der Funktionsweise seiner Algorithmen ergibt. Das Unternehmen Uber handelt in diesem Fall wenigstens mit Eventualvorsatz.

Eine Willenserklärung unter dem Einfluss der Algorithmen von Uber, die zu einem Vertrag führt, bei dem der Erklärende einen diskriminierenden und vervielfachten Preis zu zahlen hat, ist als arglistige Täuschung zu qualifizieren. Diese Willenserklärung und der Vertrag sind dann gemäß § 123 Abs. 1 BGB und § 36 Abs. 1 TBK anfechtbar. Gemäß § 124 BGB und § 39 TBK ist eine Anfechtungserklärung des Nutzers innerhalb eines Jahres nach Entdeckung der Täuschung erforderlich.

Eine weitere Möglichkeit im Falle der Preisdiskriminierung aufgrund des Batteriezustandes wäre die Inanspruchnahme von *culpa in contrahendo*, die in Deutschland in § 311 Abs. 2 i.V.m. § 241 Abs. 1 BGB und § 280 Abs. 1 BGB und in der Türkei direkt in Treu und Glauben i.S.v. § 2 TMK enthalten ist. *Culpa in contrahendo* betrifft Fälle des Verschuldens bei Vertragsanbahnung. Sie ermöglicht dem Geschädigten grundsätzlich zwei Ansprüche: einen quasivertraglichen Anspruch, wenn zwischen den Parteien kein Vertrag zustande gekommen ist, und einen Schadensersatzanspruch aus vorvertraglicher Pflichtverletzung, wenn der Vertrag zustande gekommen ist.

---

572 OLG Karlsruhe NJW 2014, 3733; BGH NJW 2007, 2041; BGHZ 117, 363, 368 NJW 1992, 1953; MüKoBGB/*Armbrüster*, BGB § 123 Rn. 15, *Eren*, 416.

573 Vgl. MüKoBGB/*Armbrüster*, BGB § 123 Rn. 1, *Brox*/*Walker*, 215.

574 Vgl. Teil A beim Kapitel 2.

Bei der Preisdiskriminierung aufgrund des Batteriezustands kommt in der Regel der Vermögensschaden an der Wirksamkeit des Vertrages in Betracht, insbesondere wegen unterlassener Aufklärung über das Vorliegen solcher Praktiken, die zu einer Preisdiskriminierung führen. Auch hier gilt der gleiche Maßstab wie bei § 123 Abs. 1 BGB:[575] Es besteht keine allgemeine Pflicht, den anderen Teil bei der Vertragsanbahnung ungefragt über alle Tatsachen aufzuklären, die für dessen Willensentschluss von Bedeutung sein können.[576] Eine Aufklärungspflicht ist jedoch dann zu bejahen, wenn die Tatsachen für den Vertragsentschluss des anderen erkennbar von entscheidender Bedeutung sind und dieser nach Treu und Glauben mit der Aufklärung über diskriminierende Praktiken rechtfertigen kann.[577]

Um eine Haftung aus *culpa in contrahendo* wegen Diskriminierung aufgrund des Batteriezustands zu begründen, sind bestimmte Tatbestandsmerkmale erforderlich, darunter ein Schuldverhältnis mit Pflichten nach § 241 Abs. 2 BGB, die Verletzung von Aufklärungspflichten nach § 241 Abs. 2 in Verbindung mit § 242 BGB, das Vertretenmüssen dieser Pflichtverletzung gemäß § 280 Abs. 1 BGB in Verbindung mit § 276 Abs. 1 BGB (Vorsatz oder Fahrlässigkeit) und das Vorhandensein eines Vermögensschadens im Sinne von § 249 BGB.[578]

Voraussetzung für das Verschulden bei Vertragsschluss ist, dass zwischen den Parteien ein vorvertragliches Rechtsverhältnis im Sinne des § 241 Abs. 2 BGB begründet worden ist. Denn die Parteien, die Verhandlungen mit dem Ziel des Abschlusses eines Vertrages aufnehmen, sind dazu verpflichtet, entsprechend des von ihnen gesetzten Vertrauens und nach Treu und Glauben zu handeln. In Fällen, in denen das datenverarbeitende Unternehmen dieser Pflicht nicht nachkommt oder sie gänzlich verweigert, ist ein Anspruch des Vertragspartners aus Verschulden bei Vertragsabschluss grundsätzlich zu bejahen. Mit dem Herunterladen der App auf das Mobiltelefon zum Zwecke des Vertragsabschlusses, der Festlegung der entsprechenden Zahlungsmethoden sowie der Suche nach geeigneten Fahrzeugen für die Beförderung entsteht ein Schuldverhältnis zwischen Uber und dem Nutzer.

Danach müsste das Unternehmen seine Nebenpflichten aus § 241 Abs. 2 BGB verletzt haben. Mit der Begründung des Vertragsverhältnisses entsteht die Aufklärungspflicht von Uber, die Rechte, Rechtsgüter und Interessen bzw. die gesamte Rechtssphäre seiner Nutzer zu schonen und diese erforderlichenfalls aufzuklären. Natürlich kann nicht erwartet werden, dass jede Funktion und jede Variable von Uber, die den Vertragsinhalt beeinflusst oder verändert, offengelegt wird. Alle

575 Für ähnliche Diskussion vgl. Teil C-II-2 beim Kapitel 2 (Anfechtungsmöglichkeit).

576 *Medicus/Lorenz*, 247.

577 BGH Urteil vom 11.11.2011 – V ZR 145/10 (OLG Hamm). Dazu auch NZW 12/2012, 846 ff.

578 Über die Tatbestandsmerkmale ausführlich Teil C-II-3 beim Kapitel 2.

Punkte, an deren Klärung die andere Partei nach Treu und Glauben ein berechtigtes Interesse hat, sollten ihr jedoch unbedingt mitgeteilt werden. Ein Verstoß gegen diese Verpflichtung wird dazu führen, dass die andere Partei, die von ihr erlittenen Schäden zu tragen hat. Wenn Uber beschließt, Big-Data-Analysen und damit hochgradig personalisierte Vertragsmöglichkeiten zu nutzen, erscheint es angemessen, dass der Kunde zumindest einen klaren Hinweis auf dieses Phänomen erhält.

Ein einfacher Hinweis auf die Diskriminierung, z.B. durch Ankreuzen eines Kästchens beim ersten Besuch der Webseite oder App von Uber, sollte nicht ausreichen, damit ein Unternehmen seiner Sorgfalts- oder Informationspflicht nachkommt.[579] Auch eine gesonderte Klausel in den Allgemeinen Geschäftsbedingungen oder den Nutzungsbedingungen der Webseite oder App sollte nicht als ausreichend angesehen werden, um Verträge individuell gestalten zu dürfen.[580] Die Kundinnen und Kunden müssen in einer Weise vor dem Phänomen gewarnt werden, die keinen Raum für Missverständnisse lässt.

Uber geht das Risiko ein, solche Schäden zu tragen, die dadurch entstehen könnten, dass der Nutzer nicht von Anfang an darüber informiert wird, dass es Variablen gibt, die den Inhalt des Vertrags und den gezahlten Preis beeinflussen.

Außerdem müsste Uber nach § 276 BGB vorsätzlich oder fahrlässig gehandelt haben.[581] Es gibt bereits einige Hinweise darauf, dass Uber diese Metriken vorsätzlich verwendet und versucht, sie als neutral und rein mathematisch zu tarnen.[582] Selbst wenn die vorgelegten Beweise für einen Vorsatz nicht ausreichen, so ist an dieser Stelle klar, dass Uber zumindest fahrlässig handelt, da es keine angemessenen Maßnahmen zum Schutz der Rechte der eigenen Kunden ergriffen hat. Gleichgültig, ob Uber die algorithmische Preisdiskriminierung vorsätzlich ausübt oder ob sein Algorithmus das allgemeine Nutzerverhalten unter bestimmten Umständen erfasst und über die Ausübung der Diskriminierung entscheidet, muss das Unternehmen für etwaige Schäden aus diesem Vorgehen einstehen. Es liegt ein Vertretenmüssen des Unternehmens im Sinne des § 276 BGB vor.

Schließlich stellt sich die Frage nach dem Umfang des Schadens auf Seiten des Kunden. Für den Umfang der Ersatzpflicht ergibt sich ein wichtiger Grundgedanke aus § 249 Abs. 1 BGB.[583] Darin heißt es: Wer zum Schadensersatz verpflichtet ist, hat den Zustand herzustellen, der bestehen würde, wenn der zum Ersatz verpflichtende Umstand nicht eingetreten wäre. Der Ersatzpflichtige hat den hypothetischen Zu-

---

579 Vgl. *Schäfers*, AcP 221, 32–67, 54.
580 Vgl. Teil A-III beim Kapitel 4.
581 Fahrlässig handelt, wer die im Verkehr erforderliche Sorgfalt außer Acht lässt.
582 S. oben Teil C-II-1-b beim Kapitel 1.
583 *Schwab/Löhnig*, Rn 363, 161.

stand herzustellen, in dem sich der App-Nutzer ohne die Pflichtverletzung von Uber befinden würde. Es ist also die tatsächliche Situation des Kunden, der für denselben Vertrag mehr bezahlt hat, mit seiner hypothetischen Situation ohne Preisdiskriminierung zu vergleichen und ihm dementsprechend die Differenz zu ersetzen.

Der durch Preisdiskriminierung überzahlte Nutzer sollte dann auch einen Anspruch aus *culpa in contrahendo* i.S.v. § 311 Abs. 2 BGB i.V.m. § 242 Abs. 1 BGB und § 280 Abs. 1 BGB bzw. § 2 TMK haben, mit der Folge der Nachzahlung des ursprünglich gezahlten ungerechtfertigten Entgeltes gemäß § 249 BGB.[584]

2) Staples- und Home Depot-Version: Geopricing

Die Nutzung der geografischen Faktoren als Instrument zur Bestimmung des gezahlten Preises verkörpert eine weitere Form der Preisdiskriminierung.[585] Geografische Preisgestaltung ist die Praxis der Anpassung des Verkaufspreises eines Artikels auf der Grundlage des Standorts des Käufers.[586] In einigen Fällen beruht der Unterschied im Verkaufspreis auf den Kosten, die mit dem Transport oder der Verarbeitung des Artikels an den betreffenden Ort verbunden sind. In anderen Fällen kann der Preisunterschied von der Höhe der Zahlungsbereitschaft der Verbraucher an diesem Ort abhängig sein.

Bei Geopricing handelt es sich per Definition nicht um ein neues Phänomen.[587] Es ist bereits seit langem in einer Vielzahl von Wirtschaftssektoren und Unternehmen weit verbreitet. Beispielsweise ist in der Benzinindustrie eine Art der geografischen Preisgestaltung üblich, die als Zonenpreisgestaltung bezeichnet wird.[588] Dabei werden den Tankstellenbetreibern von den Kraftstoffgesellschaften unterschiedliche Preise für das gleiche Benzin berechnet, je nachdem, wo sich ihre Tankstellen und die ihrer Konkurrenten befinden.[589] Die Festsetzung unterschiedlicher Preise für verschiedene Länder ist auch bei einigen Unternehmen üblich, die in verschiedenen Ländern tätig sind. So setzen beispielsweise weltweit tätige Zeitschriftenverlage ihre Preise je nach den Bedürfnissen der Kunden, ihrer Kaufkraft und dem Wettbewerbsniveau in einem bestimmten Land fest. Auch viele Abonnement-

584 Für ähnliche Rechtsfolge in der Türkei vgl. *Eren*, 1158 ff.

585 In dieser Arbeit wird es als Geopricing genannt.

586 *Twin*, Geographical Pricing, 04.01.2021. Abrufbar unter: https://www.investopedia.com/terms/g/geographical-pricing.asp#:~:text=Geographical%20Pricing%20Strategy&text=For%20example%2C%20the%20seller%20may,competitively%20in%20a%20foreign%20market.

587 S. Teil B-I beim Kapitel 1.

588 Zone Pricing (Bölgesel Fiyatlandırma / Bölge Bazlı Fiyatlandırma). S. zentral *Zurth*, AcP 221, 514–554, 516.

589 *Twin*, Investopedia 04.01.2021.

dienste wie Spotify, Apple-Music oder Cloud-Dienste differenzieren ihre Preise in Abhängigkeit vom geografischen Standort.[590]

Geopricing, wie es in diesem Artikel verstanden wird, ist das Phänomen der Anwendung unterschiedlicher Preise auf verschiedene Kunden an verschiedenen Orten, die online und innerhalb der Grenzen eines Landes auftreten. Ein anschauliches Beispiel für diese Art der Diskriminierung wurde von einigen Journalisten des Wall Street Journal untersucht, nachdem sie eine Beschwerde von zwei Geschäftsführern eines Unternehmens – Kim Wamble und Trude Frizzell – erhalten hatten, die behaupteten, dass sie auf der Webseite von Staples – der US-amerikanischen Büroartikel-Riese – ständig unterschiedliche Preise für die gleichen Produkte erhielten, obwohl sie in derselben Stadt lebten und sich relativ nah beieinander befanden.[591] Tatsächlich erhielt Kim Wamble einen Preis von 15,79 $ und Trude Frizzell einen Preis von 14,29 $ für dasselbe Heftgerät.

Bei weiteren Nachforschungen, bei denen sie verschiedene VPN-Dienste nutzten und die IP-Adressen ihrer Computer ständig änderten, stellten die Journalisten fest, dass sie für die gleichen Produkte unterschiedliche Preise erhielten. Es stellte sich heraus, dass die Webseite des Unternehmens verschiedene Metriken verwendete, um zwischen Kunden zu diskriminieren, und dass das Unternehmen nicht allein war, da das konkurrierende Büroartikelunternehmen Home Depot ebenfalls nach dem Wohnort seiner Kunden diskriminierte. Die Ergebnisse lassen sich wie folgt zusammenfassen:[592]

- Staples verwendete eine dynamische Preisgestaltung, die auf dem Standort der Kunden basierte, selbst wenn diese nahe zueinander wohnten. Bestimmte Postleitzahlen führten zu höheren Preisen und andere zu niedrigeren Preisen.
- Wenn ein konkurrierendes Geschäft in der Nähe war, wurde dem Kunden ein Rabatt angezeigt, der wahrscheinlich auf der Möglichkeit basierte, ähnliche Produkte in einem physischen Geschäft kaufen zu können.
- Es kam auch zu einer Diskriminierung zwischen den einzelnen Staaten, wobei in einigen Staaten durchweg höhere Preise erzielt wurden, die nicht immer mit den zusätzlichen Kosten für die Listung dieser Produkte in dem jeweiligen Staat korrelierten. Guam zum Beispiel erhielt niedrigere Preise, obwohl es einer der isoliertesten Orte der Welt ist und das nächste Geschäft sich 5.000 Kilometer entfernt auf Hawaii befindet, während Puerto Rico – eine andere, viel zentraler als Guam gelegene Insel – mit ständigen Preiserhöhungen konfrontiert war.

---

590 Ausführlich zur Systematik solcher Preisgestaltungen *Hateley*, Subscription Pricing Models: The 6 Most Common Explained, DigitalRoute 06.05.2022. Abrufbar unter: https://www.digitalroute.com/blog/subscription-pricing-models-the-6-most-common-explained/#author.

591 *Valentino-DeVries et. al.*, WSJ 24.12.2012.

592 *Valentino-DeVries et. al.*, WSJ 24.12.2012.

– Die Unterschiede zwischen den Preisen mit und ohne Rabatt betrugen im Durchschnitt acht Prozent.

Diese Art der algorithmischen Diskriminierung stellt eine große Gefahr für die Rechte der Kunden dar. Nicht nur, weil es sich um eine weitere algorithmische Metrik handelt, die ausschließlich in den Händen der datengesteuerten Unternehmen liegt, sondern auch, weil der Standort des Nutzers einer der am häufigsten genehmigten und geteilten Informationen über den Nutzer ist. Im digitalen Umfeld ist die Zustimmung zur Freigabe des Standorts des Nutzers mit der eigenen Datenbank der mobilen Anwendung wahrscheinlich die am häufigsten vorkommende Art der Zustimmung.

Außerdem könnten die Nutzer, wie in den hypothetischen Fragen des Uber-Falls, in schwierigen Situationen sein, in denen die Algorithmen diese Schwierigkeiten ausnutzen, z. B. wenn ein Nutzer nicht nach einem Hefter, sondern nach einem Medikament sucht und in diesem Moment keinen physischen Zugang dazu hat bzw. keine Drogerie in der Nähe vorhanden ist.

Wie im Fall Uber ist auch hier im Einzelnen zu prüfen, ob das standortbezogene Geopricing einen Fall der Sittenwidrigkeit i. S. v. §§ 138 BGB, 28 Abs. 1 TBK, der Anfechtbarkeit i. S. v. §§ 119 ff. BGB und §§ 30 ff. TBK darstellen oder zu einer Haftung aus *culpa in contrahendo* führen.

Geopricing könnte einen Fall der Sittenwidrigkeit und insbesondere des Wuchers darstellen. Ein Wuchertatbestand gemäß § 138 Abs. 2 BGB bzw. gemäß § 28 TBK setzt ein auffälliges Missverhältnis zwischen Leistung und Gegenleistung voraus, welches je nach Land mehr als 100 % bzw. 25 % beträgt, sowie eine Zwangslage, Unerfahrenheit, einen Mangel an Urteilsvermögen oder erhebliche Willensschwäche der anderen Vertragspartei, die vom Wucherer ausgenutzt wird.[593]

Im Gegensatz zu anderen Autoren schließt diese Arbeit die Möglichkeit von Wucher bei Preisdiskriminierung nicht aus.[594] Im Falle des Geopricing von Staples und Home Depot scheint der Unterschied zwischen den Leistungen jedoch bei ca. acht Prozent zu liegen, was weder in der Türkei noch in Deutschland den erforderlichen Auffälligkeitsgrad erreicht. Aus diesem Grund kann hier nicht von einem wucherischen Vertrag gesprochen werden.

Es muss jedoch erneut darauf hingewiesen werden, dass in möglichen zukünftigen Fällen, in denen dieses Niveau tatsächlich erreicht wird, ein Wuchertatbestand wie bei den anderen Varianten der Preisdiskriminierung vorliegen könnte. Was in

---

593 Ausführlich hierzu Teil C-II-1 beim Kapitel 2.

594 Für Gegenmeinung vgl. *Wagner/Eidenmüller*, ZfPW 2019, 220–246, 228, *Hennemann*, AcP 219, 819–854.

diesem Zusammenhang verneint wird, ist nicht die Möglichkeit eines wucherischen Rechtsgeschäfts in vergleichbaren Fällen, sondern lediglich das Vorhandensein der Tatbestandsmerkmale eines wucherischen Rechtsgeschäfts in diesem Einzelfall.

Eine weitere Möglichkeit wäre die Sittenwidrigkeit im Sinne von § 138 Abs. 1 BGB und § 27 Abs. 1 Alt. 1 TBK, also der Verstoß gegen die guten Sitten. § 138 Abs. 1 BGB verlangt objektiv einen Verstoß gegen die guten Sitten und subjektiv die Kenntnis der sittenwidrigen Umstände.[595] Der Begriff der guten Sitten ist ein Rechtsbegriff welcher der Konkretisierung bedarf. Was zu den guten Sitten gehört, ist unter Berücksichtigung der Entstehungsgeschichte und der höchstrichterlichen Rechtsprechung nach dem Rechts- und Anstandsgefühl aller billig und gerecht Denkenden zu bestimmen.[596]

Es gibt zwar verschiedene Arten von Verstößen gegen die guten Sitten,[597] am wahrscheinlichsten erscheint jedoch das wucherähnliche Geschäft,[598] bei dem die Voraussetzungen des Wuchers nicht vollständig erfüllt sind, aber andere objektive oder subjektive Merkmale des vorliegenden Falles die Wahrscheinlichkeit der Sittenwidrigkeit erhöhen. In diesem Fall müsste ein auffälliges Missverhältnis zwischen den beiden Leistungen bestehen und die Unternehmen Staples und Home Depot müssten eine verwerfliche Gesinnung haben.[599]

Die verwerfliche Gesinnung eines Vertragspartners könnte sich darin zeigen, dass er die wirtschaftlich schwächere Lage seines Partners bewusst zu eigenen Gunsten ausnutzt oder sich zumindest rücksichtslos der Gefahr der Aufdeckung aussetzt, dass der andere sich nur unter dem Zwang der Verhältnisse, aus Mangel an Urteilsvermögen oder wegen erheblicher Willensschwäche auf den für ihn nachteiligen Vertragsschluss eingelassen hat.[600] Berücksichtigt man die oben dargestellten, relativ neuen Möglichkeiten der Manipulation durch datengetriebene Unternehmen, wird man in nahezu allen Fällen algorithmischer Diskriminierung von einer verwerflichen Gesinnung sprechen können. Dies gilt selbstverständlich auch für den vorliegenden Fall.

Vorliegend wird daher auch die Möglichkeit einer Sittenwidrigkeit im Sinne von § 138 Abs. 1 BGB und § 27 Abs. 1 Alt. 1 TBK bejaht. In Fällen des Geopricing, in denen die Tatbestandsmerkmale des § 138 Abs. 2 BGB und des § 28 TBK nicht vollständig erfüllt sind, aber die weiteren Tatbestandsmerkmale des wucherähnlichen

---

595 *Brox/Walker*, 163–165.

596 *Brox/Walker*, Rn. 11, 163; *Stadler*, 415; *Medicus/Petersen*, 298, 299.

597 Ausführlich MüKoBGB/*Armbrüster*, BGB § 138 Rn. 1–263., *Brox/Walker*, 163ff.; *Schwab/Löhnig*, Rn. 675, 298.; *Jacoby/Hinden*, Studienkommentar BGB, 15. Auflage, 54ff.

598 Ausführlich *Medicus/Petersen*, 314; *Neuner* 569, 570.

599 Ausführlich *Hacker*, Datenprivatrecht, 483ff.

600 MüKoBGB/*Armbrüster*, BGB § 138 Rn. 215, BGH NJW 2012, 2099 Rn. 13.

Geschäfts vorliegen, könnte ein Vertrag nach den Regeln des Verstoßes gegen die guten Sitten für nichtig erklärt werden. Im Falle von Staples und Home Depot beträgt die Differenz zwischen den beiden Leistungen jedoch ca. acht Prozent, was selbst für ein wucherähnliches Rechtsgeschäft zu weit hergeholt erscheint, um als auffälliges Missverhältnis angenommen zu werden.

Nach dem Wegfall der beiden Nichtigkeitsmöglichkeiten für die Staples-Version der Preisdiskriminierung könnte ein Fall von Geopricing einen Anfechtungstatbestand der arglistigen Täuschung begründen. Arglistige Täuschung i. S. v. § 123 Abs. 1 BGB und Täuschung i. S. v. § 36 Abs. 1 TBK erfordert jeweils das Vorliegen folgender Tatbestandsmerkmale:[601] Den Anfechtungsgrund, wie eine passive Täuschungshandlung, die Kausalität zwischen dem Irrtum und der abgegebenen Willenserklärung, die Feststellung der Widerrechtlichkeit der Täuschung sowie das Vorhandensein von Arglist oder zumindest einem eventuellen Vorsatz seitens der betroffenen Partei.

Dem Kunden könnte hier ein möglicher Anfechtungsgrund durch Unterlassen bzw. Schweigen des datenverarbeitenden Unternehmens Staples bzw. Home Depot gegeben werden. Dies setzt insbesondere eine Aufklärungspflicht voraus. Als Grundsatz ist festzuhalten, dass keine allgemeine Aufklärungspflicht über solche Umstände besteht, die für die Willensentschließung des anderen Teils von Bedeutung sein können.[602] Eine Aufklärungspflicht besteht nur bei besonders wichtigen Umständen, bei denen der Vertragspartner durch Schweigen unangemessen benachteiligt werden könnte. Dies gilt insbesondere für Umstände, die den Vertragszweck gefährden bzw. erheblich beeinträchtigen können[603] oder geeignet sind,[604] dem Vertragspartner einen erheblichen Vermögensnachteil zuzufügen.[605]

Geopricing ist eine Praxis, die die essentialia negotii eines Vertrages betrifft. Darüber hinaus ist bereits eine Preisdifferenz eines Prozents für die Interessen des Nutzers von Relevanz. Selbst wenn man die Praxis der Preisdiskriminierung unter die Vertragsfreiheit subsumiert, hat der Nutzer ein klares Interesse daran, dass ihm diese diskriminierenden Praktiken offengelegt werden, was dazu führen könnte, dass er den Vertrag gar nicht erst abschließt oder versucht, bessere Vertragsbedingungen oder einen für ihn günstigeren Preis zu finden, z. B. durch Verbergen oder Verändern seines virtuellen Standorts durch Nutzung eines VPN-Dienstes. Dieses Interesse ergibt sich unmittelbar aus Treu und Glauben und den entsprechenden Regelungen beider Rechtsordnungen, nämlich § 242 BGB und § 2 Abs. 1 TMK. Eine

601 Ausführlich Teil C-II-2 beim Kapitel 2.
602 MüKoBGB/*Armbrüster*, BGB § 123 Rn. 33.
603 BGH NJW 79, 2243.
604 BGH NJW 10, 3362.
605 Vgl. Grüneberg/*Ellenberger*, § 123 BGB Rn. 5b.

Aufklärungs- bzw. Offenbarungspflicht in Fällen des Geopricing wird in dieser Arbeit für den oben diskutierten Fall ebenfalls akzeptiert.

Die Täuschungshandlung müsste außerdem kausal für die Abgabe der Willenserklärung sein.[606] Wäre sich der Nutzer darüber im Klaren gewesen, dass sein aktueller Standort zu einer Preisdiskriminierung führen könnte, hätte er den Vertrag möglicherweise nicht in der vorliegenden Form abgeschlossen oder eine andere Maßnahme ergriffen, um die Preisdiskriminierung zu vermeiden, wie z. B. die Verschleierung oder Änderung seines Standorts durch einen VPN-Dienst, um nicht zur Zahlung eines diskriminierenden Preises verpflichtet zu sein. Die Täuschungshandlung ist kausal für die Abgabe der Willenserklärung.

Die Täuschungshandlung von Staples bzw. Home Depot müsste auch widerrechtlich sein.[607] Die Rechtswidrigkeit der Täuschung ergibt sich nicht aus dem Wortlaut des Gesetzes, im Gegensatz zur Drohung,[608] die Ausnahmen für Fälle vorsieht, in denen zwar eine Täuschung vorliegt, der Vertragspartner aber eine rechtmäßige Erklärung oder Notwendigkeit hat. Somit hat das Unternehmen keine rechtmäßige Ausnahme oder Notwendigkeit, um solche Praktiken gegenüber Verbrauchern anzuwenden und Preisdiskriminierung zu üben. Staples und Home Depot täuschen ihre Kunden auch rechtswidrig.

Voraussetzung für eine arglistige Täuschung ist schließlich, dass der Täuschende zum Zeitpunkt der Täuschung noch arglistig handelt. Arglistig handelt, wer die Täuschungslage kennt und will, mit anderen Worten Vorsatz im Sinne von § 276 Abs. 1 BGB hat. Dabei genügt Eventualvorsatz.[609] Dieser liegt vor, wenn der Täuschende den Erfolg ernstlich für möglich hält und die Gefahr in Kauf nimmt oder sich billigerweise damit abfindet.[610]

Unabhängig von der Diskussion, ob der Gesetzgeber den Begriff der Arglist verwendet und ob er damit ein gewisses Maß an Vorsatz meint, ist im Falle des Geopricing klar, dass die Unternehmen zumindest einen Eventualvorsatz während des Prozesses haben.[611] Selbst wenn man davon ausgeht, dass die Unternehmen diese Metriken nicht absichtlich in ihre eigenen Algorithmen einbauen, um den Standort und die Entfernung ihrer Nutzer zu einem konkurrierenden Geschäft auszunutzen,

606 *Brox/Walker*, 213, 214.

607 Vgl. MüKoBGB/*Armbrüster*, BGB § 123 Rn. 19; Grüneberg/*Ellenberger*, § 123 BGB Rn. 10; *Helvacı*, 71, 72.

608 *Brox/Walker*, 214.

609 *Schwab/Löhnig*, Rn 636, 280.

610 OLG Karlsruhe NJW 2014, 3733; BGH NJW 2007, 2041; BGHZ 117, 363, 368 NJW 1992, 1953; MüKoBGB/*Armbrüster*, BGB § 123 Rn. 15, *Eren*, 416.

611 Zu eventuellem Vorsatz ausführlich MüKoBGB/*Armbrüster*, BGB § 123 Rn. 1; vgl. etwa auch *Brox/Walker*, 214.

sondern dass ihre Algorithmen z.B. ein bestimmtes Verhaltensmuster der Nutzer erkennen und die Verträge darauf abstimmen, sollten Staples und Home Depot selbst dafür verantwortlich sein, die von ihren Algorithmen verwendeten Metriken regelmäßig und rechtmäßig zu überprüfen und bei Bedarf jegliche Art von unfairen Aktivitäten zu neutralisieren.

Auch die Beweislast muss auf die beteiligten Unternehmen verlagert werden. Diese müssen beweisen, dass sie ihrer Sorgfaltspflicht nachgekommen sind, um unlautere Praktiken, die zu einer Preisdiskriminierung führen könnten, zu verhindern. Ferner müssen sie darlegen, dass der Preisunterschied aufgrund des Standorts des Nutzers, sofern er besteht, aus betrieblichen oder wirtschaftlichen Gründen gerechtfertigt ist.[612] Wenn das Gegenteil nicht bewiesen werden kann, müssen Staples und Home Depot für Geopricing verantwortlich gemacht werden, das sich aus der Funktionsweise ihrer Algorithmen ergibt. Beide Unternehmen handeln in diesem Fall mit dolus eventualis.

Eine durch Algorithmen von Bürobedarfsunternehmen gelenkte Willenserklärung, die zum Abschluss eines Vertrages führt, bei dem der Erklärende einen Diskriminierungspreis zu zahlen hat, ist als arglistige Täuschung zu bewerten. Diese Willenserklärung und der Vertrag sind dann gemäß § 123 Abs. 1 BGB und § 36 Abs. 1 TBK anfechtbar. Gemäß § 124 BGB und § 39 TBK ist eine Anfechtungserklärung des Verwenders innerhalb von einem Jahr nach Entdeckung der Täuschung erforderlich.

In Betracht käme auch eine Haftung aus *culpa in contrahendo*. Für eine Haftung aus *culpa in contrahendo* wegen Preisdiskriminierung sind folgende Tatbestandsmerkmale erforderlich:[613] Ein Schuldverhältnis mit Pflichten nach § 241 Abs. 2 BGB, die Verletzung einer Pflicht aus dem § 242 BGB, Vertretenmüssen dieser Pflichtverletzung nach § 280 Abs. 1 BGB i.V.m. § 276 Abs. 1 BGB – Vorsatz bzw. Fahrlässigkeit – und ein Vermögensschaden i.S.v. § 249 BGB.

Zwischen Staples bzw. Home Depot und dem Nutzer entsteht ein vertragliches Schuldverhältnis, wenn der Nutzer die Webseite zum Zwecke des Abschlusses eines Vertrages besucht und nach verschiedenen Büroartikeln sucht, die eine Vertragsmöglichkeit bieten. Mit der Begründung dieses Schuldverhältnisses entsteht die Aufklärungspflicht von Staples und Home Depot, die Rechte, Rechtsgüter und Interessen bzw. die gesamte Rechtssphäre ihrer Besucher zu schonen und sie gegebenenfalls rechtskonform zu informieren. Natürlich kann nicht erwartet werden,

612 An dieser Stelle muss festgestellt werden, dass die Preisdiskriminierung i.S.v. dieser Arbeit (Geopricing) lediglich selbst am Produkt oder an der Leistung erfolgen sollte. Unterschiedliche Lieferungspreise für unterschiedliche Stadtteile oder zwischen Stadt und Land sollten natürlich außer Acht gelassen werden.

613 Ausführlich Teil C-II-3 beim Kapitel 2.

dass jede Anwendung und jede Variable, die den Vertragsinhalt betrifft oder verändert, bekannt gegeben wird. Dennoch sollten alle Punkte, an deren Klärung die andere Partei nach Treu und Glauben ein berechtigtes Interesse hat, mit ihr geteilt werden. Ein Verstoß gegen diese Verpflichtung hat zur Folge, dass der Vertragspartner den entstandenen Schaden zu ersetzen hat.

Allein ein Hinweis auf die Diskriminierung, z.B. durch Ankreuzen eines Kästchens beim ersten Besuch der Webseite oder App, reicht nicht aus, dass ein Unternehmen seiner Sorgfalts- oder Informationspflicht nachgekommen ist.[614] Auch eigene Klauseln in den AGB oder Nutzungsbedingungen der Webseite oder App sollten nicht als ausreichend angesehen werden, um die Verträge individuell gestalten zu dürfen. Kundinnen und Kunden sollten vor dem Phänomen in einer Weise gewarnt werden, die keinen Raum für Missverständnisse lässt. In diesem Beispiel sollte der Kunde erst bei der Suche und dann bei der Zahlung darauf hingewiesen werden, dass zum Zeitpunkt des Vertragsschlusses eine Preisdiskriminierung aufgrund des Standorts vorliegt.

Staples und Home Depot müssten auch vorsätzlich oder fahrlässig im Sinne von § 276 BGB gehandelt haben. Die Unternehmen müssen unabhängig davon, ob sie die algorithmische Preisdiskriminierung vorsätzlich ausüben oder ob ihr Algorithmus das allgemeine Nutzerverhalten unter bestimmten Umständen erfasst und über die Ausübung der Diskriminierung nach eigenem Ermessen bestimmt, für etwaige Schäden aus diesem Vorgang einstehen. Auch besteht ein Vertretenmüssen im Sinne des § 276 BGB.

Schließlich stellt sich die Frage nach dem Umfang des Schadens auf Seiten des Kunden. Für den Umfang der Ersatzpflicht ergibt sich ein wichtiger Grundgedanke aus § 249 Abs. 1 BGB.[615] Darin heißt es: Wer zum Schadensersatz verpflichtet ist, hat den Zustand herzustellen, der bestehen würde, wenn der zum Ersatz verpflichtende Umstand nicht eingetreten wäre. Der Ersatzpflichtige hat den hypothetischen Zustand herzustellen, in dem sich der Nutzer der Anwendung ohne die Pflichtverletzung des Unternehmens befinden würde. Daher ist die tatsächliche Situation des Kunden, der für denselben Vertrag mehr bezahlt hat, mit seiner hypothetischen Situation ohne Preisdiskriminierung zu vergleichen. Die sich daraus ergebende Differenz ist ihm zu ersetzen. In diesem Fall beläuft sich der Unterschied zwischen den Kunden auf etwa 8 %, d.h. 1,50 Dollar für Kim Wamble, eine der Managerinnen, die sich an das Wall Street Journal gewandt hat.[616]

---

614 Vgl. *Schäfers*, AcP 221, 32–67, 54.

615 *Schwab/Löhnig*, Rn 363, 161.

616 Ihr wurden 15,79$ berechnet, während der anderen Managerin 14,29$ für denselben Hefter berechnet wurden.

Zwar sind die Preisunterschiede in diesen untersuchten Fällen eher gering, doch könnten sie beim Geopricing deutlich höher ausfallen.[617] Die Bestimmung des Gesamtrahmens und möglicher Rechtsbehelfe für diese Praktiken bleibt daher von rechtlicher Bedeutung. So besteht in Fällen des Geopricing grundsätzlich die Möglichkeit der Anfechtung nach § 123 BGB und § 36 TBK sowie die Haftung aus *culpa in contrahendo*.

3) Orbitz-Version: Betriebssystem

Ein weiteres Instrument für die algorithmischen Preisdiskriminierung ist die Erhebung unterschiedlicher Gebühren, je nachdem, welche Geräte oder Betriebssysteme (OS) von den Kunden verwendet werden. In einem Bericht aus dem Jahr 2012, über den in mehreren Zeitungen berichtet wurde, hieß es, dass eine Preisvergleichsplattform[618] namens Orbitz[619] Preisdiskriminierung auf der Grundlage der Geräte und Betriebssysteme der Kunden praktiziere.[620] Mac-Benutzer zahlten laut dem Bericht etwa 20 bis 30 Dollar mehr für die gleichen Hotelübernachtungen. Obwohl die genauen Gründe für diese Diskriminierung noch unbekannt sind, wird sie damit in Verbindung gebracht, dass Apple häufig qualitativ hochwertigere elektronische Produkte herstellt und seine Waren im Allgemeinen teurer sind, weshalb davon ausgegangen wird, dass seine Kunden über eine höhere potenzielle Zahlungsbereitschaft verfügen. Für Orbitz sei die Preisgestaltung durch das Betriebssystem ein reines Experiment.[621]

Mit den anderen Arten der algorithmischen Preisdiskriminierung weist dieser Fall von Preisdiskriminierung Ähnlichkeiten auf. Er unterscheidet sich jedoch grundlegend von den anderen Arten der Preisdiskriminierung. In diesem Fall scheint es wahrscheinlich, dass eine gewisse algorithmische Metrik absichtlich für die IOS-Benutzer verwendet wurde und dass das diskriminierende Ergebnis nicht zufällig zustande kam. Diese Vermutung wird auch durch die Tatsache verstärkt, dass Orbitz das Phänomen kannte und es als Experiment bezeichnete. Auch wenn die beiden anderen Varianten der Diskriminierung auf die natürlichen Ergebnisse des algorithmischen Lernens des Nutzerverhaltens abzielen, so hat diese Art der Diskriminierung doch eher den Anschein, dass sie absichtlich und experimentell

617 Vgl. obiges Decolar-Beispiel beim Teil B-III-1 beim Kapitel 1. Da liegt der Preisunterschied bei 500 %.

618 Ausführlich Teil A-III beim Kapitel 1.

619 Orbitz ist eine Reise- und Hotelbuchungs- und Vergleichswebseite, die unter anderem in den Vereinigten Staaten aktiv ist.

620 *Dignan*, C-Net 25.07.2012.

621 *Dignan*, C-Net 25.07.2012.

durchgeführt wurde. Aus diesem Grund ist die Annahme eines eventuellen Vorsatzes in diesem Fall angemessen.

Wie bei den anderen Arten der Preisdiskriminierung kommen auch hier die Möglichkeit der Sittenwidrigkeit gemäß § 138 BGB und § 28 TBK, die Anfechtbarkeit wegen arglistiger Täuschung gemäß § 123 BGB und § 36 TBK sowie *culpa in contrahendo* gemäß § 311 Abs. 2 BGB i. V. m. §§ 242 Abs. 1 und 280 Abs. 1 und in der Türkei i. S. v. § 2 TMK.

Ein Wucherfall i. S. v. § 138 Abs. 2 BGB nach deutschem und § 28 TBK nach türkischem Vertragsrecht stellt folgende Tatbestände voraus:[622] Ein auffälliges Missverhältnis zwischen beiden Leistungen, was den objektiven Tatbestand ausmacht, das Vorliegen einer Zwangslage, Unerfahrenheit, eines Mangels an Urteilsvermögen oder erheblicher Willensschwäche seitens der anderen Vertragspartei als subjektiven Tatbestand sowie die Ausbeutung dieser Lage durch den Wucherer.

Objektiv verlangen § 138 Abs. 2 BGB und § 28 TBK ein auffälliges Missverhältnis zwischen Leistung und Gegenleistung. Die Grenze des auffälligen Missverhältnisses wird in Deutschland grundsätzlich bei 100 %[623] und in der Türkei bei 25 %[624] angenommen.

Dieser Fall unterscheidet sich von den anderen oben diskutierten Varianten auch dadurch, dass die Differenzierung zwischen den Preisen nicht multiplikativ oder prozentual erfolgt, sondern ein fester Zuschlag auf der Basis des Betriebssystems verwendet wird. In den Fällen, in denen die Standorterhöhung von ca. 30 Euro ein auffälliges Missverhältnis schafft, ist das objektive Tatbestandsmerkmal zu bejahen. Wenn der nicht diskriminierte Zimmerpreis etwa 30 Euro beträgt und die Diskriminierung angewendet wird, wird der Preis praktisch verdoppelt. Wenn jedoch die gleiche Erhöhung für ein Zimmer im Wert von 200 Dollar vorgenommen wird, ist das Missverhältnis nicht signifikant genug, damit es als auffällig eingestuft werden darf.

Diese Art der Preisdiskriminierung unterscheidet sich von den beiden anderen auch in Bezug auf die Situation des Nutzers. Im Gegensatz zu Uber ist es eher unwahrscheinlich, dass ein Nutzer tatsächlich eine sofortige Dienstleistung benötigt, da Hotel- oder Flugbuchungen normalerweise Tage oder manchmal sogar Wochen im Voraus abgeschlossen werden. Die Wahrscheinlichkeit, dass es sich bei einer Uber-Fahrt um einen Notfall handeln kann, ist wesentlich höher als die Wahrscheinlichkeit, dass es sich bei der Suche nach einem Hotelzimmer um einen echten Notfall handeln könnte. Der subjektive Tatbestand im Fall Orbitz ist grundsätzlich abzulehnen.

---

622 Ausführlich Teil C-II-1 beim Kapitel 2.

623 Vgl. MüKoBGB/*Armbrüster*, BGB § 138 Rn. 226.

624 Yargitay 1. Zivilkammer, 27.12.1976, 1976/12751.

Dagegen wäre eine weitere Abhilfe die Lösung über Sittenwidrigkeit im Sinne von § 138 Abs. 1 BGB und § 27 Abs. 1 Alt. 1 TBK, mithin der Verstoß gegen die guten Sitten. 138 Abs. 1 BGB verlangt objektiv einen Verstoß gegen die guten Sitten und subjektiv die Kenntnis der sittenwidrigen Umstände.[625] Bei der Orbitz-Version der Preisdiskriminierung könnte ein wucherähnliches Geschäft vorliegen, bei dem die Voraussetzungen des Wuchers nicht vollständig erfüllt sind, aber andere objektive oder subjektive Merkmale des Einzelfalls die Wahrscheinlichkeit der Sittenwidrigkeit vergrößern.

Es müsste ein auffälliges Missverhältnis zwischen den beiden Leistungen bestehen und eine verwerfliche Gesinnung vorliegen.[626] Die verwerfliche Gesinnung eines Vertragspartners kann sich darin äußern, dass er die wirtschaftlich schwächere Lage seines Partners bewusst zu seinem Vorteil ausnutzt oder sich zumindest leichtfertig der Einsicht verschließt, dass der andere sich nur unter dem Zwang der Verhältnisse, aus Mangel an Urteilsvermögen oder wegen erheblicher Willensschwäche auf den für ihn nachteiligen Vertrag eingelassen hat.[627]

Diese Arbeit bejaht die Möglichkeit der Sittenwidrigkeit i. S. v. § 138 Abs. 1 BGB und § 27 Abs. 1 Alt. 1 TBK durch ein wucherähnliches Rechtsgeschäft. In Fällen des Geopricing, in denen die Tatbestandsmerkmale des § 138 Abs. 2 BGB und des § 28 TBK nicht vollständig erfüllt sind, aber die milderen Tatbestandsmerkmale des wucherähnlichen Geschäfts vorliegen, könnte ein Vertrag nach den Vorschriften über die Sittenwidrigkeit für nichtig erklärt werden. Im vorliegenden Fall beträgt die Differenz zwischen den beiden Leistungen allerdings 20 bis 30 €, was selbst bei einem wucherähnlichen Rechtsgeschäft in der Regel zu niedrig erscheint, um die Schwelle des auffälligen Missverhältnisses zu erreichen. Folglich ist in diesem Einzelfall keine Sittenwidrigkeit gegeben.

Ein weiteres Rechtsmittel im Fall der OS-basierende Preisdiskriminierung wäre die Anfechtung wegen arglistiger Täuschung. Die arglistige Täuschung i. S. v. § 123 Abs. 1 BGB und die Täuschung i. S. v. § 36 Abs. 1 TBK setzt folgende Tatbestandsmerkmale voraus:[628] Das Vorliegen eines Anfechtungsgrunds wie eine passive Täuschungshandlung, die Kausalität zwischen dem Irrtum und der abgegebenen Willenserklärung, die Feststellung der Widerrechtlichkeit der Täuschung sowie das Vorhandensein von Arglist oder zumindest einem möglichen Vorsatz seitens der betroffenen Partei.

625 *Brox/Walker*, 163 ff.
626 MüKoBGB/*Armbrüster*, BGB § 138 Rn. 215 ff.; Grüneberg/*Ellenberger*, § 138 BGB Rn. 34 ff.
627 MüKoBGB/*Armbrüster*, BGB § 138 Rn. 215, BGH NJW 2012, 2099 Rn. 13.
628 S. Teil C-II-2 beim Kapitel 2.

Ein etwaiger Anfechtungsgrund könnte dem Nutzer hier durch Unterlassen oder Schweigen wegen Verletzung der Aufklärungspflicht gegeben sein.[629] Eine Aufklärungspflicht liegt vor, wenn die Mitteilung des Umstandes nach Treu und Glauben und der Verkehrsauffassung geboten ist.[630] Diese Pflicht ergibt sich in Deutschland vor allem aus § 242 BGB und in der Türkei aus den allgemeinen Vorschriften des TMK, insbesondere aus § 2 Abs. 1 TMK.

Ein diskriminierender Preis stellt eine Praxis dar, die die essentialia negotii eines Vertrages betrifft. Bereits der Preisunterschied in Höhe von einem Prozent ist für die Interessen des Besuchers relevant. Selbst wenn man diese Praxis im Bereich der Vertragsfreiheit akzeptiert, hat der Besucher der Webseite ein klares Interesse daran, über diese diskriminierenden Praktiken aufgeklärt zu werden, was dazu führen könnte, dass er den Vertrag überhaupt nicht abschließt oder vielleicht versucht, eine für ihn günstigere Bedingung oder einen günstigeren Preis zu finden. Ein solches Interesse ergibt sich aus dem Grundsatz von Treu und Glauben und den entsprechenden Vorschriften beider Rechtsordnungen, und zwar aus § 242 BGB und § 2 Abs. 1 KSchG.

Danach muss ein Kausalzusammenhang zwischen der Irreführung und der Willenserklärung des Vertragspartners bestehen und die Irreführung muss für die Willenserklärung ursächlich sein.[631] Hätte der Nutzer gewusst, dass sein Betriebssystem zu einer Preisdiskriminierung führen kann, hätte er den Vertrag nicht in der vorliegenden Form abgeschlossen oder eine andere Maßnahme ergriffen, wie z.B. eine andere gleichartige Webseite zu besuchen oder ein anderes Gerät mit einem anderen OS zu verwenden, um die Preisdiskriminierung zu vermeiden. Kausalität ist daher gegeben.

Die Täuschung von Orbitz müsste auch widerrechtlich sein.[632] Dies bedeutet, dass das Unternehmen keine legitime Ausnahme oder Dringlichkeit geltend machen kann, um solche Praktiken gegenüber den Benutzern anzuwenden und zwischen Preisen zu diskriminieren. Orbitz täuscht seine Benutzer auch widerrechtlich.

Arglistige Täuschung setzt weiter voraus, dass der Täuschende bei der Täuschung noch arglistig handelt.[633] Arglistig handelt, wer die Täuschung kennt und will, m.a.W. Vorsatz i.S.v. § 276 Abs. 1 BGB hat. Orbitz identifiziert die Diskriminierung und spricht von einem bloßen Experiment. Daher erscheint diese Art der Diskriminierung arglistig. Selbst wenn man davon ausgeht, dass das Unternehmen die-

629 MüKoBGB/*Armbrüster*, BGB § 123 Rn. 32ff.; *Helvacı*, 72.
630 MüKoBGB/*Armbrüster*, BGB § 123 Rn. 32; *Helvacı*, 72.
631 *Brox/Walker*, 213, 214.
632 MüKoBGB/*Armbrüster*, BGB § 123 Rn. 19; Grüneberg/*Ellenberger*, § 123 BGB Rn. 10; *Helvacı*, 71, 72.
633 MüKoBGB/*Armbrüster*, BGB § 123 Rn. 18; Grüneberg/*Ellenberger*, § 123 BGB Rn. 11, *Helvacı*, 72.

se Metriken nicht bewusst in die eigenen Algorithmen einbaut und damit versucht, die persönlichen Eigenschaften seiner Kunden auszunutzen, sondern dass seine Algorithmen z.B. ein bestimmtes Verhaltensmuster der Nutzer erkennen und die Verträge darauf abstimmen,[634] müsste Orbitz selbst dafür verantwortlich sein, die von seinen Algorithmen verwendeten Metriken regelmäßig und ordnungsgemäß zu überprüfen und ggf. unlautere Aktivitäten zu neutralisieren. Dementsprechend wird in diesem Fall dolus eventualis angenommen, wenn nicht dolus directus.

Eine durch die Orbitz-Algorithmen beeinflusste Willenserklärung, die zu einem Vertrag führt, bei dem der Erklärende einen diskriminierenden Preis zu zahlen hat, ist als arglistige Täuschung zu qualifizieren. Diese Willenserklärung und der Vertrag sind dann gemäß § 123 Abs. 1 BGB und § 36 Abs. 1 TBK anfechtbar. Gemäß § 124 BGB und § 39 TBK ist eine Anfechtungserklärung des Verwenders innerhalb eines Jahres nach Entdeckung der Täuschung erforderlich.

Schließlich kommt eine Haftung aus *culpa in contrahendo* wie bei anderen Formen der Preisdiskriminierung in Betracht. Für die Haftung aus *culpa in contrahendo* bei der Diskriminierung nach dem Betriebssystem sind folgende Tatbestandsmerkmale erforderlich:[635] das Bestehen eines Schuldverhältnisses mit Pflichten gemäß § 241 Abs. 2 BGB, die Verletzung einer Pflicht gemäß § 241 Abs. 1 in Verbindung mit § 242 BGB, das Vertretenmüssen dieser Pflichtverletzung gemäß § 280 Abs. 1 BGB in Verbindung mit § 276 Abs. 1 BGB – einschließlich Vorsatz oder Fahrlässigkeit – sowie das Vorhandensein eines Vermögensschadens im Sinne von § 249 BGB, der durch die Differenzhypothese ermittelt wird.

Damit das Verschulden bei Vertragsschluss entstehen kann, muss zunächst ein vorvertragliches Rechtsverhältnis zwischen den Parteien i.S.v. § 241 Abs. 2 BGB begründet werden. Ein Schuldverhältnis zwischen Orbitz und der Benutzer liegt vor, wenn der Benutzer der Webseite zur möglichen Kontrahierung besucht und mit verschiedenen Eingaben nach Hotelzimmern bzw. Flugreservationen aussucht.

Danach sollte das Unternehmen seine Aufklärungspflichten aus § 241 Abs. 2 BGB verletzt haben.[636] Mit der Begründung des Vertragsverhältnisses entsteht die Aufklärungspflicht von Orbitz, die Rechte, Rechtsgüter und Interessen bzw. die ganze Rechtssphäre seiner Benutzer zu wahren und sie gegebenenfalls zu informieren. Hier sollten alle Punkte, an deren Klärung die andere Partei im Rahmen der nach Treu und Glauben geprägten Verkehrssitte ein rechtsgemäßes Interesse hat, unbedingt mit ihm geteilt werden.

---

634 Z.B. die Tatsache, dass Apple-Nutzer eifriger seien, mehr für die gleichen Zimmer bzw. Flüge zu bezahlen.

635 Ausführlich Teil C-II-2 beim Kapitel 2.

636 Ausführlich MüKoBGB/*Emmerich*, BGB § 311 Rn. 66ff.; Grüneberg/*Grüneberg*, § 311 BGB Rn. 27.

Orbitz riskiert in diesem Fall, für derartige Schäden aufzukommen, die dadurch entstehen können, dass er den Nutzer nicht von vornherein und in rechtmäßiger Weise darüber informiert, dass bestimmte Variablen den Vertragsinhalt und den zu zahlenden Preis beeinflussen, wozu auch bestimmte persönliche Daten des Nutzers gehören, z. B. das OS seines Geräts, welches zu zahlende Entgeltbetrag erhöhen kann, auch wenn alle anderen Variablen bezüglich der Kontrahierung identisch bleiben.

Orbitz müsste auch vorsätzlich oder fahrlässig im Sinne von § 276 BGB gehandelt haben.[637] Wie oben beschrieben, handelt Orbitz in diesem Fall vorsätzlich, da er seine Kenntnis des Phänomens bereits dadurch einräumt, dass er das Phänomen nur experimentell benennt.[638]

Der aus *culpa in contrahendo* zum Schadensersatz Verpflichtete hat gemäß § 249 BGB den hypothetischen Zustand herzustellen, in dem sich der Nutzer der App oder Webseite ohne die Pflichtverletzung befinden würde.[639] Demnach ist die tatsächliche Situation des Nutzers, der für denselben Vertrag mehr bezahlt hat, mit seiner hypothetischen Situation ohne Preisdiskriminierung zu vergleichen und ihm die Differenz zu ersetzen. Im vorliegenden Fall liegt die Differenz im Sinn von § 249 BGB zwischen 20 und 30 Dollar pro Auftraggeber.

D. Zusammenfassung Preisdiskriminierung

Die vorliegende Arbeit befasst sich im Wesentlichen mit der Preisdiskriminierung dritten Grades. Preisdiskriminierungen dritten Grades treten aufgrund verschiedener Faktoren auf, z. B. aufgrund des Akkustands oder des Betriebssystems des Geräts oder des Standorts von Nutzern. Es erscheint nicht vertretbar, Preisdiskriminierung dritten Grades durch Big-Data-Analysen gänzlich zu verbieten. Die Rahmenbedingungen müssen allerdings sehr restriktiv und präzise sein.

Vor allem müssen die Rahmenbedingungen für rechtmäßige und unrechtmäßige Preisdiskriminierungspraktiken durch die Datenschutzgesetze und Datenverarbeitungsgrundlagen beider Länder bestimmt werden. Eine diskriminierende Preisgestaltung muss also zunächst den datenschutzrechtlichen Anforderungen genügen, um als rechtmäßig zu gelten.

Ferner muss die Preisdiskriminierung den zivilrechtlichen Bestimmungen der jeweiligen Länder entsprechen, um eine nachträgliche Anfechtung oder Nichtig-

637 Grüneberg/*Grüneberg*, § 311 BGB Rn. 10 ff., 12 ff.
638 Vgl. Teil B-I beim Kapitel 1.
639 Grüneberg/*Grüneberg*, § 249 BGB Rn. 2.

keitserklärung zu vermeiden und eventuellen Haftungsansprüchen vorzubeugen. Vor allem kommen vertragsrechtliche Rechtsbehelfe wie Wucher oder wucherähnliche Geschäfte, Anfechtung wegen arglistiger Täuschung und Haftung aus *culpa in contrahendo* in Frage.

Die Möglichkeit des Wuchers wird in dieser Arbeit nicht ausgenommen. Das subjektive Tatbestandsmerkmal des Eventualvorsatzes wird in dieser Arbeit grundsätzlich bejaht. Dies bedeutet, dass in Fällen des auffälligen Missverhältnisses und der tatsächlichen Zwangslage bzw. der erheblichen Unerfahrenheit des Verwenders die Nichtigkeit wegen Wuchers in Betracht zu ziehen ist. In anderen Fällen mit milderen Tatbestandsmerkmalen kann auch ein wucherähnliches Geschäft in Frage kommen.

Ferner ist ein Anfechtungsgrund wegen Verletzung von Offenbarungspflichten zu bejahen. Datenverarbeitende Unternehmen, die Preisdiskriminierung unter Verwendung fragwürdiger Faktoren betreiben, handeln – wie bei der Prüfung des Wuchertatbestandes – zumindest mit dolus eventualis.

Außerdem kommt die Haftung aus *culpa in contrahendo* in Betracht, da zwischen den Parteien eine Rechtsbeziehung eigener Art besteht und die datenverarbeitenden Unternehmen durch das Unterlassen von Aufklärungspflichten Nebenpflichten verletzen. Diese Haftung besteht auch bei Fahrlässigkeit.

Abschließend treten verbraucher-, lauterkeits- und datenschutzrechtliche Schutzmechanismen hinzu. Diese sollen jedoch an dieser Stelle nicht weiter erörtert werden. Das Verbraucherrecht kommt zusätzlich bei der Bestimmung von Aufklärungspflichten zum Einsatz,[640] das Lauterkeitsrecht bei der Vernetzungsproblematik[641] und datenschutzrechtliche Schadensersatzpflichten bei Privacy-Verletzungen und Transparenzverstößen.[642] Zum Schadensersatzanspruch aus Art. 82 DSGVO gibt es derzeit keine vergleichbaren Regelungen im türkischen Recht.

In allen untersuchten Versionen – Uber, Staples/Home-Depot und Orbitz – werden in dieser Arbeit die Möglichkeiten einer Anfechtung bzw. Haftung aus *culpa in contrahendo* bejaht. Bei dem Uber-Fall ist bei Vorliegen einer Zwangslage bzw. Unerfahrenheit auch ein Wuchertatbestand zu bejahen, da das Missverhältnis zwischen den Leistungen die Auffälligkeitsschwelle deutlich übertrifft.

640 Vgl. Teil D beim Kapitel 6.
641 Vgl. Teil B-II-1 beim Kapitel 5.
642 Vgl. Kapitel 3 und A-III beim Kapitel 4.

3. Kapitel Vertragsrechtliche Prüfung der Privacy-Verletzung

A. Der Gesamtrahmen der Privacy-Verletzung

Die datengetriebene Ökonomie stellt beträchtliche Herausforderungen an den Schutz der Privatsphäre und personenbezogener Daten.[643] Das Eindringen in die Privatsphäre des Nutzers ist eine weitere Art von algorithmischer Aktivität, die für den Nutzer vertragsrechtliche Risiken mit sich bringen kann.[644] Abweichend von der Fälle von Preisdiskriminierung gibt es hier keine Diskriminierung zwischen den Nutzern, wenn es um den für den Vertrag gezahlten Preis geht, liegt die Diskriminierung vielmehr in der Natur des Vertragsschlusses, wodurch eine Vertragspartei durch Big-Data-Analysen eher exponiert wird und ihre Privatsphäre bzw. ihre Rationalitätsdefizite verletzt werden, die idealerweise beim Vertragsschluss *off-limits* bleiben sollten.[645]

Die Verletzung der Privatsphäre, wie sie in diesem Papier verstanden wird,[646] tritt häufig aufgrund personalisierter Werbung[647] auf. Dabei erhält der Nutzer Video- oder Musikempfehlungen von verschiedenen Streaming- und Social-Media-Diensten oder von Waren und Dienstleistungen, die er möglicherweise als Nächstes kaufen könnte. Ein Fußballfan erhält als Werbeempfehlung ein neues Trikot seines Lieblingsspielers, während seine Frau, die gleichzeitig neben ihm surft, Tickets für das nächste Konzert ihrer Lieblingssängerin erhält.

Die Möglichkeit einer Verletzung der Privatsphäre durch Big-Data-Analysen wurde in diesem Papier bereits teilweise behandelt.[648] Das Problem muss jedoch im Rahmen des Vertragsrechts untersucht werden. Die Digitalisierung des Handels durch Personalisierung, so Professor Calo von der University of Washington, verändere die Fähigkeit von Unternehmen, Verbraucher auf persönlicher Ebene zu beeinflussen, auf dramatische Weise.[649] Da jede Person nahezu jederzeit auf die eine oder andere Weise mit dem Internet verbunden ist, führt dies zu einer digitalen Prägung des einzelnen Nutzers, die von intelligenten Algorithmen erkannt und ausgenutzt werden könnte.

---

643 *Fuster/Scherrer*, 5.
644 Vgl. hier *Gal/Elkin-Koren*, HJLT 2017, 309–353, 324.
645 S. etwa *Ebers*, MMR 2018, 423–428, 424.
646 Die bevorzugten Begriffsbestimmungen sind hier Privacy-Verletzung und Privacy-Verstoß.
647 S. *Zurth*, AcP 221, 514–554, 523, 524.
648 Vgl. etwa Teile B-II beim Kapitel 1 und ganzes Kapitel 2.
649 *Calo*, UWLDC 2014, 995–1051, 999.

https://doi.org/10.1515/9783111653686-004

Der digitale Fußabdruck eines einzelnen Nutzers, der hauptsächlich aus persönlichen Daten besteht, erreicht im Durchschnitt in nur einer Woche ein Terabyte. Diese gesammelten Datensätze könnten bis zu fünftausend Dollar pro Jahr und Nutzer wert sein.[650] Datenunternehmen wie *Sift* speichern persönliche Datensätze ihrer Nutzer, die im Durchschnitt 400 Seiten lang sind und selbst die kleinsten Details des Online-Lebens enthalten, z.B. individuelle Essensbestellungen, Öffnungszeiten bestimmter Apps auf dem Handy, Online-Beschwerden über Produkte oder Dienstleistungen und private Airbnb-Nachrichten.[651] Viele Einträge enthalten detaillierte Informationen über das Gerät, mit dem die Nutzer diese Aktionen durchgeführt haben, einschließlich der IP-Adresse, des Aktionszeitpunktes usw.

So konnte Meta mit seinem Datensatz aus dem Jahr 2016[652] den Werbetreibenden bereits 52.000 verschiedene Persönlichkeitsmerkmale für jeden einzelnen Nutzer anbieten.[653] Welche Daten Meta zu welchem Zweck an Dritte weitergibt, ist aus den Nutzungsbedingungen kaum ersichtlich.[654] In ähnlicher Weise haben die Algorithmen von Target die Schwangerschaft eines Mädchens erkannt, noch bevor die Familie des Mädchens selbst davon wusste bzw. einen Verdacht hegte.[655]

Dabei hilft es auch nicht, dass die Nutzer oft keine Zeit oder kein Interesse haben, diese Nutzungsbedingungen in Gänze zu lesen. Darüber hinaus schützt das AGB-Recht auch diejenigen, die die Nutzungsbedingungen einer Webseite oder App nicht durchlesen.[656] Ein Extremexperiment hat gezeigt, dass 98 % der Versuchsteilnehmer überhaupt nicht wussten, dass sie zugestimmt hatten, ihr erstgeborenes Kind als Bezahlmethode aufzugeben.[657]

Dabei geht es nicht nur um die Menge der gesammelten Daten, sondern auch um deren Stärke und Genauigkeit bei der Schätzung persönlicher Eigenschaften. Im Jahr 2015 haben Youyou und seine Kollegen mehr als 16.000 Personen gebeten, ihre eigenen Freunde oder Familienmitglieder in fünf verschiedenen Kategorien[658] zu

---

650 *Chirita*, The Rise of Big Data and the Loss of Privacy, in: Bakhoum et. al. (Hrsg.), Personal Data in Competition, Consumer Protection and IP Law – Towards a Holistic Approach?, Springer, 28. Auflage 2018, 153–189, 165.

651 S. Teil C-II-2-a beim Kapitel 1.

652 Selbstverständlich sind diese Datensätze bis dato drastisch weiter und genauer geworden.

653 *Federal Trade Commission*, Secret Surveillance Scoring: Urgent Request for Investigation and Enforcement Action, Report vom 24.06.2019, 4.

654 *Goanta/Mulders*, EuCML 2019, 136–146, 138.

655 *Hill*, Forbes, 16.02.2012.

656 *Schäfers*, AcP 221, 50.

657 *Vedantam*, NPR 23.09.2016.

658 Diese fünf Dimensionen der Persönlichkeit werden als *„die Big Five"* bezeichnet und weitgehend in der psychologischen Literatur verwendet, um die verschiedene Persönlichkeitsprofile abzuschätzen. Dazu ausführlich *Schreiber/Iller*, ZHAW 2016.

bewerten.[659] Gleichzeitig verwendeten sie einen Algorithmus, der dieselben Personen bewertete, aber seine Schätzungen nur auf die bereits vorhandenen Likes auf der Facebook-Seite stützte. Die Ergebnisse der Algorithmen wurden mit den tatsächlichen Antworten der Teilnehmer verglichen.

Die Computermodelle benötigten – so die Studie – nur 10 Likes, um einen Arbeitskollegen des Umfrageteilnehmers zu übertreffen, 70 Likes, um einen Freund zu übertreffen, 150 Likes, um ein Familienmitglied zu übertreffen und schließlich 300 Likes, um den Ehepartner zu übertreffen. 300 Likes auf Facebook reichen aus, um die Persönlichkeit eines Nutzers als die intimste Beziehung oder die engste Bezugsperson zu übertreffen. Außerdem ist es erwähnenswert, dass dieses Experiment im Jahr 2015 durchgeführt wurde und die Technologien und Modelle, die von datengesteuerten Unternehmen verwendet werden, in der Zwischenzeit noch raffinierter, präziser und zweckmäßiger geworden sind. Auch die Algorithmen, die von milliardenschweren Unternehmen eingesetzt werden, sind denen eines kleinen Experiments, das von einer Handvoll Akademikern nur für einen begrenzten Zweck und für eine kurze Zeit entwickelt wurde, weit überlegen.

Menschen werden durch die alleinige Nutzung eines Social-Media-Kontos auf emotionaler Ebene beeinflusst und die positiven oder negativen emotionalen Zustände anderer Menschen werden ohne ihr Wissen auf sie übertragen.[660] Diese Daten in Verbindung mit der Macht datengetriebener Unternehmen könnten dazu genutzt werden,[661] jemanden dazu zu bringen, einen bestimmten Vertrag abzuschließen oder zumindest den Entscheidungsprozess, einen bestimmten Vertrag in Erwägung zu ziehen, zu stören.[662] Beispielsweise könnte ein Raucher, der versucht, mit dem Rauchen aufzuhören, mit Entwöhnungsprodukten wie Kaugummis sowie mit ständiger Werbung für E-Zigaretten oder normale Zigaretten bombardiert werden, um ihn davon abzuhalten, das Rauchen aufzugeben, und ihn zu zwingen, weiterhin diese Entwöhnungshilfen zu konsumieren.[663]

Die personalisierte Werbung ist zudem weit verbreitet. 71 % der in der Europäischen Union tätigen Unternehmen nutzen bereits personalisierte Werbung.[664] Da-

659 *Youyou et al.*, PNAS 2015, 1036–1040.
660 Vgl. *Kramer et. al.*, PNAS 2014, 8788–8790, 8788.
661 S. Teil C-II beim Kapitel 1.
662 Vgl. *Europäische Kommission*, Consumer Market Study on Online Market Segmentation Through Personalized Pricing/Offers in the European Union, Executive Summary 07.2018, 3.
663 *Wagner/Eidenmüller*, ZfPW 2019, 220–246, 232.
664 *Europäische Kommission*, Consumer Market Study on Online Market Segmentation Through Personalized Pricing/Offers in the European Union, Executive Summary 07.2018, 2.

bei werden den Verbrauchern Produkte nähergebracht, von denen sich der Anbieter eine höhere Kaufwahrscheinlichkeit verspricht.[665]

Diese Arbeit unterscheidet zunächst zwischen dem Vertrag über den Erwerb personenbezogener Daten zwischen Unternehmen und dem individuellen Vertrag zwischen Werbetreibenden und Nutzern als Folge einer Privacy-Verletzung und die Rechtsfolgen beider fraglichen Vertragstypen.

Im zweiten Teil konzentriert sie sich auf zwei konkrete Beispiele für personalisierte Werbung, welche die Vertragsfreiheit gefährden könnten. In beiden Beispielen wird der Nutzer durch personalisierte Werbung dazu gebracht, einen Vertrag mit einem Unternehmen über ein bestimmtes Produkt oder eine bestimmte Dienstleistung abzuschließen. Einerseits wird Werbung durch Big-Data-Analysen personalisiert, um die Werbezeit für bestimmte Waren oder Dienstleistungen zu optimieren. Andererseits wird die Werbung so personalisiert, dass die genaue Zielgruppe der Werbung identifiziert werden kann.

Es existieren bereits einige Studien, die darauf hinweisen, dass gezielte Werbung mit negativen Absichten vorkommt. Ein derartiges Beispiel von PHD aus dem Jahr 2013 zeigt,[666] zu welchen Zeiten und in welchen Situationen sich Frauen besonders schlecht oder hässlich fühlen.[667] Dem Bericht zufolge fühlen sich fast die Hälfte der Frauen an Montagen und fast zwei Fünftel an Sonntagen schlecht und hässlich. Auf die Frage nach verschiedenen Situationen, in denen sie sich unwohl fühlen, antworteten 69 Prozent mit dem Aufwachen, 67 Prozent mit Krankheit, 61 Prozent mit Stress und 54 Prozent mit dem Ende des Tages.[668] Die Studie liefert Werbetreibenden Hinweise, wie sie diese Momente und Situationen gezielt für die Bewerbung ihrer Make-up- oder Wellnessprodukte nutzen und damit die Erfolgschancen ihrer Produkte signifikant steigern können.

Als Beispiel für die zweite Möglichkeit der personalisierten Werbung behauptet Meta in einem geleakten Insiderbericht, es könne leicht jene jungen Nutzer identifizieren, die sich wertlos fühlten, um ihnen mit psychologiebasierter Werbung gezielt Hilfe anbieten zu können.[669] Das Unternehmen muss also, so Philipp Hacker, einen Weg gefunden haben, aus den ihm zur Verfügung stehenden Daten eine Metrik für psychische Instabilität zu entwickeln.[670] Allein die Tatsache, dass Werbetreibende

---

665 *Hennemann*, AcP 219, 819–854, 825.

666 *Rosen*, The Atlantic, 03.10.2013. Die Umfrage wurde unter 648 Frauen aus verschiedenen Bevölkerungsgruppen durchgeführt, um die spezifischen Zeiträume und Situationen herauszufinden, in denen sich die Frauen in Bezug auf ihr Aussehen und ihre Attraktivität am verwundbarsten fühlen.

667 *Gauvry*, PR Newswire, 02.10.2013.

668 *Rosen*, The Atlantic, 03.10.2013.

669 Vgl. *Levin*, The Guardian, 01.05.2017.

670 *Hacker*, in *Faust/Schäfer* (Hrsg.), 87–119, 101.

tatsächlich diese Metrik auswählen dürfen, um instabile Jugendliche gezielt anzusprechen, zeigt die Brisanz des Problems und die neuen Möglichkeiten, die datengetriebene Unternehmen gegenüber ihren Nutzern oder Mitgliedern besitzen.

B. Denkbare Normgrundlagen in beiden Ländern

I. Relevante Vorschriften und Erstvergleich der Rechtsordnungen

Bei der Untersuchung des Privacy-Verstoß durch personalisierte Werbung kommen vor allem ein Verstoß gegen ein gesetzliches Verbot i.S.v. § 134 BGB und § 27 TBK, ein Verstoß gegen die guten Sitten i.S.v. § 138 Abs. 1 BGB und § 27 TBK, eine arglistige Täuschung i.S.v. § 123 Abs. 1 BGB und § 36 TBK, die Haftung aus der *culpa in contrahendo* bei Fällen mit Vermögensschaden und die Datenschutzinstrumente der jeweiligen Länder, die DSGVO zusammen mit dem BDSG und das türkische KVKK, in Betracht.

In der Einordung der Nichtigkeit findet man den ersten systematischen Unterschied zwischen türkischem und deutschem Recht. Während das türkische Recht jede Nichtigkeitsmöglichkeit unter zwei Paragrafen organisiert, nämlich § 27 TBK und § 28 TBK, gibt es im BGB eine Vielzahl von Regelungen in den §§ 134 bis 143 BGB. Dabei entspricht § 27 Abs. 1 TBK entspricht den §§ 134,[671] 135,[672] 136 BGB[673] und § 137 BGB[674] sowie den § 138 Abs. 1 BGB[675], während § 27 Abs. 2 TBK dem Paragrafen § 139 BGB zur Teilnichtigkeit entspricht. § 28 TBK entspricht dem sogenannten Wucher-Paragrafen im BGB, der sich in § 138 Abs. 2 BGB befindet. Somit deckt einer der beiden Paragrafen in der TBK allein 6 Paragrafen des BGB ab, während der andere einem einzelnen Absatz im deutschen BGB entspricht.

Insoweit unterscheiden sich die Gesetze der beiden Länder also im redaktionellen Sinne. § 134 BGB regelt nur die Verbotswidrigkeit, während der Begriff des gesetzlichen Verbots sehr weit verstanden wird,[676] und zwar als jede Rechtsnorm i.V.m. § 2 EGBGB.[677] In ähnlicher Weise enthält auch § 27 TBK das gesetzliche Ver-

671 Gesetzliches Verbot bzw. Verbotswidrigkeit.
672 Gesetzliches Veräußerungsverbot.
673 Behördliches Veräußerungsverbot.
674 Rechtsgeschäftliches Verfügungsverbot.
675 Sittenwidrigkeit.
676 Ausführlich *Brox/Walker*, 160; Grüneberg/*Ellenberger*, § 134 BGB Rn. 2ff.
677 § 2 EGBGB lautet: Gesetz im Sinne des Bürgerlichen Gesetzbuchs und dieses Gesetzes ist jede Rechtsnorm.

bot,[678] zusammen mit einigen anderen Schranken aus enger definierten Rechtsquellen.[679]

Die Rechtsordnungen Deutschlands und der Türkei unterscheiden sich in Bezug auf den Datenschutz signifikanter. Während das deutsche Datenschutzsystem auf dem Bundesdatenschutzgesetz und der Datenschutz-Grundverordnung basiert, die die Verarbeitung und den Austausch personenbezogener Daten innerhalb der EU regeln, gibt es in der Türkei das türkische Datenschutzgesetz (KVKK), das 2016 in Kraft trat. Das BDSG ist das nationale Datenschutzgesetz Deutschlands und dient der Ergänzung der DSGVO.[680] In der türkischen Literatur wird kritisiert, dass das KVKK nicht auf der DSGVO, sondern auf der älteren EU-Datenschutzrichtlinie aus dem Jahr 1995 basiert,[681] obwohl es zeitgleich mit der DSGVO eingeführt wurde.[682]

II. Die Lage in Deutschland

Ähnlich wie bei der Preisdiskriminierung besteht in der deutschen Literatur keine Einigkeit über die Legaldefinition des Datenschutzverstoßes und dessen vertragsrechtliche Folgen. Fast jeder Wissenschaftler verwendet einen anderen Begriff für mehr oder weniger die gleiche Praxis und schlägt unterschiedliche Rahmenbedingungen bzw. unterschiedliche Lösungen für mögliche vertragsrechtliche Probleme vor.[683]

Hennemann z.B. verwendet den Begriff der personalisierten Werbung[684] und lehnt praktisch alle möglichen BGB-Lösungen des Problems ab:[685] Nichtigkeit nach § 134 BGB wegen eines gesetzlichen Verbotes oder Sittenwidrigkeit nach § 138 Abs. 1 BGB und Wucher nach § 138 Abs. 2 BGB, Anfechtbarkeit nach § 123 BGB wegen arg-

678 TBK § 27 Abs. 1 lautet auf Deutsch: Verträge, die den zwingenden Bestimmungen des Gesetzes, der guten Sitten, der öffentlichen Ordnung, der Persönlichkeit oder den Rechten des Volkes zuwiderlaufen oder deren Gegenstand unmöglich ist, sind grundsätzlich nichtig.

679 In diesem Sinne entspricht § 27 Abs. 1 TBK auch dem § 19 Abs. 2 und § 20 Abs. 1 OR aus der Schweiz.

680 S. Gola/Heckmann/*Gola/Reif*, BDSG § 1 Rn. 3.

681 Richtlinie 95/46/EG des Europäischen Parlaments und des Rates vom 24. Oktober 1995 zum Schutz natürlicher Personen bei der Verarbeitung personenbezogener Daten und zum freien Datenverkehr.

682 *Çekin*, 6698 Sayılı Kişisel Verilerin Korunması Kanunu, 2018, 3; *Çekin*, TAÜHFD 2023, 323–336, 324ff.

683 S. hier auch *Zurth*, AcP 221, 514–554, 523, 524. Splittgerber/*Katko/Kaiser*, 256; *Hofmann/Freiling*, ZD 2020, 331–335, 334; *Hessel et. al.*, ZD 2021, 537–541.

684 *Hennemann*, AcP 219, 819–854, 825.

685 *Hennemann*, AcP 219, 819–854, 838ff.

listiger Täuschung, AGB-Kontrolle nach §§ 305ff. BGB und schließlich eine Haftung aus *culpa in contrahendo*.

Wagner und Eidenmüller verfolgen einen ähnlichen Ansatz und schlagen eine ausgewogenere Lösung vor, indem dem Verbraucher de lege ferenda eine Opt-out-Option eingeräumt wird, mit der die Rückverfolgbarkeit des Nutzers praktisch ausgeschaltet und ihm ein Recht auf Anonymität eingeräumt wird.[686]

Ebers bevorzugt als Terminologie verhaltensbasiertes Microtargeting[687] und Rationalitätsdefizite und meint damit sowohl Preisdiskriminierung als auch privacy-basierte Probleme. Wie Hennemann lehnt Ebers die meisten Lösungen des Bürgerlichen Gesetzbuches ab, etwa die Sittenwidrigkeit nach § 138 BGB, mit Ausnahme der *culpa in contrahendo*:[688] Der Verbraucher habe einen Anspruch auf Schadensersatz aus *culpa in contrahendo*, wenn ein Unternehmer ein erhebliches Rationalisierungsdefizit verursacht, verschärft und/oder ausgenutzt hat.

Schäfers bezeichnet das Phänomen als Ausnutzung von Rationalitätsdefiziten[689] und stellt fest, dass der Verbraucher den Unternehmen neue Möglichkeiten der potenziellen Einflussnahme auf ihre Entscheidungsfreiheit eröffnet.[690] Er bejaht die Möglichkeit einer Haftung aus *culpa in contrahendo* und sogar aus Sittenwidrigkeit nach § 138 Abs. 1 BGB in besonders verwerflichen Fällen.[691]

Dornis verwendet die Begriffe „*behavioural advertising*" und „*behavioural targeting*" und verneint die allgemeinen Rechtsbehelfe des BGB mit Ausnahme der arglistigen Täuschung durch Unterlassen und der *culpa in contrahendo*.[692]

Hacker untersucht vorrangig die Anwendbarkeit des § 134 BGB neben datenschutzrechtlichen Vereinbarungen wie der DSGVO. Zu Recht differenziert er von vornherein zwischen Vereinbarungen zwischen Betroffenen und datenverarbeitenden Unternehmen und solchen, die im Rahmen des Datenhandels zwischen den beteiligten Unternehmen geschlossen werden.[693] Der erstgenannte Vertrag bleibt trotz einseitiger Rechtsverletzung grundsätzlich wirksam.[694] Vertragsklauseln zwischen Unternehmen sind jedoch nach § 134 BGB unwirksam, soweit sie gegen datenschutzrechtliche Vorschriften hinsichtlich der Datenverarbeitung verstoßen.[695]

---

686 *Wagner/Eidenmüller*, ZfPW 2019, 220–246, 246.
687 *Ebers*, MMR 2018, 423–428, 424.
688 *Ebers*, MMR 2018, 423–428, 426ff.
689 *Schäfers*, AcP 221, 32–67, 40ff.
690 *Schäfers*, AcP 221, 32–67, 45.
691 *Schäfers*, AcP 221, 32–67, 65ff.
692 *Dornis*, ZfPW 2022, 310–345, 313ff.
693 *Hacker*, Datenprivatrecht, 398.
694 *Hacker*, Datenprivatrecht, 402ff, 417. S. auch BGH NJW 2012, 3424.
695 *Hacker*, Datenprivatrecht, 417.

III. Die Lage in der Türkei

Ebenso wie die obige Diskussion über Preisdiskriminierung[696] haben Praktiken, welche die Privatsphäre der Nutzer gefährden, in der türkischen Literatur wenig Beachtung gefunden. Ähnliche Diskussionen werden wahrscheinlich bald häufiger in der akademischen Welt geführt werden.

Im Jahr 2018 wurde wohl die erste Studie zum Thema in Form einer Masterarbeit durchgeführt.[697] Diese untersuchte das belgische und türkische Datenschutzrecht im Kontext von Spotify als Hauptquelle für verhaltensbasierte Werbung. Die Autorin der Studie kam zu dem Schluss, dass Spotify zwar die Möglichkeit zur Wahl personalisierter Werbung bietet, sie stellte jedoch zugleich fest, dass es recht schwierig ist, diese Option auf der Plattform zu finden.[698]

Çekin hat 2020 etwa über dieses Phänomen geschrieben und es als eine „Anomalie des Nutzerverhaltens"[699] bezeichnet. Obwohl er die allgemeine Idee der Nichtigkeit wegen Sittenwidrigkeit i. S. v. § 27 TBK und § 138 Abs. 1 BGB bzw. Anfechtbarkeitsfällen i. S. v. § 37 TBK und § 123 Abs. 1 Alt. 2 (Drohung), § 31 TBK und § 123 Abs. 1 Alt. 1 BGB (Täuschung) und letztlich § 36 Abs. 1 TBK und § 119 Alt. 1 (Irrtum) ablehnt, akzeptiert er unter bestimmten Umständen die vertragsrechtlichen Abhilfen wie Wucher i. S. v. § 28 TBK und § 138 Abs. 2 BGB, *culpa in contrahendo* und verbraucherrechtliche Institutionen des TKHK und BGB.

C. Vergleichende Analyse und Einzelvergleich

I. Im Allgemeinen

Beim Privacy-Verstoß durch personalisierte Werbung kommen zwei Kontrahierungsmöglichkeiten in Betracht. Erstens könnte dasselbe Unternehmen die personenbezogenen Daten sammeln, diese Daten analysieren und für seine eigenen Produkte und Dienstleistungen werben. Zweitens könnte es sogar mehrere andere Unternehmen geben, die die Daten sammeln und entsprechenden Datensatz an das Werbeunternehmen verkaufen oder anderweitig weiterleiten, damit sie verschie-

---

696 Teil B-III beim Kapitel 2.

697 *Yazıcıoğlu*, Online Behavioural Advertising: A Case Study of Belgian and Turkish Spotify Users' Privacy Concerns, VUB 2018.

698 *Yazıcıoğlu*, VUB 2018, 90.

699 Auf Türkisch: Davranışsal Anomaliler, s. dazu *Çekin*, Yapay Zekâ Teknolojilerinin Hukuki İşlem Teorisine Etkileri, 2021, 102,103.

denen Zielgruppen besser ansprechen. Diese zweite Möglichkeit ist der häufigste Fall, da die datensammelnden bzw. weiterleitenden und werbetreibenden Unternehmen oft nicht identisch sind.

Bei dieser zweiten Möglichkeit handelt es sich aus zivilrechtlicher Sicht um zwei verschiedene Verträge, die beide vertragsrechtlich untersucht werden sollen: Erstens der Vertrag zwischen den Unternehmen über den Verkauf bzw. Weiterleitung personenbezogener Datensätze, zweitens die individuellen Verträge zwischen dem Konsumenten und dem Werbetreibenden über eine bestimmte Dienstleistung oder Ware. Die vertraglichen Beziehungen stellen sich in diesem Fall wie folgt dar:

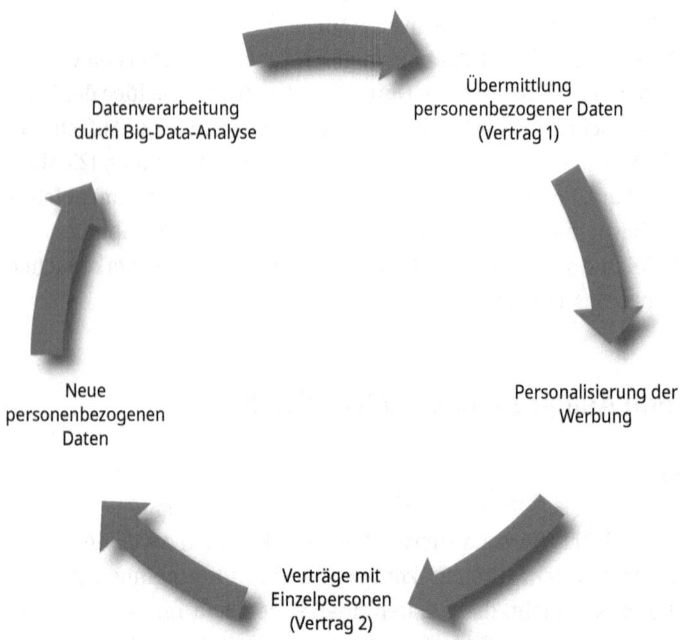

Abbildung 3: Personalisierte Werbung auf der Grundlage personenbezogener Daten. (Quelle: Vom Autor erstellt.)

Die vorliegende Arbeit konzentriert sich hauptsächlich auf diesen zweiten, mit einer Einzelperson geschlossenen Vertrag, bei dem der Werbetreibende einen Benutzer findet, mit dem er mit größerer Wahrscheinlichkeit einen Vertrag über eines seiner Produkte abschließen könnte, und diesem Benutzer seine Produkte zum Verkauf anbietet. Darüber hinaus werden jedoch auch vertragsrechtliche Überlegungen zum ersten Vertrag zwischen zwei Unternehmen über den Erwerb personenbezogener Daten von Konsumenten angestellt werden. So hat etwa das OLG Frankfurt in seiner Entscheidung aus dem Jahr 2018[700] einen Vertrag zwischen zwei Unternehmen verboten und einen Kaufvertrag über den Erwerb von Adressdaten von mehreren Benutzern wegen Verstoßes gegen § 28 Abs. 3 BDSG a.F. i.V.m. § 134 BGB als unwirksam angesehen.[701]

Laut § 28 Abs. 3 BDSG a.F. durfte die Verarbeitung oder Nutzung personenbezogener Daten für den Adresshandel nur erfolgen, wenn der Betroffene seine Einwilligung gemäß § 28 Abs. 3 Satz 1 BDSG a.F. erteilt hat oder das Listenprivileg nach § 28 Abs. 3 Satz 2 BDSG a.F. greift. Aus diesem Grund verstieß der der Entscheidung zugrunde liegende Vertrag über den Verkauf von Adressdaten gegen § 28 Abs. 3 BDSG a.F. sowie gegen wettbewerbsrechtliche Bestimmungen.[702] Dies führte i.V.m. § 134 BGB zur Nichtigkeit des gesamten Vertrags.[703]

Die vorgenannte Entscheidung könnte auch in diesem Zusammenhang verwendet werden, in dem die allererste Vereinbarung der Unternehmen über die Übermittlung bestimmter heikler Aspekte personenbezogener Daten durch BGB und TBK mit Rücksicht auf Datenschutzgesetze angefochten bzw. vernichtet werden könnte.

II. Die Praxisproblematik

Im Falle der personalisierten Werbung und der damit verbundenen Gefährdung der Privatsphäre werden unterschiedliche Regelungen des BGB und des TBK in Erwägung gezogen. Ähnlich wie bei den Überlegungen zur Preisdiskriminierung sollte auch im Hinblick auf die Probleme im Zusammenhang mit der Privatsphäre und den akzeptablen Grenzen der personalisierten Werbung ein rechtlicher Rahmen auf der Grundlage des BGB und des TBK festgelegt werden. Schranken sind in erster Linie durch das Verbots- und Sittenwidrigkeitsrecht zu setzen.

1) Verbotswidrigkeit i.S.v. § 134 BGB und § 27 TBK

Als erstes zivilrechtliches Institut in diesem Zusammenhang ist ein möglicher Verstoß gegen ein gesetzliches Verbot bzw. Rechtswidrigkeit[704] im Sinne von § 134

---

700 OLG Frankfurt Urt. v. 24.1.2018 – Az. 13 U 165/16.

701 Zur früheren abweichenden Rechtsprechung vgl. BGH NJW 2007, 2106.

702 Ausführlich *Brunotte/Eichenhofer*, OLG Frankfurt: Unwirksamkeit eines Kaufvertrags über den Erwerb von Adressdaten wegen Verstoßes gegen Datenschutzrecht, abrufbar unter: https://blogs.dlapiper.com/iptgermany/2018/02/24/olg-frankfurt-unwirksamkeit-eines-kaufvertrags-uber-den-erwerb-von-adressdaten-wegen-verstoses-gegen-datenschutzrecht/.

703 Ausführlich *Hacker*, Datenprivatrecht, 415 ff.

704 Eine derartige Nutzung befürwortend *Dornis*, ZfPW 2022, 310–345, 331.

BGB[705] und § 27 TBK[706] zu nennen. Nach § 134 BGB ist ein Rechtsgeschäft, das gegen ein gesetzliches Verbot verstößt, nichtig, wenn sich nicht aus dem ursprünglichen Verbotsgesetz ein anderes ergibt[707].

Ebenso sind nach § 27 TBK Verträge grundsätzlich nichtig, die gegen zwingende gesetzliche Bestimmungen, gegen die guten Sitten, Persönlichkeitsrechte oder die öffentliche Ordnung widersprechen bzw. deren Vertragsgegenstand unmöglich[708] ist.[709]

Die Vorschrift des § 134 BGB ist bei der Inhaltskontrolle von Rechtsgeschäften zu berücksichtigen und stellt die gesetzlichen Schranken des Inhalts eines Rechtsgeschäfts sowie die Vorschriften über die Sittenwidrigkeit und das Erklärungsverbot auf. Sie richtet sich gegen die Wirksamkeit von Rechtsgeschäften, deren Inhalt durch einen positivrechtlichen Satz abgelehnt wird.[710] Dieser Satz kann nach deutschem Recht jede Rechtsnorm sein:[711] Das Grundgesetz, einfache Gesetze, Rechtsverordnungen, autonome Satzungen, Vorschriften des europäischen Gemeinschaftsrechts, sogar Gewohnheitsrecht und dergleichen.[712]

Dagegen meint der Begriff des Gesetzes im Sinne des TBK lediglich diejenigen Rechtsnormen, die in der Normenhierarchie nach dem Grundgesetz bzw. der Verfassung kommen und in der Regel vom parlamentarischen Gesetzgeber erlassen werden. Es fügt jedoch einige Begriffe des öffentlichen Rechts, wie z. B. die öffentliche Ordnung, hinzu, um den Anwendungsbereich der Norm zu erweitern.[713] In diesem Sinne stellen § 134 BGB bzw. § 27 TBK eine der wichtigsten Verbindungen zwischen Zivilrecht und öffentlichem Recht dar.[714] Zu beachten ist hierbei, dass der allgemeine Ansatz des BGB hier besser geeignet erscheint, da sein Inhalt und die Gesetzesmaterialien sehr klar sind, während der genaue Inhalt des TBK unklarer bleibt und leichter ausgenutzt werden könnte, da es z. B. schwierig zu entscheiden

---

705 Ausführlich *Stadler*, 340 ff., 381 ff.; 398 ff.; Dannemann/Schulze/*Wais*, § 134, Rn. 3 ff.; *Medicus/Petersen*, 282 ff.; *Bork*, 426 ff.; *Neuner* 547 ff.; Spindler/Schuster/*Spindler*, BGB § 134 Fn. 2 ff., 7 ff.

706 Ausführlich zum türkischen Recht s. *Helvacı*, Turkish Contract Law, 39 ff.; *Reisoğlu*, 134 ff.; *Oğuzman/Öz*, 183 ff.

707 S. das Beispiel bei *Medicus/Petersen*, 282.

708 *Impossibilium nulla est obligatio*: Nichts ist Pflicht bei Unmöglichkeit (İmkânsızın taahhüdü borç doğurmaz).

709 Dementsprechend lautet § 20 Abs. 1 OR: Ein Vertrag, der einen unmöglichen oder widerrechtlichen Inhalt hat oder gegen die guten Sitten verstößt, ist nichtig.

710 MüKoBGB/*Armbrüster*, BGB § 134 Rn. 1.

711 Im Sinne von § 2 EGBGB. S. auch *Bork*, 429.

712 *Brox/Walker*, 160.

713 Für Beziehung zwischen öffentlicher Ordnung und guten Sitten s. MüKoBGB/*Armbrüster*, BGB § 138 Rn. 23.

714 *Schwab/Löhnig*, Rn. 663, 292.

ist, was genau die öffentliche Ordnung bedeutet und was im vertragsrechtlichen Sinne dem entgegensteht.[715]

Es gibt bereits eine Vielzahl von Verträgen, die wegen des Verstoßes gegen ein Verbotsgesetz als nichtig angesehen werden. So ist etwa Vertrag über den Erwerb einer verbotenen Substanz nach § 134 BGB i.V.m. BtMG nichtig; ebenso beinhaltet ein Werkvertrag ohne eine entsprechende Rechnung ein Schwarzgeschäft und ist nach § 134 BGB i.V.m. SchwarzArbG *ex tunc* nichtig.

In objektiver Hinsicht verlangt § 134 BGB ein Verbotsgesetz bzw. eine Verbotsnorm, einen Verstoß gegen dieses Verbot und keine eigene konkrete Regelung des verletzten Gesetzes, m.a.W. keine *lex perfecta*.[716] Regelt eine Norm die privatrechtlichen Folgen ihrer Verletzung selbst, ist § 134 wegen des Vorrangs der *lex specialis* von vornherein nicht anwendbar.[717] Erst wenn feststeht, dass die zivilrechtlichen Folgen des gesetzlichen Verbots nicht anderweitig geregelt sind, kommen die Vorschriften und Rechtsfolgen des § 134 BGB[718] und des § 27 TBK zur Anwendung.

Anders als die Vorschriften über Wucher, Sittenwidrigkeit und Anfechtung verlangt § 134 BGB nach herrschender Meinung[719] hinsichtlich des Rechtsgeschäfts nicht auch die Erfüllung subjektiver Tatbestandsvoraussetzungen. Es genügt, wenn der Tatbestand des Verbotsgesetzes objektiv erfüllt ist.[720] Insoweit stimmen beide Gesetze wieder überein, da auch § 27 TBK die Nichtigkeit des Rechtsgeschäfts als unmittelbare Folge vorsieht, ohne dass es eines subjektiven Elements wie Arglist, Vorsatz oder Fahrlässigkeit bedarf.

Ein weiterer Unterschied zwischen den beiden Rechtsordnungen besteht im Abstraktionsprinzip. In Deutschland hat die Nichtigkeit des Verpflichtungsgeschäfts[721] grundsätzlich keinen Einfluss auf die Wirksamkeit des Erfüllungsgeschäfts,[722] solange der Inhalt dieses zweiten Rechtsgeschäfts nicht selbst verboten ist.[723] Das Abstraktionsprinzip besagt, dass ein auf ein unwirksames Verpflichtungsgeschäft folgendes

715 Ausführlich zu dieser Thematik im deutschen Recht s. *Sack*, Das Anstandsgefühl aller billig und gerecht Denkenden und die Moral als Bestimmungsfaktoren der guten Sitten, NJW 1985, 761–769.

716 *Jacoby/Hinden*, Studienkommentar BGB, 15. Auflage, 53.

717 MüKoBGB/*Armbrüster*, BGB § 134 Rn. 4.

718 *Schwab/Löhnig*, Rn. 664, 293.

719 *Faust*, 105; *Bork*, 436; Grüneberg/*Ellenberger*, § 134 BGB Rn. 12a; *Neuner*, 553; BGH, Urteil vom 10.03.1993 – XII ZR 253/91.

720 Grüneberg/*Ellenberger*, § BGB 134 Rn. 12a.

721 Z.B. ein Kaufvertrag.

722 Z.B. die Übereignung der Kaufsache nach Abschluss des Kaufvertrags.

723 Bezugnehmend auf das oben aufgeführte Beispiel ist es rechtlich verboten, bestimmte Betäubungsmittel zu verkaufen und zu kaufen, und es ist ebenso illegal, diese von einer Person auf eine andere zu übertragen. In diesem Beispiel ist nicht nur das Verpflichtungsgeschäft, sondern auch das Erfüllungsgeschäft nach § 134 BGB nichtig.

Erfüllungsgeschäft grundsätzlich wirksam bleibt. Eine Rückabwicklung des unwirksamen Erfüllungsgeschäfts kann jedoch nach den §§ 812ff. BGB möglich sein.[724] Das Abstraktionsprinzip versucht, die vertragsrechtlichen Grenzen mit der wirtschaftlichen Dynamik in Einklang zu bringen, indem es nicht jede grundlose Vermögensverschiebung unmittelbar für unwirksam erklärt.

Das türkische Recht trennt zwar ebenfalls streng zwischen Verpflichtungs- und Erfüllungsgeschäft, lässt aber ein abstraktes Verpflichtungs- oder Erfüllungsgeschäft nicht zu.[725] Vielmehr muss das Erfüllungsgeschäft immer kausal in dem Sinn sein, dass es nur dann vertragsrechtlich wirksam ist, wenn ihm ein wirksames Verpflichtungsgeschäft vorausgeht. Obwohl beide Länder mehr oder weniger das Trennungsprinzip kennen und in gewisser Weise zwischen Verpflichtungs- und Erfüllungsgeschäft unterscheiden, ist das deutsche Vertragsrecht viel stärker auf dieses Prinzip angewiesen. Das türkische Vertragsrecht unterscheidet insoweit auch zwischen beweglichen und unbeweglichen Sachen.

Das sogenannte Kausalitätsprinzip ist im türkischen Recht beim Erwerb der Grundstücke im § 1024 Abs. 2 TMK[726] explizit geregelt.[727] Obwohl die Frage, welcher Rechtsgrundsatz bei beweglichen Sachen einzuhalten sei, in der türkischen Literatur umstritten bleibt[728], herrscht wieder das Kausalitätsprinzip vor.[729]

Auf diese Diskussion soll hier nicht weiter eingegangen werden, zumal sie für das vorliegende Thema ohne Bedeutung ist, wohl aber auf die Mindermeinung zum Abstraktionsprinzip bei Verträgen über bewegliche Sachen. In den Fällen, in denen kein wirksames Kausalgeschäft vorliegt, soll das Erfüllungsgeschäft zwar wirksam bleiben, aber ein Rückabwicklungsanspruch wegen ungerechtfertigter Bereicherung eingeräumt werden.[730] Dies erscheint aus Gründen der Praktikabilität und wirtschaftlichen Funktionalität sachgerechter.

Rechtsfolge eines Verbotsverstoßes im Sinne des § 134 BGB ist in Deutschland grundsätzlich die Nichtigkeit des Verpflichtungsgeschäfts. Mit Ausnahmen bleibt die Wirksamkeit des Erfüllungsgeschäfts unberührt. Eine Rückabwicklung der Vermögensverschiebung kommt jedoch nur nach den Regelungen über die ungerecht-

---

724 Regelungen über das Recht der ungerechtfertigten Bereicherung (Türkisch: *Sebepsiz Zenginleşme*). Entsprechend kommen im türkischen Recht die Artikel §§ 77ff. TBK in Betracht.

725 Ausführlich s. *Serozan*, 337ff.

726 § 1024 Abs. 2 TMK lautet: „Eine Registrierung, die auf einer unverbindlichen Rechtshandlung beruht oder einer Rechtsgrundlage entbehrt, ist unwirksam", wobei der Begriff der „Registrierung" in diesem Zusammenhang Einträge im Grundbuch meint.

727 Ausführlich hierzu *Sirmen*, Eşya Hukuku, 9. Auflage 2021, 125.

728 Zu der ganzen Diskussion ausführlich *Serozan*, 337ff.; *Erbek*, Taşınır Mülkiyetinin Devrinde Sebebe Bağlılık (İllilik) – Soyutluk (Mücerretlik) Meselesi, Yasar Üniversitesi E-Dergisi 2013, 937–985.

729 *Serozan*, 340ff.; *Hatemi/Gökyayla*, 10ff.; *Sirmen*, 126ff.

730 Vgl. zu diesem Konnex Grüneberg/*Ellenberger*, Überblick zu § 104 BGB, Rn. 19ff.

fertigte Bereicherung gem. §§ 812ff. BGB in Betracht. Entsprechend wird nach türkischem Vertragsrecht ein verbotswidriges Rechtsgeschäft gemäß § 27 TBK für nichtig erklärt.

Nach der Darlegung der Grundprinzipien der Unzulässigkeit in beiden Ländern stellt sich daran anschließend die Frage, ob personalisierte Werbung eine solche Rechtsfolge auslösen könnte. Anders als bei der Preisdiskriminierung durch Algorithmen, wo es keine konkrete Regelung zu diesem Thema gibt, könnten einige Kodizes in beiden Ländern durchaus Anknüpfungspunkte für das BGB und das TBK im Hinblick auf die Möglichkeit eines Verstoßes gegen den Schutz der Privatsphäre darstellen.

Nach den beiden Datenschutzregelungen der jeweiligen Länder muss die Datenverarbeitung personenbezogener Daten recht- und sittenmäßig sein,[731] einem legitimen Zweck dienen,[732] streng auf die Verfolgung dieses legitimen Zwecks beschränkt sein[733] und in sachlich richtiger Weise[734] erfolgen.[735] Wie bereits dargestellt, missachten die meisten Unternehmen jedoch diese Grundsätze und speichern und verkaufen große Mengen personenbezogener Daten. Ein Vertrag über den Verkauf dieser Daten an ein anderes Unternehmen könnte daher unzulässig und nichtig sein. Da sowohl die DSGVO als auch das BDSG jeweils gesetzlich geregelt sind, könnte ein Vertrag über den Verkauf oder die Weitergabe einer übermäßigen Menge personenbezogener Daten, einschließlich sensibler Informationen über Nutzer, gemäß § 134 BGB und § 27 TBK i. V. m. jeweiligen Datenschutzgesetzen nichtig sein.

Darüber hinaus bestimmt der am 07.05.2010 in den Artikel 20 der türkischen Verfassung neu eingefügte Absatz drei, dass die Verarbeitung personenbezogener Daten nur in den gesetzlich vorgesehenen Fällen oder mit der ausdrücklichen Zustimmung der betroffenen Person vorgenommen werden darf. Für das türkische Recht steht fest, dass dieser Verfassungsartikel von den in § 27 TBK aufgeführten zwingenden Vorschriften des Gesetzes umfasst ist.

Allerdings beziehen sich die Regelungen des § 134 BGB und des § 27 TBK in erster Linie auf den ersten Vertrag, der zwischen den Unternehmen geschlossen wird, und nicht auf die Einzelverträge, die zwischen den Werbetreibenden und den eigentlichen Kunden geschlossen werden. Diese könnten im Einzelfall, z. B. bei einem Online-Vertrag über den Verkauf bestimmter Substanzen mit illegalem Inhalt, ebenfalls unwirksam sein, wenn der eigentliche Vertragsinhalt ebenfalls gegen das

---

731 Rechtmäßigkeit nach Art. 5 Abs. 1 lit. a DSGVO und Art. 4 Abs. 2 lit. a KVKK.
732 Zweckbindung nach Art. 5 Abs. 1 lit. b DSGVO und Art. 4 Abs. 2 lit. c KVKK.
733 Datenminimierung nach Art. 5 Abs. 1 lit. c DSGVO und Art. 4 Abs. 2 lit. d KVKK.
734 Richtigkeit nach Art. 5 Abs. 1 lit. d DSGVO und Art. 4 Abs. 2 lit. b KVKK.
735 Ausführlich zu den Grundlagen der Datenverarbeitung in der Türkei innerhalb der Regeln KVKK *Çekin*, 6698 Sayılı Kişisel Verilerin Korunması Kanunu, 2018, 61ff.

Verbot verstößt. Sämtliche Verträge, bei denen sensible Daten des Nutzers Gegenstand der Verarbeitung sind, als unzulässig einzustufen, ist jedoch nicht sachgerecht.

So dürfte z. B. ein Vertrag über die Buchung von zwei Online-Beratungen mit einem Diplom-Psychologen nicht unmittelbar nach § 134 BGB und § 27 Alt. 1 TBK unwirksam sein, wenn das Unternehmen diesen Kunden wissentlich wegen seiner persönlichen Schwächen anwirbt, obwohl der ursprüngliche Vertrag zwischen dem datenerhebenden Unternehmen und dem werbetreibenden Unternehmen über die Ermittlung solcher Informationen über den Nutzer gemäß § 134 BGB und § 27 Alt. 1 TBK i. V. m. Art. 5 Abs. 1 DSGVO und Art. 4 Abs. 2 KVKK nichtig ist.

Unabhängig von den vorstehenden Erörterungen verlangt eine Unwirksamkeit i. S. v. § 134 BGB bzw. § 27 Alt. 1 TBK das Vorliegen folgender objektiver Tatbestandsmerkmale:

- Ein Verbotsgesetz i. S. v § 134 BGB und § 27 TBK (alle Verbotsnormen in Deutschland und nur Gesetze in der Türkei),
- Einen Verstoß gegen dieses Gesetz,
- Kein Vorliegen einer *lex perfecta*, d. h. keine von dem Verbotsgesetz selbst vorgesehene Rechtsfolge eines Verstoßes.

2) Sittenwidrigkeit i. S. v. § 138 Abs. 1 BGB und § 27 Alt. 2 TBK

Als weiterer Untersuchungspunkt für rechtsgeschäftliche Schranken bietet sich die Überprüfung der Nichtigkeit wegen Verstoßes gegen die guten Sitten i. S. v. § 138 Abs. 1 BGB und § 27 Alt. 2 TBK an.[736] Ein Rechtsgeschäft, das gegen die guten Sitten verstößt, ist nach § 138 Abs. 1 BGB nichtig. Der § 27 Alt. 2 TBK bevorzugt hier den Begriff *Ahlak*[737] anstelle der guten Sitten, der enger als die guten Sitten erscheint, aber mehr oder weniger den gleichen Inhalt hat. Per definitionem könnte jedoch alles unter den Begriff der Moral fallen. Für die vorliegende Arbeit wird jedoch davon abgesehen, näher auf die Interpretationen dieses Begriffs einzugehen und Moral im Folgenden als direktes Äquivalent zum Begriff guten Sitten betrachtet.

Bei dem Begriff der guten Sitten handelt es sich um einen unbestimmten Rechtsbegriff, der der Konkretisierung bedarf. Das Recht ist nicht die einzige in einer Gesellschaft bestehende Sollensordnung, vielmehr stehen neben ihm Ethik, Moral und Sitte sowie die als verbindlich angesehenen Gepflogenheiten.[738] Gute Sit-

---

736 Ausführlich *Stadler*, 412 ff.; *Medicus/Petersen*, 296 ff.; *Neuner* 555 ff.; Spindler/Schuster/*Müller*, BGB § 138 Rn. 7 ff.

737 Entspricht dem Begriff der Moral (boni mores).

738 MüKoBGB/*Armbrüster*, BGB § 138 Rn. 21.

ten waren laut Kirchberger *„stillschweigend entstandene, tatsächlich bestehende und als solche feststellbare Konventionalnormen“.*[739] Heute ist allgemein anerkannt, dass unter Berücksichtigung der Entstehungsgeschichte und der höchstrichterlichen Rechtsprechung nach dem Rechts- und Anstandsgefühl aller billig und gerecht Denkenden zu bestimmen ist, was unter den Begriff der guten Sitten zu subsumieren ist.[740]

Rechtswissenschaftliche Literatur und Rechtsprechung bestimmen mithin den Inhalt der guten Sitten. Es liegt jedoch auf der Hand, dass, wenn zu Werbezwecken und zur eigenen Gewinnmaximierung die Schwächen des anderen Vertragspartners ausgenutzt werden sollen, dies Fragen bezüglich der Redlichkeit des werbenden Unternehmens aufwirft.

Ein sittenwidriges Rechtsgeschäft liegt vor, wenn folgende objektive und subjektive Tatbestandsvoraussetzungen erfüllt sind:[741]

- Ein Verstoß gegen die guten Sitten sowie
- Die Kenntnis der die Sittenwidrigkeit begründenden Umstände durch den Handelnden (hier das werbetreibende Unternehmen)

Der Vertrag zwischen dem Werbetreibenden und dem Datenunternehmen über den Verkauf bzw. die Weitergabe der personenbezogenen Daten des Nutzers könnte auch dann sittenwidrig im Sinne von § 138 Abs. 1 BGB und § 27 Alt. 2 TBK sein, wenn er kein gesetzliches Verbot verletzt. Die gleiche Problematik stellt sich aber auch hinsichtlich des Inhalts des Individualvertrages, vergleichbar mit der obigen Erörterung. Ein Vertrag zwischen einem Werbetreibenden und einem Facebook-Nutzer über psychologische Hilfe oder ein Vertrag zwischen einer Frau und einem Unternehmen über den Kauf eines Schminkprodukts ist inhaltlich nicht sittenwidrig. Die Wahrscheinlichkeit eines sittenwidrigen Rechtsgeschäfts nach § 138 Abs. 1 BGB, § 27 TBK ist zwar in sehr krassen Fällen möglich, erscheint aber in den meisten Fällen eher fernliegend.

Ähnlich wie im Falle des bereits erörterten Verstoßes gegen ein gesetzliches Verbot könnte auch der ursprüngliche Vertrag zwischen Unternehmen über die Weitergabe von Nutzerdaten sittenwidrig im Sinne von § 138 Abs. 1 BGB bzw. § 27 Alt. 2 TBK sein, sofern er unzulässige datenschutzrelevante Elemente wie die psychische Befindlichkeit, die sexuelle Orientierung oder eine generelle Verletzlichkeit des Nutzers enthält. Dies hätte keine Auswirkungen auf die einzelnen Verträge, die

739 *Kirchberger*, Unlauterer, sittenwidriger und unerlaubter Wettbewerb, 1931, 50.

740 Vgl. *Brox/Walker*, 163; *Schwab/Löhnig*, Rn. 671, 297; MüKoBGB/*Armbrüster*, BGB § 138, *Bezzenberger*, Ethnische Diskriminierung, Gleichheit und Sittenordnung im bürgerlichen Recht, AcP 198, 395–433, 397ff., BGHZ 69, 295, 297, NJW 1977, 2356.

741 Ausführlich hierzu: *Brox/Walker*, 171.

durch eine solche Werbung zustande kommen, könnte aber als Anknüpfungspunkt für die Prüfung anderer rechtlicher Instrumente wie der Anfechtbarkeit oder der *culpa in contrahendo* dienen, insbesondere bei der Prüfung subjektiver Tatbestandsmerkmale.[742]

3) Anfechtbarkeit i.S.v. § 123 Abs. 1 BGB und § 36 TBK

Eine alternative Schutzmöglichkeit des Nutzers im Falle einer Datenschutzverletzung durch personalisierte Werbung könnte die Anfechtung der unter Beeinflussung abgegebenen Willenserklärung sein.[743] Gemäß § 142 Abs. 1 BGB und § 30 TBK ist eine angefochtene Willenserklärung *ex tunc* nichtig. Die Regelungen über die Anfechtung geben dem Erklärenden die Möglichkeit, ein ansonsten wirksames Rechtsgeschäft von Anfang zu beseitigen, so als hätte es dieses Rechtsgeschäft auf rechtlicher Ebene nie gegeben.

Hinsichtlich der Rechtsfolgen eines anfechtbaren Vertrages lassen sich zwischen den beiden Rechtsordnungen Unterschiede feststellen.[744] Während das türkische Recht die Möglichkeit einräumt, eine ansonsten wirksame Willenserklärung aufzuheben, gestattet es das deutsche Recht das Recht, eine ansonsten unwirksame Willenserklärung wieder aufleben zu lassen. Obwohl die Rechtsfolgen in beiden Ländern gleich sind, wird das Phänomen in den jeweiligen Zivilgesetzbüchern als gegensätzlich konstituiert. Eine vom Willen abweichende und später angefochtene Willenserklärung wird *ex tunc* beseitigt,[745] bleibt aber wirksam, solange sie nicht innerhalb der Anfechtungsfrist durch eine Anfechtungserklärung beseitigt wird. Mit Ablauf der Anfechtungsfrist wird diese Willenserklärung dauerhaft wirksam.

Da in den Fällen der Datenschutzverletzung kein eigener Erklärungsirrtum des Nutzers vorliegt, könnten sich mögliche Anfechtungsgründe vielmehr aus § 123 Abs. 1 Alt. 1 BGB und § 36 TBK wegen arglistiger Täuschung bzw. im Extremfall gem. § 123 Abs. 1 Alt. 2 bzw. §§ 37f. TBK wegen Drohung ergeben, wobei die arglistige Täuschung nach § 123 Abs. 1 BGB und die Täuschung nach § 36 Abs. 1 TBK deutlich häufiger auftreten. Während § 123 Abs. 1 BGB ausdrücklich die Arglist des Täuschenden voraussetzt, lässt der Wortlaut des § 36 Abs. 1 TBK einen Maßstab für die Täuschungshandlung vermissen, indem er allein auf die Aussage durch Täuschung abstellt. Die herrschende Meinung in der türkischen rechtswissenschaftlichen Lite-

742 S. hier etwa auch die Vernetzungsproblematik beim Teil A beim Kapitel 5.
743 Dazu ausführlich *Medicus/Petersen*, 341ff.; *Stadler*, 340ff., 381ff.; Dannemann/Schulze/*Wais*, § 123, Rn. 1ff.; *Bork*, 337ff.; Spindler/Schuster/*Spindler*, BGB § 123 Rn. 2ff.
744 S. auch Teil C-II-2 beim Kapitel 2.
745 *Brox/Walker*, 183, 184.

ratur verlangt gleichwohl Vorsatz als ungeschriebenes subjektives Tatbestandsmerkmal einer arglistigen Täuschung i. S. d. § 36 TBK.[746]

Die Voraussetzung der Arglist § 123 Abs. 1 Alt. 1 BGB verlangt einen gewissen Grad der Täuschung, in Abgrenzung von einer alltäglichen Situationen etwa in Form einer bloßen Schwindelei.[747] Demgegenüber hat der türkische Gesetzgeber keinen erhöhten Grad der Täuschung festgelegt, wobei der Gesamtrahmen in beiden Ländern nahezu identisch bleibt.

Die Anfechtung wegen arglistiger Täuschung i. S. v. § 123 Abs. 1 Alt. 1 BGB und wegen Täuschung i. S. v. § 36 Abs. 1 TBK setzt als Anfechtungsgrund einen täuschungsbedingten Irrtum,[748] die Kausalität dieses Irrtums für die Abgabe der Willenserklärung, die Widerrechtlichkeit der Täuschung und schließlich Arglist bzw. Vorsatz voraus. Die Frage, ob es sich bei der Datenschutzverletzung um eine Täuschung handelt, kann nur nach eingehender vertragsrechtlicher Prüfung beantwortet werden.

Im Falle einer Privacy-Verletzung könnte dem Verbraucher ein Anfechtungsgrund durch ein Unterlassen oder Schweigen des datengetriebenen Unternehmens gegeben werden. Dies wäre allerdings nur dann der Fall, wenn den Verkäufer oder Werbenden eine gesetzliche Aufklärungspflicht[749] hinsichtlich der verschwiegenen Tatsache treffen sollte.[750] Diese ist dann anzunehmen, wenn die Bekanntgabe nach Treu und Glauben und der Verkehrsanschauung zu erwarten ist. Eine solche Pflicht folgt in Deutschland vor allem aus § 242 BGB und in der Türkei aus den allgemeinen Regeln des TMK, hier insbesondere aus § 2 Abs. 1 TMK.

Dabei ist zu berücksichtigen, dass zwischen Verkäufer und Käufer ein Interessengegensatz besteht, der nicht vernachlässigt werden darf.[751] Es besteht keine allgemeine Pflicht zur Offenbarung aller Umstände, die für die Entschließung des anderen Teils von Bedeutung sein können,[752] sondern nur solcher Umstände, die von besonderer Bedeutung sind und bei deren Verschweigen der andere Teil unbillig benachteiligt werden könnte. Dies gilt insbesondere für solche Umstände, die geeignet sind, den Vertragszweck zu vereiteln oder ernsthaft zu gefährden, oder die geeignet sind, dem Vertragspartner einen erheblichen wirtschaftlichen Schaden zuzufügen.[753] In diesem Punkt stimmen beide Rechtsordnungen überein. Denn auch

746 *Helvacı*, Turkish Contract Law, 71–72; *Eren*, 416; *Reisoğlu*, 125; *Oğuzman/Öz*, 116 ff.
747 Vgl. *Schwab/Löhnig*, Rn 636, 279 ff.
748 Hier eine passive Täuschungshandlung.
749 Auch als Offenbarungspflicht genannt, vgl. MüKoBGB/*Armbrüster*, BGB § 123 Rn. 32.
750 Grüneberg/*Ellenberger*, § 123 BGB Rn. 5 ff.
751 *Brox/Walker*, 212, 213; MüKoBGB/*Armbrüster*, BGB § 123 Rn. 33 ff.
752 BGH NJW 71, 1795–1799.
753 Vgl. Grüneberg/*Ellenberger*, § 123 BGB Rn. 5b.

die türkische Rechtsliteratur bejaht die Anfechtung wegen Schweigens oder Unterlassens nur in bestimmten Fällen und nur unter besonderen, dem BGB vergleichbaren Voraussetzungen.[754]

Sodann stellt sich die Frage, ob eine algorithmusbasierte Datenschutzverletzung des Unternehmens durch Schweigen als anfechtbar zu qualifizieren sein soll. Dazu ist zu überlegen, ob das Unternehmen im Falle einer Privacy-Verletzung eine besondere Aufklärungspflicht trägt.

Maßgeblich ist in diesem Zusammenhang, ob ein Nutzer ein Auskunftsrecht darüber haben sollte, dass seine eigenen personenbezogenen Daten die Werbung bestimmen, die er erhält bzw. nicht erhält. Ebenso geht es um die Frage, ob der Nutzer wissen sollte, dass seine personenbezogenen Daten die Art und Weise bestimmen, in der ihm Werbung entsprechend seinen täglichen Routinen und seiner Online-Gewohnheiten angezeigt wird.

In Fällen algorithmischer Diskriminierung durch personalisierte Werbung liegt eine erkennbare Informationsasymmetrie zwischen den beiden Vertragsparteien vor, da eine Vertragspartei in einer besonders vorteilhaften Position ist, um die vertraglichen Aktivitäten der anderen Vertragspartei zu beurteilen.[755] Wenn eine solche erkennbare Informationsasymmetrie besteht, kann die geschäftliche oder technische Unerfahrenheit der anderen Vertragspartei oder die Macht des Unternehmens, einen Vertrag auszuhandeln, es nach Treu und Glauben erforderlich machen, dass letzteres die andere Vertragspartei aufklärt.[756] Verkäufer oder Werbetreibende, die personalisierte Werbung einsetzen, sollten diese Praxis ausdrücklich klarstellen. Sie sollten es den Nutzern ermöglichen, ihre eigene transparente Entscheidung über die wesentlichen Verhandlungspunkte des in Kürze abzuschließenden Vertrags zu treffen.

Das Auskunftsrecht des Käufers i. S. v. § 242 BGB und § 2 Abs. 1 TMK bleibt bestehen, da er sich derzeit einer diskriminierenden Praxis ausgesetzt sieht, indem die ihm angezeigte Werbung personalisiert wird. Zu beachten sind auch die Offenlegungspflichten, die sich aus den jeweiligen Landesdatenschutzgesetzen ergeben und im obigen Untertitel[757] und der Transparenzdiskussion[758] angesprochen sind. Zur Vermeidung unerwünschter Rechtsfolgen sollte der Käufer in den Phasen der Vertragsanbahnung wirksam gewarnt und über die algorithmische Preisgestaltung durch personalisierte Werbung informiert werden. Vor allem ein deutlicher Warn-

754 Vgl. *Eren*, 415 ff.; *Reisoğlu*, 124 ff.
755 S. oben Teil C-II beim Kapitel 1.
756 MüKoBGB/*Armbrüster*, BGB § 123 Rn. 35.
757 Vgl. Teil A beim Kapitel 2.
758 Vgl. Teil A-III beim Kapitel 4.

hinweis in der Phase der Werbung und der Bezahlung durch den Nutzer erscheint rechtskonform und auch plausibel.

Arglistige Täuschung setzt weiter voraus, dass der Täuschende bei der Täuschung auch arglistig handelt.[759] Arglistig handelt, wer den Täuschungserfolg kennt und will, also Vorsatz i.S.d. § 276 Abs. 1 BGB hat. Dabei genügt bedingter bzw. Eventualvorsatz.[760] Dieser ist gegeben, wenn der Täuschende den Taterfolg ernstlich für möglich hält und die Gefahr in Kauf nimmt oder sich billigerweise damit abfindet.[761] Die algorithmische Diskriminierung wird in den meisten Fällen von den Unternehmen bewusst eingesetzt, möglicherweise auch in arglistiger Weise. Häufig hat das Unternehmen Kenntnis von der Diskriminierung und beabsichtigt, den Verbraucher in bestimmte Verträge zu locken, oder nimmt zumindest das Risiko einer solchen Diskriminierung aus Gründen der eigenen Gewinnmaximierung durch Erhöhung der Vertragswahrscheinlichkeit in Kauf. Sollte dies nicht der Fall sein, ist anzunehmen, dass ein Unternehmen, das Algorithmen zur personalisierten Werbung einsetzt, die möglichen Folgen dieses Einsatzes bereits kennt und dieser Kenntnis entsprechend handelt. Grundsätzlich ist bei einer Täuschung durch personalisierte Werbung ein eventueller Vorsatz des Unternehmens zu bejahen.

In den seltenen Fällen, in denen der Verkäufer tatsächlich ohne Vorsatz handelt, trägt er die Beweislast dafür, dass er die möglichen Folgen nicht kannte oder nicht in der Lage war, sie vorherzusehen. Der letztgenannte Fall dürfte jedoch angesichts der neuen Manipulationsmöglichkeiten von Unternehmen, die sich auf Big Data stützen, eher selten vorkommen. Die vorliegende Arbeit bejaht daher ein Anfechtungsrecht wegen arglistiger Täuschung durch Schweigen nach Treu und Glauben gemäß § 123 Abs. 1 Alt. 1 BGB i.V.m. § 242 BGB und § 36 Abs. 1 TBK i.V.m. § 2 Abs. 1 TBK.

Im Falle der Ausübung des Anfechtungsrechts wird die unter dem Einfluss der algorithmischen Werbung abgegebene Willenserklärung des Käufers *ex tunc* unwirksam. Jedes Unternehmen, das Big-Data-Analysen zum eigenen Vorteil einsetzt, ohne die Informationsansprüche der Käufer bzw. Verbraucher zu beachten, geht das Risiko ein, dass seine Rechtsgeschäfte in der Folge rückabgewickelt werden, vorausgesetzt, die Anfechtung wird innerhalb der Anfechtungsfrist von einem Jahr ab Kenntnis der die Anfechtung begründenden Umstände in Form der Täuschung erklärt, vgl. § 124 Abs. 1 BGB sowie § 39 TBK.

---

759 S. MüKoBGB/*Armbrüster*, BGB § 123 Rn. 18; Grüneberg/*Ellenberger*, § 123 BGB Rn. 11; *Helvacı*, 72.
760 *Schwab/Löhnig*, Rn 636, 280.
761 S. hierzu OLG Karlsruhe NJW 2014, 3733; BGH NJW 2007, 2041; BGHZ 117, 363, 368 NJW 1992, 1953; MüKoBGB/*Armbrüster*, BGB § 123 Rn. 15, *Eren*, 416.

In extremen Fällen von personalisierter Werbung, bei der das datengesteuerte Unternehmen die Grenzen des Datenschutzes überschreitet, ist es fast sicher, dass die andere Vertragspartei diesen bestimmten Vertrag überhaupt nicht oder nicht unter diesen Umständen abgeschlossen hätte, wenn sie das Ausmaß der Datenschutzverletzung oder die Rolle ihrer eigenen personenbezogenen Daten bei der Vertragsanbahnung kennen würde. Bei aggressiver personalisierter Werbung ist daher eine Form der arglistigen Täuschung und ein Anfechtungsrecht diesbezüglich zu bejahen. Zusammenfassend setzt ein Fall der arglistigen Täuschung i.S.v. § 123 Abs. 1 BGB und ein Fall der Täuschung nach türkischem Recht i.S.v. § 36 Abs. 1 TBK folgende Tatbestandsmerkmale voraus:

- Vorliegen einer Täuschung als Anfechtungsgrund (hier passive Täuschungshandlung durch Schweigen)
- Täuschungsbedingter Irrtum des Vertragspartners
- Kausalität zwischen diesem Irrtum und der abgegebenen Willenserklärung
- Widerrechtlichkeit der Täuschung
- Arglist bzw. Vorsatz des Täuschenden bei der Täuschung

4) Culpa in contrahendo i.S.v. § 311 Abs. 2 BGB und § 2 TMK

Eine weitere Möglichkeit in Fällen der algorithmischen Diskriminierung wäre der Rückgriff auf das Verschulden bei Vertragsschluss, das in Deutschland in § 311 Abs. 2 i.V.m. 241 Abs. 1 und 280 Abs. 1 BGB geregelt ist. Bei der *culpa in contrahendo* handelt es sich um die Fälle des Verschuldens bei der Vertragsanbahnung. Sie ermöglicht dem Geschädigten in der Regel zwei Ansprüche:[762] einen quasivertraglichen Anspruch, wenn es zwischen den Parteien nicht zu einem Vertragsschluss gekommen ist, oder einen Schadensersatzanspruch aus vorvertraglichem Verschulden, wenn es später zu einem Vertragsschluss gekommen ist.

Demgegenüber hat die *culpa in contrahendo* im türkischen Recht keine konkrete Regelung, sondern findet ihren Anwendungsbereich unter dem Gesichtspunkt von Treu und Glauben i.V.m. § 2 Abs. 1 TMK.[763] Unter *culpa in contrahendo* werden Sorgfalts-, Aufklärungs- und Schutzpflichten der Parteien bei Vertragsschluss verstanden, die auf einem vertragsähnlichen Vertrauensverhältnis beruhen. Bereits mit der Aufnahme rechtsgeschäftlicher Kontakte bzw. Vertragsverhandlungen entsteht zwischen den Parteien ein vorvertragliches, gesetzliches Schuldverhältnis, das von dem tatsächlichen Zustandekommen eines Vertrages und dessen Wirksamkeit

762 S. ausführlich *Looschelders*, 64ff.
763 *Eren*, 1158ff.

weitgehend unabhängig ist.[764] Für Schäden aus diesem besonderen Rechtsverhältnis haftet derjenige, der durch sein schuldhaftes Verhalten das Vertrauensverhältnis verletzt und dem anderen hierdurch einen Schaden zufügt.

Einige Autoren wie etwa Ebers[765] und Hacker[766] haben sich bereits mit der Anwendbarkeit dieses Rechtsinstituts befasst und ein Nachfolgesystem vorgeschlagen. Sie sind der Ansicht, dass die *culpa in contrahendo* eine wirksame rechtliche Lösung für alle Fälle von Vertragsverletzungen durch Big-Data-Analysen bietet. Mit anderen Worten: Indem sie ihre Überlegungen nicht speziell auf Preisdiskriminierung beschränken, sondern die Rationalitätsdefizite bei Verträgen, die auf Big Data-Analysen basieren, insgesamt in den Blick nehmen, bieten sie eine logische, vertragsrechtlich orientierte Lösung für das Problem, die auch auf Datenschutzverletzungen leicht anwendbar wäre. Dieser Ansatz setzt zwei Voraussetzungen für eine Haftung aus *culpa in contrahendo* voraus. Zum einen muss ein erhebliches Rationalitätsdefizit beim Kunden vorliegen und dieses Rationalitätsdefizit muss von der anderen Vertragspartei bewusst geschaffen, verstärkt oder ausgenutzt worden sein.[767] Angesichts der zunehmenden Möglichkeiten, die Privatsphäre zu beeinflussen und zu manipulieren, muss die andere Vertragspartei in der Lage sein, das Rationalitätsdefizit des Kunden zu überwinden.

Bei Datenschutzverletzungen durch Big-Data-Analysen kommt in der Regel der Vermögensschaden für die Wirksamkeit des Vertrages in Betracht, insbesondere wegen unterlassener Aufklärung über solche Praktiken. Entscheidend ist stets der Umfang der hier genannten vorvertraglichen Pflichten. Auch hier gilt der gleiche Maßstab wie bei § 123 Abs. 1 BGB:[768] Es besteht keine allgemeine Pflicht, den anderen Teil bei der Anbahnung eines Vertrages ungefragt über alle Tatsachen aufzuklären, die für dessen Willensentschluss von Bedeutung sein können.[769] Eine Aufklärungspflicht besteht vielmehr dann, wenn diese Tatsachen für den Entschluss des Anderen erkennbar von erheblicher Bedeutung sind und dieser nach Treu und Glauben und der Verkehrssitte erwarten darf, dass er über diese Tatsachen belehrt wird.[770]

Analog zur Diskussion um die Anfechtungsmöglichkeit erscheint es plausibel, dem Vertragspartner, dessen Daten zu diskriminierenden Zwecken verwendet worden sind, ein Recht auf umfassende Information über diejenigen getroffenen Maß-

---

764 *Medicus/Lorenz*, 242.
765 *Ebers*, MMR 2018, 423–428, 427ff.
766 *Hacker*, Verhaltensökonomik und Normativität, 661ff.
767 *Ebers*, MMR 2018, 423–428, 426, 427.
768 Für ähnliche Diskussion vgl. Teil C-II-2 beim Kapitel 2 (Anfechtungsmöglichkeit).
769 *Medicus/Lorenz*, 247.
770 BGH Urteil vom 11.11.2011 – V ZR 245/10 (OLG Hamm). Dazu NJW 2012, 846ff.

nahmen einzuräumen, die für den Vertragsschluss wesentlich sind. Aus der Sicht des Verbrauchers ist es fast immer der Fall, dass er ein berechtigtes Interesse daran hat, von der anderen Partei informiert zu werden, da diese Umstände zu einem erheblichen Unterschied in den wesentlichen Verhandlungsgrundlagen oder essentiale negotii eines bestimmten Vertrages führen. Diese berechtigte Erwartung geht über das oben Gesagte hinaus und ist unabhängig von der Art oder dem Inhalt des Vertrages; sie ergibt sich vielmehr aus den Regeln von Treu und Glauben im Zusammenhang mit dem Abschluss eines Vertrages.

Ein bloßer Hinweis auf die Personalisierung von Werbung und Angeboten, z. B. durch Setzen eines Häkchens durch den Kunden beim erstmaliger Nutzung einer Webseite oder einer mobilen Anwendung, sollte für die Erfüllung der Sorgfalts- und Informationspflichten eines Unternehmens im Hinblick auf personalisierte Verträge nicht ausreichend sein.[771] Ebenso wenig sollte es als ausreichend angesehen werden, wenn eine gesonderte Klausel in den Allgemeinen Geschäftsbedingungen oder den Nutzungsbedingungen der Webseite oder App die Personalisierung von Verträgen vorsieht. Eine Partei, die umfangreiche und unklare AGB oder Formularverträge verwendet, hat die Pflicht, ihre geschäftsunerfahrenen Vertragspartner klar und unmissverständlich über den wesentlichen Inhalt und die Tragweite der Klauseln zu informieren.[772] Die Kunden sind hierauf in einer Weise hinzuweisen, die keine Verwirrung aufkommen lässt.

Dies wäre für alle an einem Vertrag beteiligten Parteien zugleich von Vorteil. Entscheidet sich der Kunde trotz rechtmäßiger Erfüllung der Aufklärungspflicht dennoch für das durch die personalisierte Werbung hervorgehobene Angebot und schließt diesen konkreten Vertrag ab, könnte das Unternehmen sicher sein, dass es zivilrechtlich seinen Teil als redlicher Verkäufer[773] erfüllt hat und damit die spätere Geltendmachung bestimmter Rechtsbehelfe von vornherein ausgeschlossen ist.

Der Kunde oder das kleine Unternehmen könnte auch sicher sein, dass er über die Verwendung seiner Daten zu Werbezwecken und die damit verbundenen Folgen transparent informiert wurde. Die Vertragserfüllung unter diesen Bedingungen würde ihnen auch ein Gefühl der Sicherheit und eine größere Kontrolle über ihre personenbezogenen Daten bzw. eine größere Vertragsfreiheit geben.

Wenn diese Klauseln für die Nutzer gut sichtbar und lesbar wären, könnte dies auch im Interesse der Allgemeinheit sein, da dadurch viele mögliche rechtliche Probleme und Konflikte zwischen den Parteien vermieden werden könnten. Dies würde auch die Arbeitslast der Kundendienststellen der Unternehmen und nicht

771 *Schäfers*, AcP 221, 32–67, 54.
772 MüKoBGB/*Emmerich*, BGB § 311 Rn. 78.
773 Vgl. BGH Urt. vom 11.11.2011 – V ZR 245/10 (OLG Hamm). Supra Fn. 770.

zuletzt der Verbraucherschutzzentralen und Gerichte in den jeweiligen Ländern verringern.

Ein Vorteil der *culpa in contrahendo* in Fällen der personalisierten Werbung durch Algorithmen ist, dass sie auch eine Haftung des Unternehmens bei nicht vorsätzlicher, sondern fahrlässiger Täuschung begründen kann. Als Verschulden genügt bei der *culpa in contrahendo* einfache Fahrlässigkeit im Sinne von §§ 241 Abs. 2, 280 Abs. 1 und 276 Abs. 1, Abs. 2 BGB; Vorsatz ist hier – anders als nach § 123 Abs. 1 Alt. 1– nicht erforderlich. Auch die Anfechtbarkeit des Rechtsgeschäfts nach § 123 Abs. 1 Alt. 1 wegen arglistiger Täuschung bzw. Drohung schließt die Haftung aus *culpa in contrahendo* nicht aus.[774] In den Fällen, in denen die Aufklärungspflicht durch das datenverarbeitende Unternehmen in zulässiger Weise nicht erfüllt oder gänzlich verweigert wird, ist ein Anspruch des Vertragspartners aus Verschulden bei Vertragsschluss grundsätzlich zu bejahen.

Neben den Fällen der Preisdiskriminierung wäre diese Art der diskriminierenden Handlung jedoch weniger Gegenstand einer Haftung aus *culpa in contrahendo.* Denn während bei der Preisdiskriminierung mit an Sicherheit grenzender Wahrscheinlichkeit ein Vermögensschaden bei den Nutzern eintritt, ist dies bei der Datenschutzverletzung nur selten der Fall. Voraussetzung für eine Haftung aus *culpa in contrahendo* ist, dass der Vertragspartner einen Vermögensschaden im Sinne des § 249 BGB erleidet. In Schadensfällen, z.B. wenn der Nutzer durch personalisierte Werbung auch einen diskriminierenden Preis bezahlt hat, könnte das Rechtsinstitut der *culpa in contrahendo* eine Lösung sein, diesen Schaden zu ersetzen.

Derjenige, der den Irrtum – wenn auch unvorsätzlich – herbeigeführt hat, trägt die Beweislast für den fehlenden Kausalzusammenhang zwischen der Verletzung der Aufklärungspflicht und dem eingetretenen Schaden.[775] Für eine Haftung aus *culpa in contrahendo* im Zusammenhang mit personalisierter Werbung im Sinne der vorliegenden Arbeit sind folgende Tatbestandsmerkmale erforderlich:

- Ein Schuldverhältnis mit Pflichten nach § 241 Abs. 2 BGB
- Die Verletzung einer Pflicht aus § 241 Abs. 2 i.V.m. § 242 BGB (insbesondere Aufklärungspflichten)
- Vertretenmüssen dieser Pflichtverletzung nach §§ 280 Abs. 1 BGB i.V.m. 276 Abs. 1 BGB (wenigstens Fahrlässigkeit)
- Ersatz des Vermögensschadens i.S.v. § 249 BGB (Differenzhypothese)

774 OLG München NJW 2013, 946–947, 947.
775 MüKoBGB/*Emmerich*, BGB § 311 Rn. 79.

5) Weitere Anspruchsgrundlagen

a) Lauterkeitsrecht und Neuregelungen

Darüber hinaus sind die Regelungen des Lauterkeits- und Wettbewerbsrechts beider Länder bei diskriminierenden privatrechtsverletzenden Handlungen zu beachten. Hier sind vor allem die Vorschriften des UWG,[776] des TTK und neuere Regelungswerke wie DSA und DMA in Deutschland und das neue ETY in der Türkei zu nennen.[777]

Auch hier unterscheidet sich die Diskussion in etwa,[778] nur dass es diesmal um andere, vorrangige öffentliche Güter geht, nämlich auf das Grundrecht auf informationelle Selbstbestimmung als Teil des Persönlichkeitsschutzes.[779]

Eine Verletzung der Privatsphäre, die durch Big Data-Analysen verursacht wird, könnte eine Vielzahl von Unlauterkeits- und Wettbewerbsfällen – hier insb. § 3 Abs. 2 und § 4a Abs. 1 Nr. 3 UWG – auslösen. Darüber hinaus könnte eine solche Diskriminierung auch in Bezug auf den DSA, den DMA oder ETY[780] für unzulässig erklärt werden.

In Betracht kommen insbesondere Art. 24 DSA über Transparenzpflichten, Art. 25 DSA über die Gestaltung und Organisation der Online-Schnittstelle und Art. 26 DSA über Werbung auf Online-Plattformen und Art. 5 DMA über die Verpflichtungen von Torwächtern sowie Art. 21 ETY über Datenverarbeitung bei Online-Plattformen, die den unlauteren und bösgläubigen Datenhandel und die Werbeaktivitäten von datenverarbeitenden Unternehmen, insbesondere von Torwächtern, verbieten.

Die vorliegende Arbeit klammert diese Diskussionen jedoch an dieser Stelle aus.[781] Die Möglichkeiten des Lauterkeitsrechts einschließlich des Verbraucherschutzes nach § 3ff. i.V.m. § 9 Abs. 2 UWG werden teilweise im Rahmen der Vernetzungsproblematik in späteren Teilen behandelt.[782]

Die Regelungen von DSA, DMA und ETY helfen ohnehin nicht im Einzelfall, sondern eher bei der Bestimmung der Marktstellung von Unternehmen und der rechtlichen Grenzen diskriminierender Werbeaktivitäten. Beide Länder legen bei stärkeren Unternehmen mit relativer Marktmacht restriktivere Maßstäbe an. Eine kurze

---

776 Von Bedeutung ist vor allem die Möglichkeit eines UWG-Verstoßes wegen Werbung ohne Einwilligung nach § 7 Abs. 2 UWG. Ausführlich *McColgan*, AcP 221, 695–731, 74, 705.

777 Für eine Voruntersuchung über belästigende Werbungen s. Splittgerber/*Katko*/*Kaiser*, 256ff.

778 S. die Diskussion bei Teil C-II-4 beim Kapitel 2.

779 Basiert auf Art. 2 Abs. 1 GG i.V.m Art. 8 Abs. 1 Europäischen Menschenrechtskonvention. Für die Beziehung zwischen öffentlicher Datenverarbeitung und informationelle Selbstbestimmung s. BVerfG, Urteil des Ersten Senats vom 16.02.2023.

780 S. ausführlich oben Teil A-III-1 beim Kapitel 1.

781 Vgl. für einleitende Informationen zur Diskussion Teil C-II-4-b beim Kapitel 2.

782 S. Teil B-I beim Kapitel 5.

einleitende Erörterung und ein Vergleich zu diesem Thema folgt in Teil E der Arbeit.[783]

Es wird jedoch darauf hingewiesen, dass auch diese Vorschriften Gesetze im Sinne des § 2 EGBGB sind und ein Verstoß gegen ihre Grundsätze für die Beurteilung des § 134 BGB von Bedeutung ist.

b) Schadenersatzanspruch nach Art. 82 DSGVO

Der Art. 82 Abs. 1 DSGVO räumt Betroffenen, die durch einen Verstoß gegen die Verordnung einen materiellen oder immateriellen Schaden erlitten haben, einen Anspruch auf Schadensersatz ein.[784] Nach der aktuellen Rechtsprechung des EuGH ist mit einer Intensivierung von Schadensersatzansprüchen nach der DSGVO zu rechnen, da der Gerichtshof für Schadensersatzansprüche nach der DSGVO keine Erheblichkeitsschwelle voraussetzt.[785]

In den Artikeln 5 bis 12 DSGVO werden die allgemeinen Regeln für die Datenverarbeitung sowie die Einwilligung innerhalb der Europäischen Union festgelegt. So dürfen nach Art. 5 Abs. 1 lit. a) DSGVO Daten nur auf rechtmäßige Weise, nach Treu und Glauben und in einer für die betroffene Person nachvollziehbaren Weise verarbeitet werden. Ähnliche Grundsätze gelten für die Weitergabe personenbezogener Daten an Dritte. Preisdiskriminierende Praktiken, die aus Verstößen gegen diese Vorschriften resultieren, können auch individuelle Schadensersatzansprüche nach Artikel 82 DSGVO auslösen.

Das türkische Pendant zur DSGVO, das KVKK, lässt dagegen diesen wichtigen Ausgleich vermissen und sieht im Gegensatz zu Art. 82 DSGVO keinen Rechtsschutz für einzelne Betroffene vor, sondern beschränkt sich auf organisatorische Sanktionen für Fälle algorithmischer Diskriminierung.

---

783 S. insbes. Interventionsvorschläge unter Teil D beim Kapitel 6.

784 S. Teil C-III-3 beim Kapitel 4. Ausführlich zum Thema Ehmann/Selmayr/*Nemitz*, Art. 82, Rn. 8 ff. Vgl. auch *Zander-Hayat et. al.*, VUR Heft 11 2016, 403–409, 406; *Albrecht*, in: Albrecht (Hrsg.), S. 122–155, 152 ff.; Spindler/Schuster/*Spindler*/ *Horváth*, DS-GVO Art. 82 Fn 7 ff.

785 S. EuGH, Urteil vom 04.05.2023 (C-300/21); nach Auffassung des Gerichtshofs bedarf es nur eines Verstoßes gegen die Bestimmungen der DSGVO, der Entstehung eines materiellen oder immateriellen Schadens und eines Kausalzusammenhangs zwischen Schaden und Verstoß, damit die betroffene Person Schadenersatz verlangen darf, vgl. hierzu ausführlich *Heynike*, 09.05.2023.

III. Praxisorientierte Forschung der Privacy-Verletzung

1) Vertrag zwischen Unternehmen: Erwerb personenbezogener Daten zu Werbezwecken

In Fällen von Datenschutzverletzungen wird in der vorliegenden Arbeit zunächst die erste Vereinbarung zwischen dem werbenden Unternehmen und dem Social-Media- oder Datenunternehmen über den Erwerb personenbezogener Daten geprüft. Im Beispiel von Meta wird dieser Vertrag zwischen Meta und anderen Unternehmen oder Einrichtungen geschlossen, die Jugendlichen durch Werbung auf Facebook psychologische Hilfe anbieten wollen. Dieser Vertrag könnte gegen Geld oder eine andere Gegenleistung geschlossen werden, wobei die vorliegende Arbeit die einzelnen Leistungen und Gegenleistungen solcher Verträge außer Betracht lässt, da sie für die Rechtsfolgen irrelevant sind. Darüber hinaus soll nachfolgend die Natur eines solchen Vertrags aus vertragsrechtlicher Sicht innerhalb der Grenzen des Datenschutzrechts und des Vertragsrechts in Frage gestellt werden.

Die Vertragsinstitute, die dieser Vereinbarung zwischen zwei datengetriebenen Unternehmen am nächsten kommen, sind der Verstoß gegen ein gesetzliches Verbot i.S.v. § 134 BGB und § 27 Alt. 1 TBK sowie die Sittenwidrigkeit i.S.v. § 138 Abs. 1 BGB und § 27 Alt. 2 TBK.

Die Verbotswidrigkeit im Sinne von § 134 BGB und § 27 Alt. 1 TBK setzt einen Verstoß gegen ein Verbotsgesetz voraus, das im vertragsrechtlichen Sinne keine *lex perfecta* ist, also für den Fall seiner Verletzung nicht selbst eine eigene Rechtsfolge vorsieht.[786] An dieser Stelle könnten die Datenschutzgesetze der jeweiligen Länder, also die DSGVO und das BDSG bzw. das KVKK solche Verbotsgesetze darstellen. Gesetz im deutschen Sinne ist jede Rechtsnorm nach Art. 2 EGBGB und vom Gesetzgeber erlassene Gesetze im türkischen Sinne nach Art. 27 Alt. 1 TBK.[787] Unstrittig ist hingegen, dass die in Art. 4 KVKK niedergelegten Datenverarbeitungsgrundsätze zwingendes Recht im Sinne des türkischen Rechts darstellen. Darüber hinaus ist der allgemeine Rahmen der Datenverarbeitung in der türkischen Verfassung in ihrem Art. 20 Abs. 3 geregelt.[788]

Nach beiden Gesetzen, Art. 5 DSGVO und Art. 4 KVKK, muss die Datenverarbeitung transparent,[789] auf ein Mindestmaß rechtmäßiger Zwecke beschränkt sowie

786 S. Teil C-II-1 beim Kapitel 3.

787 Vgl. Teil C-II-1 beim Kapitel 3.

788 Art. 20 TGG lautet: „Jede Person hat das Recht auf Respekt vor ihrem Privat- und Familienleben. Die Privatsphäre des Privat- und Familienlebens ist unverletzlich."

789 S. an dieser Stelle Teil „Erster Überblick über die verglichenen Systeme" bei Einleitung und auch C-II-4-b beim Kapitel 4.

korrekt und vertraulich sein.[790] Die Verarbeitung und Beschaffung von Informationen über Jugendliche, einschließlich ihrer Unsicherheiten und psychischen Schwächen, geht weit über die gesetzlichen Grenzen hinaus. Daher sollte der vorbezeichnete Vertrag zwischen Meta und dem werbenden Unternehmen i.S.d. § 134 BGB i.V.m. Art. 5 DSGVO und i.S.v. § 27 Alt. 2 TBK i.V.m. Art. 4 KVKK für unwirksam erklärt werden. In einer vergleichbaren Entscheidung des OLG Frankfurt wurde ein Vertrag zwischen zwei Unternehmen untersagt und ein Kaufvertrag über den Erwerb von Adressdaten einer Vielzahl von Nutzern wegen Verstoßes gegen § 28 Abs. 3 BDSG a.F. i.V.m. § 134 BGB für unwirksam erklärt.[791]

Ferner könnte dieser Vertrag auch gegen die guten Sitten verstoßen und sittenwidrig im Sinne von § 138 Abs. 1 BGB und § 27 TBK sein. Gute Sitten sind das Rechts- und Anstandsgefühl aller billig und gerecht Denkenden.[792] Ein Rechtsgeschäft ist nichtig, wenn es durch sittenwidriges Handeln zustande gekommen ist und die Beteiligten die Sittenwidrigkeit kannten. Sittenwidrig ist auch die Verarbeitung personenbezogener Daten in einer Weise, die auf die psychische Schwäche von Nutzern, insbesondere von Jugendlichen, abzielt.

Meta teilt Informationen mit potenziellen Werbekunden und behauptet, dass es Nutzer mit Schwächen identifizieren kann. Die Werbetreibenden zahlen dann für diese Informationen und werben entsprechend. Auch wenn sie nicht vorsätzlich handeln, ist offensichtlich, dass beide Unternehmen zumindest Kenntnis von den den Sittenverstoß begründenden Umständen haben. Grundsätzlich müssen hier beide Parteien sittenwidrig handeln, wovon im vorliegenden Fall auszugehen ist.[793]

Der Vertrag über den Erwerb personenbezogener Daten mit sensiblen Informationen zwischen Meta und den jeweiligen Werbetreibenden ist sittenwidrig und gemäß § 138 Abs. 1 BGB sowie § 27 Alt. 2 TBK nichtig. Eine solche Verarbeitung könnte ggf. weitere Rechtsfolgen wie Bußgelder nach § 83 Abs. 2 i.V.m. Art. 4ff. DSGVO und Art. 18 Abs. 1 KVKK führen.[794]

---

790 Teil C-II-1 beim Kapitel 3.

791 OLG Frankfurt, Urt. v. 24.1.2018 – 13 U 165/16.

792 Zu diesem Konnex ausführlich MüKoBGB/*Armbrüster*, BGB § 138 Rn. 26; *Stadler*, 415; *Medicus/Petersen*, 298, 299.

793 *Brox/Walker*, Rn. 13–14, s. 164, 165.

794 Diese Bußgelder betragen je nach Art und Schwere des Verstoßes bis zu 20 Millionen Euro oder 4 % des Jahresumsatzes eines Unternehmens in Deutschland und bis zu einer Million türkischer Lira in der Türkei. Diese Obergrenze von einer Million türkischer Lira wurde mit der letzten Novellierung seit dem Jahr 2024 auf ca. 9,5 Millionen türkische Lira ab 2024 erhöht. Neuneinhalb Million türkische Lira entspricht Ende 2024 ungefähr 250.000 Euro.

2) Einzelverträge infolge personalisierter Werbung

a) PHD-Version: Personalisierung des Werbezeitpunktes

Die erste Version einer möglichen Privacy-Verletzung entstammt einer Studie des Datenunternehmens PHD über mögliche Werbezeiten für Make-up-Produkte. Etwa tausend volljährige Frauen wurden befragt, an welchen Tagen, zu welchen Tageszeiten und in welchen Situationen sie sich besonders schlecht, hässlich oder unattraktiv fühlen.[795]

> Der Bericht hebt hervor, dass sich fast die Hälfte der Frauen an Montagen und fast zwei Fünftel an Sonntagen schlecht und hässlich fühlen. Außerdem fühlen sich 58 % der Frauen zwischen 5.00 und 7.00 Uhr, 42 % der Frauen zwischen 1.00 und 5.00 Uhr und 39 % der Frauen zwischen 23.00 und 1.00 Uhr am hässlichsten.[796]
>
> Auf die Frage nach verschiedenen Situationen, die sie als unangenehm empfinden, antworteten 69 % mit Aufwachen, 67 % mit Krankheit, 61 % mit Stress und 54 % mit dem Ende des Tages.[797] Der Gedanke ist, solche Tage und Tageszeiten zu nutzen, um die Werbung auf Frauen zuzuschneiden, um mehr Frauen für Make-up-Produkte zu gewinnen. Werbetreibende, die Make-up-Produkte anbieten, sollten z. B. nicht an einem Donnerstagmittag werben, sondern z. B. an einem Sonntag zwischen 23.00 und 1.00 Uhr, was wahrscheinlich die beste Zeit wäre, um für solche Produkte zu werben.

Die PHD-Umfrage ist nur ein Anhaltspunkt für eine vergleichbare Analyse zur Bestimmung des Zeitpunkts von Werbung.[798] Die Verwendung von Algorithmen für das Timing von Werbung ist wahrscheinlich die am häufigsten verwendete Praxis, wenn es sich um die Personalisierung von Werbung handelt. Fast alle Webseiten und Anwendungen verwenden Cookies[799] und andere Quellen personenbezogener Daten sowie Datensätze von Datenanalysefirmen wie Sift,[800] um ihre Werbung und das Timing dieser Werbung auf die einzelnen Nutzer abzustimmen.

An dieser Stelle stellt sich die Frage, in welchem Umfang diese Art der zielgerichteten Werbung erlaubt sein sollte. Bei individuellen Verträgen zwischen Werbetreibenden und Verbrauchern wurde die Möglichkeit eines unzulässigen oder sittenwidrigen Vertragsschlusses im Falle einer Datenschutzverletzung bereits ver-

---

795 *Rosen*, The Atlantic, 03.10.2013. Die Umfrage wurde unter 648 Frauen aus verschiedenen Bevölkerungsgruppen durchgeführt, um die spezifischen Zeiträume und Situationen herauszufinden, in denen sich die Frauen in Bezug auf ihr Aussehen und ihre Attraktivität am verwundbarsten fühlen.

796 *Gauvry*, PR Newswire, 02.10.2013.

797 *Rosen*, The Atlantic, 03.10.2013.

798 S. auch *Schäfers*, AcP 221, 32–67, 36.

799 Über Cookies bzw. andere Trackings-Instrumente und deren Verwendung in diesem Zusammenhang ausführlich *Hacker*, Datenprivatrecht, 25–28.

800 Vgl. Teil C-II-2-a beim Kapitel 1.

neint.[801] Der durch die personalisierte Werbung von PHD zustande gekommene Vertrag könnte jedoch die Möglichkeit der Anfechtung wegen arglistiger Täuschung nach den § 123 Abs. 1 BGB, § 36 Abs. 1 TBK begründen oder eine Haftung wegen Verschuldens bei Vertragsschluss auslösen.

Die Fälle der arglistigen Täuschung i.S.v. § 123 Abs. 1 BGB und der Täuschung nach türkischem Recht i.S.v. § 36 Abs. 1 TBK werden vor allem durch den Anfechtungsgrund des Schweigens begründet. Im vorliegenden Fall könnte das Schweigen des Werbenden in Bezug auf die Personalisierung seiner Werbung einen Grund für eine Anfechtung darstellen. In diesem Fall könnte das Schweigen des Werbenden über die Personalisierung der Werbung einen Anfechtungsgrund darstellen. Ein Unternehmen, das den richtigen Zeitpunkt für die Ansprache seiner Kunden wählt, könnte für die Weitergabe dieser Information an seine potenziellen Kunden verantwortlich sein.

Im Falle der Personalisierung von Werbung, wie in der Studie von PHD über Make-up-Produkte, überschreitet der Grad der Irreführung nicht ein bestimmtes Maß. Erstens gibt es keine Täuschung über das Produkt oder den Preis, den der Kunde verlangt. Zweitens scheint das Unternehmen nicht die Privatsphäre der Nutzer zu verletzen, sondern versucht, seine Produkte in der günstigsten Zeitzone an seine Kunden zu liefern. Es mag ein ethisches Problem mit Werbepraktiken wie denen von PHD geben, aber es ist wichtig, zwischen dem zu unterscheiden, was ethisch unerwünscht ist, und dem, was vertraglich verboten ist.

Die bloße Optimierung der Werbezeit durch algorithmische Analyse ist nach der in der vorliegenden Arbeit vertretenen Auffassung nicht rechtswidrig. Natürlich könnte es Fälle geben, in denen der Zeitpunkt der Werbung mit anderen datenschutzrechtlichen Fragen vermischt wird, und die Anfechtbarkeit könnte in solchen Fällen einen geeigneten Mechanismus bieten. Selbst in diesem Fall wäre die Bestimmung des Zeitpunkts der Werbung nur ein unterstützender Grund für die Rechtsverletzung und nicht der Hauptgrund für die Anfechtbarkeit.

Eine weitere Möglichkeit bei der Personalisierung von Werbung durch Optimierung der Werbezeit wäre eine Haftung aus Verschulden bei Vertragsschluss. Verursacht ein Unternehmen durch den Einsatz von Werbung nach den Vorgaben von PHD oder ähnlichen Big-Data-Analysen bei seinen Kunden einen Schaden, so könnte eine Haftung aus *culpa in contrahendo* in Betracht kommen; dies gilt jedoch nicht, solange auf Kundenseite kein Schaden entsteht, z.B. in Form eines höheren Preis als Gegenleistung.[802]

801 Vgl. auch *Dornis*, ZfPW 2022, S. 310–345, 331ff.
802 Vgl. hier die Preisdiskriminierungsfälle beim Kapitel 2.

Diese Praxis erinnert an die klassische Strategie der Platzierung von Produkten in einem Geschäft oder an die Auswahl von Werbung auf der Grundlage des Fernsehkanals oder der Zeit, zu der diese Werbung auf dem Bildschirm zu sehen ist. Es versteht sich von selbst, dass Werbung, die sonntagmorgens um 10.00 Uhr auf einem Kinderkanal und dienstagabends um 21.00 Uhr auf einem Nachrichtenkanal gezeigt wird, sehr unterschiedlich ist. Dies ergibt sich aus der Natur des Geschäfts, das darin besteht, die richtige Zielgruppe zur richtigen Zeit zu erreichen. Die Studie von PHD und die daraus resultierende Werbung sowie die allgemeinen Diskriminierungen bezüglich des Zeitpunkts der Werbung sollten daher grundsätzlich als rechtskonform eingestuft und erlaubt werden.

Obwohl die gezielte Werbung für Frauen moralisch fragwürdig ist, scheint sie weder ein Anfechtungsrecht zu begründen noch Schadensersatzansprüche i.S.d. BGB oder dem Allgemeinen Gleichbehandlungsgesetz auszulösen und sollte daher erlaubt bleiben. Es sollte jedoch darauf hingewiesen werden, dass eine Überschneidung dieser Praxis mit anderen Formen der algorithmischen Diskriminierung, wie z.B. Preisdiskriminierung oder andere Formen der Diskriminierung im Zusammenhang mit dem Datenschutz, zu Anfechtungs- oder Haftungsfällen führen kann.[803] Wenn beispielsweise ein Werbetreibender den Zeitpunkt seiner Werbung mit einem Moment der Vulnerabilität einer Frau kombiniert, könnte ein solcher rechtmäßiger Rechtsbehelf zur Verfügung stehen. Die Verweigerung vertraglicher Rechtsbehelfe erstreckt sich nur auf die bloße Festlegung von Zeitpunkten, zu denen Werbung für Frauen gezeigt wird, und auf ähnliche, eher harmlose Werbestrategien.

Diese Arbeit versucht, ein Gleichgewicht zwischen dem Schutz des einzelnen Nutzers und der Innovation zu finden, wie bereits in der Einleitung erwähnt.[804] Eine Beschränkung jeglicher Tätigkeit wäre ebenso eine Gefahr für die Innovation, wie die Zulassung solcher Praktiken eine Gefahr für die Vertragsfreiheit der Nutzer wäre. Daher sollte die Tätigkeit der gezielten Werbung zur Bestimmung des Zeitpunkts, zu dem der Nutzer angesprochen wird, im Rahmen der zulässigen Innovation und des wirtschaftlichen Spielraums bleiben.

b) Meta-Version: Bestimmung der Zielgruppe

An die Grenzen der Privatsphäre stößt auch eine Praxis von Meta[805] in Australien. Die Zielgruppe in diesem Fall sind junge Menschen in Australien. Es handelt sich um 1,9 Millionen Sekundarschüler, 1,5 Millionen Universitätsstudenten und etwa

803 Für die kombinierte Art von Diskriminierungspraktiken s. Kapitel 5.

804 S. hier Teil „Vermittlung als Ausgangspunkt“ bei Einleitung.

805 Vormals Facebook.

drei Millionen junge Arbeitnehmer, was ungefähr 6,5 Millionen jungen Menschen entspricht. Meta behauptet in einem durchgesickerten Insiderbericht, dass das Unternehmen in der Lage sei, junge Nutzer zu identifizieren, die sich unsicher oder wertlos fühlten.[806] Diese Personen könnten dann mit psychologiebasierter Werbung angesprochen werden, um ihnen Unterstützung anzubieten.

So teilt Meta psychologische Informationen über Jugendliche mit Werbetreibenden. Solche Daten reichen von eher grundlegenden Informationen über die Nutzer wie Standort, Anzahl der Freunde, Zugriffszeiten und Geräte, mit denen sie auf das Netzwerk zugreifen, bis hin zu sensiblen Themen wie die Frage, ob die Nutzer Sport treiben oder sich sicher bzw. unsicher fühlen. Das Unternehmen könnte Beiträge und Fotos in Echtzeit überwachen, um herauszufinden, wann sich die jungen Nutzer „gestresst“, „besiegt“, „überfordert“, „ängstlich“, „nervös“, „dumm“, „nutzlos“ oder „wie Versager“ fühlen.[807] Nach Bekanntwerden des Berichts entschuldigte sich Meta öffentlich und erklärte, daran zu arbeiten, das Problem zu beheben.[808]

Diese zweite Art der Werbung unterscheidet sich von der ersten, denn sie erscheint nicht so harmlos wie die Werbung zu bestimmten Zeiten. Zum einen richtet sie sich nicht an volljährige Frauen, sondern an Jugendliche, die von Natur aus anfälliger sind und ein höheres Maß an rechtlichem Schutz benötigen. Zweitens wird nicht nur versucht, den richtigen Zeitpunkt für die Kontaktaufnahme mit einem potenziellen Kunden zu finden, sondern diese potenziellen Kunden werden direkt anhand ihrer früheren Online-Aktivitäten identifiziert. Drittens geht die Macht von Meta weit über die Macht von PHD hinaus, wenn es um die Möglichkeit geht, personalisierte Werbung zu schalten und eine algorithmische Analyse durchzuführen.

Darüber hinaus erreicht Meta mehr als sechs Millionen Studenten und junge Arbeitnehmer in einem ganzen Land, was die Fähigkeit des Unternehmens und die Reichweite seines Eifers zeigt, seine Gewinne mit allen erforderlichen Mitteln zu maximieren. Wenn ein Unternehmen mit der Größe und Macht von Meta[809] eine solch fragwürdige Aktion in einem relativ rechtsstaatlichen Land wie Australien versucht, könnten seine Aktivitäten in anderen, weniger regierten Ländern oder in

806 Vgl. *Levin*, The Guardian, 01.05.2017.

807 *Levin*, The Guardian, 01.05.2017.

808 Ein Teil dieser Entschuldigung lautete sinngemäß: Facebook hat einen etablierten Prozess zur Überprüfung der von ihm durchgeführten Forschung. Diese bestimmte Recherche folgte nicht diesem Prozess, und wir überprüfen die Details, um das Versehen zu korrigieren. Vgl. *Machkovech*, Report: Facebook Helped Advertisers Target Teens Who Feel „Worthless“, ArsTechnica 05.01.2017. Abrufbar unter: https://arstechnica.com/information-technology/2017/05/facebook-helped-advertisers-target-teens-who-feel-worthless/.

809 So könnte z. B. Meta ohne weiteres als Gatekeeper (Torwächter) im Sinne vom Art. 3 DMA bezeichnet werden.

Ländern mit schwächerem Verbraucher- oder Onlinenutzerschutz viel häufiger aufgedeckt werden. Schließlich sind Meta in der Vergangenheit bereits mehrere Fälle vorgeworfen worden, bei denen es um Probleme im Zusammenhang mit dem Schutz der Privatsphäre und Social Engineering ging.[810] Daher sollte diese zweite Art der gezielten Werbung von Meta auf dem Sozialnetzwerk Facebook genauer untersucht werden.

Die Informationen, die Meta über seine Nutzer sammelt und an Werbetreibende weitergibt, enthalten auch einige sensible Merkmale: Die Ermittlung des Vertrauensniveaus einzelner Nutzer, ihre entsprechende Einstufung und die Weitergabe der gefährdeten Personen an die jeweiligen Werbetreibenden. Dies führt dazu, dass Meta mehr Gewinn aus der Big-Data-Analyse zieht und die Werbetreibenden mehr Gewinn aus der steigenden Zahl erfolgreich abgeschlossener Verträge. Es könnte auch im Interesse des einzelnen Nutzers sein, da er in einigen Fällen die psychologische Unterstützung erhält, die er tatsächlich benötigt. Es könnte aber auch dazu führen, dass die Jugendlichen unsicherer und gestresster werden, weil sie an ihre psychische Verletzlichkeit erinnert werden. Dies ähnelt dem Beispiel der Raucherentwöhnung bei Wagner/Eidenmüller.[811]

Die Annahme eines verbots- oder sittenwidrigen Vertrages wurde bereits für den Fall eines bloßen Datenschutzverstoßes verneint. Der durch die personalisierte Werbung auf Facebook zustande gekommene Vertrag könnte jedoch eine Anfechtung nach § 123 Abs. 1 Alt. 1 BGB, § 36 Abs. 1 TBK wegen arglistiger Täuschung oder einer Haftung aus *culpa in contrahendo* auslösen.

Für die Anfechtung i.S.v. § 123 Abs. 1 Alt. 1 BGB und § 36 Abs. 1 TBK müssen ein Anfechtungsgrund, Kausalität und Rechtswidrigkeit der Täuschung sowie Arglist oder Vorsatz des Täuschenden bei der Täuschung vorliegen.[812] Ein Anfechtungsgrund kommt hier insbesondere durch das Schweigen des Unternehmens über wesentliche Vertragsbestandteile in Betracht. Meta übermittelt die sensiblen Informationen über seine Nutzer und der Werbetreibende schließt daraufhin individuelle Verträge mit den einzelnen Nutzern ab. In diesem Zusammenhang liegt keine aktive Täuschungshandlung des Unternehmens vor, vielmehr ruft das Schweigen des Unternehmens in dem Nutzer einen Irrtum hervor.

Voraussetzung hierfür wäre zunächst das Bestehen einer Pflicht des Unternehmens zur Aufklärung über die wesentlichen Merkmale. Die andere Vertragspartei

---

810 Zu nennen ist hier beispielhaft der Cambridge-Analytica-Skandal aus den 2010er Jahren, siehe dazu etwa *Confessore*, Cambridge Analytica and Facebook: The Scandal and the Fallout So Far, NYT 04.04.2018; abrufbar unter: https://www.nytimes.com/2018/04/04/us/politics/cambridge-analytica-scandal-fallout.html.

811 Vgl. Supra Fn. 663, *Wagner/Eidenmüller*, ZfPW 2019, 220–246, 232.

812 Ausführlich zu diesen Voraussetzungen Teile C-II-2 beim Kapitel 2 und C-II-3 beim Kapitel 3.

hätte den Vertrag gar nicht oder nicht unter diesen Umständen abgeschlossen, wenn sie das Ausmaß der Privacy-Verletzung oder die Rolle ihrer personenbezogenen Daten in der Vertragsphase gekannt hätte. Weiterhin besteht zu diesem Zeitpunkt eine erkennbare Informationsasymmetrie zwischen den Vertragsparteien. Besteht eine erkennbare Informationsasymmetrie, so kann die geschäftliche oder berufliche Unerfahrenheit, insbesondere auch die Jugend des Vertragspartners, es nach Treu und Glauben gebieten, dass der Vertragspartner ihn aufklärt.[813]

Kausal ist auch die Willenserklärung, die im Rahmen der personalisierten Werbung abgegeben wird. Die Unternehmen haben auch keinen berechtigten Grund für die Täuschungshandlung, d.h. die Täuschung ist auch widerrechtlich.

Schließlich müsste der Werbende arglistig oder vorsätzlich handeln. Arglistig handelt, wer die Täuschungssituation kennt und will, also Vorsatz i.S.v. § 276 Abs. 1 BGB hat. Dabei genügt bedingter oder Eventualvorsatz,[814] der vorliegt, wenn der Täuschende den Taterfolg ernstlich für möglich hält und diese Gefahr in Kauf nimmt oder sich billigerweise damit abfindet.[815] In den meisten Fällen wird das Unternehmen hinreichendes Wissen und Wollen haben, den Verbraucher zum Abschluss bestimmter Verträge zu veranlassen, oder es wird dieses Risiko zumindest aus Gründen der eigenen Gewinnmaximierung durch Erhöhung der Vertragswahrscheinlichkeit in Kauf nehmen.

Im Fall von Meta handeln die Werbetreibenden in der Regel vorsätzlich, da sie die sensiblen Informationen über den Nutzer gezielt und in den meisten Fällen gegen Bezahlung erhalten. In den seltenen Fällen, in denen der Werbetreibende tatsächlich ohne Vorsatz handelt, muss er nachweisen, dass er die möglichen Folgen, in diesem Fall die Schwelle, den Inhalt oder den Umfang der von Meta erhaltenen personenbezogenen Daten, nicht kannte oder nicht vorhersehen konnte. Diese Arbeit bejaht für den Meta-Fall einen Anfechtungsanspruch wegen arglistiger Täuschung durch Schweigen unter Berücksichtigung von Treu und Glauben gemäß § 123 Abs. 1 Alt. 1 BGB i.V.m. § 242 BGB und § 36 Abs. 1 TBK i.V.m. § 2 Abs. 1 TMK.

Eine Verletzung des Rechts auf Privatsphäre als Folge einer aggressiven personalisierten Werbung könnte auch zu einer Haftung nach den Regeln der *culpa in contrahendo* i.S.v. § 311 Abs. 2 BGB i.V.m. §§ 242 Abs. 1, 280 Abs. 1 oder Abs. 2 BGB führen. Voraussetzung hierfür ist ein Schuldverhältnis zwischen Parteien mit Pflichten i.S.v. § 241 BGB, eine Verletzung dieser Pflichten und ein Verschulden an dieser Verletzung sowie ein Vermögensschaden i.S.v. § 249 BGB. Ersatz des hierdurch entstandenen Vermögensschadens ist die Rechtsfolge.

---

813 MüKoBGB/*Armbrüster*, BGB § 123 Rn. 35.
814 MüKoBGB/*Armbrüster*, BGB § 123 Rn. 15, *Eren*, 416.
815 OLG Karlsruhe NJW 2014, 3733; BGH NJW 2007, 2041; BGHZ 117, 363, 368 NJW 1992, 1953.

Ein Schuldverhältnis zwischen dem Werbenden und dem Nutzer i.S.v. § 241 Abs. 2 BGB beginnt mit dem Besuch der Facebook-Webseite bzw. -App, der im vorliegenden Fall durch das Anklicken der zuvor personalisierten Werbung zu einem Vertragsschluss führt. Man könnte sogar argumentieren, dass die Kontaktaufnahme im vertragsrechtlichen Sinne bereits mit der Erhebung, Speicherung, Übermittlung und Auswertung der besonders schützenswerten personenbezogenen Daten erfolgt.

Darüber hinaus müsste auch eine Verletzung von Pflichten aus § 242 BGB und § 2 TMK vorliegen. In diesem Zusammenhang kommt vor allem die Aufklärungspflicht auf Seiten der werbenden Unternehmen in Betracht. Darunter versteht man die Pflicht einer Partei zur ungefragten Aufklärung der anderen Partei über Umstände, die für die Entscheidung erkennbar von Bedeutung sind. Aufklärungspflichten gehören nach herrschender Meinung zu den Nebenpflichten im Sinne des § 241 Abs. 2.[816] Eine Aufklärungspflicht wird bejaht, wenn die Tatsachen für den Entschluss einer Vertragspartei erkennbar von ausschlaggebender Bedeutung sind und diese nach Treu und Glauben mit Rücksicht auf die Verkehrssitte eine Aufklärung hierüber erwarten darf.

Weiter muss der Werbende eine solche Rechtsverletzung auch zu vertreten haben. Mit anderen Worten müsste das Unternehmen bei der Personalisierung der Werbung vorsätzlich oder fahrlässig gehandelt haben. Nach § 276 Abs. 2 BGB genügt – anders als bei der Anfechtung – einfache Fahrlässigkeit. Zumindest einfache Fahrlässigkeit kann in Fällen wie Meta, wo der Datensatz auch sensible Informationen über den Nutzer enthält, die nicht erhoben und weitergegeben werden dürfen, in der Regel angenommen werden.[817] Unternehmen, die solche Daten zum Zwecke der Werbung sammeln, kaufen oder nutzen, sollten auch die Konsequenzen solcher Werbung übernehmen.

Weitere Voraussetzung einer Haftung aus *culpa in contrahendo* ist es, dass der Vertragspartner, der durch personalisierte Werbung kontrahiert, einen Vermögensschaden im Sinne des § 249 BGB erleidet. In Schadensfällen, z.B. wenn der Verbraucher durch eine solche Werbung dazu veranlasst wurde, einen diskriminierenden Preis zu zahlen, könnte das Verschulden bei Vertragsschluss eine Lösung bieten, um diesen Schaden zu kompensieren.

Zusammenfassend lässt sich festhalten, dass im Fall von Meta bzw. in Fällen algorithmischer Diskriminierung durch personalisierte Werbung eine Haftung aus *culpa in contrahendo* im Sinne von § 311 Abs. 2 BGB i.V.m. §§ 242 Abs. 1 und 280

---

816 MüKoBGB/*Bachmann*, BGB § 241 Rn. 184; Dannemann/Schulze/*Schulze*, § 241, Rn. 9; NK-BGB/*Krebs*, § 241, Rn. 55ff.; *Brömmelmeyer*, Schuldrecht Allgemeiner Teil, 2. Auflage 2020, S. 55, 56; *Denga*, ZfDR 2022, 229–260, 250; Grüneberg/*Grüneberg*, § 242 BGB Rn. 7,8.

817 Vgl. die Unwirksamkeit des Vertrags über den Erwerb solcher Daten beim Teil C-III-1 beim Kapitel 3.

Abs. 1 oder Abs. 2 TMK in Betracht kommt, wenn ein Vermögensschaden auf Seiten der Verbraucher vorliegt. Dieser Schaden wird nach § 249 BGB ersetzt. Der aus *culpa in contrahendo* zum Schadensersatz Verpflichtete hat den hypothetischen Zustand im Sinne des § 249 BGB herzustellen, in dem sich der Nutzer der App oder Webseite ohne die Pflichtverletzung befinden würde.

Unternehmen, die über personenbezogene Daten verfügen, sollten in Fällen, in denen sie personalisierte Werbung zur Bestimmung ihrer Zielgruppen einsetzen, vorsichtig und aufmerksam vorgehen, um die zulässigen Grenzen der Personalisierung nicht zu überschreiten und die Privatsphäre ihrer Nutzer nicht zu verletzen. Andernfalls würde dies häufig zur Anfechtbarkeit des durch die personalisierte Werbung zustande gekommenen Vertrages oder zur Haftung des Unternehmens aus *culpa in contrahendo* führen, geschweige denn, dass auch der erste Vertrag über den Erwerb solcher Daten nichtig wäre.

D. Zusammenfassung Privacy-Verletzung

Bei der vertragsrechtlichen Prüfung der Privacy-Verletzung kommen vor allem die Verbotswidrigkeit i.S.v. § 134 BGB, § 27 TBK, die Sittenwidrigkeit i.S.v. § 138 BGB, § 27 TBK, die Anfechtbarkeit des Vertrages wegen arglistiger Täuschung i.S.v. § 123 Abs. 1 Alt. 1 BGB sowie Täuschung gem. § 36 TBK und eine Haftung aus *culpa in contrahendo* zur Anwendung. Daneben kann unterstützend auf lauterkeits- und datenschutzrechtliche Mechanismen zurückgegriffen werden, insbesondere den Schadensersatzanspruch nach Art. 82 DSGVO.

Bei der Untersuchung unterscheidet diese Arbeit zwischen dem B2B-Vertrag über den Erwerb personenbezogener Daten, die rechtswidrige Persönlichkeitsmerkmale sowie die den Nutzer gefährdenden Merkmale enthalten, und dem Vertrag zwischen einzelnen Nutzern und Werbetreibenden infolge Privacy-verletzender Werbeaktivitäten.

Der erstgenannte Vertrag zwischen Werbetreibenden und plattformbetreibenden sowie datenverarbeitenden Unternehmen ist nach § 134 BGB und § 27 Alt. 1 TBK verbotswidrig und nach § 138 BGB und § 27 Alt. 2 TBK sittenwidrig, soweit dieser Vertrag gegen datenschutzrechtliche und andere Verbotsgesetze sowie gegen die guten Sitten verstößt. Dieser Vertrag ist inhaltlich von dem Einzelvertrag zu trennen, der sich aus der verbots- oder sittenwidrigen werbenden Tätigkeit ergibt.

Die Einzelverträge könnten ebenfalls Verbots- und Sittenwidrigkeit, Anfechtbarkeit und *culpa in contrahendo* begründen. Diese Verträge sind, solange sie inhaltlich keine eigenen verbots- oder sittenwidrigen Elemente enthalten, nicht unmittelbar verbots- oder sittenwidrig, auch wenn der eigentliche Vertrag als solcher zu qualifizieren war. Die Verletzung von Aufklärungspflichten könnte einen Anfechtungsgrund wegen arglistiger Täuschung im Sinne von § 123 Abs. 1 Alt. 1 BGB und Täuschung im Sinne von § 36 TBK darstellen. Eine Haftung aus *culpa in contrahendo* i.S.v. §§ 311 Abs. 2 i.V.m. 241 Abs. 2 BGB und § 2 TMK könnte sich auch aus vorvertraglichen Pflichtverletzungen ergeben.

Bei der PHD-Variante geht es nur um die Optimierung der Werbezeiten und inhaltlich sind in den Verträgen keine Elemente inbegriffen, die gegen Verbotsgesetze oder gegen die guten Sitten verstoßen. Diese Praxis erinnert an klassische Strategien wie die Platzierung von Produkten in einem Geschäft oder die Auswahl von Werbung basierend auf dem Fernsehkanal oder der Sendezeit, zu der diese Werbung auf dem Bildschirm erscheint. In diesem Sinne sollte die reine Optimierung der Werbezeiten zulässig bleiben.

In der Meta-Variante liegen jedoch Täuschungs- und Haftungselemente vor, da der Werbetreibende die persönlichen Eigenschaften von schutzbedürftigen Personen wie Jugendlichen ausnutzt und zumindest mit Eventualvorsatz gegen den Grundsatz von Treu und Glauben vorgeht. In diesem Fall käme die Anfechtung wegen arglistiger Täuschung und eine Haftung aus *culpa in contrahendo* zum Tragen.

Daneben könnte ein Privacy-Verstoß bei der Beurteilung von subjektiven Tatbestandsmerkmalen wie Vorsatz, Arglist oder Fahrlässigkeit von Bedeutung sein, insbesondere wenn es um die im Zusammenhang mit der Vernetzungsproblematik stehenden Fragen geht.[818]

---

818 S. Teil A-I beim Kapitel 5.

4. Kapitel
Vertragsrechtliche Prüfung weiterer Praktiken algorithmischer Diskriminierung

A. Gesamtrahmen und Kategorisierung

Preisdiskriminierung und Verletzung der Privatsphäre sind zwar die wichtigsten und rechtlich relevantesten, aber nicht die einzigen Praktiken, die sich aus der Analyse von Big Data ergeben. Es sind auch andere Formen der Personalisierung und Diskriminierung möglich, die ebenfalls Gegenstand der Beobachtung und Untersuchung sein sollten.

Einige Nutzer werden aufgrund ihrer personenbezogenen Daten daran gehindert, auf bestimmte Waren und Dienstleistungen zuzugreifen und sind daher von Geoblocking betroffen. Unter Geoblocking versteht man die Sperrung des Zugangs eines einzelnen Nutzers oder einer Gruppe von Nutzern auf der Grundlage ihres Standorts.[819] Das Geoblocking führt nicht zu einer Diskriminierung des Nutzers in Bezug auf die Leistung oder Gegenleistung, sondern hat unmittelbar zur Folge, dass ein möglicher Vertrag nicht zustande kommt.

Hinzu kommt, dass bei fast allen Suchanfragen in Suchmaschinen oder auf Online-Marktplätzen für verschiedene Nutzerinnen und Nutzer unterschiedliche Ergebniszeilen angezeigt werden. Dieses Phänomen wird nachfolgend als Preissteuerung[820] oder Suchdiskriminierung[821] bezeichnet. Bei der Suchdiskriminierung handelt es sich um ein Szenario, bei dem jeder einzelne Nutzer für die gleiche Suchanfrage die gleichen Ergebnisse erhält, jedoch in einer für ihn individuell angepassten Reihenfolge.[822] Dieser Unterschied kann sich aus dem verwendeten Betriebssystem, aus dem Browserverlauf früherer Klicks und Käufe, aus dem Vorhandensein

819 Vgl. *Weber*, Rechtswörterbuch, Geoblocking, 694.
820 Für eine derartige Nutzung: *Hannak et.al.*, ACM 2018, 305–318.
821 Für eine derartige Nutzung: *Mikians et. al.*, ACM 2012 79–84.
822 Eine Preissteuerung ist möglich, weil E-Commerce-Webseiten Suchergebnisse häufig nicht nach einer objektiven Metrik wie Preis, Gesamtbenutzerbewertung oder Datum des Uploads sortieren. Stattdessen sortieren sie die Ergebnisse anhand einer mehrdeutigen Metrik wie „Am relevantesten“. Obwohl jede Plattform unterschiedliche Implementierungen hat, haben sie es gemeinsam, dass sie eine Art personalisierte Metrik verwenden. Amazon verwendet zum Beispiel seine eigene Metrik namens „Amazon präsentiert“, während Ebay seine Ergebnisse nach „Beste Ergebnisse“ und Alibaba nach „Best Match“ sortiert.

https://doi.org/10.1515/9783111653686-005

oder Nichtvorhandensein einer Mitgliedschaft für eine bestimmte Website oder mobile App oder aus dem Standort des Nutzers ergeben.[823]

Schließlich kann man die allgemeine Undurchsichtigkeit des gesamten Analyseprozesses bzw. die daraus resultierenden Praktiken in Frage stellen. Transparenz ist nicht nur ein Falltyp an sich, sondern auch ein Problemkreis in der Welt der Datenanalyse, der die Möglichkeit anderer fragwürdiger Diskriminierungspraktiken vergrößert.[824] Der Nutzer einer bestimmten App oder Webseite versteht kaum, wie und zu welchem Zweck seine personenbezogenen Daten verwendet und weitergegeben werden oder was Big-Data-Analysen für ihn genau bedeuten. Obwohl moderne Rechtsinstrumente wie die DSGVO oder das KVKK versuchen, solche Auswirkungen durch transparentere Einwilligungsprozesse zu überwinden, bleibt die Transparenz nach wie vor eines der größten vertraglichen Probleme bei Big-Data-Analysen.[825]

Die Transparenzprobleme reichen vom Einwilligungsverfahren im Sinne der DSGVO und des KVKK bis hin zu fragwürdigen Praktiken bei der Verwendung der erhobenen personenbezogenen Daten, die häufig in die AGB des jeweiligen Unternehmens im Sinne der §§ 305ff. BGB und § 27 TBK aufgenommen sind. So wurde beispielsweise festgestellt, dass kaum bekannte Unternehmen selbst kleinste personenbezogene Daten wie frühere Lebensmittelbestellungen oder Airbnb-Nachrichten[826] sammeln und diese Analysen an ihre Kunden verkaufen oder anderweitig weitergeben. Eine im Voraus erteilte Einwilligung in die Erhebung und Weitergabe solcher Daten stellt so gut wie keine Lösung dar, da es ihr in der Regel an bestimmten Merkmalen einer rechtswirksamen Einwilligung fehlt.[827]

An diesem Punkt unterscheidet sich die Untersuchung dieser drei Praktiken in dieser Arbeit von den ersten beiden, indem sie nicht derart detailliert in die Praktiken eintaucht, sondern diese Praktiken als Verschärfung der algorithmischen Diskriminierung betrachtet, die zu einer erhöhten vertraglichen Haftung führen könnten. Die vorliegende Arbeit betrachtet diese drei Praktiken daher als Hilfspraktiken und stellt sie weniger in den Mittelpunkt der Untersuchung. Vielmehr werden sie

---

823 Für die Bezeichnung und Typen der Preissteuerung ausführlich *Hannak et.al.*, ACM 2018, 305–318.

824 S. ausführlich *Hacker*, Datenprivatrecht, 397ff.

825 S. etwa *Zander-Hayat et. al.*, VUR Heft 11 2016, 403–409, 406, 407; vgl. auch supra Fn. 224.

826 Die sogenannten Verbraucherberichte umfassen bis zu vierhundert Seiten für einen einzelnen Verbraucher.

827 LG München I, Urteil vom 11.10.2018 – 12 O 19277/17. Die Entscheidung bezieht sich auf eine Klausel in den AGB eines Online-Dating-Portals in Deutschland, die es ermöglicht, dass der Betreiber dieses Portals im Namen des jeweiligen Benutzers Nachrichten mit nicht näher bestimmten Inhalt versenden darf, ohne ihre konkrete Einwilligung haben zu müssen. S. auch dazu *McColgan*, AcP 221, 695–731, 727.

als Teil der Geschäftsbedingungen einer bestimmten Anwendung oder Webseite untersucht, die den Weg für fragwürdige Praktiken zum Nachteil der ohnehin schwächeren Seite der Transaktion ebnen. Es gibt jedoch eine Reihe von Rechtsbehelfen, die durch die bloße Nutzung dieser Praktiken ausgelöst werden können. Diesem Thema ist der nachfolgende Teil gewidmet.

I. Geoblocking

Geoblocking liegt vor, wenn ein Unternehmer den Zugang zu seinen Online-Benutzerschnittstellen wie Webseiten und Apps für Kunden aus anderen bestimmten Ländern oder Regionen, die grenzüberschreitend Geschäfte tätigen wollen, sperrt oder einschränkt.[828] Geoblocking bezieht sich im Allgemeinen auf die Beschränkung des Zugangs zu bestimmten Waren oder Dienstleistungen aufgrund des Standorts des Nutzers.[829] Geoblocking ist auf geografische Unterschiede zurückzuführen und hängt davon ab, wo die Nutzer zugreifen. Das Ergebnis des Geoblockings ist keine signifikante Diskriminierung zwischen Nutzern, sondern das Fehlen eines ansonsten möglichen Vertragsabschlusses. Allerdings ist anzumerken, dass Geoblocking in der Praxis häufig Preisdiskriminierung beinhaltet. In diesem Fall werden jedoch zwei verschiedene Praktiken, nämlich Geoblocking und Geodiskriminierung, gleichzeitig angewandt.[830]

Geoblocking ist ein häufig angewandtes Verfahren zur Beschränkung des Zugangs zu Inhalten auf bestimmte geografische Regionen. Grundlage des Geoblockings ist die Ermittlung der IP-Adresse[831] des Nutzers und die Bestimmung des Standorts des Nutzers. Die Zuordnung der IP-Adresse erfolgt durch den Internet Service Provider des Nutzers. Anschließend prüft die Webseite oder der Dienst, ob sich der Nutzer in einer zulässigen Region befindet, um den Zugriff auf den Inhalt zu ermöglichen. Der Zugriff auf den Inhalt wird verweigert, wenn sich der Nutzer in einer gesperrten Region befindet. Unternehmen setzen Geoblocking häufig ein,

---

828 Vgl. hier der Erwägungsgrund Nr. 1 der Geoblocking Verordnung (VO (EU) 2018/302) „(...) Das ist der Fall, wenn in einem Mitgliedstaat tätige Anbieter für Kunden aus anderen Mitgliedstaaten, die grenzüberschreitende Geschäfte tätigen wollen, den Zugang zu ihren Online-Benutzeroberflächen, wie zum Beispiel Internetseiten und Anwendungen, sperren oder beschränken (als „Geoblocking" bekannte Praxis). Dasselbe gilt, wenn Anbieter sowohl online als auch offline für Kunden aus anderen Mitgliedstaaten unterschiedliche allgemeine Geschäftsbedingungen für den Zugang zu ihren Waren und Dienstleistungen anwenden (...)"

829 Vgl. *Weber*, Rechtswörterbuch, Geoblocking, 694.

830 Vgl. hierzu auch die Vernetzungsproblematik beim Kapitel 5.

831 Vgl. auch Teil A-III beim Kapitel 1.

um regionale Gesetze und Lizenzvereinbarungen einzuhalten. Geoblocking kann aber auch aus fragwürdigen Motiven eingesetzt werden, um den Wettbewerb einzuschränken oder die Preise in verschiedenen Märkten zu kontrollieren.

Dass böswillige Geoblocking-Praktiken existieren, lässt sich bereits nachweisen. In einer früheren Studie wurden Geoblocking-Praktiken im Online-Handel in den Vereinigten Staaten nachgewiesen. Dabei wurden einige der meistbesuchten Webseiten wie Amazon und Staples.com untersucht, bei denen die Preise für die Nutzer je nach Standort um bis zu 166 % voneinander abwichen.[832]

In Brasilien wurde eine andere Geldstrafe wegen Geoblocking und Geopricing verhängt.[833] Für Nutzer aus Brasilien und anderen lateinamerikanischen Ländern berechnete die digitale Reiseplattform Decolar unterschiedliche Preise.[834] Während der Olympischen Spiele 2016 in Brasilien, einer besonders tourismusintensiven Zeit, wurden bestimmte Hotelzimmer für diese ausländischen Touristen *reserviert*, indem brasilianische Nutzer aufgrund ihres Standorts blockiert und preislich diskriminiert wurden.[835] Selbst wenn die Zimmer von Brasilianern gebucht werden konnten, konnten die Preisunterschiede bis zu 500 % betragen.[836] Ziel war es, mehr ausländische Touristen anzulocken, die im Durchschnitt mehr Geld ausgeben und mit hoher Wahrscheinlichkeit in einer stärkeren Währung als dem brasilianischen Real bezahlen.[837] Das Bußgeld wurde auf 2,5 Millionen brasilianische Real festgesetzt.

Die Schuldverhältnisse, die Geoblocking beinhalten, lassen sich nur schwer im Einzelnen bestimmen, da es sich häufig nicht um einen Vertrag handelt und der Nutzer nicht erkennen wird, dass er durch Geoblocking diskriminiert wird und dass er seine Ansprüche durchsetzen darf. Aus diesem Grund sollte die Praktik des Geoblockings in erster Linie auf die Regulierung durch den Gesetzgeber beschränkt werden. Unternehmen und Organisationen, die mit Big-Data-Analysen in großem Maßstab arbeiten, dürfen Geoblocking-Praktiken nur in dem Umfang und in den Grenzen anwenden, in denen dies gesetzlich zulässig ist. Andernfalls wird den Unternehmen, die im Verhältnis zu den Nutzern ohnehin schon übermäßig mächtig sind,[838] eine neue Art von Manipulationsmacht verliehen, die sich völlig von der

832 *Mikians et. al.*, ACM 2012 79–84, 80.

833 Ausführlich zur Geldstrafe Teil B-III-1 beim Kapitel 1. S. *Grundmann*, in: Grundmann et. al., 230–247, 240.

834 Die Entscheidung ist abrufbar unter: https://www.procon.sp.gov.br/procon-sp-multa-decolar/. Ausführlich s. auch *Souto Correa Advogados*, 05.02.2020.

835 *Meyerhof Salama/Batista da Silva*, Personalized Pricing in Brazil, 2023, 1ff.

836 Zur Geschichte des Verfahrens und zu den Beweggründen für die Reiseplattform s. *Meyerhof Salama/Batista da Silva*, Personalized Pricing in Brazil, 2023.

837 S. Teile B-I und B-III-1 beim Kapitel 1.

838 Ausführlich *Picht*, Relative Marktmacht, Geoblocking und Digitalisierung, SZW 4, 315–325, 2022.

bisher bekannten unterscheidet und nur schwer zu erkennen und zu verhindern ist.[839]

So könnte z.B. ein Angebot mit kostenlosem Versand an Orten, an denen die Versandkosten für den Verkäufer höher sind, nicht angezeigt werden. In ähnlicher Weise könnte eine App für Mitfahrgelegenheiten versuchen, Kunden für längere Fahrten zu gewinnen, indem sie so tut, als gäbe es keinen geeigneten Fahrer für eine Person, die gerade auf der Suche nach einem Taxi für eine Kurzstrecke ist. In ähnlicher Weise könnten die Preise für bestimmte Produkte absichtlich für diejenigen erhöht werden, die Schwierigkeiten beim Zugang zu diesen Produkten auf herkömmlichen Wegen haben, z.B. weil sie weit entfernt von den Geschäften der Konkurrenten wohnen.[840]

Zur Bekämpfung von Geoblocking-Praktiken im Binnenmarkt hat die EU bereits Maßnahmen ergriffen. Ein konkretes Beispiel hierfür ist die Geoblocking-Verordnung.[841] Die Geoblocking-Verordnung zielt darauf ab, ungerechtfertigte Diskriminierungen bei Online-Käufen im EU-Binnenmarkt zu beenden. Sie verbietet Diskriminierungen aufgrund der Staatsangehörigkeit, des Wohnsitzes oder des Ortes der Niederlassung.[842] Im Gegensatz dazu hat die Türkei keine konkreten Maßnahmen ergriffen, um dieses Problem anzugehen, was zur Folge hat, dass ihre Bürger derzeit anfälliger für solche Praktiken sind.

Allerdings ist auch die GBV nicht in jeder Hinsicht perfekt. Sie verhindert nämlich nur die Fälle von Geoblocking oder Geodiskriminierung, die von einem Mitgliedstaat in einen anderen Mitgliedstaat verlagert werden, während sie keine Regelung für die gleichen Praktiken innerhalb eines bestimmten Mitgliedstaats, z.B. in Deutschland, vorsieht.[843] Die Verordnung würde zum Beispiel einen deutschen Staatsbürger mit Wohnsitz in Frankfurt/Oder vor einer Geoblocking-Praxis schützen, die gegen einen polnischen Staatsbürger mit Wohnsitz auf der anderen Seite der Grenze, zum Beispiel in Slubice,[844] gerichtet ist. Wenn dieselbe Sperre jedoch

---

839 S. Teil C beim Kapitel 1 für die bisherige Diskussion.

840 Vgl. auch obiges Beispiel zur Preisdiskriminerung durch Bürobedarfunternehmen in Teil B-I beim Kapitel 1.

841 Verordnung 2018/302 des Europäischen Parlaments und des Rates vom 28. Februar 2018 über Maßnahmen gegen ungerechtfertigtes Geoblocking und andere Formen der Diskriminierung aufgrund der Staatsangehörigkeit, des Wohnsitzes oder des Ortes der Niederlassung des Kunden innerhalb des Binnenmarkts und zur Änderung der Verordnungen (EG) Nr. 2006/2004 und (EU) 2017/2394 sowie der Richtlinie 2009/22/EG. Abrufbar unter: https://eur-lex.europa.eu/legal-content/DE/TXT/HTML/?uri=CELEX:32018R0302&from=DE.

842 S. hier die Erwägungsgründe der Verordnung Nr. 1–3.

843 S. Teil B-III-1 beim Kapitel 1.

844 Zwei Städte werden durch den Fluss *Oder* getrennt, so dass die Entfernung zwischen ihnen etwa einen Kilometer beträgt.

gegen zwei Deutsche angewandt wird, die weit voneinander entfernt wohnen, würde sie nicht greifen.

Hätte der Fall Decolar seinen Ursprung in Europa, wäre die Verordnung als Maßnahme nach dem Recht der Europäischen Union anwendbar gewesen, da die Praxis gegen einen bestimmten Standort der Nutzer gerichtet war. Die Praxis würde nicht in den Anwendungsbereich der Verordnung fallen, solange die gleiche Art von Geoblocking zwischen verschiedenen Gebieten in ein und demselben Land auftritt. Als Kontrollmechanismen und zur Bestimmung der Grenzen des Geoblockings sollten in diesen Fällen das türkische und das deutsche nationale Vertragsrecht eingreifen.

Eine weitere Möglichkeit an dieser Stelle wäre die Intervention des Kontrahierungszwangs in extremen Fällen und als Ausnahmetatbestand. Das Rechtsinstitut des Kontrahierungszwangs steht sowohl in Deutschland als auch in der Türkei im Widerspruch zum Grundsatz der Privatautonomie und ist daher nur in Ausnahmefällen zulässig.[845] Dazu gehören grundsätzlich Dienstleistungen, die für den Wirtschaftsverkehr von großer Bedeutung sind und nicht von allen Interessenten freiwillig erworben werden können. Ein Kontrahierungszwang besteht z. B. für Taxiunternehmen nach § 22 PBefG oder für Telekommunikationsunternehmen nach § 84 TKG oder für Krankenkassen im Hinblick auf den Basistarif i. S. v. § 193 Abs. 5 VVG.

Ebenso kann bei bestimmten Geoblocking-Praktiken durch Big-Data-Analysen ein Kontrahierungszwang vorliegen, wenn das Unternehmen, das diese Analysen nutzt, einen ähnlichen Dienst anbietet wie in den klassischen Fällen des Kontrahierungszwangs, z. B. bei Mitfahrdiensten wie Uber oder Miles oder bei Arzneimittelplattformen wie DocMorris[846] oder Shop-Apotheke,[847] die verschreibungspflichtige Arzneimittel verkaufen.

In diesen Fällen sollte ein mögliches Geoblocking gesetzlich verboten werden, so dass es Unternehmen nicht gestattet ist, Geoblocking bei Diensten, die gewöhnlich dem Kontrahierungszwang unterliegen, nicht zu praktizieren. Auch sollten sie keine Klauseln in ihre Allgemeinen Geschäftsbedingungen aufnehmen, die Geoblocking ermöglichen. Dies bedeutet nicht, dass diese Unternehmen ihre Nutzer nicht diskriminieren dürfen. Es besteht jedoch kein angemessener Grund, einen rechtlichen Unterschied zwischen einem Unternehmen, das einen Dienst physisch anbietet, und einem anderen Unternehmen, das den identischen Dienst virtuell anbietet, zu machen.

---

845 S. ausführlich Teil C-II-1 beim Kapitel 4.

846 Die Hauptseite: https://www.docmorris.de/.

847 Die Hauptseite: https://www.shop-apotheke.com/.

Die allgemeinen Vorschriften des BGB und der türkischen TBK und TMK werden in bestimmten Fällen von Geoblocking weiterhin angewandt und dienen als allgemeine Schranken für algorithmische Vertragsabschlüsse.

Die Praxis des Geoblockings ist in den meisten Fällen durchaus zweckmäßig, da sie den Unternehmen in manchen Fällen bei der Einhaltung regionaler Gesetze oder beim Schutz ihrer eigenen Rechte des geistigen Eigentums helfen kann, aber sie muss auch sorgfältig kontrolliert werden. Die Klauseln, die die Praxis des Geoblocking ermöglichen, stammen aus den Allgemeinen Geschäftsbedingungen der Unternehmen. Für sie gelten die allgemeinen gesetzlichen Regelungen zu AGBs, d.h. die §§ 305ff. BGB und §§ 21ff. TBK. Die üblichen Inhaltskontrollmechanismen wie § 138 BGB bzw. § 27 Abs. 1 Alt. 2 TBK oder § 134 BGB bzw. § 27 Abs. 1 Alt. 1 TBK sind auch auf solche Klauseln anzuwenden.

II. Suchdiskriminierung / Preissteuerung

Die Personalisierung von Suchergebnissen ist ein weiteres Resultat der Personalisierung durch Big-Data-Analysen.[848] Dabei wird die Reihenfolge der angezeigten Ergebnisse durch Algorithmen anhand der Daten des Nutzers, z.B. seines Standorts oder seiner wirtschaftlichen Leistungsfähigkeit, verändert. Obwohl es sich um dieselben Ergebnisse handelt, sieht jeder Nutzer sie in einer personalisierten Reihenfolge.[849] Dies hängt von Faktoren wie dem verwendeten Betriebssystem, dem Browser, der Kaufhistorie, der Mitgliedschaft bei der Webseite oder dem Standort ab.

In dieser Arbeit wird zwischen zwei Formen der Preissteuerung bzw. Suchdiskriminierung unterschieden, da diese in der Praxis in zwei verschiedenen Erscheinungsformen auftritt:

- **Suchdiskriminierung ersten Grades:** Die erste Form ist dadurch gekennzeichnet, dass bestimmte Ergebnisse für bestimmte Nutzer aufgrund ihres Standortes, ihrer individuellen Präferenzen oder anderer persönlicher Merkmale nicht zugänglich sind. Die Betrachtung und Untersuchung dieser Form der Suchdiskriminierung könnte analog zur Untersuchung des Geoblockings erfolgen.
- **Suchdiskriminierung zweiten Grades:** Die zweite Form der Suchdiskriminierung ist im Gegensatz zu der ersten Form keine Sperrung von Nutzern, sondern die Präsentation von exakt denselben Suchergebnissen für alle Nutzer, aller-

848 S. etwa ausführlich *Engert*, AcP 218, 304–376, 336ff., 340ff.
849 S. *Dornis*, ZfPW 2022, 310–345, 315, 320.

dings in unterschiedlicher Reihenfolge. Diese Art der Differenzierung wird in vielen Fällen in einer harmlosen Art und Weise eingesetzt. Es besteht jedoch durchaus die Gefahr, dass die Diskriminierung bei der Suche zu einem wertvollen Instrument wird, das die Wahrscheinlichkeit des Abschlusses diskriminierender Verträge erhöht.

Die bereits erwähnte Studie von Mikians et al. zeigt auch, dass es Praktiken der Diskriminierung bei der Suche gibt, bei denen die Ergebnisse in der Regel in Abhängigkeit vom finanziellen Wohlstand des Kunden verändert werden.[850] Wenn ein Nutzer preisbewusster ist, werden ihm auf den ersten Seiten Ergebnisse mit Produkten angezeigt, die erschwinglicher sind, während ein Kunde, der wohlhabender ist, auf der ersten Seite Ergebnisse mit teureren Produkten angezeigt bekommt.

Die Studie von Hannak et al. zeigt, dass eine Reihe von Unternehmen in den USA bereits eine Diskriminierung der Verbraucher durch unterschiedliche Preisgestaltung praktiziert.[851] Dies wird nicht durch offensichtliche Preisunterschiede oder durch das Blockieren von Verbrauchern erreicht,[852] sondern durch versteckte oder nicht versteckte Änderungen in der Reihenfolge der Suchergebnisse.

Diese Arbeit kombiniert die Erkenntnisse beider Studien und verwendet die Definitionen und Diskriminierungsmodelle von Hannak et al. und Mikians et al. zusammen. Beide Studien untersuchen unterschiedliche Aspekte desselben Phänomens. Während Mikians et al. in ihrer Studie aus dem Jahr 2012 herausfanden, dass große Online-Unternehmen wie Amazon, Google und Staples diskriminierende Suchergebnisse erzeugen, indem sie verschiedene Modellierungstechniken wie den Standort, das Betriebssystem des Nutzers oder andere personenbezogene Daten verwenden,[853] und dabei den Begriff der Suchdiskriminierung verwenden,[854] beschreiben Hannak et al. in ihrer Studie aus dem Jahr 2014 diese Diskriminierung als Preissteuerung[855]. Nicht nur in der verwendeten Terminologie, sondern auch in Bezug auf die untersuchten Unternehmen unterscheiden sich die beiden Studien.

Durch ähnliche Experimente mit verschiedenen Metriken konnten Hannak und ihre Kollegen herausfinden, dass Expedia, ein Hotelreservierungsunternehmen, Nutzer zu teureren Ergebnissen führt,[856] während Home Depot und Travelocity Kunden, die mobile Geräte wie Smartphones oder Tablets verwenden, diskrimi-

850 *Mikians et. al.*, ACM 2012 79–84, 80, 83ff.
851 *Hannak et.al.*, ACM 2018, 305–318.
852 Wie z. B. beim Geoblocking.
853 *Mikians et. al.*, ACM 2012 79–84, 82ff.
854 Search discrimination (Arama Sonuçlarında Ayrımcılık).
855 Price steering (Fiyat Yönlendirmesi).
856 *Hannak et.al.*, ACM 2018, 315–318, 306.

nierende Suchergebnisse anzeigen.[857] Priceline wiederum zeigt Suchergebnisse auf der Grundlage früherer Such- und Kaufvorgänge in diskriminierender Weise an.[858] In ihrer Studie identifizierten Hannak et al. fünf Hauptansatzpunkte für die Diskriminierung von Suchergebnissen,[859] darunter die verwendete Websuchmaschine, das Betriebssystem des Computers und des mobilen Geräts, die Mitgliedschaft des Nutzers sowie die Klick- und Kaufhistorie.[860]

Ein umfassenderes Bild von diskriminierenden Praktiken in Suchergebnissen lässt sich durch die Kombination dieser beiden Studien zeichnen:

- Eine große Anzahl von Unternehmen, darunter Suchmaschinen wie Google, Preisvergleichsportale und Online-Marktplätze wie Amazon sowie Portale für die Buchung von Flügen und Hotels, diskriminieren in ihren Suchergebnissen.
- Zweitens verwendet diese Diskriminierung viele der Metriken, die bereits im Abschnitt über Preisdiskriminierung erwähnt wurden.
- Drittens wird Suchergebnisdiskriminierung oft nicht als eigenständige Praxis angewandt, sondern als Ergänzung zu anderen diskriminierenden Praktiken wie Preisdiskriminierung.[861]

Eine Korrelation zwischen der Reihenfolge der Ergebnisse und den tatsächlichen Klicks oder Entscheidungen der Suchenden mag auf den ersten Blick unwahrscheinlich erscheinen. Aus anderen Studien geht jedoch hervor, dass die Reihenfolge der Suchergebnisse durchaus einen gewissen Einfluss auf das Zustandekommen von Verträgen haben kann.[862] Demnach gehen die Nutzer selten über die erste Seite der Suchergebnisse hinaus.[863] Die oben erwähnte Google-Studie zeigt auch, dass die Nutzer dazu neigen, auf eines der ersten Ergebnisse einer bestimmten Google-Suche zu klicken.[864] Dabei spielt es keine Rolle, wie genau das Ergebnis ist oder ob es für den einzelnen Nutzer einen finanziellen Vorteil bringt.

Die Personalisierung von Suchergebnissen von einem Verbraucher zum anderen hat – ebenso wie die anderen in diesem Papier behandelten Praktiken – viele Vorteile für die Unternehmen, die sie anwenden. Sie zieht eine größere Zahl von Verbrauchern an, erhöht die Wahrscheinlichkeit eines erfolgreichen Vertragsab-

---

857 *Hannak et.al.*, ACM 2018, 315–318, 306.
858 *Hannak et.al.*, ACM 2018, 315–318, 306.
859 *Hannak et.al.*, ACM 2018, 315–318, 312ff.
860 S. hier auch die entsprechenden Diskussionen über Preisdiskriminierung bei Teilen C-II-1-a beim Kapitel 1 und A beim Kapitel 2.
861 S. hier die Vernetzungsproblematik beim Kapitel 5.
862 Vgl. hier *Pan et. al.*, JoCMC 2007, 801–823.
863 *Mikians et. al.*, ACM 2012 79–84, 80.
864 *Pan et. al.*, JoCMC 2007, 801–823.

schlusses und führt in vielen Fällen auch zu einer Erhöhung des Preises, der gezahlt wird.

Zu beachten ist auch, dass in vielen Fällen Preisdiskriminierung und personalisierte Suchergebnisse gleichzeitig eingesetzt werden, indem dem Kunden auf der Grundlage seines Kaufverhaltens, seines Standorts oder seiner Suchhistorie angezeigt wird, was er sehen sollte, oft zu einem höheren Preis. Wird dies jedoch auf undurchsichtige Art und Weise durchgeführt, kann es auch zu erheblichen vertraglichen Problemen für den Verbraucher führen.

Wenn Unternehmen vorrangig ihre finanziellen Interessen und nicht die ihrer Kunden verfolgen, kann erstens die Gesamtwohlfahrt beeinträchtigt werden.[865] Zweitens könnte es die Filterblase um den Kunden verstärken[866] und ihn davon abhalten, potenziell gute Angebote oder bessere Preise zu erhalten. Die Praxis der personalisierten Suchergebnisse sollte daher im Lichte der KVKK und der DSGVO sowie der TBK und des BGB geprüft werden.

Suchdiskriminierung, wenn sie allein angewandt wird, kann verschiedene Auswirkungen auf den Vertrag haben, führt jedoch nicht zu besonders schwerwiegenden vertraglichen Haftungssituationen. Wenn sie als sekundäre Praxis betrachtet wird, die andere Formen der Diskriminierung unterstützt, verschleiert oder verstärkt, können die vertraglichen Folgen erheblicher sein. Zum Beispiel kann ein Unternehmen, das bei der Suche diskriminiert und dies vor seinen Nutzern verbirgt, wegen Transparenz-Verstoß haftbar gemacht werden, auch wenn die Praxis der Suchdiskriminierung nicht direkt rechtswidrig ist.[867]

Eine Haftung kann sich auch dann ergeben, wenn die Diskriminierung bei der Suche in einem so extremen Ausmaß betrieben wird, dass der Nutzer praktisch keinen Zugang mehr zu geeigneten und günstigeren Angeboten hat. In diesem zweiten Fall ist eine Beurteilung ähnlich wie beim Geoblocking im Sinne einer vertraglichen Beurteilung vorzunehmen. In der Praxis würde es kaum einen Unterschied machen, ob ein Angebot einem Nutzer vollständig vorenthalten oder für ihn praktisch unerreichbar wird.

Grundlage für diese rechtliche Beurteilung muss der Grundsatz von Treu und Glauben sein. Der Rahmen dafür wird durch das BGB und die TMK vorgegeben und durch die Rechtsprechung ausgefüllt.

---

865 S. etwa *Zurth*, AcP 221, 514–554, 525, 528ff.; *Gal/Elkin-Koren*, HJLT 2017, 309–353, 324; *Wagner/Eidenmüller*, ZfPW 2019, 220–246, 223ff., 237ff.; *Zander-Hayat et. al.*, VUR Heft 11 2016, 403–409, 405, 406; *Grundmann*, CMLR 2002, 269–293, 277ff.; *Brunnenberg*, 231.

866 Vgl. *Pariser*, The Filter Bubble: What the Internet is Hiding from You, 2011. S. ausführlich Teil C-II-3-a beim Kapitel 1.

867 S. Kapitel 5.

Das AGB-Recht beider Länder und seine Inhaltskontrollmechanismen aus §§ 134, 138 BGB und §§ 21ff., 28 TBK kommen wie bei der Diskussion um Geoblocking auch bei der Diskriminierung von Suchergebnissen zur Anwendung. Für den Fall von Schäden, die auf die Diskrepanz zwischen den Suchergebnissen zurückzuführen sind, könnte auch der Anspruch aus *culpa in contrahendo* ein geeigneter Rechtsbehelf sein.

Suchdiskriminierung ist ein weit verbreitetes Problem. Dies wird auch durch europäische Studien bestätigt, die zeigen, dass fast zwei Drittel der Unternehmen, die online tätig sind, diskriminierende Praktiken bei der Suche anwenden.[868] Im Extremfall kann dies zu einer Haftung aus *culpa in contrahendo* führen, wenn ein Vertrag aufgrund der Diskriminierung nicht erfüllt wird. Darüber hinaus kann eine intensive Diskriminierung dazu führen, dass relevante Ergebnisse für den Nutzer praktisch unerreichbar werden, was im Rahmen dieser Arbeit mit Geoblocking gleichgesetzt wird. Mangels rechtfertigender Gründe für die Benachteiligung können AGB, die eine solche vorsehen, nach §§ 305ff. BGB und §§ 21 TBK unwirksam sein. Anderenfalls kann sie eine unterstützende Rolle bei der Erleichterung anderer Formen der algorithmischen Diskriminierung durch datengetriebene Unternehmen spielen.

III. Andersartige Probleme (Transparenz und Mischformen)

In Frage gestellt werden müssen auch die Undurchsichtigkeit des gesamten Analyseprozesses und die daraus resultierenden Praktiken. Transparenz ist nicht nur in Bezug auf eine bestimmte Fallgruppe, sondern auf die gesamte Analyse im Allgemeinen eines der Hauptprobleme in der Welt der Datenanalyse.[869] Die Nutzerinnen und Nutzer einer bestimmten App oder Webseite haben nur sehr wenig Kenntnis darüber, wie und zu welchem Zweck ihre Daten verwendet und weitergegeben werden. Regelungen wie die DSGVO, das BDSG oder das KVKK versuchen zwar, diese Probleme durch transparentere Einwilligungsprozesse und Abhilfemaßnahmen zu lösen. Dennoch bleibt die Transparenz eine der größten rechtlichen Herausforderungen bei der Big-Data-Analyse.

Die Probleme im Zusammenhang mit der Transparenz reichen von fragwürdigen Einwilligungsverfahren im Sinne der jeweiligen Datenschutzgesetze bis hin zu unethischen Praktiken bei der Nutzung von Daten, die im Rahmen solcher Einwil-

---

868 Vgl. *Europäische Kommission*, Consumer Market Study on Online Market Segmentation Through Personalized Pricing/Offers in the European Union, Executive Summary 07.2018; *Europäische Kommission*, A European Strategy for Data, 19.02.2020, COM (2020) 66 final.

869 Ausführlich *Hacker*, Datenprivatrecht, 397ff.

ligungen erhoben und verwendet werden, im Sinne der Inhaltskontrolle des BGB oder des TBK.[870]

Die französische Datenschutzbehörde CNIL führte unmittelbar nach Inkrafttreten der DSGVO eine Untersuchung gegen Google durch und verhängte eine Geldbuße in Höhe von 50 Millionen Euro aufgrund mangelnder Transparenz der Datenpraktiken und des Fehlens einer Rechtsgrundlage für die Verarbeitung von Nutzerdaten für personalisierte Werbung.[871] In dem Beispiel war die Einwilligung nicht wirksam, da sie nicht durch eine aktive Handlung erteilt wurde, sondern durch einen Widerspruch gegen die Verarbeitung.[872] Die Zwecke der Verarbeitungen wurden angesichts des Umfangs und der Folgen der durchgeführten Verarbeitungen viel zu allgemein beschrieben, und die Beschreibung der erhobenen Daten war ungenau und unvollständig.[873] So wurde Art. 12 GDPR ebenfalls verletzt worden.

Die Bedeutung der Transparenz in Bezug auf Datenpraktiken liegt darin, dass sie nicht nur zu rechtlichen Problemen führen kann, sondern auch die Wahrscheinlichkeit erhöht, dass ein Unternehmen für andere Praktiken mit einem rechtlichen Verbot belegt wird. Selbst wenn ein Unternehmen beispielsweise Preise kontrolliert oder diskriminiert und dies innerhalb der rechtlichen Grenzen tut, hat der Nutzer ein berechtigtes Interesse daran, zu erfahren, was es mit seinen personenbezogenen Daten macht.[874] Dieses grundlegende Recht auf Transparenz ergibt sich aus der Tatsache, dass der Nutzer die Quelle ist, die diese Daten in erster Linie generiert hat. Aus diesem Grund ist die Transparenz wahrscheinlich das Thema, das in der Literatur im Bereich des Datenschutzes am kontroversesten diskutiert wird.[875]

Der Grundsatz der Transparenz ist in beiden Ländern Gegenstand von Datenschutzgesetzen[876] und kann sogar Teil der Verfassungsquellen[877] sein. Es sollte daher nicht nur eine Form der Diskriminierung sein, sondern vielmehr das Hauptkriterium für die Festlegung der Grenzen anderer Praktiken. Diskriminierende

---

870 Daher die Mischformen.

871 CNIL, SAN-2019-001, 21.01.2019. S. Teil B-III-3 beim Kapitel 1.

872 Ein Opt-out (Devre Dışı Bırakma).

873 Eine englische Zusammenfassung der Geldstrafe sowie die Rechtsgrundlagen von CNIL ist abrufbar unter: https://gdprhub.eu/index.php?title=CNIL_(France)_-_SAN-2019-001.

874 S. ausführlich Teil A-I beim Kapitel 2.

875 Vgl. *Hacker*, Datenprivatrecht, 397 ff.; *Manwaring*, Competition and Consumer Law Journal 2018, 141–181; *Cohen*, UCDLR 2017, 133–204, 191 ff.; *Kelber*, „Alle meine Daten" – der Abschlussbericht der Datenethikkommission, ZD 2020, 73–76.

876 Z. B. Art. 5 Abs. 1 lit. a DSGVO und Art. 4 Abs. 1 lit. c KVKK.

877 So garantiert Art. 20 TGG die Privatsphäre jedes türkischen Staatsangehörigen. in ähnlicher Weise schützt Art. 8 Abs. 1, 2 und 3 GRCh den Schutz personenbezogener Daten. Nach Art. 8 Abs. 3 GRCh hat jede Person das Recht, Auskunft über die sie betreffenden erhobenen Daten zu erhalten und die Berichtigung der Daten zu erwirken.

Preisgestaltung oder Geoblocking, die sich aus einer intransparenten Datenverarbeitung ergeben, sind, wie bereits in verschiedenen Abschnitten erörtert,[878] problematisch.

Bei der Untersuchung von Privacy-Verletzung[879] und der Beurteilung der Treuwidrigkeit des Anbieters spielt auch die Transparenz der Datenverarbeitung eine wichtige Rolle. Beispielsweise verbietet der neue DSA in Artikel 25, der mit *Gestaltung und Organisation der Online-Schnittstelle* überschrieben ist, dass Anbieter digitaler Dienste ihre Dienste in einer Weise gestalten, die gegen die allgemeinen Transparenz- und Gutglaubensvorschriften der DSGVO und der nationalen Zivilgesetze wie BGB und TBK verstößt.[880] Dementsprechend regelt Art. 21 des neuen ETY die Grundlagen der Datenverarbeitung für Dienstleistungsplattformen[881] und beschränkt die Datenverarbeitung durch diese Unternehmen auf Zwecke der Vermittlung und Verbesserung.[882] In Ermangelung einer vergleichbaren Regelung beim ETY ist es jedoch möglich, ähnliche Ergebnisse auf der Grundlage der geltenden Bestimmungen des KVKK, des TMK und des TBK zu erzielen.[883] Nichtsdestotrotz erscheint die Einführung einer vergleichbaren Regelung in das türkische Recht notwendig.

In der Transparenzdebatte werden sowohl die AGB-Kontrolle beider Länder als auch die Datenschutzmechanismen nach Art. 5 DSGVO und Art. 4 KVKK in Frage gestellt. Anzumerken ist an dieser Stelle, dass Transparenz nach der Datenschutz-Grundverordnung nicht nur ein wichtiger Grundsatz der Datenverarbeitung, sondern auch ein unmittelbares Recht der von der Datenverarbeitung betroffenen Personen ist. Bereits nach Art. 5 Abs. 1 DSGVO muss die Datenverarbeitung transparent erfolgen, während Art. 12 DSGVO unter der Überschrift „Rechte des Betroffenen" Transparenz als Recht definiert. Gemäß Art. 12 Abs. 1 DSGVO sind die Informationen über die Datenverarbeitung der betroffenen Person in präziser, transparenter, verständlicher und leicht zugänglicher Form in einer klaren und einfachen Sprache zur Kenntnis zu bringen.

---

878 S. Teile C-I beim Kapitel 2 und A-I beim Kapitel 4.

879 S. Kapitel 3.

880 Abs. 1 des Artikels lautet: Anbieter von Online-Plattformen dürfen ihre Online-Schnittstellen nicht so konzipieren, organisieren oder betreiben, dass Nutzer getäuscht, manipuliert oder anderweitig in ihrer Fähigkeit, freie und informierte Entscheidungen zu treffen, maßgeblich beeinträchtigt oder behindert werden.

881 S. hierzu Teil A-III-1 beim Kapitel 1.

882 Abs. 1 des Artikels lautet: Die von der ETHS (Dienstleistungserbringer-Plattformen) oder dem Empfänger erhaltenen Daten, mit Ausnahme von öffentlich zugänglichen Daten, ausschließlich zum Zweck der Erbringung und Verbesserung der Vermittlungsdienstleistung verwendet.

883 An erster Stelle sind hier § 2 TMK zum Grundsatz von Treu und Glauben, Art. 4 und 5 KVKK zum Grundsatz der Datenverarbeitung und § 21 TBK zur AGB-Kontrolle zu erwähnen.

Eine konkrete Regelung des Transparenzgrundsatzes enthält das KVKK hingegen nicht. Dieser wird jedoch durch eine weite Auslegung der Informationspflichten durch die türkische Datenschutzbehörde auch als Grundsatz der Datenverarbeitung angenommen.[884]

B. Denkbare Normgrundlagen in beiden Ländern

I. Relevante Vorschriften

In Bezug auf andere Diskriminierungsfälle außer der Preisdiskriminierung und der Verletzung der Privatsphäre unterscheiden sich die einschlägigen Regelungen von Land zu Land, je nachdem, um welche Art der Diskriminierung es sich genau handelt.

Im Zusammenhang mit dem Geoblocking sind die wichtigsten Institutionen die aktuelle Geoblocking-Verordnung des EU-Rechts aus dem Jahr 2018, die im türkischen Recht nicht vorhanden ist.[885] Auch wenn der Anwendungsbereich der GBV sehr eng gefasst ist, bietet sie dennoch einen guten Ausgangspunkt für die weitere Diskussion. Im Anschluss daran wird auf die Möglichkeit der Einführung eines Kontrahierungszwangs, insbesondere in bestimmten Bereichen des elektronischen Geschäftsverkehrs, aufmerksam gemacht. Denkbar wäre auch, den bereits bestehenden Kontrahierungszwang analog auf Fälle algorithmischer Diskriminierung zu übertragen. Darüber hinaus könnte eine Haftung aus Verschulden bei Vertragsschluss im Sinne der §§ 311 Abs. 2 i.V.m. § 242 Abs. 1 und § 280 Abs. 1 BGB bzw. § 2 TMK in Betracht kommen, die in diesem Fall nicht aus einem bestehenden, sondern aus dem Fehlen eines Vertrages folgen könnte.

In extremen Fällen, in denen die Suchergebnisse so manipuliert werden, dass es für den Suchenden praktisch unmöglich ist, die günstigsten oder relevantesten Ergebnisse zu erhalten, könnten die Praktiken der Suchdiskriminierung denen des Geoblocking ähneln. In den Fällen der Suchdiskriminierung könnten die in den Geoblocking-Fällen diskutierten Mechanismen analog auf Fälle extremer Diskriminierung angewendet werden: Die Diskriminierung in den Suchergebnissen macht es der anderen Partei praktisch unmöglich, das sonst mögliche Ergebnis überhaupt zu erhalten. In der Praxis scheint dieser Fall jedoch sehr selten vorzuliegen. Meist handelt es sich eher um eine sekundäre Form der Diskriminierung, die andere Diskriminierungsformen unterstützt.

---

884 *Çekin*, TAÜHFD 2023, 323–336, 328ff.

885 S. obige Diskussion beim Teil A-I beim Kapitel 4.

Bei Transparenzproblemen kommen vor allem zwei Möglichkeiten in Betracht: eine AGB-Kontrolle im Sinne der §§ 305ff. BGB und der §§ 20ff. TBK sowie die allgemeinen Grundsätze und Rechtsinstitute der jeweiligen Datenschutzgesetze beider Länder, nämlich der DSGVO, des BDSG und des KVKK in der Türkei.

Die Datenschutzgesetze in Deutschland und der Türkei sind unterschiedlich. Während das deutsche System auf dem BDSG und der DSGVO basiert, gibt es in der Türkei das KVKK, das auf einer älteren EU-Datenschutzrichtlinie aus dem Jahr 1995[886] basiert.[887]

Je nach Größe und Marktmacht des Unternehmens könnten auch die entsprechenden Bestimmungen des DMA und DSA sowie des ETY in der Türkei in Betracht gezogen werden. In diesen wird die generelle Grenze der Plattformausstattung sowie der Datenverarbeitung bestimmt. Auch hier hat das deutsche Recht einen deutlichen Vorteil gegenüber dem Recht der Türkei, indem es größere Grenzen für Torwächter[888] vorsieht. Das türkische Pendant geht im ETY den gleichen Weg, indem es strikter gegen größere Unternehmen vorgeht.[889] Allerdings stellt das Kriterium zur Bestimmung der Unternehmensgröße nach § 4 Abs. 1 lit. f) und h) ETY nur auf den Jahresumsatz ab und lässt andere Kriterien wie Einfluss auf den jeweiligen Markt und Nutzerzahl vermissen.[890]

Bestimmte diskriminierende Praktiken könnten in Zukunft direkt auf der Grundlage des DMA, des DSA und des ETY zu verbotenen Praktiken erklärt werden.

Nicht zuletzt könnte ein Anspruch auf Schadenersatz gemäß Art. 82 DSGVO bestehen. Der Art. 82 DSGVO gewährt bei immateriellen[891] oder materiellen Schäden einen Anspruch auf Ersatz dieser Schäden. Nach dem aktuellen Urteil des EuGH ist mit einer Intensivierung von Schadensersatzansprüchen aus der DSGVO zu rechnen, da der Gerichtshof keine Erheblichkeitsschwelle für Schadensersatzansprüche aus der DSGVO voraussetzt.[892] Dieser Anspruch aus der DSGVO für Einzelpersonen besteht derzeit im Rahmen der KVKK in der Türkei nicht.

---

886 Richtlinie 95/46/EG des Europäischen Parlaments und des Rates vom 24. Oktober 1995 zum Schutz natürlicher Personen bei der Verarbeitung personenbezogener Daten und zum freien Datenverkehr.

887 Für Kritik an dem neuen KVKK vgl. Teile „Erster Überblick über die verglichenen Systeme“ in Einleitung und B-I beim Kapitel 3.

888 Gatekeeper (Türkisch: Bekçi Şirket).

889 In den beiden oben genannten Artikeln werden die Vermittlungs- oder Dienstleistungsplattformen in mittlere, große und sehr große Plattformen eingeteilt. Die Differenzierung basiert auf dem Jahresumsatz.

890 Vgl. obige Diskussion bei Teil A-III-1 beim Kapitel 1.

891 S. *Paal/Aliprandi*, ZD 2021, 241–247.

892 EuGH, Urteil vom 04.05.2023 (C-300/21); danach sind nach Auffassung des Gerichtshofs der Verstoß gegen die Bestimmungen der DSGVO, die Entstehung eines materiellen oder immateriellen

Darüber hinaus kommen weitere Rechtsinstitute aus dem Allgemeinen Teil des BGB und dem TBK wie Sittenwidrigkeit i.S.v. § 138 BGB und § 27 Abs. 1 Alt. 2 TBK, Verbotswidrigkeit i.S.v. § 134 BGB und § 27 Abs. 1 Alt. 1 TBK oder Anfechtbarkeit i.S.d. §§ 119ff. BGB und §§ 30ff. TBK in Betracht, werden in diesem Beitrag jedoch weitgehend ausgeklammert, um Wiederholungen zu vermeiden.

II. Die Lage in Deutschland

In Deutschland lassen sich zwar einige Beiträge finden, die sich mit anderen Formen der Diskriminierung befassen, diese Beiträge sind jedoch, verglichen mit den Beiträgen über Preisdiskriminierung und Rechtsfragen im Zusammenhang mit der Privatsphäre, eher selten.[893] In vielen Beiträgen wird entweder ausschließlich auf Preisdiskriminierung[894] oder auf Preisdiskriminierung und die Verletzung der Privatsphäre eingegangen.

Grundsätzlich verneint Ebers die Korrelation zwischen der Manipulation des Nutzers und Schadensersatzansprüchen nach der DSGVO, da er es für praktisch unangemessen und sinnlos hält, dem Nutzer das Recht einzuräumen, sich von jedem Vertrag zu lösen, der unter DSGVO-Verstoß zustande gekommen ist.[895]

Hennemann geht auf die Einwilligungserklärung im Sinne der DSGVO ein und stellt die Frage, inwieweit eine unangemessene Benachteiligung des Betroffenen durch seine Einwilligung zulässig wäre.[896] Diese unangemessene Benachteiligung sei im Einzelfall zu prüfen, die Personalisierung des Preises führe aber nicht per se zu einer unangemessenen Benachteiligung des Nutzers.[897] Nicht behandelt werden andere Formen der Diskriminierung außer der Preisdiskriminierung.

Schäfers fasst alle Formen der Diskriminierung außer der Preisdiskriminierung unter dem Untertitel Ausnutzung von Rationalitätsdefiziten zusammen und erwähnt auch eine Kombination beider Praktiken.[898] Er sieht durchaus die Möglichkeit, dass Diskriminierungen aufgrund von Big-Data-Analysen gegen die Einwilligungsklausel der DSGVO und das AGB-Recht verstoßen könnten.[899] Ebenso weist

---

Schadens sowie der Kausalzusammenhang zwischen Schaden und Verstoß ausreichend, damit die betroffene Person Schadenersatz geltend machen darf, vgl. hierzu ausführlich *Heynike*, 09.05.2023.

893 S. etwa *Zurth*, AcP 221, 514–554, 523, 524.

894 Ein Beispiel für solche Untersuchungen bei *Zurth*, AcP 221, 514–554.

895 *Ebers*, MMR 2018, 423–428, 425.

896 *Hennemann*, AcP 219, 819–854, 835ff..

897 *Hennemann*, AcP 219, 819–854, 841, 842.

898 *Schäfers*, AcP 221, 37.

899 *Schäfers*, AcP 221, 53ff.

Denga darauf hin, dass der Einsatz manipulativer Techniken ein Kriterium für missbräuchliches Verhalten i. S. d. § 307 Abs. 2 BGB darstellen könnte.[900]

Dornis erwähnt die Preissteuerung[901] und Transparenz bis auf Geoblocking und verneint in diesem Zusammenhang die Möglichkeit der Inanspruchnahme der allgemeinen Rechtsinstitute des BGB, abgesehen von der arglistigen Täuschung durch Unterlassen und *culpa in contrahendo*.[902]

Hacker geht auch auf die Abgrenzung von AGB-Verstößen und datenschutzrechtlichen Missbrauchsmöglichkeiten ein. Dabei geht er auch auf die Kombination beider ein, nämlich die AGB-Kontrolle der datenschutzrechtlichen Einwilligung im Sinne der DSGVO. Seiner Ansicht nach scheitern Einwilligungserklärungen im Rahmen der AGB-Kontrolle in der Praxis häufig am Transparenzgebot,[903] für das auf die Anforderungen an eine informierte datenschutzrechtliche Einwilligung verwiesen wird. Insbesondere in diesen Fällen ist von einem AGB-Verstoß auszugehen:[904]

– Verstoß gegen datenschutzrechtliche, insbesondere einwilligungsrechtliche Vorgaben,
– übermäßige Verpflichtung zur Datenübermittlung und
– sehr weitgehende, sachfremde Nebenpflichten, die in keinem Zusammenhang mit der Hauptleistung stehen, für den Nutzer nutzlos sind und die DSGVO aushebeln.

III. Die Lage in der Türkei

Auch in der Türkei gibt es bereits Vorstudien, die jedoch bei weitem nicht alle möglichen diskriminierenden Aktivitäten abdecken, die in Studien aus anderen Ländern wie Deutschland oder den USA behandelt werden.

Die erste Studie zu diesem Thema ist eine Masterarbeit aus dem Jahr 2018,[905] in der das belgische und das türkische Datenschutzrecht anhand von Spotify als Hauptquelle für verhaltensbasierte Werbung verglichen werden.[906] Die Autorin kommt zu dem Schluss, dass Spotify zwar eine Wahlmöglichkeit bietet, ob man per-

900 *Denga*, ZfDR 2022, 229–260, 250, 251.
901 Er bevorzugt Preissteuerung (Price steering) als Terminologie. S. *Dornis*, ZfPW 2022, 310–345, 315, 319.
902 *Dornis*, ZfPW 2022, 310–345, 320 ff.
903 *Hacker*, Datenprivatrecht, 427; *Brunnenberg*, 222 ff. S. auch *McColgan*, AcP 221, 695–731, 702.
904 *Hacker*, Datenprivatrecht, 459 ff.
905 S. auch oben Teil B-III beim Kapitel 3.
906 *Yazıcıoğlu*, VUB 2018.

sonalisierte Werbung erhalten möchte oder nicht, dass es aber recht schwierig ist, diese Option auf der Plattform zu finden.[907] Um Datenschutzprobleme zu reduzieren, sollten Datenschutzrichtlinien in einer klaren Sprache verfasst werden, die kurz und eindeutig ist.[908]

Eine weitere Studie aus demselben Jahr befasst sich mit der DSGVO und der Diskussion über Transparenz.[909] Diese Studie wird in diesem Dokument hauptsächlich vernachlässigt, da sie das türkische Recht nicht berücksichtigt und sich hauptsächlich mit der automatisierten Entscheidungsfindung befasst und nicht mit diskriminierenden Aktivitäten, die im Mittelpunkt dieses Dokuments stehen.

Ebenso schreiben Buz und Tekin in der Türkei zwar über das Verbot von Geoblocking, behandeln dieses Verbot aber nicht unter Berücksichtigung türkischen Rechts, sondern analog nach § 3a sUWG.[910]

Schließlich schreibt Çekin in seinem aktuellen Buch erneut zu diesem Thema und bezeichnet diese Aktivitäten als diskriminierende Aktivitäten, die zu Verhaltensanomalien[911] oder Manipulationen[912] auf Seiten der Nutzer führen. Er bejaht die Haftung aus *culpa in contrahendo* und bestimmte verbraucherrechtliche Rechtsbehelfe.[913]

C. Vergleichende Analyse und Einzelvergleich

I. Im Allgemeinen

In dieser Arbeit werden diese drei Diskriminierungspraktiken zusammen untersucht, wobei die Untersuchung des Vertragsrechts etwas in den Hintergrund tritt, da diese Praktiken eher eine unterstützende Rolle spielen. Sie ebnen den Weg für die Verstärkung, Ausweitung oder Verschlechterung der ersten beiden Diskriminierungen: Preisdiskriminierung und Privacy-Verletzung. Sie haben im Einzelfall zudem vertragsrechtliche Relevanz, die im nächsten Teil erörtert wird.

---

907 *Yazıcıoğlu*, VUB 2018, 90.
908 *Yazıcıoğlu*, VUB 2018, 91.
909 *Bayamlıoğlu*, Transparency of Automated Decisions in the GDPR: An Attempt for systemisation, 2018.
910 *Buz/Tekin*, Thoughts on Art. 3 a of the Swiss Unfair Competition Code, ICCLR 2022, 551–564.
911 *Çekin*, Yapay Zekâ Teknolojilerinin Hukuki İşlem Teorisine Etkileri, 2021, 102–103.
912 *Çekin*, Yapay Zekâ Teknolojilerinin Hukuki İşlem Teorisine Etkileri, 2021, 103–105.
913 *Çekin*, Yapay Zekâ Teknolojilerinin Hukuki İşlem Teorisine Etkileri, 2021, 105ff.

Obwohl es zusätzliche Regelungen wie die GBV, DMA, DSA und ETY gibt, wird die Forschung wieder versuchen, sich im Rahmen allgemeiner vertragsrechtlicher Regelungswerke wie dem BGB, dem TMK und dem TBK zu bewegen.

II. Die Praxisproblematik

1) Sonderfall: Kontrahierungszwang versus Geoblocking?

Der Grundsatz der Privatautonomie wird durch Art. 2 Abs. 1 GG unter der Entfaltung der Persönlichkeit sowie durch Art. 16 GRCh[914] und durch Art. 48 TGG[915] sowie § 26 TBK[916] gewährleistet und steht im Mittelpunkt des gesamten Zivilrechts beider Länder. Diese Abschlussfreiheit wird durch den Kontrahierungs-[917] bzw. Abschlusszwang[918] eingeschränkt.[919] Kontrahierungszwang ist die gesetzliche Verpflichtung zum Abschluss eines Vertrages.[920] Er beschreibt die Verpflichtung eines potenziellen Vertragspartners, einen bestimmten Vertrag mit einem bestimmten Vertragsinhalt mit einer anderen Person bzw. anderen Personen abschließen zu müssen.[921] Da das Rechtsinstitut des Kontrahierungszwangs im Widerspruch zum Grundsatz der Privatautonomie steht,[922] kann es nur in Ausnahmefällen und aus *„schwerwiegenden Gründen“*[923] angewandt werden.[924]

Diese Ausnahmeregelungen treten unmittelbar oder mittelbar ein.[925] Unter unmittelbarem Kontrahierungszwang versteht man in der Regel die gesetzlich bestimmten Fälle. In Deutschland sind dies z. B. Leistungen der Daseinsvorsorge, die für den Wirtschaftsverkehr von großer Bedeutung sind und nicht von allen Interes-

---

914 S. hier auch Fn. 335 in, *Hacker*, Datenprivatrecht, 371.

915 „Jede Person genießt die Freiheit, in dem von ihr gewählten Bereich zu arbeiten und Verträge zu schließen“ bzw. in der Originalfassung: „Herkes, dilediği alanda çalışma ve sözleşme hürriyetlerine sahiptir“.

916 „Innerhalb der gesetzlichen Grenzen können die Parteien den Vertragsinhalt frei bestimmen“ bzw. in der Originalfassung „Taraflar, bir sözleşmenin içeriğini kanunda öngörülen sınırlar içinde özgürce belirleyebilirler“.

917 Compulsion to Contract (Türkisch: Sözleşme Yapma/Kurma Zorunluluğu).

918 Für eine derartige Nutzung s. *Köbler*, Juristisches Wörterbuch, Abschlusszwang, 4.

919 Grüneberg/*Ellenberger*, Einf. zum § 145 Rn. 8.

920 Die Definition ist abrufbar unter: https://www.duden.de/rechtschreibung/Kontrahierungszwang. Ausführich zum Thema *Bork*, 260 ff.

921 Vgl. *Schwab/Löhnig*, Rn 557, 246.

922 Vgl. *Weber*, Rechtswörterbuch, Kontrahierungszwang, 983.

923 *Schwab/Löhnig*, Rn 557, 246.

924 Vgl. Jauernig/*Jauernig*, Vorb. zum § 145, 102,103. Für das türkische Recht s. *Eren*, 17.

925 Ausführlich dazu Grüneberg/*Ellenberger*, Einf. zum § 145 BGB Rn. 9–12.

senten freiwillig in Anspruch genommen werden können. Ein Kontrahierungszwang besteht z.B. für Verkehrsunternehmen im öffentlichen Linienverkehr nach § 22 PBefG sowie für Taxiunternehmen im gesetzlich festgelegten Pflichtfahrgebiet[926] nach §§ 47 Abs. 2 i.V.m. 51 Abs. 2 PBefG.

Weitere Beispiele sind Telekommunikationsunternehmen nach § 84 TKG sowie Krankenkassen für den Basistarif im Sinne des § 193 Abs. 5 VVG. Apotheken unterliegen nach § 17 Abs. 4 ApBetrO einer weiteren Form des Kontrahierungszwangs, indem sie ärztliche Verschreibungen in der verordneten Dosierung beliefern müssen, solange kein Missbrauchsverdacht besteht.[927]

Ein mittelbarer Kontrahierungszwang besteht dagegen für marktbeherrschende oder marktstarke Unternehmen aufgrund ihrer Stellung auf dem jeweiligen Markt. Der mittelbare Kontrahierungszwang besteht nicht nur gegenüber Monopolisten, sondern auch gegenüber Verbänden und Unternehmen mit erheblicher wirtschaftlicher oder sozialer Macht,[928] sofern die nachfragende Person zur Verfolgung wesentlicher Interessen auf die vertragliche Beziehung zu ihnen zwingend angewiesen ist.[929] Unternehmen, die lebenswichtige Güter anbieten, dürfen den Abschluss eines Vertrages aus sachlichen Gründen nur dann verweigern, wenn für den Vertragspartner keine zumutbare Möglichkeit besteht, seinen Bedarf anderweitig zu decken.[930]

Besteht ein Kontrahierungszwang, so besteht auch ein Inhaltszwang, d.h. die Pflicht, den Vertrag zu üblichen und zumutbaren Bedingungen abzuschließen, damit der Kontrahierungszwang vernünftig wirkt.[931]

Das türkische Recht kennt den Kontrahierungszwang zwar grundsätzlich ebenfalls, in der Praxis kommt er jedoch wesentlich seltener zur Anwendung.[932] Ein Kontrahierungszwang besteht nur, wenn ein zivilrechtliches oder öffentliches Gesetz dies ausdrücklich vorsieht,[933] oder ein faktisches Monopol besteht[934]. Ansonsten besteht kein Kontrahierungszwang, allerdings wird ein grundloser Verzicht auf den Abschluss eines Vertrages unter bestimmten Voraussetzungen als zivilrecht-

---

926 Entspricht dem räumlichen Anwendungsbereich der Verordnung über die Personenbeförderung mit Taxen, die von der für die Erteilung der Fahrerlaubnis verantwortlichen Behörden erlassen wird.

927 Nach Abs. 8 des gleichen Artikels ist die Abgabe durch das Apothekenpersonal bei begründetem Verdacht auf Missbrauch zu verweigern.

928 Künftig kann auch das Kriterium der Torwächter im Sinne des Art. 2 DMA hinzukommen.

929 BGH NJW 1980, 186.

930 *Schwab/Löhnig*, Rn 559, 247.

931 *Bork*, Rn. 665, s. 260.

932 Vgl. *Eren*, 317ff.

933 Unmittelbarer Kontrahierungszwang.

934 Mittelbarer Kontrahierungszwang.

liches Delikt i.S.v. § 49 Abs. 2 TBK anerkannt.[935] In diesem Fall ist die Partei, die vom Vertragsabschluss absieht, der anderen Partei zum Ersatz des ihr dadurch entstandenen Schadens verpflichtet.

Fälle von Kontrahierungszwang sind in der Türkei aus zwei Gründen seltener. Zum einen gibt es keine umfangreichen und vielfältigen gesetzlichen Regelungen wie im deutschen Recht, z.B. für den öffentlichen Personennahverkehr, das Taxigewerbe, Apotheken und ähnliche Branchen wie in den oben genannten Beispielen.

Andererseits ist der türkische Kassationsgerichtshof in Bezug auf den Kontrahierungszwang etwas restriktiver. So wird anerkannt, dass ein Apotheker, Arzt, Bäcker, Gastwirt oder Taxifahrer, der eine faktische Monopolstellung innehat, grundsätzlich nicht verpflichtet ist, einen Vertrag abzuschließen.[936] Verstößt die Vertragsverweigerung gegen die guten Sitten oder gegen Treu und Glauben, kann ein indirekter Kontrahierungszwang bestehen.[937] Unabhängig von der Branche und der faktischen Monopolsituation kann daher nicht von einem generellen Kontrahierungszwang gesprochen werden, sondern es sind die Besonderheiten des konkreten Einzelfalls zu prüfen.

Grundsätzlich gegensätzliche Positionen zum Kontrahierungszwang bestehen in der Rechtsprechung beider Länder. Während der deutsche Bundesgerichtshof die Möglichkeit der Vertragsvermeidung als Ausnahme ansieht und den Kontrahierungszwang generell in den Fällen bejaht, in denen ein Unternehmen oder Verband über erhebliche Marktmacht verfügt,[938] sieht der türkische Yargitay die Fälle des tatsächlichen Kontrahierungszwangs als Ausnahme an und akzeptiert den Vorrang der Vertragsfreiheit, in gewissen Grenzen sogar in Monopolsituationen.[939]

Das deutsche System erscheint in dieser Hinsicht sinnvoller. Anstelle der Prüfung im Einzelfall, ob ein Verstoß gegen Treu und Glauben oder gegen die guten Sitten vorliegt, kann durch die unmittelbare Einbeziehung bestimmter Tätigkeitsbereiche in den Anwendungsbereich des Kontrahierungszwangs sowohl eine Entlastung der Rechtsanwender als auch eine Vermeidung von Wertungswidersprüchen zwischen den Gerichten erreicht werden. Darüber hinaus erscheint es im Hinblick auf

935 *Eren*, 318.

936 Vgl. *Eren*, 319,320,323.

937 Vgl. YHGK v. 10.12.2023 – 2023/4-693. Ein relevanter Teil der Entscheidung lautet übersetzt: „Da davon auszugehen ist, dass der klagende Apotheker seit zwölf Jahren in einem Vertragsverhältnis mit der beklagten Partei steht, die beklagte Partei in diesem Zeitraum keinen Kündigungsgrund geltend gemacht hat und die Verweigerung des Vertragsschlusses zum nunmehrigen Zeitpunkt gegen *Treu und Glauben* verstößt, ist die Entscheidung des Amtsgerichts, einen zwischen den Parteien bestehenden Vertrag festzustellen, verfahrens- und gesetzeskonform.“.

938 Vgl. Supra Fn. 929.

939 Vgl. Supra Fn. 937.

die durchschnittliche Dauer und die Kosten eines Gerichtsverfahrens kaum praktikabel, die Gerichte erst dann anzurufen, wenn es um den Abschluss eines Vertrages geht.[940]

Geoblocking-Praktiken, die auf Big-Data-Analysen beruhen, unterliegen dem Kontrahierungszwang, wenn das Unternehmen, das diese Analysen nutzt, einen ähnlichen oder identischen Dienst wie in den klassischen Fällen des Kontrahierungszwangs anbietet. Beispiele hierfür sind Mitfahrdienste wie Uber oder Miles oder Pharmaplattformen wie DocMorris, welche verschreibungspflichtige Medikamente verkaufen.

In diesen Fällen sollte ein mögliches Geoblocking *de lege ferenda* gesetzlich oder gerichtlich untersagt werden. Unternehmen sollten weder Geoblocking praktizieren noch Klauseln in ihre AGB aufnehmen, die Geoblocking ermöglichen. Dies bedeutet nicht, dass diese Unternehmen nicht zwischen ihren Kunden diskriminieren dürfen.[941] Es gibt jedoch keinen Grund, einen rechtlichen Unterschied zwischen einem Unternehmen zu machen, das einen Dienst physisch anbietet, und einem anderen, das den gleichen Dienst virtuell anbietet.

Es handelt sich hierbei nicht um ein generelles Verbot aller anderen Formen der Diskriminierung. Ein Unternehmen, das beispielsweise standortbezogene Preisdiskriminierung für seine Nutzer festlegt, kann in Einzelfällen haftbar gemacht oder unter bestimmten Umständen von der Haftung befreit werden. Unternehmen, deren Dienstleistungen üblicherweise unter Kontrahierungszwang fallen, sollten jedoch nicht allein deshalb von den einschlägigen Rechtsvorschriften ausgenommen werden, weil sie diese Aktivitäten online ausüben. Vielmehr sollte anerkannt werden, dass sie denselben vertraglichen Verpflichtungen unterliegen. Solche Unternehmen sollten Geoblocking nur unter bestimmten Umständen und aus gerechtfertigten Gründen durchführen dürfen. Andernfalls sollten sie den Zugang zu solchen Inhalten nicht allein aufgrund des Standorts des Nutzers beschränken können.

Bei der Bestimmung solcher gerechtfertigten Gründe können neben den allgemeinen Prinzipien des Vertragsrechts auch die verschiedenen in der GBV aufgeführten Fälle[942] berücksichtigt werden. Die Beweislast für die Rechtfertigung der

---

940 *Eren*, 322, 323.

941 Vgl. hier für derartige Rechtfertigung beim Erwägungsgrund Nr. 21 der GBV: In bestimmten Fällen können Sperrungen, Zugangsbeschränkungen oder Weiterleitungen des Kunden zu einer anderen Version einer gegebenen Online-Benutzeroberfläche ohne dessen ausdrückliche Zustimmung aufgrund seiner Staatsangehörigkeit, seines Wohnsitzes oder seines Ortes der Niederlassung erforderlich sein, um die Erfüllung einer rechtlichen Verpflichtung aus Rechtsvorschriften der Union oder von dem Unionsrecht entsprechenden Rechtsvorschriften eines Mitgliedstaats, denen der Anbieter unterliegt, weil er in diesem Mitgliedstaat tätig ist, zu gewährleisten.

942 S. z.B. den Erwägungsgrund Nr. 21 bei supra Fn. 941.

Geoblocking-Aktivität liegt bei dem Unternehmen, das diese Praxis durchführt. Eine solche Regelung würde sicherstellen, dass Unternehmen, die in Bereichen der Arzneimittelversorgung, des öffentlichen Verkehrs, der Telekommunikationsdienste usw. tätig sind, transparenter und fairer handeln.

Wichtig ist hierbei, dass das türkische Recht in Zukunft dem in Deutschland bestehenden System folgt. Beispielsweise sollte ein Beförderungsvertrag mit einem Taxifahrer, der in der Türkei in der Regel keinem Kontrahierungszwang unterliegt, in den Anwendungsbereich des Geoblocking einbezogen werden.

2) Culpa in contrahendo i.S.v. § 311 Abs. 2 BGB und § 2 TMK

Alternativ käme bei algorithmischer Diskriminierung wie Geoblocking oder Suchdiskriminierung auch ein Anspruch aus *culpa in contrahendo* in Betracht, der in Deutschland in § 311 Abs. 2 i.V.m. §§ 241 Abs. 1, 280 Abs. 1 und 249 BGB geregelt ist. Die *culpa in contrahendo* erfasst Fälle des Verschuldens bei Vertragsverhandlungen. Sie ermöglicht dem Geschädigten grundsätzlich zwei Ansprüche: einen quasivertraglichen Anspruch zwischen den Parteien, wenn der Vertrag nicht zustande gekommen ist, oder einen Schadensersatzanspruch wegen schädigender vorvertraglicher Handlungen bei erfolgreichem Vertragsschluss.[943]

Demgegenüber hat die *culpa in contrahendo* im türkischen Recht keine konkrete Regelung, sondern findet ihren Anwendungsbereich im Rahmen von Treu und Glauben i.V.m. § 2 Abs. 1 TMK.[944] Nach Art. 2 Abs. 1 TMK[945] hat sich jede Person bei der Ausübung ihrer Rechte und der Erfüllung ihrer Pflichten nach Treu und Glauben zu richten. Dieser Grundsatz, der im türkischen Recht auch als Vertrauensprinzip bezeichnet wird, besagt, dass Personen, zwischen denen eine besondere Rechtsbeziehung[946] besteht, die eine Grundlage für gegenseitiges Vertrauen bilden kann, dieses Vertrauen, das sie in die andere Partei gesetzt haben, nicht durch ihre Worte oder Handlungen enttäuschen dürfen.[947]

Culpa in contrahendo ist ein schuldrechtlicher Begriff, der in vielen Ländern des kontinentaleuropäischen Rechtssystems[948] als wichtig angesehen wird. Er beruht auf dem Grundsatz von Treu und Glauben. Er bezieht sich auf die Sorgfalts-, Aufklärungs- und Schutzpflichten der Parteien bei Vertragsschluss, die auf einem

---

943 *Looschelders*, 64 ff.

944 S. zentral *Helvacı*, 162, 163.

945 Wortlaut des § 2 TMK: „Herkes, haklarını kullanırken ve borçlarını yerine getirirken dürüstlük kurallarına uymak zorundadır."

946 Hier z.B. ein Schuldverhältnis.

947 *Serozan*, 278 ff.

948 Sowohl Deutschland als auch die Türkei.

vertragsähnlichen Vertrauensverhältnis beruhen. Bereits mit der Aufnahme rechtsgeschäftlicher Kontakte, wie z.B. Vertragsverhandlungen, entsteht zwischen den Parteien ein gesetzliches Schuldverhältnis, das vom tatsächlichen Zustandekommen eines Vertrages bzw. von dessen Wirksamkeit weitgehend unabhängig ist.[949] Für Schäden, die sich aus diesem besonderen Rechtsverhältnis ergeben, haftet derjenige, der durch sein schuldhaftes Verhalten unter Verletzung des Vertrauensverhältnisses dem anderen diesen Schaden zugefügt hat.

Weiter soll für den nachfolgenden Abschnitt anders als in vorstehenden Abschnitten[950] nicht auf die Haftung aus *culpa in contrahendo* eingegangen werden, sondern eine weitere Möglichkeit der Haftung in Fällen untersucht werden, in denen ein Schuldverhältnis zwischen den Parteien nicht zu einem erfolgreichen Vertragsschluss führt. Diese Haftung setzt voraus, dass entweder der bereits begonnene Vertragsprozess abgebrochen wird oder ein ungültiger Vertrag zustande kommt, ohne dass die andere Vertragspartei dies erkennen konnte.[951] Geschützt ist hier das Vertrauen des Vertragspartners auf das Gelingen des Vertragsschlusses.[952] Dieses Vertrauen wird durch die andere Partei geweckt und führt unter Umständen zu Vermögensdispositionen, die sonst nicht erfolgt wären.[953] Voraussetzung ist in beiden Konstellationen weiter, dass diese Partei auch einen Schaden erleidet.[954]

Nur für sehr begrenzte Fälle ist eine Haftung aus *culpa in contrahendo* bei Nichtbestehen eines Vertrages vorgesehen.[955] Eine Beeinträchtigung der Entscheidungsfähigkeit oder eine Aushöhlung des Formzwecks soll durch die Haftung aus *culpa in contrahendo* nicht verursacht werden.[956] Dazu gehören beispielsweise Fälle, in denen eine Vertragspartei in letzter Sekunde vor Vertragsschluss unter arglistiger Vortäuschung eines in Wahrheit mangelnden Vertragswillens zurücktritt.[957]

Geoblocking ebnet den Weg für eine Sachlage ohne Vertragsschluss zwischen den Parteien, anstatt Kunden von einem Vertrag zum anderen zu diskriminieren. In Ermangelung eines Vertragsabschlusses beim Geoblocking könnte die *culpa in contrahendo* als einziges Rechtsinstitut im Sinne der Zivilgesetzbücher der jeweiligen Länder in Betracht kommen. M.a.W. könnte sich eine Schadensersatzpflicht

---

949 *Medicus/Lorenz*, 242.

950 Vgl. Teile über die Haftung aus der *culpa in contrahendo* C-II-3 beim Kapitel 2 und C-II-4 beim Kapitel 3.

951 Vgl. *Medicus/Lorenz*, 245,246.

952 Das sogenannte Vertrauensinteresse. S. *Looschelders*, 65.

953 Jauernig/*Stadler*, § 311, 355.

954 Darunter ist erneut ein negatives Interesse der anderen Partei i.S.v. § 249 Abs. 1 BGB zu verstehen, insofern sie auf das Zustandekommen dieses Vertrags vertraut hat.

955 Vgl. *Medicus/Lorenz*, 245; *Looschelders*, 64.

956 Jauernig/*Stadler*, § 311, 355.

957 Vgl. BGH NJW 1996, 1884, 1885; NJW 2013, 928 m.w.N.

nur aus *culpa in contrahendo* ergeben, wenn kein wirksamer Vertrag zustande gekommen ist.[958] Es stellt sich die Frage, inwieweit diese Situation des Nichtzustandekommens eines Vertrages zu einer Haftung aus *culpa in contrahendo* führen könnte, vergleichbar mit den oben diskutierten Fällen der Preisdiskriminierung und der Privacy-Verletzung.

Diese Auffassung zum Ausnahmecharakter der *culpa in contrahendo*-Haftung bei nicht zustande gekommenen Verträgen wird auch hier vertreten, da ansonsten die Vertragsfreiheit gefährdet wäre. Grundsätzlich ist auch bei diskriminierenden und algorithmusbasierten Vertragsgestaltungen die Vertragsfreiheit der Parteien gewahrt. Es könnte sich aber um Fälle handeln, in welchen die Parteien ihre Treuepflicht bewusst verletzen und das Vertrauen der Vertragspartner manipulieren. Eine solche Ausnahme von der Haftung könnte z.B. in den extremen Varianten des oben genannten Beispiels der Phantom-Autos von Uber liegen,[959] wenn dem Nutzer Fahrzeuge angezeigt werden, die zur Verfügung stehen und dann wieder verschwinden.

Eine Haftung aus *culpa in contrahendo* könnte, wenn solche Fahrzeuge verfügbar sind und danach durch den Standort des Nutzers blockiert werden, in sehr begrenztem Umfang begründet sein. Wenn die Fahrzeuge von Anfang an nicht verfügbar waren und nur zum Zweck der Gewinnung oder Registrierung des Verbrauchers für die Nutzung der App oder Webseite angezeigt wurden, ist eine solche Haftung aus *culpa in contrahendo* nicht möglich. In dieser Variante wäre die Praxis eher bei der Beurteilung der subjektiven Tatbestände auf der Seite der Unternehmen hilfreich.

Eine solche Haftung, die auf den Ersatz des negativen Interesses nach § 249 Abs. 1 BGB beschränkt wäre,[960] käme jedoch nur sehr selten in Betracht. Trotz dieser Seltenheit ist eine Haftung aus *culpa in contrahendo* im Zusammenhang mit Geoblocking unter Umständen gegeben:

- Ein Schuldverhältnis mit Pflichten nach § 241 Abs. 2 BGB
- Abbruch von bzw. Verzicht auf Vertragsverhandlungen mit einer Pflichtverletzung aus §§ 311 Abs. 2, 241 Abs. 2 BGB (dies liegt grundsätzlich nicht vor, könnte aber ausnahmsweise vorkommen)
- Vertretenmüssen dieser Pflichtverletzung nach den §§ 280 Abs. 1 BGB i.V.m. § 276 Abs. 1 BGB (wenigstens fahrlässige Handlung)
- Ersatz des negativen Interesses gemäß § 249 BGB (Differenzhypothese)

---

958 *Medicus/Lorenz*, 245.

959 *Rosenblat*, Uber's Phantom Cabs, Vice 27.07.2015. Abrufbar unter: https://www.vice.com/en/article/mgbz5a/ubers-phantom-cabs.

960 *Petersen*, Examens-Repetitorium Allgemeines Schuldrecht, 10. Auflage, 2021, S. 25.

3) AGB-Prüfung nach §§ 305 ff. BGB und §§ 20 ff. TBK

Allgemeine Geschäftsbedingungen i.S.v. § 305 Abs. 1 BGB und § 20 Abs. 1 TBK sind alle für eine Vielzahl von Verträgen vorformulierten Vertragsbedingungen, die eine Vertragspartei[961] der anderen Vertragspartei bei Abschluss eines Vertrags stellt.[962] Als Vertragsbedingungen sind alle Klauseln zu verstehen, die Bestandteil des jeweiligen Vertrages werden sollten.[963] Der Begriff der Vielzahl[964] setzt die Intention einer wenigstens dreimaligen Benutzung voraus.[965] Ist ein Mustervertrag für eine Vielzahl von Verträgen beabsichtigt, genügt dessen einmalige Verwendung als Ausnahme zum Vielzahlkriterium.[966]

Ein weiteres Rechtsinstitut, das insbesondere im Hinblick auf die Transparenzkontrolle auf der Tagesordnung steht, ist die Kontrolle der Allgemeinen Geschäftsbedingungen.[967] Das Recht der Allgemeinen Geschäftsbedingungen, das mit der Schuldrechtsmodernisierung, die in Deutschland am 1. Juni 2002 in Kraft getreten ist, in das Bürgerliche Gesetzbuch zwischen den §§ 305–310 eingefügt wurde, ist in der Türkei in den §§ 20–25 TBK geregelt.

Während in Deutschland danach unterschieden wird, ob es sich bei der anderen Vertragspartei um einen Verbraucher im Sinne von § 13 BGB oder um einen Unternehmer im Sinne von § 14 BGB handelt,[968] unterscheidet das türkische Zivilgesetzbuch ebenso zwischen den Parteien, da es die allgemeinen Voraussetzungen für Allgemeine Geschäftsbedingungen in den §§ 20–25 TBK zwischen den Generalklauseln und AGB-Kontrolle beim Verbraucherrecht in § 5 TKHK regelt.[969]

Allgemeine Geschäftsbedingungen sind die Grundlage des Handels in der virtuellen Geschäftswelt.[970] Alle Webseiten, mobilen Apps und virtuellen Plattformen verweisen ihre Nutzer beim ersten Besuch oder bei der Registrierung auf eine Be-

---

961 Hier der Verwender.

962 Über die Funktion der AGB zu diesem Konnex s. *Brunnenberg*, 233 ff.

963 *Brox/Walker*, 112 ff., ins. 114 ff.; *Medicus/Petersen*, 182 ff.

964 Für eine aktuelle Kritik zum Vielzahlkriterium beim AGB-Recht ausführlich *Buz*, Immer noch »allgemeine« Geschäftsbedingungen? – Kritische Gedanken zum Vielzahlkriterium nach § 305 Abs. 1 BGB, AcP 219, 1–28.

965 BGH NJW 2002, 138; BGH NJW 1998, 2601.

966 BGH NJW 1991, 843.

967 Ausführlich *Hennemann*, AcP 219, 819–854, 840 ff.

968 Unternehmer ist eine natürliche oder juristische Person oder eine rechtsfähige Personengesellschaft, die bei Abschluss eines Rechtsgeschäfts in Ausübung ihrer gewerblichen oder selbständigen beruflichen Tätigkeit handelt.

969 Ausführlich *Eren*, 215 ff.; zu Online-Verträgen s. auch *İnal*, 16 ff., 41 ff.

970 Datenschutzerklärungen und AGB sind hier eigentlich zu trennen. Unter bestimmten Voraussetzungen handelt es sich jedoch auch bei Datenschutzerklärungen um Allgemeine Geschäftsbedingungen, die dann der AGB-Kontrolle unterliegen. Ausführlich *McColgan*, AcP 221, 695–731, 703 ff., ins. 704.

willigung, die allgemeine Geschäftsbedingungen enthält, und führen Transaktionen auf der Grundlage dieser durch.[971] Dies wurde zum Teil in den vorhergehenden Abschnitten dieser Arbeit diskutiert.[972]

Die allgemeine Frage, die sich bei der Beurteilung von AGB stellt, ist, ob die von einer Vertragspartei vorgeschriebenen Geschäftsbedingungen tatsächlich Vertragsbestandteil werden oder ob sie unberücksichtigt gelassen werden sollten.[973] Gem. § 305 Abs. 2 BGB und §§ 20, 21 TBK werden die AGB nur dann Bestandteil eines Vertrags, wenn:[974]

- der Verwender bei Vertragsschluss die andere Vertragspartei ausdrücklich oder, wenn ein ausdrücklicher Hinweis wegen der Art des Vertragsschlusses nur unter unverhältnismäßigen Schwierigkeiten möglich ist, durch deutlich sichtbaren Aushang am Ort des Vertragsschlusses auf sie hinweist,
- der anderen Vertragspartei die Möglichkeit verschafft, in zumutbarer Weise, die auch eine für den Verwender erkennbare körperliche Behinderung der anderen Vertragspartei angemessen berücksichtigt, von ihrem Inhalt Kenntnis zu nehmen, und
- die andere Vertragspartei mit ihrer Geltung einverstanden ist.

Entsprechend sieht auch § 21 Abs. 1 TBK die Zulässigkeit von Allgemeinen Geschäftsbedingungen unter diesen Voraussetzungen vor:[975] Die Einbeziehung von Allgemeinen Geschäftsbedingungen, die den Interessen des Vertragspartners zuwiderlaufen, in den Vertragsinhalt setzt voraus, dass der Verwender den anderen Vertragsteil bei Vertragsschluss ausdrücklich auf das Bestehen der Allgemeinen Geschäftsbedingungen hinweist und ihm die Möglichkeit verschafft, von ihrem Inhalt Kenntnis zu nehmen, und dass der andere Vertragsteil diesen Allgemeinen Geschäftsbedingungen zustimmt. Andernfalls gelten die AGB als nicht geschrieben.[976]

Allgemeine Geschäftsbedingungen sind hier nicht nur im Hinblick auf die Transparenzkontrolle von Bedeutung, sondern auch im Hinblick auf alle Formen der algorithmischen Diskriminierung, unabhängig davon, ob sie bereits in diesem Papier behandelt wurden oder in Zukunft auftreten werden. Denn Grundlage des

---

971 S. hier auch *Paschke*, in: Albrecht (Hrsg.), 156–186, 166ff.

972 S. hier Teil C-II-1-c beim Kapitel 1.

973 Vgl. *Brox/Walker*, 114.

974 Für gleiche Voraussetzungen nach türkischem Recht vgl. *Eren*, 221; *Reisoğlu*, 71, 72.

975 Der § 21 Abs. 1 TBK heißt: „Karşı tarafın menfaatine aykırı genel işlem koşullarının sözleşmenin kapsamına girmesi, sözleşmenin yapılması sırasında düzenleyenin karşı tarafa, bu koşulların varlığı hakkında açıkça bilgi verip, bunların içeriğini öğrenme imkânı sağlamasına ve karşı tarafın da bu koşulları kabul etmesine bağlıdır. Aksi takdirde, genel işlem koşulları yazılmamış sayılır".

976 Vgl. *İnal*, 41ff.

Online-Handels ist die Einwilligung des Nutzers und Grundlage der Einwilligung des Nutzers sind die Allgemeinen Geschäftsbedingungen. Mit anderen Worten wird die Kontrolle vertragsrechtlich in Zukunft ihre Relevanz behalten. Denn auch andere Formen der Benachteiligung durch Algorithmen, die in Zukunft auftreten werden, werden Gegenstand solcher AGB-Kontrolle sein.

Die Kontrolle von Allgemeinen Geschäftsbedingungen erfolgt sowohl in Deutschland als auch in der Türkei in drei Stufen. Auf der ersten Stufe verbietet § 309 BGB (Klauselverbote ohne Wertungsmöglichkeit),[977] bestimmte Klauseln in Allgemeinen Geschäftsbedingungen zu verwenden, ohne dass eine Inhaltskontrolle stattfindet. So gelten beispielsweise nach § 309 Abs. 12 BGB Klauseln, die eine Beweislastumkehr zulasten des Verbrauchers vorsehen, als unzulässig und sind unwirksam, ohne dass eine Inhaltskontrolle stattfindet.

Nach Abschluss der Prüfung nach § 309 BGB treten die Klauselverbote des § 308 BGB[978] in den Vordergrund, diesmal unter Unangemessenheitsgesichtspunkten. Im Rahmen des § 308 BGB ist zu prüfen, ob die Voraussetzung der Unangemessenheit vorliegt, und über die Wirksamkeit nach den im Einzelfall gegebenen Umständen zu entscheiden.

Alle anderen Klauseln, die nicht in den Anwendungsbereich dieser beiden Normen fallen, unterliegen der Inhaltskontrolle nach § 307 BGB in Deutschland[979] bzw. § 25 TBK in der Türkei[980]. Werden Vertragsbedingungen durch Allgemeine Geschäftsbedingungen ohne Rücksicht auf die Rechte des anderen Teils oder unter Verstoß gegen Treu und Glauben zu dessen Nachteil abgeändert, so unterliegen sie der Inhaltskontrolle nach § 307 BGB. Als weiterer Grundsatz ist in diesem Zusammenhang das so genannte Transparenzgebot des deutschen Rechts zu beachten. Danach verstößt eine Klausel, die für den Vertragspartner nicht hinreichend klar und verständlich abgefasst ist, auch dann gegen Treu und Glauben, wenn sie inhaltlich nicht unmittelbar gesetzwidrig ist.

Der Grundsatz der Transparenz, wie er in § 307 Abs. 1 S. 2 BGB niedergelegt ist, ist auch Gegenstand des TBK. Insoweit korrespondiert § 25 des TBK mit § 307 BGB, wonach Allgemeinen Geschäftsbedingungen, die den Interessen des anderen Vertragspartners zuwiderlaufen, nur in den Vertrag einbezogen werden, wenn der Verwender den anderen Vertragspartner ausdrücklich auf die Existenz solcher Bedingungen hinweist und ihm bei Vertragsabschluss die Möglichkeit gibt, von deren

---

977 Auf Türkisch: Değerlendirme İmkânı Olmayan Madde Yasakları.

978 Klauselverbote mit Wertungsmöglichkeit. Auf Türkisch: Değerleme Opsiyonlu Madde Yasakları.

979 Ausführlich MüKoBGB/*Wurmnest*, BGB § 307 Rn. 1ff.; Spindler/Schuster/*Schuster*, BGB § 307 Rn. 22ff.

980 Ausführlich *Eren*, 215ff.; *Reisoğlu*, 70ff.

Inhalt Kenntnis zu nehmen, und wenn der andere Vertragspartner diesen Bedingungen zustimmt.

Gemäß § 305 Abs. 2 BGB und § 21 Abs. 1 TBK sind Bestimmungen, die der AGB-Kontrolle unterliegen, unwirksam. Jedoch gilt gemäß § 306 Abs. 1 BGB und § 22 TBK, dass nur die unwirksamen bzw. ungeschriebenen Klauseln aus dem Vertrag entfernt werden,[981] wobei diese Teilnichtigkeit den Vertrag im Übrigen nicht berührt und der Vertrag mit seinen übrigen Bestimmungen wirksam bleibt.

Eine Vertragspartei, die umfangreiche und komplizierte Allgemeine Geschäftsbedingungen oder Formularverträge verwendet, ist verpflichtet, ihre geschäftsunerfahrenen Vertragspartner klar und unmissverständlich über den Inhalt und die Folgen der Klauseln zu informieren.[982] Eine Haftung des Verwenders von AGB aus *c.i.c.* kommt auch bei wiederholter Verwendung unwirksamer AGB in Betracht, da dies eine zumindest fahrlässige Täuschung des Verkehrs über die Wirksamkeit der betreffenden Klauseln darstellt; ein treffendes Beispiel hierfür wäre die Aufforderung eines Vermieters zur Vornahme von Reparaturen, insbesondere Schönheitsreparaturen, aufgrund der Verwendung entsprechender, aber wegen Verstoßes gegen § 307 unwirksamer Klauseln in einem Formularmietvertrag.[983] Dieser Grundsatz könnte unmittelbar Eingang in Verträge finden, die unter dem Einfluss von Big-Data-Analysen geschlossen werden. Insbesondere Unternehmen, die umfangreiche AGB verwenden, sind verpflichtet, den Vertragspartner auf den Inhalt der AGB hinzuweisen, um Haftungsfälle aus *culpa in contrahendo* zu vermeiden.[984]

Alle Klauseln, einschließlich Suchdiskriminierung, Geoblocking und alle anderen diskriminierenden Praktiken, sollten der Kontrolle durch das Recht der Allgemeinen Geschäftsbedingungen im Sinne der §§ 305 ff. BGB und §§ 20 ff. TBK unterliegen, da sie in der einen oder anderen Weise zu Lasten des Verbrauchers bzw. des Kleinunternehmers und zu Gunsten des datengetriebenen Unternehmens gehen, das sich bereits in einer weitaus besseren Position als der Verbraucher befindet. Wenn die oben genannten Tatbestandsmerkmale nach § 305 Abs. 2 BGB und § 21 TBK nicht erfüllt sind, sollten sie aus dem Vertragsinhalt zwischen den Parteien herausgenommen werden. Entsprechende Entscheidungen finden sich bereits in der deutschen Rechtsprechung.[985] Das Landgericht Berlin hat bereits Anfang 2018 mehrere Klauseln in den Nutzungsbedingungen von Facebook, die vorformulierte Einwilligungen enthielten, wegen Verstoßes gegen das Transparenzgebot für unwirk-

---

981 In den TBK-Artikeln wird hierbei der Begriff *ungeschrieben* im Wortlaut verwendet.

982 MüKoBGB/*Emmerich*, BGB § 311 Rn. 78

983 MüKoBGB/*Emmerich*, BGB § 311 Rn. 78, Rn. 92.

984 Für weitere Rechtsfolgen vgl. *McColgan*, AcP 221, 695–731, 718 ff.

985 LG Berlin ZK 16, Urt. v. 16.01.2018 – 16 O 341/15.

sam erklärt,[986] da eine informierte Entscheidung nicht möglich sei, weil wesentliche Informationen über Art und Umfang der Datenverarbeitung fehlten.[987]

Die Untersuchung der Allgemeinen Geschäftsbedingungen bringt die Diskussion an dieser Stelle in Einklang mit dem allgemeinen Verhältnis zwischen Transparenz als isoliertem Fall von Diskriminierung und als Verbindungselement zwischen verschiedenen Vertragspraktiken,[988] die unter dem Einfluss algorithmischer Diskriminierung entstehen.

4) Weitere Anspruchsgrundlagen

a) Geoblocking-Verordnung

Eine bereits im Zusammenhang mit der Geoblocking-Diskussion erwähnte relative Regelung ist die aktuelle Geoblocking-Verordnung,[989] die am 23. März 2018 vom Europäischen Parlament verabschiedet wurde und am 3. Dezember 2018 in Kraft trat. Die Absicht ist, dass man wie ein lokaler Kunde einkaufen können sollte,[990] d.h. es sollte in den Ländern der Europäischen Union keine Blockaden zwischen Kundinnen und Kunden aufgrund ihrer Staatsangehörigkeit, ihres Wohnsitzes oder ihres Aufenthaltsortes geben.[991]

Die Verordnung ist besonders relevant, weil sie auch vom Geoblocking betroffene Unternehmen erfasst und insoweit über den Anwendungsbereich des BGB bzw. des deutschen Verbraucherrechts hinausgeht. Denn in Art. 2 Abs. 1 Nr. 13 der Verordnung werden Kundinnen und Kunden definiert als:

(1) Verbraucher, die Staatsangehörige eines Mitgliedstaates sind oder ihren Wohnsitz in einem Mitgliedstaat haben und

(2) Unternehmer, die in einem Mitgliedstaat niedergelassen sind und innerhalb der Union und ausschließlich für Zwecke des Endverbrauchs Dienstleistungen in Anspruch nehmen oder Waren erwerben oder dies beabsichtigen.

---

986 Ausführlich *Hacker*, ZfPW 2019, 148–196, 182 ff.

987 Supra Fn. 985.

988 Vgl. Kapitel 5.

989 Verordnung (EU) 2018/302 des Europäischen Parlaments und des Rates vom 28. Februar 2018 über Maßnahmen gegen ungerechtfertigtes Geoblocking und andere Formen der Diskriminierung aufgrund der Staatsangehörigkeit, des Wohnsitzes oder des Ortes der Niederlassung des Kunden innerhalb des Binnenmarkts und zur Änderung der Verordnungen (EG) Nr. 2006/2004 und (EU) 2017/2394 sowie der Richtlinie 2009/22/EG. Abrufbar unter: https://eur-lex.europa.eu/legal-content/DE/TXT/?uri=CELEX:32018R0302.

990 Shop like a local (Türkisch: Yerel Gibi Alışveriş Hakki).

991 Für die praktische Bedeutung der Verordnung ausführlich *Bernhard*, Die Geoblocking-Verordnung in der Praxis, NJW 219, 472–476; *Hoeren/Sieber/Holznagel* MMR-HdB, Teil 10 Kartellrecht Rn. 166.

In der Europäischen Union gibt es verschiedene Institutionen und Behörden, die für die Durchsetzung der GBV zuständig sind. In Deutschland ist dies die Bundesnetzagentur.[992] Gegenüber deutschen Anbietern, die gegen die Geoblocking-Verordnung verstoßen, erlässt die Bundesnetzagentur entsprechende Anordnungen und verhängt Bußgelder. Gegenüber Anbietern im EU-Ausland fordert die Bundesnetzagentur im Rahmen des europäischen CPC-Netzwerks[993] die zuständige nationale Behörde des jeweiligen EU-Landes auf, vergleichbare Maßnahmen nach der Verordnung zu ergreifen.

Für die Erörterungen der vorliegenden Arbeit ist diese Verordnung jedoch nur von geringem Nutzen. Denn sie schließt alle Geschäfte zwischen Kunden, die im selben Land ansässig sind, von ihrer Anwendung aus. Nach Art. 1 Abs. 2 GBV gilt die Verordnung nicht für reine Inlandssachverhalte, bei denen sich alle wesentlichen Elemente der Transaktion auf einen einzigen Mitgliedstaat beschränken. Wenn Person A und Person B in zwei verschiedenen EU-Mitgliedstaaten leben, sind sie gegen bestimmte Arten von Geoblocking-Praktiken geschützt, aber wenn die buchstäblich gleiche Praxis zwischen Person A und Person B in Deutschland auftritt, sind sie von diesem Schutz ausgeschlossen.[994]

Darüber hinaus gibt es für viele Wirtschaftsbereiche, wie z.B. Streaming-Dienste, Verkehrsdienstleistungen, Finanzdienstleistungen wie z.B. Bankdienstleistungen, Gesundheitsdienstleistungen und elektronische Kommunikationsdienste und -netze, eine Vielzahl von Ausnahmen von der Verordnung.[995] Das Verbot des Geoblockings im Sinne dieser Verordnung hindert die Betreiber nach Art. 4 Abs. 2 auch nicht daran, allgemeine Geschäftsbedingungen für den Zugang, einschließlich der Nettoverkaufspreise, anzubieten, die von einem Mitgliedstaat zum anderen oder auch innerhalb eines Mitgliedstaats unterschiedlich sind und die Kunden in einem bestimmten Gebiet oder bestimmten Kundengruppen in nichtdiskriminierender Weise[996] angeboten werden.

Zu beachten ist ebenso das Verhältnis zwischen GBV und Kontrahierungszwang. Ein unmittelbarer Kontrahierungszwang ist nach der GBV nicht gegeben.[997] Die Ablehnung von Lieferungen in bestimmte Gebiete oder der Abschluss von Ver-

---

992 Für die Agentur und Gesamtrahmen zur Durchsetzung der Verordnung ausführlich https://www.bundesnetzagentur.de/DE/Fachthemen/Digitalisierung/Internet/Geoblocking/start.html.

993 CPC ist die englische Abkürzung für *Consumer Protection Cooperation* und bezeichnet ein europäisches Behördennetzwerk zur Durchsetzung von Verbraucherrechten.

994 Vgl. hier obiges Beispiel beim Teil A-I beim Kapitel 4.

995 Vgl. https://www.bundesnetzagentur.de/DE/Fachthemen/Digitalisierung/Internet/Geoblocking/start.html.

996 Vgl. auch *Bernhard*, NJW 219, 472–476, 474ff.

997 S. hier den Erwägungsgrund 17 der GBV.

trägen mit bestimmten Kunden ist den Lieferanten daher aus sachlich gerechtfertigten Gründen weiterhin möglich.[998] Solche Gründe können z.B. ein erhöhtes Produkthaftungsrisiko, ein zu hohes Kostenrisiko im Gewährleistungsfall und die konkrete Gefahr eines unerwünschten Weiterverkaufs durch vermeintliche Endabnehmer im Falle eines stark nach unten abweichenden Preisniveaus in bestimmten Mitgliedstaaten sein.[999]

Für das deutsche und türkische Recht könnte richtungsweisend sein, dass die Verordnung auch Unternehmen als von Geoblocking bedrohte Kunden erfasst und nicht nur das Verbraucherrecht regelt.[1000] Denn auch Unternehmen bedürfen des Schutzes vor Praktiken algorithmischer Diskriminierung, soweit sie nicht selbst diskriminieren, sondern selbst Betroffene von Diskriminierungen sind.[1001] Im Übrigen ist die GBV von weiteren Überlegungen und Diskussionen im Sinne des nachfolgenden Punktes ausgeschlossen.

b) Transparenzkontrolle nach der DSGVO und dem KVKK

Eine weitere Quelle der rechtlichen Haftung für diskriminierende Praktiken im Zusammenhang mit Transparenz wird die Kontrolle der Datenverarbeitung nach der DSGVO[1002] und dem KVKK[1003] sowie der Schadenersatzanspruch nach Art. 82 DSGVO sein.[1004] Jede Form der algorithmischen Diskriminierung basiert auf personenbezogenen Daten, deren Erhebung, Verarbeitung und Übermittlung nur im Rahmen der in den einschlägigen Vorschriften festgelegten Grundsätze möglich sein darf.[1005]

Diesbezüglich ist in Art. 4 Abs. 2 lit. c i.V.m. Art. 4 Abs. 2 lit. a DSGVO, dass personenbezogene Daten nur für festgelegte, eindeutige und rechtmäßige Zwecke und

---

998 *Bernhard*, Die Geoblocking-Verordnung in der Praxis, NJW 2019, 472–476, 475.

999 *Bernhard*, NJW 2019, 472–476, 476.

1000 Die Tendenz, kleinere Unternehmen vor größeren zu schützen, zeigt sich auch in aktuellen Regelungen wie DSA, DMA, ETK und ETY.

1001 S. Teil C-II-3-c beim Kapitel 1.

1002 Zum grundsätzlichen Verhältnis von allgemeinem Privatrecht zu Instrumenten der DSGVO *Hacker*, Datenprivatrecht, 397 ff.; *McColgan*, AcP 221, 695–731, 699 ff.; s. auch *Schmidt-Kessel*, The Processing of Personal Data, in De Franceschi/Schulze (Hrsg.) Digital Revolution – New Challenges for Law, 75–83; *Zander-Hayat et. al.*, VUR Heft 11 2016, 403–409, 409; *Hofmann/Freiling*, ZD 2020, 331–335; *Tribess*, Datenzugangsrechte in der Plattformökonomie, ZD 2020, 440–444; *Linderkamp*, ZD 2020, 506–511.

1003 Ausführlich *Çekin*, TAÜHFD 2023, 323–336.

1004 Ausführlich *Hacker*, Datenprivatrecht, 520 ff.; Ehmann/Selmayr/*Nemitz*, Art. 82, Rn. 8 ff.

1005 S. hierzu auch *Lambert*, Gringras: The Laws of the Internet, 5. Auflage 2018, 411 ff.; *Albrecht*, in: Albrecht (Hrsg.), 122–155, 135 ff.

nur auf rechtmäßige Weise sowie nach Treu und Glauben verarbeitet werden dürfen.[1006] Parallel dazu werden in Art. 5 DSGVO die allgemeinen Regeln für die Datenverarbeitung innerhalb der Europäischen Union festgelegt. Nach Art. 5 Abs. 1 lit. a dürfen Daten nur auf rechtmäßige Weise, nach Treu und Glauben und in einer für die betroffene Person nachvollziehbaren Weise verarbeitet werden.

Ein wesentlicher Unterschied besteht darin, dass die KVKK keine konkrete Regelung nach dem Transparenzprinzip enthält. Dieser wird jedoch durch eine weite Auslegung der Informationspflichten durch die türkische Datenschutzbehörde auch als Grundsatz der Datenverarbeitung anerkannt.[1007] Die beiden Gesetze stimmen also hinsichtlich der Transparenzanforderungen im Wesentlichen überein.[1008]

Vergleichbare Bestimmungen gelten auch für die Übermittlung personenbezogener Daten an andere Personen, Organisationen oder Unternehmen. Gemäß Art. 10 KVKK, der den Titel „Übermittlung personenbezogener Daten" trägt, müssen die in Art. 5 KVKK genannten Voraussetzungen auch für die Übermittlung personenbezogener Daten erfüllt sein. Unabhängig von der zugrundeliegenden Rechtsordnung ist daher der Grundsatz der Transparenz bei der Erhebung, Verarbeitung und Übermittlung personenbezogener Daten von zentraler Bedeutung.

Für Verstöße gegen das Transparenzgebot sehen beide Gesetze spürbare Sanktionen vor. Verstöße gegen die Anforderungen der Art. 5, 6, 7 und 9 DSGVO können mit Geldbußen von bis zu 20 Millionen Euro oder im Falle eines Unternehmens von bis zu vier Prozent seines gesamten weltweit erzielten Jahresumsatzes des vorangegangenen Geschäftsjahrs geahndet werden, je nachdem, welcher Betrag höher ist.[1009] Die Höhe dieses Bußgeldes soll erheblich höher als der Gewinn aus dem Datenschutzverstoß ausfallen, um eine effektive Abschreckung zu gewährleisten.[1010]

Die im Jahr 2019 von der CNIL in Frankreich überprüfte Entscheidung gegen Google belief sich beispielsweise auf rund 50 Millionen Euro und überschritt damit die in Art. 83 Abs. 5 DSGVO festgelegte Obergrenze von 20 Millionen Euro, da das verurteilte Unternehmen Google einen verhältnismäßig höheren Umsatz erzielt, dessen 4-%-Anteil über 20 Millionen Euro liegt.[1011]

1006 Ausführlich Ehmann/Selmayr/*Klabunde*, Art. 4, Rn. 22 ff.; Spindler/Schuster/*Spindler/Dalby*, DS-GVO Art. 4 Rn. 10 ff.

1007 *Çekin*, TAÜHFD 2023, 323–336, 328 ff.

1008 Ausführlich Ehmann/Selmayr/*Heberlein*, Art. 5, Rn. 8 ff.

1009 Ausführlich Ehmann/Selmayr/*Nemitz*, Art. 83, 13 ff.; Spindler/Schuster/*Eckhardt*, DS-GVO Art. 83 Fn 12 ff.; *Brunnenberg*, 227 ff. S. auch ÖBVwG, Erkenntnis vom 26.11.2020 – W258 2227269-1, in: ZD 2021, 264.

1010 Ehmann/Selmayr/*Nemitz*, Art. 83, 15.

1011 CNIL, SAN-2019-001, 21.01.2019. Die Entscheidung ist abrufbar unter: https://www.legifrance.gouv.fr/cnil/id/CNILTEXT000038032552/.

Darüber hinaus gewährt Art. 82 Abs. 1 DSGVO den Betroffenen einen Anspruch auf Schadenersatz, wenn ihnen durch einen Verstoß gegen die Verordnung ein materieller oder immaterieller Schaden entstanden ist.[1012]

In ähnlicher Weise sieht Art. 18 KVKK mit dem Titel „*Verbrechen und Vergehen*" die Möglichkeit vor, nicht gesetzeskonforme Datenerhebungen und -übermittlungen je nach Art des Verstoßes mit einer Geldbuße von bis zu einer Million türkischer Lira zu ahnden. Diese Obergrenze von einer Million türkischen Lira wurde im Rahmen der letzten Aktualisierung des Gesetzes[1013] auf ca. 9,5 Millionen türkische Lira ab dem Jahr 2024[1014] angehoben.

Dem türkischen Pendant zur Datenschutz-Grundverordnung fehlen jedoch zwei wesentliche Elemente, um eine wirksame Abschreckung für Unternehmen oder Institutionen zu sein, die Daten auf eine nicht transparente Art und Weise verarbeiten oder in diskriminierender Weise zwischen Nutzern agieren.

Erstens fehlt eine proportionale Geldbuße für Großunternehmen. Wenn ein Unternehmen z. B. einen Jahresumsatz von weniger als einer Million Euro hat, würde die Höchststrafe von 300.000 Euro dieses Unternehmen eindeutig treffen, aber für viel größere Unternehmen wie Google, Meta oder Uber – die auch die Hauptunternehmen sind, welche über die Macht verfügen, zwischen großen Nutzergruppen zu diskriminieren,[1015] und die bisher am häufigsten für diskriminierende Aktivitäten bestraft wurden – würden die Strafen keine wirklich abschreckende Wirkung haben. Aus diesem Grund sollte in Zukunft eine anteilige Berechnung, bei der auch die Einnahmen des betroffenen Unternehmens oder der Organisation aus dem Vorjahr berücksichtigt werden, in das türkische Recht aufgenommen werden.

Auf der anderen Seite sieht das KVKK – im Gegensatz zu Art. 82 DSGVO – keine Rechtsschutzmöglichkeiten für den einzelnen Betroffenen vor, sondern lediglich organisatorische Sanktionen für den Fall der Intransparenz. Wie oben ausgeführt wurde, könnten viele Schadensszenarien auf Seiten der Nutzer in gewisser Weise durch die allgemeinen Regelungen des BGB und des TBK abgedeckt werden.[1016] Gleichwohl ist es für Betroffene, deren personenbezogene Daten zu wirtschaftlichen oder gar diskriminierenden Zwecken genutzt oder weitergegeben werden,

---

1012 Ehmann/Selmayr/*Nemitz*, Art. 82, 8 ff.; *Brunnenberg*, 227, 228.

1013 Die Geldstrafen und Obergrenzen sind abrufbar unter: https://www.kvkk.gov.tr/SharedFolderServer/CMSFiles/fcbcf082-1c32-4e53-af98-b90ac7aa298e.pdf.

1014 Neuneinhalb Millionen türkische Lira entspricht Ende 2024 etwa 250.000 Euro.

1015 Diese Unternehmen sind auch Torwächter i. S. v. Art. 2 DMA und sehr große Plattformen i. S. v. Art. 4 ETY.

1016 S. hier die bisherigen vertragsrechtlichen Forschungen in den Teilen C-II beim Kapitel 2 und Kapitel 3.

rechtssicherer, auch datenschutzrechtlich durch allgemeine Schadensersatzansprüche geschützt zu sein.

Zwar ist dies nicht per se vor- oder nachteilig, aber ein weiterer Unterschied zwischen den beiden Gesetzbüchern besteht darin, dass die DSGVO als Teil des EU-Rechtssystems Anwendungsvorrang vor dem BGB genießt[1017] und gemäß Art. 288 Abs. 2 AEUV in den Mitgliedstaaten, also auch in Deutschland, unmittelbar gilt,[1018] was bei ihrem türkischen Pendant, der KVKK, nicht der Fall ist. Die KVKK ist in der Normenhierarchie identisch mit dem türkischen Zivilgesetzbuch TBK.

Unabhängig von den vorstehenden Erwägungen könnte ein Verstoß gegen die Transparenzvorschriften nach den jeweiligen Datenschutzgesetzen beider Länder auch Sanktionen für die für die rechtswidrige Verarbeitung Verantwortlichen nach sich ziehen, entweder organisatorische Sanktionen oder zivilrechtliche Rechtsbehelfe nach der Datenschutz-Grundverordnung. Zur Klarstellung:

- Bei Verstößen gegen die Anforderungen der Art. 5, 6, 7 und 9 DSGVO können Geldbußen bis zu 20 Millionen Euro oder im Fall eines Unternehmens bis zu vier Prozent seines gesamten weltweit erzielten Jahresumsatzes des vorangegangenen Geschäftsjahrs verhängt werden, wobei der höhere Betrag zu berücksichtigen bzw. zu verbüßen ist.
- Gemäß Art. 18 KVKK besteht die Möglichkeit, nicht gesetzeskonforme Datenerhebungen und -transaktionen je nach Art des Verstoßes mit einer Geldstrafe von bis zu 300.000 Euro[1019] zu bestrafen.
- Zusätzlich gewährt Art. 82 Abs. 1 DSGVO den Betroffenen einen Anspruch auf Ersatz des durch die Zuwiderhandlung entstandenen materiellen oder immateriellen Schadens.

Die Schadenersatzbeträge für Einzelfälle mit unrechtmäßiger Datenverarbeitung nach Art. 82 DSGVO reichen derzeit in Deutschland von 25 Euro[1020] bis zu 10.000 Euro,[1021] je nach Schwere, Dauer und Art des Verstoßes und entsprechenden Vorschriften der DSGVO. Nach dem aktuellen Urteil des EuGH ist mit einer Inten-

---

1017 Vgl. *McColgan*, AcP 221, 695–731, 706.

1018 Vgl. *Hacker*, Datenprivatrecht, 520 ff.

1019 Zum Zeitpunkt des Inkrafttretens des KVVK eine Million, gegenwärtig 9,5 Millionen TL (wird jedes Jahr aktualisiert).

1020 LG Heidelberg, Urt. v. 16.3.2022 – 4 S 1/21 – Übersendung von Werbe-E-Mails ohne Einwilligung des Betroffenen.

1021 LG Meiningen, Urt. v. 23.12.2020 – 3 O 363/20. In diesem Fall gab die Versicherung ohne Einwilligung des Versicherten Gesundheitsdaten aus einem Sachverständigengutachten frei, das für ein Gerichtsverfahren zu den Folgen eines Verkehrsunfalls erstellt wurde. Die Daten gingen an die Rechtsanwaltskanzlei, die den Versicherten in einem weiteren Gerichtsverfahren vertrat, in dem eine andere Versicherung als Gegenseite auftrat. Die Rechtsanwältin verwendete Zitate aus diesem

sivierung von Schadensersatzansprüchen aus der DSGVO zu rechnen, da der Gerichtshof keine Erheblichkeitsschwelle für Schadensersatzansprüche aus der DSGVO voraussetzt.[1022]

III. Praxisorientierte Forschung weiterer Diskriminierungsfälle

1) Decolar-Version: Geoblocking

Im Fall Decolar hat die gleichnamige digitale Reiseplattform unterschiedliche Preise für Nutzer aus Brasilien und Nutzer aus anderen lateinamerikanischen Ländern in Rechnung gestellt.[1023] Während die Plattform für argentinische und mexikanische Kunden vollständig buchbar war, waren bestimmte Hotelzimmer für brasilianische Kunden nicht verfügbar. Es gab Preisunterschiede von bis zu 500 Prozent, selbst wenn sie verfügbar waren.[1024] Das Ziel von Decolar war es, mehr ausländische Touristen anzuziehen, die im Durchschnitt mehr ausgeben und wahrscheinlich in einer stärkeren Währung bezahlen. Die Geldbuße belief sich ursprünglich auf 7,5 Millionen BRL,[1025] gegen die das Unternehmen Berufung einlegte und die in der Folge auf 2,5 Millionen BRL[1026] herabgesetzt wurde.[1027]

In der Berufung argumentierte Decolar, dass die Preisunterschiede ausschließlich auf die unterschiedliche Steuerbelastung in den einzelnen Ländern zurückzuführen seien. Die brasilianische Behörde Senacon gab der Berufung nur teilweise statt und reduzierte die Geldbuße auf 2,5 Millionen BRL. Sie wies jedoch darauf hin, dass die Verstöße das Recht der Verbraucher auf vollständige, kostenlose und nützliche Informationen verletzten, damit sie ihre Wahlfreiheit uneingeschränkt ausüben könnten.[1028]

Gutachten in einem Schriftsatz.; ArbG Oldenburg, Urt. v. 9.2.2023 – 3 Ca 150/21. Hier wurde über eine 20 Monate verspätete Auskunft an ehemalige Beschäftigte nach Art. 15 DSGVO entschieden.

1022 EuGH, Urt. v. 4.5.2023 – C-300/21. Verstoß gegen die Bestimmungen der DSGVO, die Entstehung eines materiellen oder immateriellen Schadens und der Kausalzusammenhang zwischen Schaden und Verstoß sind für das Gericht ausreichend, damit die betroffene Person Schadenersatz verlangen darf. Ausführlich *Heynike*, 09.05.2023.

1023 Die Entscheidung ist abrufbar unter: https://www.procon.sp.gov.br/procon-sp-multa-decolar/.

1024 *Souto Correa Advogados*, 05.02.2020.

1025 Ende 2024 ca. 1,22 Millionen Euro.

1026 Ende 2024 ca. 407.000 Euro.

1027 *Tironi*, GCA 06.07.2022.

1028 *Tironi*, GCA 06.07.2022.

In diesem Fall sind zwei Aspekte betroffen:[1029] Zum einen handelt es sich um eine Preisdiskriminierung aufgrund des Standorts bzw. Geopricing,[1030] zum anderen geht es um das Geoblocking[1031]. Im nachfolgenden Teil soll lediglich auf den zweiten Aspekt eingegangen werden, da der erste Aspekt bereits Gegenstand der obigen Diskussion war.[1032]

Als mögliches Rechtsmittel gegen solche Praktiken käme zunächst ein Kontrahierungszwang in Betracht. Zwar wird in dieser Arbeit ein Kontrahierungszwang für bestimmte Geschäftsarten akzeptiert, Hotel- und Flugbuchungen gehören aber nicht dazu.[1033] Deswegen wäre ein Kontrahierungszwang im Fall Decolars nicht vorhanden, solange eine tatsächliche Monopolstellung des Unternehmens besteht. Weder in Deutschland noch in der Türkei sind Flug- und Hotelbuchungen als gesetzlicher – unmittelbarer – Kontrahierungszwang eingestuft.

Solange sich das betreffende Unternehmen nicht in einer Monopolstellung befindet, würde diese besondere Praxis des Geoblockings nicht zu einer obligatorischen Kontrahierung führen. Ein Kontrahierungszwang entsteht auch nicht durch die neue GBV, selbst wenn diese zur Anwendung gelangt.[1034]

Ein möglicher Schadensersatzgrund wäre jedoch die Haftung aus *culpa in contrahendo* wegen des Fehlens eines Vertrages. In Fällen, in denen aufgrund von Geoblocking kein Vertrag zustande kommt, könnte einzig eine Haftung aus *culpa in contrahendo* nach den jeweiligen Zivilgesetzbüchern in Betracht kommen. Die Haftung aus *culpa in contrahendo* bei Nichtzustandekommen eines Vertrages ist jedoch nur für sehr begrenzte Fälle vorgesehen.[1035] Dazu gehören beispielsweise Fälle, in denen eine Vertragspartei unter arglistiger Vortäuschung eines fehlenden Vertragswillens im letzten Moment vor Vertragsschluss vom Vertrag zurücktritt. Auch in diesem Papier wird diese Auffassung vom Ausnahmecharakter vertreten.

Die Folge des Geoblockings ist das Nichtzustandekommen eines Vertrags zwischen den Parteien, nicht aber eine sonstige Diskriminierung in Bezug auf den Inhalt des Vertrags. Auch in der Version von Decolar wird bestimmten Nutzern der Zugang zu bestimmten Hotelzimmern verwehrt, es kommt m. a. W. kein Vertrag zu-

1029 Zur Beziehung zwischen Preisdiskriminierung und Geoblocking s. auch Abbildung 1 in Teil B beim Kapitel 1.

1030 Preisunterschiede bis zu 500 %.

1031 Unzugänglichkeit bestimmter Hotelzimmer für brasilianische Nutzer.

1032 S. oben Teil C-III-2 beim Kapitel 2.

1033 S. oben Teil C-II-4-a beim Kapitel 4.

1034 S. hier die Erwägungsgründe der GBV Nr. 17–21; vgl. auch *Bernhard,* NJW 219, 472–476, 475, 476.

1035 Vgl. *Medicus/Lorenz,* 245.

stande. Es stellt sich die Frage, inwieweit dieses Nichtzustandekommen eines Vertrages zu einer Haftung aus *culpa in contrahendo* führen kann.[1036]

Eine Haftung aus *culpa in contrahendo* im Zusammenhang mit Geoblocking ist denkbar, wenn folgende Tatbestandsmerkmale erfüllt sind:

- Ein Schuldverhältnis mit Pflichten nach § 241 Abs. 2 BGB
- Abbruch von bzw. Verzicht auf Vertragsverhandlungen mit einer Pflichtverletzung aus §§ 311 Abs. 2, 241 Abs. 2 BGB (dies liegt grundsätzlich nicht vor, könnte ausnahmsweise vorkommen)
- Vertretenmüssen dieser Pflichtverletzung nach den §§ 280 Abs. 1 BGB i. V. m. 276 Abs. 1 BGB (wenigstens fahrlässige Handlung)
- Ersatz des negativen Interesses gemäß § 249 BGB (Differenzhypothese)

Zunächst muss zwischen den Parteien ein Schuldverhältnis bestehen. Dieses Schuldverhältnis wird hier durch die Registrierung auf der Webseite bzw. die Anwendung oder Akzeptanz der AGB mit dem Ziel des Vertragsschlusses begründet. Zum anderen müsste der Abbruch oder Verzicht auf den Vertragsschluss durch Unternehmen mit einer Pflichtverletzung aus §§ 311 Abs. 2, 241 Abs. 2 BGB einhergehen. Dieser Tatbestand stellt zwar eine Ausnahme dar, kann aber in Extremfällen zur Anwendung kommen.

Im Decolar-Fall liegen jedoch keine Anhaltspunkte für ein solches Verhalten vor, da die Hotelzimmer für bestimmte Kunden von vornherein nicht buchbar waren. Wenn diese Dienstleistungen jedoch zu Beginn nur scheinbar buchbar gewesen wären, um mehr Kunden zur Registrierung oder zum Verweilen auf der Webseite zu bewegen, und sie dann tatsächlich verschwunden wären, könnte das Tatbestandsmerkmal gegeben sein.

In Extremsituationen, in denen tatsächlich eine Pflichtverletzung vorliegt, müsste auch ein Vertretenmüssen dieser Pflichtverletzung vorliegen.[1037] Zunächst ist darauf hinzuweisen, dass eine Pflichtverletzung nach §§ 311 Abs. 2, 241 Abs. 2 BGB nicht automatisch einen Schadensersatzanspruch auslöst. Vielmehr muss eine Vertretbarkeit der Pflichtverletzung gegeben sein, d. h. der Vertragspartner muss es auch zu vertreten haben, dass er die Vertragsverhandlungen ohne rechtfertigenden Grund abgebrochen oder auf den Abschluss des Vertrages verzichtet hat.[1038] Dies wäre z. B. der Fall, wenn der Vertragspartner durch falsche oder irreführende Angaben den Eindruck erweckt hat, dass ein Vertragsschluss möglich sei, obgleich dies nicht der Fall war.[1039]

1036 S. ausführlich MüKoBGB/*Emmerich*, BGB § 311 Rn. 191.
1037 Ausführlich MüKoBGB/*Emmerich*, BGB § 311 Rn. 66 ff.
1038 Vgl. Grüneberg/*Grüneberg*, § 311 BGB Rn. 32 ff.
1039 Vgl. BGH NJW 1996, 1884, 1885; NJW 2013, 928 m. w. N.

Letztlich käme nur in Betracht, das negative Interesse zu ersetzen, das dadurch entstanden ist, dass der Vertragspartner auf die Gültigkeit eines Geschäfts oder einer Willenserklärung vertraut hat. Zum anderen ist zu beachten, dass ein Ersatz nur für das negative Interesse in Betracht kommt,[1040] also für den Schaden, der dem Vertragspartner durch das Vertrauen auf die Gültigkeit eines Geschäfts oder einer Willenserklärung entstanden ist. Ein möglicher Schaden könnte hier beispielsweise darin bestehen, dass der Vertragspartner bereits Kosten für die Planung oder Vorbereitung eines Geschäftes aufgewendet hat, die nun verloren sind.

Eine letzte zivilrechtliche Lösung im Falle des Geoblocking wäre die Unwirksamkeit der fraglichen Klauseln wegen Verstoßes gegen die Vorschriften der §§ 305 BGB und 20 TBK. Verstoßen Geoblocking-Klauseln gegen die Vorschriften der §§ 305ff. BGB und §§ 20 TBK, sind diese Klauseln unwirksam bzw. gelten als nicht geschrieben.

Gemäß § 305 Abs. 2 BGB und §§ 20, 21 TBK werden die AGB nur dann Bestandteil eines Vertrags, wenn:[1041]

- der Verwender bei Vertragsschluss die andere Vertragspartei ausdrücklich oder, wenn ein ausdrücklicher Hinweis wegen der Art des Vertragsschlusses nur unter unverhältnismäßigen Schwierigkeiten möglich ist, durch deutlich sichtbaren Aushang am Ort des Vertragsschlusses auf sie hinweist,
- der anderen Vertragspartei die Möglichkeit verschafft, in zumutbarer Weise, die auch eine für den Verwender erkennbare körperliche Behinderung der anderen Vertragspartei angemessen berücksichtigt, von ihrem Inhalt Kenntnis zu nehmen, und
- die andere Vertragspartei mit ihrer Geltung einverstanden ist.

In diesem Fall dienen die AGB nur den finanziellen Interessen des Unternehmens und bringen den Nutzern in der gesperrten Region keine Vorteile. Dies spiegelt sich auch in der Begründung und der Höhe des Bußgeldes wider. Allgemeine Geschäftsbedingungen über Geoblocking beim Decolar-Fall sind, soweit sie nicht auf einem Rechtfertigungsgrund des Geoblocking betreibenden Unternehmens beruhen,[1042] gemäß §§ 305ff. BGB und §§ 20 TKG unwirksam, solange es seitens Nutzers keine Vereinbarungsmöglichkeit und daher keine zumutbare Möglichkeit zur Kenntnisnahme besteht.

1040 *Petersen*, Examens-Repetitorium Allgemeines Schuldrecht, 25.

1041 Vgl. *Brox/Walker*, 114ff. Für gleiche Voraussetzungen nach türkischem Recht vgl. auch *Eren*, 221.

1042 Vgl. obige Diskussion beim Teil C-II-3 beim Kapitel 4.

2) Mikians-Hannak-Version: Suchdiskriminierung / Preissteuerung

Es ist schwierig, diese besondere Form der Diskriminierung als rein suchbasierte Diskriminierung zu klassifizieren. Sie ist vielmehr Teil einer mehrdimensionalen Diskriminierungspraxis. Wie die Überschrift dieses Abschnitts andeutet, waren Mikians und Hannak wohl die ersten Wissenschaftler, die das Problem akademisch bzw. empirisch erkannten.[1043] Im Allgemeinen handelt es sich bei der Suchdiskriminierung um eine fragliche Praxis, die Algorithmen dabei helfen soll, effektiver zwischen Nutzern zu unterscheiden und sie in bessere Verträge seitens des datengesteuerten Unternehmens zu locken.

Diskriminierung bei der Suche kann verschiedene Formen annehmen. Die erste Form besteht darin, dass bestimmten Nutzern aufgrund ihres Standorts, ihrer individuellen Präferenzen oder anderer persönlicher Merkmale bestimmte Ergebnisse nicht angezeigt werden.[1044] Diese Form der Suchdiskriminierung oder Preissteuerung wird in der vorliegenden Arbeit ähnlich wie Geoblocking behandelt.[1045] Bei der zweiten Form werden jedoch keine Nutzer blockiert, sondern jedem Nutzer genau dieselben Suchergebnisse angezeigt, jedoch in einer anderen Reihenfolge,[1046] wofür die vorliegende Arbeit den Begriff der Suchdiskriminierung bzw. Preissteuerung zweiten Grades gewählt hat.

Die relevanteste Abhilfe bei der Praxis der Suchdiskriminierung zweiten Grades im Sinne dieser Arbeit könnte die Entfernung solcher Klauseln im Wege der AGB-Kontrolle nach §§ 305ff. BGB oder §§ 20ff. TBK sein. Dabei könnten die den Weg für eine Suchdiskriminierung ebnenden Klauseln für unwirksam i.S.v. §§ 305ff. BGB bzw. ungeschrieben i.S.v. § 21 TBK erklärt werden.

Bei der Beurteilung von Allgemeinen Geschäftsbedingungen geht es in der Regel um die Frage, ob eine von einer Partei gestellte Allgemeine Geschäftsbedingung tatsächlich Vertragsbestandteil wird oder nicht.[1047] Nach § 305 Abs. 2 BGB werden Allgemeine Geschäftsbedingungen nur dann Vertragsbestandteil, wenn

- der Verwender bei Vertragsschluss die andere Vertragspartei ausdrücklich oder, wenn ein ausdrücklicher Hinweis wegen der Art des Vertragsschlusses nur unter unverhältnismäßigen Schwierigkeiten möglich ist, durch deutlich sichtbaren Aushang am Ort des Vertragsschlusses auf sie hinweist,
- der anderen Vertragspartei die Möglichkeit verschafft, in zumutbarer Weise, die auch eine für den Verwender erkennbare körperliche Behinderung der an-

---

1043 Vgl. Teil B-III-2 beim Kapitel 1.
1044 Suchdiskriminierung ersten Grades.
1045 Vgl. Teil A-II beim Kapitel 4.
1046 Suchdiskriminierung zweiten Grades.
1047 Vgl. *Brox/Walker*, 114.

deren Vertragspartei angemessen berücksichtigt, von ihrem Inhalt Kenntnis zu nehmen und
- die andere Vertragspartei mit ihrer Geltung einverstanden ist.

Ähnlich wie bei der obigen Diskussion werden die Allgemeinen Geschäftsbedingungen bezüglich diskriminierender Praktiken nur dann Vertragsbestandteil, wenn sie ausdrücklich erwähnt und in einer zumutbaren Art und Weise zur Kenntnis genommen werden.[1048] Solange die AGB über diskriminierende Praktiken bei der Suche diese Voraussetzungen nicht erfüllen, sind sie für unwirksam zu erklären.

3) Google-Version: Transparenz

Unmittelbar an die Untersuchung von Geoblocking und Suchdiskriminierung im Rahmen der AGB-Kontrolle schließt sich die allgemeine Transparenzkontrolle im Sinne des BGB bzw. der TBK sowie im Sinne der DSGVO und des BDSG bzw. der KVK an. Das Transparenzproblem könnte als die letzte Dimension algorithmischer Diskriminierung bezeichnet werden. In diesem Zusammenhang ist darauf hinzuweisen, dass es in vielen Ländern wie Deutschland, der Türkei und den USA Geldbußen wegen Intransparenz oder unzulässiger Datenverarbeitung gibt.

Die wohl erste Geldstrafe dieser Art wurde in Frankreich unmittelbar nach Inkrafttreten der DSGVO verhängt.[1049] Gegen Google wurde ein Bußgeld von insgesamt 50 Millionen Euro wegen unzulässiger Datenverarbeitung und fehlender Rechtsgrundlage für personalisierte Werbung verhängt. Wie in der obigen Diskussion wurde diese Geldstrafe in Frankreich als allgemeiner Rahmen für Transparenzfragen verwendet.

Bei der Beurteilung der Transparenz von Allgemeinen Geschäftsbedingungen kommt es grundsätzlich darauf an, ob eine von einer Partei gestellte Allgemeine Geschäftsbedingung tatsächlich Vertragsinhalt wird oder nicht.[1050] Nach § 305 Abs. 2 BGB werden Allgemeine Geschäftsbedingungen nur dann Bestandteil des Vertrages, wenn
- der Verwender bei Vertragsschluss die andere Vertragspartei ausdrücklich oder, wenn ein ausdrücklicher Hinweis wegen der Art des Vertragsschlusses nur unter unverhältnismäßigen Schwierigkeiten möglich ist, durch deutlich sichtbaren Aushang am Ort des Vertragsschlusses auf sie hinweisen,

---

1048 Ausführlich *Hacker*, Datenprivatrecht, S. 422 ff., 459 ff.

1049 S. supra Fn. 222, 871, 1011.

1050 Vgl. *Brox/Walker*, 114.

- der anderen Vertragspartei die Möglichkeit verschaffen, in zumutbarer Weise, die auch eine für den Verwender erkennbare körperliche Behinderung der anderen Vertragspartei angemessen berücksichtigt, von ihrem Inhalt Kenntnis zu nehmen und
- die andere Vertragspartei mit der Geltung einverstanden ist.

Zentraler Bestandteil aller Verträge, die online und unter dem Einfluss von Big-Data-Analysen geschlossen werden, sind die Allgemeinen Geschäftsbedingungen. Jede Marktplattform, jedes Vergleichsportal, jeder Online-Browser und jedes soziale Netzwerk enthält vorformulierte AGB. Diese müssen vom Unternehmen entweder bei der Registrierung oder gelegentlich bei der Vertragsanbahnung akzeptiert werden. Diese Zustimmung erfolgt in der Regel durch das Anklicken bestimmter Kästchen oder durch das Setzen eines Häkchens.[1051] In den meisten Fällen wird der Registrierungs- bzw. Vertragsprozess abgebrochen und kann bis zum Vorliegen bzw. zur Erteilung der Zustimmung nicht fortgesetzt werden.

An dieser Stelle wird Folgendes deutlich: Geschäftsbedingungen, die es einem Unternehmen ermöglichen, algorithmisch zwischen seinen Kunden zu diskriminieren, sei es durch Preisdiskriminierung, Verletzung der Privatsphäre oder eine mildere Form der Diskriminierung wie Geoblocking oder Diskriminierung bei Suchergebnissen ersten oder zweiten Grades, nützen eher der Partei, die sie anwendet, als der Partei, die Opfer dieser diskriminierenden Praktiken wird. Wie bei jedem anderen analogen Vertrag, der solche Bedingungen enthält, muss auch bei Online-Verträgen, die diskriminierende Praktiken beinhalten, die ausdrückliche Zustimmung des Kunden eingeholt werden, damit sie als vertraglich durchsetzbar angesehen werden können.

In der Praxis bietet ein Unternehmen in gewisser Weise die Möglichkeit, die Allgemeinen Geschäftsbedingungen zu lesen und zu akzeptieren. Wie bereits in dieser Arbeit[1052] und von anderen Stimmen in der rechtswissenschaftlichen Literatur[1053] dargelegt, erfordert das Lesen und Verstehen dieser Bedingungen viel Zeit und Mühe, und selbst wenn sich die Gegenpartei dazu entschließt, diese Zeit und Mühe zu investieren, sind sie möglicherweise so zweideutig formuliert, dass die Gegenpartei nicht versteht, worauf sie sich tatsächlich einlässt.[1054]

Dementsprechend nimmt diese Arbeit an, dass Allgemeine Geschäftsbedingungen, die diskriminierende Aktivitäten durch Big-Data-Analysen ermöglichen, un-

1051 Vgl. supra Fn. 493, 579, 614.

1052 S. Teil C-II-1-c beim Kapitel 1.

1053 Ausführlich *Adams*, Ökonomische Begründung des AGB-Gesetzes, BB 1989 (12), 781–788; für ähnliche Überlegungen aus amerikanischer Literatur s. auch *Calo/Rosenblat*, CLR 2017, 1623–1689, 1658; *Dahl*, The Cut, 17.05.2016; *Ben-Shahar*, ERCL 1/2009, 1–28.

1054 Vgl. hier das Kind als Zahlungsmittel-Beispiel bei *Vedantam*, NPR 23.09.2016.

wirksam bzw. ungeschrieben sind, solange sie nicht deutlich veröffentlicht und in zumutbarer Weise im Sinne der §§ 305ff. BGB und §§ 20ff. TBK zur Kenntnis gebracht werden.

Mangelnde Transparenz aufgrund von Verstößen gegen die Transparenzvorschriften der Datenschutzgesetze beider Länder könnte schließlich weitere Sanktionen nach sich ziehen. Diese können organisatorischer oder zivilrechtlicher Natur sein und basieren auf den Art. 5ff. DSGVO und Art. 18 KVKK. Für Verstöße gegen die Anforderungen der Art. 5, 6, 7 und 9 DSGVO könnten Geldbußen von bis zu 20 Millionen Euro oder vier Prozent des weltweiten Jahresumsatzes verhängt werden. Ähnliche Bußgelder von bis zu 200.000 Euro könnten gemäß Art. 18 KVKK für nicht gesetzeskonforme Datenerhebungen und -transaktionen verhängt werden. Betroffene haben nach Art. 82 Abs. 1 DSGVO auch in Deutschland einen Anspruch auf Ersatz des durch die Rechtsverletzung wegen unzulässiger Datenverarbeitung entstandenen materiellen oder immateriellen Schadens.

An dieser Stelle ist darauf hinzuweisen, dass die DSGVO Transparenz nicht nur als wichtigen Grundsatz für die Datenverarbeitung, sondern auch als unmittelbares Recht der von der Datenverarbeitung Betroffenen versteht. Bereits nach Art. 5 Abs. 1 DSGVO ist die Datenverarbeitung transparent zu gestalten; die Art. 12ff. DSGVO gehen unter der „Überschrift Rechte der betroffenen Person" von der Transparenz als Recht aus. Nach Art. 12 Abs. 1 DSGVO müssen die Informationen über die Datenverarbeitung der betroffenen Person in präziser, transparenter, verständlicher und leicht zugänglicher Form in einer klaren und einfachen Sprache zur Kenntnis gebracht werden, insbesondere wenn sich die Informationen speziell an ein Kind richten. Diese Informationen sollten schriftlich oder auf andere Weise, gegebenenfalls auch elektronisch, erteilt werden. Auf Antrag der betroffenen Person sind die gleichen Informationen auch mündlich zu erteilen.

In der DSGVO ist somit nicht nur das Transparenzgebot als allgemeine Leitlinie verankert, sondern auch ein Recht auf Transparenz, das in Art. 82 Abs. 1 DSGVO auch sanktionsbewehrt ist. Verarbeitet oder übermittelt ein Unternehmen personenbezogene Daten ohne sorgfältige Informierung über den Umfang der Verarbeitung und Übermittlung, drohen erhebliche Bußgelder, wie sie beispielsweise in Frankreich von der CNIL verhängt werden. Darüber hinaus kann das datenbetriebene Unternehmen auch schadenersatzpflichtig werden, wenn es das Recht des Betroffenen auf Transparenz verletzt.

Die Schadenersatzbeträge für Einzelfälle unrechtmäßiger Datenverarbeitung nach Art 82 DSGVO liegen in Deutschland derzeit zwischen 25 Euro[1055] und

1055 LG Heidelberg, Urteil vom 16.3.2022 – 4 S 1/21.

10.000 Euro,[1056] je nach Schwere, Dauer und Art des Verstoßes und den entsprechenden Regelungen der DSGVO. Nach dem aktuellen Urteil des EuGH ist mit einer Intensivierung von Schadensersatzansprüchen nach der DSGVO zu rechnen, da der Gerichtshof keine Erheblichkeitsschwelle für Schadensersatzansprüche nach der DSGVO voraussetzt.[1057] Es reicht aus, wenn ein Verstoß gegen die Vorschriften der DSGVO, ein materieller oder immaterieller Schaden sowie die Kausalität vorliegen. Eine Schwelle für die Höhe des Schadens wird vom Gericht nicht verlangt. Dies bedeutet, dass künftig auch Fälle mit einem geringfügigen Schaden i.S.v. Art. 82 DSGVO zu einem Schadensersatzanspruch führen können.[1058]

Diese Alternative könnte als potenzieller Rechtsbehelf in Situationen dienen, in denen Schadensersatzansprüche nach dem Bürgerlichen Gesetzbuch und dem Handelsgesetzbuch aufgrund nicht erfüllter Voraussetzungen oder Einreden des Schuldners keine angemessene Lösung für die Betroffenen darstellen.

Anzumerken ist, dass diese Möglichkeit im türkischen Kontext des Datenschutzes derzeit nicht vorhanden ist, was eine erhebliche Lücke ist, die *de lege ferenda* geschlossen werden sollte. Es wäre daher sinnvoll, zusätzlich zu den allgemeinen öffentlich-rechtlichen Sanktionen im Sinne des Datenschutzgesetzes einen Anspruch auf Schadensersatz vorzusehen.

Diese Arbeit bejaht bei Intransparenz die Unwirksamkeit wegen AGB-Kontrolle und weitere Abhilfen nach DSGVO und KVKK sowie Schadensersatz in Deutschland nach Art. 82 DSGVO.

D. Zusammenfassung weiterer Diskriminierungspraktiken

Die letzten in dieser Arbeit untersuchten Einzeldiskriminierungspraktiken, nämlich Geoblocking, Suchdiskriminierung und Transparenzverbot, sind eher unterstützender Natur und stellen eine Brückenfunktion zwischen Einzelfällen algorithmischer Diskriminierung und kombinierter Diskriminierung dar.

Ein Kontrahierungszwang, wenn auch in sehr begrenztem Umfang, besteht insbesondere gegen Geoblocking-Praktiken. Wenn der angebotene Dienst herkömmlicherweise durch eine gesetzliche Regelung dem Kontrahierungszwang unterliegt

---

1056 LG Meiningen, Urteil vom 23.12.2020 – 3 O 363/20; ArbG Oldenburg, Urteil vom 9.2.2023 – 3 Ca 150/21.

1057 EuGH, Urt. v. 4.5.2023 – C-300/21. Verstoß gegen die Bestimmungen der DSGVO, die Entstehung eines materiellen oder immateriellen Schadens und der Kausalzusammenhang zwischen Schaden und Verstoß sind für das Gericht ausreichend, damit die betroffene Person Schadenersatz verlangen darf.

1058 Ausführlich *Heynike*, 09.05.2023.

oder das Unternehmen eine Monopolstellung innehat, kann diesem Unternehmen das Geoblocking untersagt werden. Natürlich können diese Unternehmen auch standortbasierte Diskriminierungen vornehmen, indem sie Rechtfertigungsgründe wie beispielsweise den Schutz geistiger Eigentumsrechte vorbringen. Nach der vorliegend vertretenen Auffassung besteht jedoch kein Grund, zwischen gleichartigen physischen und virtuellen Dienstleistungen zu unterscheiden und datenbetriebenen Unternehmen insofern einen Freipass zu gewähren, als für sie bisherige zivilrechtliche Grenzen nicht mehr gelten sollten.

Eine Haftung aus *culpa in contrahendo* wegen des Nichtzustandekommens eines Vertrages könnte in extremen Schadensfällen ebenfalls in Betracht kommen. Die Klauseln würden auch im Rahmen der AGB-Kontrolle nach §§ 305 BGB und §§ 20 TBK für unwirksam bzw. ungeschrieben erklärt werden können.

In dieser Arbeit wird zwischen Suchdiskriminierung ersten Grades und Suchdiskriminierung zweiten Grades unterschieden. Suchdiskriminierung ersten Grades liegt vor, wenn der Zugang zu relevanten Ergebnissen nahezu unmöglich ist. Für diese Variante sind die Ergebnisse des Geoblockings analog heranzuziehen. Für die Suchdiskriminierung zweiten Grades droht vor allem die AGB-Kontrolle im Rahmen des BGB und der TBK.

Das Transparenzverbot stellt nicht nur einen Einzelfall für sich dar, sondern ist in der Welt der Datenanalyse ein erhebliches Problem, das sich auch in anderen Diskriminierungsfällen wie Preisdiskriminierung und Privacy-Verletzung wiederfindet. Gegen das Transparenzverbot als Einzelfall drohen sowohl die Kontrolle der Allgemeinen Geschäftsbedingungen als auch weitere Bußgelder nach der DSGVO und dem KVKK sowie Schadenersatzansprüche nach Art. 82 DSGVO.

Der Decolar-Fall unterliegt keinem Kontrahierungszwang, außerdem kommt auch eine Haftung aus *culpa in contrahendo* nicht in Betracht. Die Klausel zur Ermöglichung des Geoblockings ist jedoch im Rahmen der AGB-Kontrolle unwirksam.

Bei der Suchdiskriminierungsvariante von Hannak und Mikians ist die Klausel wiederum unter Berücksichtigung einer AGB-Kontrolle für unwirksam zu erklären. Wiederum nicht begründet ist eine Haftung aus *culpa in contrahendo*.

Bußgelder und Schadensersatzansprüche aus der DSGVO und Bußgelder aus dem KVKK drohen vor allem im Fall des Verstoßes gegen das Transparenzgebot. Auch die Kontrolle der Allgemeinen Geschäftsbedingungen könnte zu einer Unwirksamkeit der entsprechenden Klausel führen. Das türkische Recht bedarf *de lege ferenda* einer entsprechenden Regelung zu Individualschadensersatzansprüchen wie Art. 82 DSGVO.

5. Kapitel
Kombinierbarkeit und Kumulationsfolgen algorithmischer Praktiken

A. Kombinierbarkeit als Rechtswidrigkeitsmöglichkeit: Vernetzungsproblematik

Nach der Diskussion über Einzelfälle bei algorithmischer Diskriminierung wird ein weiterer Aspekt des Problems sichtbar. Denn die algorithmische Diskriminierung tritt in der Regel fast nie als reine, einseitige Praxis auf, sondern geschieht gebündelt und mehrdimensional.[1059] Eine Website bietet zum Beispiel unterschiedliche Preise für verschiedene Teile einer Stadt oder eines Landes an und sperrt einige Regionen vollständig von Dienstleistungen oder Produkten aus. In anderen Fällen werden Suchergebnisse personalisiert und auch die Preise sind unterschiedlich. Manchmal werden mildere Diskriminierungspraktiken gleichzeitig angewandt, aber die Praktiken werden geheim gehalten oder dem Kunden nicht angemessen mitgeteilt, was ein großes Transparenzproblem darstellt.

In einigen Fällen könnte die sogenannte Vernetzung der Praktiken auch zu rechtlicher Verantwortung führen. Obwohl eine bestimmte Praxis vielleicht noch nicht das Niveau eines Rechtsverstoßes erreicht hat, könnte sie als Teil eines mehrdimensionalen Verstoßes zur Verantwortung des Unternehmens führen, das Big-Data-Analysen als Mittel zur individuellen Vertragsoptimierung einsetzt.

So entsteht eine neue und gemischte Art von Rechtsverletzung. In diesem Sinne weist die algorithmische Diskriminierung ähnliche Merkmale auf wie der sogenannte Summierungseffekt im Zusammenhang mit AGB.[1060] Denn auch wenn ein einzelner Verstoß für sich genommen nicht zur Rechtswidrigkeit führen kann, so können doch mehrere wiederholte Verstöße zur Rechtswidrigkeit führen.

Zu diesem Thema äußert sich auch Hacker und nennt drei Leitfälle, in denen ein Verstoß gegen die AGB-Vorschriften vorliegen könnte.[1061] Der dritte davon ist die übermäßige Belastung der Kunden durch exzessive Nebenpflichten, die in kei-

1059 Vgl. *Schäfers*, AcP 221, 32–67, 40.

1060 Vgl. Teile B-IV beim Kapitel 1 und B-I-1 beim Kapitel 5.

1061 Ausführlich *Hacker*, Datenprivatrecht, 459 ff. Die drei dort genannten Leitfälle sind Verstöße gegen datenschutzrechtliche Vorschriften im Zusammenhang mit AGB, insbesondere bei der Einwilligung, eine isoliert übermäßige Datenüberlassungspflicht in AGB und drittens weitgehende, sachfremde Nebenleistungspflichten durch die Verwendung von AGB. S. auch Unterteil C-II-3 beim Kapitel 4.

https://doi.org/10.1515/9783111653686-006

nem Zusammenhang mit der Hauptleistungspflicht stehen und dem Benutzer keinen Mehrwert liefern.[1062]

Eine Vertragspartei, die umfangreiche und komplizierte Allgemeine Geschäftsbedingungen oder Formularverträge bei algorithmischer Vertragsgestaltung verwendet, ist verpflichtet, ihre geschäftsunerfahrenen Vertragspartner klar und unmissverständlich über den wesentlichen Inhalt und die möglichen Rechtsfolgen der Klauseln zu informieren.[1063] Diese Haftung des Verwenders von AGB aus der *culpa in contrahendo* kommt z.B. auch bei Weiterverwendung unwirksamer AGB zum Tragen, denn darin liegt eine zumindest fahrlässige Täuschung des Geschäftsverkehrs über die Wirksamkeit der fraglichen Klauseln.[1064]

Die Berücksichtigung eines Summierungseffektes für die rechtliche Würdigung ist nicht auf das AGB-Recht beschränkt, sondern findet sich auch in anderen hier beurteilungsrelevanten Rechtsgebieten wie dem Antidiskriminierungs- oder Wettbewerbsrecht. Der Summierungs- oder Verstärkungseffekt hilft hier nicht nur bei der Einzelbeurteilung der umstrittenen Praktiken, sondern auch bei der Beurteilung der Motive der handelnden Unternehmen. Für die Beurteilung z.B. einer unzulässigen Beeinflussung im Rahmen des § 4a Abs. 1 Nr. 3 UWG könnte der Summierungseffekt durchaus nützlich sein.

Die Kombination mehrerer Diskriminierungssituationen hat für die vorliegende Arbeit zwei Konsequenzen: Zum einen könnte die Kombination für die Beurteilung von subjektiven Tatbestandsmerkmalen bisheriger bürgerrechtlicher Schutzmechanismen Relevanz haben. Zum anderen könnte die Kombination eine neue, vernetzte Form der Diskriminierung darstellen.

I. Kombinierte Diskriminierung als Tatbestandsmerkmal

Unter Umständen könnte die Kombination mehrerer algorithmischer Diskriminierungen eine Rolle bei Erfüllung eines Tatbestandsmerkmals spielen. Dies betrifft vor allem die subjektiven Tatbestandsmerkmale der in den vorherigen Teilen betrachteten Rechtsinstitutionen.[1065] Ob ein Unternehmen diskriminierendes Verhalten nur in Einzel- und Ausnahmefällen an den Tag legt, oder ob es verschiedene Diskriminierungen in kombinierter Weise praktiziert, könnte umfassende Auskunft über seine Motive geben. Denn eine kombinierte Diskriminierung zeigt vor allem, dass dieses Unternehmen nicht zufällig zwischen seinen Kunden diskriminiert bzw.

1062 Ausführlich *Hacker*, Datenprivatrecht, 459 ff., 473 ff.
1063 MüKoBGB/*Emmerich*, BGB § 311 Rn. 78.
1064 MüKoBGB/*Emmerich*, BGB § 311 Rn. 78.
1065 S. Teile C-II beim Kapitel 2,3 und 4.

die Diskriminierung bloß aus der Natur der Datenanalysen geschieht, sondern eher aus Manipulationsmotiven agiert. Dies ist dann von großer Bedeutung bei der Beurteilung subjektiver Tatbestandsmerkmale wie Vorsatz, Fahrlässigkeit oder Arglist seitens dieses Unternehmens.

In Bezug auf die Sittenwidrigkeit wegen des auffälligen Missverhältnisses zwischen den Leistungen[1066] könnte die Kombination der diskriminierenden Praktiken beispielsweise zur Bewertung der verwerflichen Gesinnung dienen. Die verwerfliche Gesinnung eines Vertragspartners zeigt sich darin, dass er die wirtschaftlich schwächere Stellung seines Partners wissentlich zu seinem Vorteil ausnutzt oder sich zumindest leichtfertig der Gefahr der Einsicht verschließt, dass der andere sich nur unter dem Zwang der Verhältnisse, aus Mangel an Urteilsvermögen oder wegen erheblicher Willensschwäche auf den für ihn nachteiligen Vertragsabschluss eingelassen hat.[1067] Diese Form der Ausnutzung von Vorteilen der Unternehmen stellt die kombinierte Diskriminierung dar, insbesondere in Fällen intransparenter Preisdiskriminierung, d.h. in Fällen, in denen Preisdiskriminierung und Transparenz miteinander kombiniert werden. Diese Ausnutzung ist ebenfalls anzunehmen, wenn die Preisdiskriminierung in Verbindung mit einer Beeinträchtigung der Privatsphäre bzw. des Privacy-Verstoßes stattfindet.

Auch bei der Beurteilung der Arglist in Fällen der Täuschung gemäß § 123 Abs. 1 Alt. 1 BGB und des Vorsatzes i.S.v. § 36 Abs. 1 TBK kommt die Kombinierung von Diskriminierungsfällen in Betracht.[1068] In Fällen, in denen Preisdiskriminierung oder Privacy-Verstöße mit Fällen von Intransparenz kombiniert vorkommen, erhöht sich die Möglichkeit der Anfechtbarkeit durch Täuschung wegen Arglist in Deutschland bzw. Vorsatz in der Türkei. Die Unternehmen, die algorithmische Diskriminierung anwenden, sollten ihre Praxis ausdrücklich offenlegen und den Käufer seine eigene transparente Entscheidung über die wesentlichen Verhandlungspunkte des abgeschlossenen Vertrags treffen lassen, anstatt sich über die bereits verschattete Natur der Algorithmen zweideutig zu machen.

Ein weiteres Argument könnte in der Form der Pflichtverletzung und des Vertretenmüssen dieser Pflichtverletzung bei der Haftung aus *culpa in contrahendo* i.S.v. § 311 BGB und § 2 TMK bestehen. Das fahrlässige oder gar vorsätzliche Verbergen diskriminierender Aktivitäten könnte in diesen Fällen als Aufklärungspflichtverletzung des Unternehmens gewertet werden, wobei die Haftung durch transparente Aufklärung aufgrund der Nichtverwirklichung dieses Tatbestandsmerkmals vermeidbar wäre. So führt z.B. in Fällen der Preisdiskriminierung und

1066 S. Teile C-III-2 beim Kapitel 2 und C-III-3 beim Kapitel 2.
1067 MüKoBGB/*Armbrüster*, BGB § 138 Rn. 215, BGH NJW 2012, 2099, Rn. 13.
1068 S. oben die Teile C-II-2 und C-II-3 beim Kapitel 2.

der Privacy-Verletzung die Kombination mit Intransparenz dazu, dass sonst vermeidbare Haftungsfälle zu bejahen sind. Auch Haftungsfälle durch Unterlassen solcher Pflichten kämen bei kombinierter Diskriminierung in Betracht.

Ebenso könnte die Kombination weiterer diskriminierender Aktivitäten bei der Feststellung eines möglichen Rechtsmissbrauchs unterstützend wirken. So etwa, wenn personenbezogene Daten nicht für den ursprünglichen bzw. dafür eingewilligten Zweck, sondern für diskriminierende Motive weiterverarbeitet oder übermittelt werden.[1069]

Das Zusammentreffen mehrerer diskriminierender Praktiken könnte in Ausnahmefällen nicht nur für die Bewertung der Motive der Unternehmen, sondern auch derjenigen der Betroffenen bedeutsam sein. So könnte z. B. eine Preisdiskriminierung in Verbindung mit Intransparenz zur Bejahung eines Wuchertatbestandes führen, da die Intransparenz solcher Diskriminierungen als Unerfahrenheit oder im Extremfall als mangelndes Urteilsvermögen des diskriminierten Benutzers gemäß § 138 Abs. 2 bzw. § 28 Abs. 1 TBK anzusehen wäre, insbesondere bei besonders schutzbedürftigen Personen wie Jugendlichen, Kindern oder in besonders urteilsschwachen Zeiten wie einer unerwarteten Schwangerschaft[1070] oder des Bedarfs an akuter Hilfe[1071].

Die Unerfahrenheit ist ein Mangel an Lebens- oder Geschäftserfahrung, die insbesondere bei Jugendlichen,[1072] Senioren oder geistig Behinderten usw. vorkommen kann.[1073] Ein Mangel an Urteilsvermögen ist die Unfähigkeit zur Beurteilung der Vor- und Nachteile des Geschäfts; eine erhebliche Willensschwäche kann als die Unfähigkeit bezeichnet werden, eine zutreffende Beurteilung des Geschäfts in die Tat umzusetzen.[1074] Vergleichbar mit den obigen Überlegungen spielt auch die Kombinierung verschiedener Diskriminierungsfällen bei dieser Bewertung eine wesentliche Rolle. Die Unerfahrenheit bzw. das Urteilsvermögen des Benutzers wird vor allem darüber entscheiden, ob es sich um eine bewusste oder versteckte Diskriminierung handelt und ob ihm eine Auswahl auf der Grundlage diskriminierender Praktiken zur Verfügung gestellt ist oder ob er ohne Rücksicht auf seine Entscheidungsfreiheit diskriminiert wird.

1069 Vgl. hier *Schwab/Löhnig*, Rn. 252, 106, 107.

1070 S. oben Teil C-II beim Kapitel 1. Ausführlich zum Fall der Schwangerschaft: *Hill*, Forbes, 16.02.2012.

1071 S. oben die Diskussion über die Preisdiskriminierung wegen Batteriezustandes Teil C-III-1 beim Kapitel 2.

1072 BGH, Urteil vom 25.3.1966 – VIII ZR 225/65 (Düsseldorf), in: NJW 1966, 1451–1452.

1073 Grüneberg/*Ellenberger*, § 138 BGB Rn. 71.

1074 Jauernig/*Jauernig*, § 138, Rn. 93.

II. Kombinierte Diskriminierung als eigene Rechtswidrigkeit

Darüber hinaus ist die kombinierte Diskriminierung als getrennter Fall zu betrachten. In solchen Fällen werden die diskriminierenden Praktiken, die im Einzelnen nicht unbedingt einen bestimmten Grad der Rechtswidrigkeit erreichen, in ihrer Gesamtheit gesehen jedoch eine unangemessene Benachteiligung des Benutzers bzw. eine besondere Manipulationsfähigkeit des von Algorithmen Gebrauch machenden Unternehmens darstellen. An dieser Stelle kommt der Summierungseffekt des AGB-Rechts in Betracht.[1075] Nach dem Summierungseffekt beim AGB-Recht könnte es unter Berücksichtigung des gesamten Vertragsinhalts zur Folge haben, dass eine bzw. einige AGB-Klauseln, die isoliert betrachtet nicht zu missbilligen wären, dennoch unwirksam ist, weil sie zusammen mit anderen Klauseln zu einer unangemessenen Benachteiligung des Benutzers führen.[1076] Hiermit setzt sich z.B. Hacker in seiner Analyse des AGB-Rechts auseinander, die der Analyse von algorithmischen Diskriminierungsfällen insoweit stark ähnelt.[1077]

In diesem Fall können die in dieser Arbeit erörterten Formen der Diskriminierung und auch die neueren Formen, die so noch nicht vorgekommen sind und zukünftig auftreten werden, in einem so geringen Ausmaß auftreten, dass keine von ihnen für sich genommen ausreicht, um eine Haftung bzw. einen Anspruch zu begründen; wenn diese Diskriminierungsfälle jedoch in ihrer Gesamtheit bewertet werden, können sie zu einer Verletzung von Normen wie der §§ 138, 242, 311 BGB und auch TGG führen, die auf Grundsätzen wie Treu und Glauben und dem Gebot der Lauterkeit beruhen. Darüber hinaus kann zudem auf verschiedene Unlauterkeitsregelungen nach den §§ 3 Abs. 2 i.V.m. § 9 Abs. 2, 4a und 5, 5a UWG bzw. §§ 54ff. TTK, sowie Bußgeld- und Schadensersatzanspruchsregelungen aus Datenschutzgesetzen und weiteren Begrenzungen aus den DMA, DMA und ETK zurückgegriffen werden.

B. Rechtsfolgen der Kombinierung algorithmischer Diskriminierungen

In dieser Phase ändert sich die rechtswissenschaftliche Diskussion dahingehend, dass die Arbeit nicht auf Diskussionen eingeht, die bereits in früheren Teilen Erwähnung gefunden haben, sondern sich schwerpunktmäßig auf neuere Schutz-

---

1075 S. hierzu nur Wolf/Lindacher/Pfeiffer/*Pfeiffer*, AGB-Recht Kommentar § 307 Rn. 213ff.; Spindler/Schuster/*Schuster*, BGB § 307 Rn. 24; vgl. auch BGH NJW 2006, 2116, 2117.

1076 MüKoBGB/*Wurmnest*, BGB § 307 Rn. 39.

1077 Vgl. *Hacker*, Datenprivatrecht, 359ff.

mechanismen im Rahmen des Zivilrechts und auf weitere Lösungsmöglichkeiten im Rahmen des Lauterkeits- und Datenschutzrechts konzentriert.

Der Sonderfall der kombinierten Diskriminierung könnte eine Reihe von Ansprüchen aus dem BGB und dem TBK auslösen. In Betracht kommen vor allem die Sittenwidrigkeit i.S.v. § 138 Abs. 1 BGB und § 27 Abs. 1 Alt. 1 TBK,[1078] die AGB-rechtliche Inhaltskontrolle nach den §§ 305ff. BGB und §§ 20ff. TBK, *culpa in contrahendo* und auch eine Kontrolle von Leistung nach Treu und Glauben gemäß § 242 BGB und § 2 TBK.

In Bezug auf das Rechtsinstitut der *culpa in contrahendo* sowie der Sittenwidrigkeit wird nachfolgend auf eine weitere Erörterung verzichtet und auf die obigen Ausführungen verwiesen,[1079] denn auch auf die Fälle kombinierter Diskriminierung können die bereits angestellten Erwägungen über die Anwendbarkeit der auf dem Zivilgesetzbuch beruhenden Rechtsbehelfe gegen einzelne Praktiken entsprechend herangezogen werden.

I. Weitere Inhaltskontrolle aus BGB und TBK / TMK

Dabei sind auch die sonstigen Inhaltskontrollen gemäß BGB und TBK/TMK zu berücksichtigen. Dies umfasst insbesondere die AGB-Kontrolle gemäß §§ 305ff. BGB und §§ 20ff. TBK sowie die Leistungskontrolle im Sinne von Treu und Glauben nach § 242 BGB und § 2 TMK.

Auch erwähnt sei nur das besondere Verhältnis zwischen der Haftung aus *culpa in contrahendo* und der Verwendung von AGB. Der Verwender von AGB, der in den Fällen der algorithmischen Diskriminierung fast immer anwesend ist, hat eine besondere Aufklärungspflicht gegenüber der anderen Vertragspartei, diese klar und unmissverständlich über den wesentlichen Inhalt und die Tragweite der Klauseln zu informieren.[1080] Die Verletzung dieser Pflicht kann dann in bestimmten Schadensfällen zu einer Haftung des AGB-Verwenders aus *culpa in contrahendo* führen. Diese Haftung könnte wohl auch im Rahmen der algorithmischen Diskriminierung entstehen, wenn der Verwender die AGB, die die Analyse ermöglichen, ohne Rücksicht auf seine Aufklärungspflicht weiterverwendet.

Die AGB-Kontrolle und die Leistung nach Treu und Glauben i.S.v. § 242 BGB und § 2 TMK könnten allerdings im Fall kombinierter Diskriminierung weiterhelfen.

1078 Insbes. wucherähnliches Rechtsgeschäft.
1079 S. für derartige Diskussionen Teile C-II-3 beim Kapitel 2, C-II-2 und C-II-4 beim Kapitel 3.
1080 Ausführlich MüKoBGB/*Emmerich*, BGB § 311 Rn. 78.

1) AGB-Kontrolle

Nach § 307 Abs. 1 S. 1 BGB sind Klauseln in Allgemeinen Geschäftsbedingungen unwirksam, wenn sie den anderen Teil des Vertrages entgegen den Geboten von Treu und Glauben unangemessen benachteiligen.[1081] Derartige Benachteiligungen können sich auch aus der Unklarheit oder Unverständlichkeit entsprechender Vertragsklauseln ergeben.[1082] In diesem Zusammenhang kommt es z.B. darauf an, welche Folgen die Wirksamkeit bzw. Unwirksamkeit der Klausel für beide Parteien hätte und welcher Partei die Wirksamkeit bzw. Unwirksamkeit dieser Klausel zugutekäme.[1083] Eine wertvolle Unterstützung bietet hier der so genannte Summierungseffekt des AGB-Rechts.[1084]

Das Gebot der Berücksichtigung des gesamten Vertragsinhalts kann zur Folge haben, dass eine AGB-Klausel, die isoliert betrachtet nicht zu missbilligen wäre, dennoch unwirksam ist, weil sie zusammen mit anderen Klauseln zu einer unangemessenen Benachteiligung des Kunden führt.[1085] Es spielt hierbei keine Rolle, ob einzelne oder mehrere Klauseln i.S. einer AGB-Kontrolle für sich allein wirksam sind oder ob eine oder mehrere von ihnen bereits gegen das Recht der Allgemeinen Geschäftsbedingungen verstoßen.[1086]

Wie Hacker zutreffend darlegt, stellen solche exzessiven Nebenpflichten im AGB-Recht auch dann eine unangemessene Benachteiligung dar, wenn sie nicht im Zusammenhang mit der Hauptleistung des Anbieters stehen und keinen Mehrwert für die Benutzer schaffen.[1087] Die entsprechenden Klauseln in den AGB der Webseite oder App, die mildere Diskriminierungsarten wie die Suchdiskriminierung ermöglichen oder die personenbezogenen Daten der Benutzer für exzessive Analysen preisgeben, könnten unter diesen Voraussetzungen auch nach den §§ 307ff. BGB und §§ 20ff. TBK für unwirksam erklärt werden. Rechtsfolge der Unwirksamkeit solcher Nebenpflichten ist nach § 306 Abs. 1 BGB bzw. § 22 TBK, dass der Vertrag im Übrigen wirksam bleibt.[1088] Bleibt der Vertrag nach der Teilunwirksamkeit lücken-

---

1081 MüKoBGB/*Wurmnest*, BGB § 307 Rn. 35, *Brox/Walker*, 119, 120; *Schwab*, AGB-Recht, 3. Auflage 2019, 154ff.; *Medicus/Petersen*, 182ff., 188ff.

1082 *Looschelders*, 132ff.

1083 Vgl. hierzu MüKoBGB/*Wurmnest*, BGB § 307 Rn. 37; Spindler/Schuster/*Schuster*, BGB § 307 Rn. 24.

1084 S. nur Wolf/Lindacher/Pfeiffer/*Pfeiffer*, AGB-Recht Kommentar § 307 Rn. 213ff.; vgl. auch BGH NJW 2006, 2116, 2117.

1085 MüKoBGB/*Wurmnest*, BGB § 307 Rn. 39.

1086 Wolf/Lindacher/Pfeiffer/*Pfeiffer*, AGB-Recht Kommentar, § 307 Rn. 213ff.; BGH, Urteil vom 14.5.2003 VIII ZR 308/02 (LG Düsseldorf), NJW 2003, 2234–2235, 2235. Für einen kritischen Ansatz s. *Zurth*, AcP 221, 514–554, 547.

1087 Ausführlich dazu *Hacker*, Datenprivatrecht, 459ff., 473ff.

1088 An dieser Stelle unterscheiden sich die beiden Rechtssysteme wieder. § 306 Abs. 3 sieht in bestimmten Fällen eine Ausnahme von der Unwirksamkeit des gesamten Vertrages vor, wenn das

haft, so ist die Lücke nach § 306 Abs. 2 BGB und § 22 TBK durch gesetzlichen Vorschriften auszufüllen.[1089]

Die Klauseln mit weitreichenden Nebenpflichten zur Datenüberlassung sind daher vom Vertrag zu separieren und unwirksam zu erklären.[1090] Die kombinierte algorithmische Diskriminierung beinhaltet durchaus die Gefahr, dass solche Klauseln wegen unangemessener Benachteiligung entgegen Treu und Glauben gemäß § 307 Abs. 1 BGB bzw. § 21 Abs. 1 TBK unwirksam sind. Bestand tatschlich zwischen diesen Nebenpflichten und der Hauptleistung ein Konnex, so müsste der Verwender der AGB auch die Beweislast für die angebliche Verbindung zwischen Pflichten tragen, da die Auslegung der AGB im Zweifel nach § 305c Abs. 2 BGB bzw. § 23 TBK zu Lasten des Verwenders geht.[1091]

Ein weiteres Merkmal von AGB ist, dass die Unternehmen, die AGB verwenden, sich selbst das Recht einräumen, diese AGB jederzeit und ohne Zustimmung der Verwender zu ändern.[1092] Auch wenn die ursprüngliche AGB, die der Nutzer angenommen hat, nicht gegen gesetzliche Bestimmungen verstoßen, können spätere Ergänzungen oder Auslassungen durch die Verwender unter die AGB-Kontrolle fallen.

In Fällen der Diskriminierung gegenüber Verbrauchern, in denen die AGB nicht unmittelbar vom Unternehmer formuliert oder nicht für eine Vielzahl von Verträgen verwendet werden und daher die Voraussetzungen des § 305 Abs. 1 bzw. § 20 Abs. 1 nicht erfüllt sind, könnte ein verschärfter AGB-Schutz im Rahmen von § 310 Abs. 3 BGB und § 4 TKHK angeboten werden.[1093] Dies könnte z.B. bei Marktplätzen wie Amazon oder Ebay sachgerecht ausfallen, denn die Verkäufer auf sol-

---

Festhalten am Vertrag ohne die unwirksamen Klauseln eine unzumutbare Härte für eine Vertragspartei darstellen würde. Demgegenüber bestimmt § 22 Abs. 1 S. 2 TBK: „In diesem Fall (der Unwirksamkeit einzelner Klauseln) kann sich der Verwender nicht darauf berufen, dass er den Vertrag mit den übrigen Bestimmungen nicht geschlossen hätte, wenn die als ungeschrieben geltenden Bedingungen nicht vorgelegen hätten“ („Bu durumda düzenleyen, yazılmamış sayılan koşullar olmasaydı diğer hükümlerle sözleşmeyi yapmayacak olduğunu ileri süremez.“). Während das BGB somit in Ausnahmefällen beiden Vertragsparteien das Recht zum Verzicht auf die Festhaltung einräumt, schließt das TBK ein solches Verzichtrecht für den Verwender direkt im Wortlaut aus. Der Betroffene hat allerdings nach beiden Rechtsordnungen das Recht, am Vertrag nicht festzuhalten. Zu den Rechtsfolgen der Unwirksamkeit weiterer Nebenpflichten im Einzelnen nach deutschem Recht: *Hacker*, Datenprivatrecht, 475, 476.

1089 *Brox/Walker*, S. 117.

1090 Vgl. hierzu auch EuGH, Urt. v. 30.05.2013 – Rs. 397/11, Rn. 47. Die Unwirksamkeit bestimmter Klauseln soll nach dem EuGH die Unwirksamkeit des gesamten Vertrags nur als Ausnahme verursachen, wenn die Aufrechterhaltung des teilunwirksamen Vertrages aus objektiv-rechtlichen Gründen nicht mehr zumutbar bzw. möglich ist. Vgl. *Hacker*, Datenprivatrecht, 462, 463, auch Rn. 817.

1091 Die sogenannte Unklarheitenregel. S. etwa *Brox/Walker*, 118; *Medicus/Petersen*, 189.

1092 S. etwa *Mak*, in Grundmann (Hrsg.), 87–102, 93.

1093 S. nur *Brox/Walker*, 118 ff., 124.

chen Marktplätzen verwenden ihren Verbrauchern gegenüber regelmäßig die Geschäftsbedingungen eines Dritten.

2) Inhaltskontrolle nach § 242 BGB und § 2 TMK

Die Konsequenz einer kombinierten algorithmischen Diskriminierung könnte auch ein Verstoß gegen § 242 BGB[1094] und § 2 TMK sein. Der Schuldner ist nach § 242 BGB verpflichtet, seine Leistung so zu bewirken, wie Treu und Glauben mit Rücksicht auf die Verkehrssitte es erfordern. Ähnlich ist jeder nach § 2 TMK verpflichtet, bei Ausübung seiner Rechte und Erfüllung seiner Pflichten die Regeln von Treu und Glauben einzuhalten. In beiden Normen wird lediglich das Bestehen eines Schuldverhältnisses vorausgesetzt. Dabei kann es sich um ein Schuldverhältnis jeder Art – vertraglich oder außervertraglich – handeln.[1095]

Die § 242 BGB und § 2 TMK haben in der jeweiligen Rechtsordnung zwei Hauptfunktionen.[1096] Zum einen ergänzen sie den Inhalt des nicht vollständig zustande gekommenen Vertrages, zum anderen bieten sie die Umgestaltung des Rechtsverhältnisses entgegen dem Wortlaut des Gesetzes oder rechtsgeschäftlicher Äußerungen in Fällen des Rechtsmissbrauchs an.[1097] Sie beschränken sich nicht nur auf das Ausfüllen von Lücken bei Fällen von Rechtsmissbrauch, sondern bieten auch eine Korrektur des bestehenden dispositiven bzw. zwingenden Rechts an.[1098]

Das Verhältnis zwischen § 242 BGB und anderen Schranken der Privatautonomie i. S. d. BGB wie § 134 oder § 138 ist umstritten.[1099] Nach herrschender und zutreffender Meinung in Deutschland stellt der Verstoß gegen ein gesetzliches Verbot i. S. v. § 134 BGB und § 27 Abs. 1 Alt. 1 TBK oder Sittenwidrigkeit i. S. v. § 138 BGB und § 27 Abs. 1 Alt. 2 TBK auch einen Verstoß gegen § 242 BGB und § 2 TMK dar.[1100] Umgekehrt führt aber nicht jeder Verstoß gegen Treu und Glauben zu einem Verstoß gegen ein Verbotsgesetz.[1101] §§ 134 und 138 BGB setzen der Privatautonomie Außen-

1094 Ausführlich *Schellhammer*, Schuldrecht nach Anspruchsgrundlagen, 11. Auflage 2021, 668 ff.; Grüneberg/Grüneberg, § 242 BGB Rn. 1 ff.

1095 MüKoBGB/*Schubert*, BGB § 242 Rn. 7.

1096 Zur deutschen Rechtslage ausführlich *Fikentscher/Heinemann*, Schuldrecht – Allgemeiner und Besonderer Teil, 12. Auflage 2022, Rn. 193 ff., 221 ff.; S. 132 ff., 147 ff.

1097 *Schwab/Löhnig*, Rn 250 ff., 106, 107.

1098 MüKoBGB/*Schubert*, BGB § 242 Rn. 15.

1099 *Hacker*, Datenprivatrecht, 495.

1100 BAG NJW 1964, 1542, 1543; OLG Hamm NJW 1981, 465, 466; MüKoBGB/*Schubert*, BGB § 242 Rn. 85; *Becker*, Der unfaire Vertrag, 2003, 11.

1101 MüKoBGB/*Schubert*, BGB § 242 Rn. 85.

grenzen, während § 242 BGB grundsätzlich eine Innengrenze der subjektiven Rechte darstellt.[1102] Insofern gehen die §§ 134, 138 dem § 242 BGB vor.[1103]

Im Falle einer kombinierten Diskriminierung könnten § 242 BGB und § 2 TMK zwei Hauptrollen spielen. Zum einen könnten sie die Ergänzung für Verträge liefern, bei denen der Schuldner im Rahmen seiner Leistung die in diesem Zusammenhang häufig vorhandenen Rechtslücken zu seinem Vorteil ausnutzt. Zum anderen könnten sie aber auch in bestimmten Fällen des Rechtsmissbrauchs zur Umgestaltung des Rechtsverhältnisses zwischen den Parteien unter Berufung auf Treu und Glauben herangezogen werden.

Denkbar ist dies z.B. in Fällen des Einwilligungsmissbrauchs unter dem Gesichtspunkt der Transparenz oder in Fällen der Privacy-verletzenden Diskriminierung, in denen die Schutzmechanismen der DSGVO und des KVKK nicht oder nicht in vollem Umfang einschlägig sind.[1104]

Abgesehen von diesen Diskussionen geht die Rolle des § 242 BGB bzw. des § 2 TMK nach Leistung nach Treu und Glauben in Diskriminierungsfällen nicht über die Unterstützung anderweitiger Rechtsschutzmöglichkeiten hinaus.

II. Weitere Anspruchsgrundlagen

1) Unlauterkeit nach §§ 3ff. UWG und §§ 54ff. TTK

Da sich die bisherige Diskussion auf Fälle von Einzelverträgen und individuelle Gerechtigkeit konzentriert hat, sollen im folgenden Teil die Diskussionen zu UWG und TTK behandelt werden, die öffentliche Güter daneben beinhalten.[1105]

Auch hierin unterscheiden sich die beiden Rechtsordnungen. Während das deutsche Gesetz gegen den unlauteren Wettbewerb (UWG) die wichtigste Rechtsquelle in diesem Bereich darstellt, hat der türkische Gesetzgeber entsprechende Vorschriften in sein allgemeines Handelsgesetzbuch (TTK) in dessen Art. 54 und 63 integriert.[1106] Die türkische Verordnung über unlautere Geschäftspraktiken (TRHTUY) ergänzt und erweitert die lauterkeitsbezogenen Regelungen des TTK.[1107]

Die einzige diesbezügliche Vorschrift des TBK ist § 57, der in den Bestimmungen der §§ 53ff. des Deliktsrechts enthalten ist. Der Titel dieses Abschnitts lautet „Unlau-

1102 MüKoBGB/*Schubert*, BGB § 242 Rn. 85.

1103 *Hacker*, Datenprivatrecht, 496, 502; MüKoBGB/*Schubert*, BGB § 242 Rn. 85.

1104 *Hacker*, Datenprivatrecht, 494ff., 502.

1105 S. zentral die Diskussionen in Teil C-II-4-b beim Kapitel 2.

1106 S. hier „Erster Überblick über die verglichenen Rechtssysteme“ in Einleitung.

1107 Bisher gibt das türkische Lauterkeitsrecht dem Verbraucher keinen individuellen Anspruch bei Schadensfällen.

terer Wettbewerb" und dient als Generalklausel in diesem Zusammenhang. Gemäß § 57 Abs. 1 TBK kann eine Person, die Kunden aufgrund der Verbreitung falscher Informationen oder anderer Verhaltensweisen, die gegen die Grundsätze von Treu und Glauben verstoßen, verloren hat oder verlieren kann, auf Unterlassung solcher Praktiken sowie auf Ersatz des erlittenen Schadens Anspruch erheben. Im Übrigen bleiben nach § 57 Abs. 2 TBK die Bestimmungen des TTK über unlautere Geschäftspraktiken vorbehalten. Der Anwendungsbereich dieses Artikels ist allerdings nach dem Rechtsgrundsatz des *lex specialis derogat legi generali* sehr begrenzt.[1108]

Der § 54 TTK beginnt mit der Begriffsbestimmung unlauterer Geschäftspraktiken.[1109] In § 55 werden dann einige Fälle unlauterer Geschäftspraktiken in einer nicht nach *numerus clausus* gegliederten Aufzählung genannt,[1110] die dem Anhang zu § 3 Abs. 3 des deutschen UWG entsprechen. In § 56 werden die Hauptrechtsbehelfe gegen unlautere Praktiken entsprechend den §§ 8ff. UWG aufgeführt. Die dann folgenden Regelungen der §§ 57–63 TTK schließen das Kapitel über unlautere Geschäftspraktiken mit einer Reihe von Verfahrensvorschriften ab.

Nicht nur hinsichtlich der Kodifizierung, sondern auch inhaltlich unterscheidet sich das Lauterkeitsrecht in beiden Ländern. Zum einen enthält das deutsche UWG spezielle Mechanismen zum Schutz des Verbrauchers, wie § 3 i.V.m § 9 Abs. 2, dessen Verbraucherbegriff mit demjenigen des § 13 BGB übereinstimmt. In der türkischen TTK fehlen diese Sonderregelungen. Zweitens fehlen in der TTK auch einige Regelungen, die von der deutschen Gesetzgebung in das UWG eingefügt wurden, wie z.B. die vergleichende Werbung i.S.d. § 6 UWG[1111] und die Einwilligung zur Telefonwerbung nach § 7a UWG.

Der Unlauterkeitsmaßstab des UWG in diesem Zusammenhang konzentriert sich im Wesentlichen auf ein entweder aktives oder passives Verhalten von Unternehmen in einer relativen Machtposition gegenüber ihrem Vertragspartner, welches diesen ausreichend beeinflusst bzw. veranlasst, eine geschäftliche Entscheidung zu treffen, die er andernfalls nicht getroffen hätte. Ebenso erklärt das türkische TTK irreführende oder sonst unlautere Verhaltensweisen und Geschäfts-

---

1108 Ausführlich *Özel/Özdemir*, Türk Hukukunda Haksiz Rekabete İlişkin Düzenlemeler, DEÜHFD 2017, S. 189–206, 194.

1109 § 54 TTK lautet übersetzt: „(1) Zweck der Bestimmungen dieses Teils über den unlauteren Wettbewerb ist es, einen fairen und unverfälschten Wettbewerb zum Nutzen aller Beteiligten zu gewährleisten. (2) Irreführende oder sonst unlautere Verhaltensweisen und Geschäftspraktiken, welche die Beziehungen zwischen Mitbewerbern oder zwischen Anbietern und Verbrauchern beeinträchtigen, sind unlauter und unzulässig."

1110 § 55 Abs. 1 S. 1 TTK lautet übersetzt: „Die folgenden Situationen sind die bekanntesten Fälle unlauteren Wettbewerbs:" Diese Formulierung impliziert, dass es weitere Fälle von unlauteren Geschäftspraktiken geben könnte.

1111 In § 8 TRHTUY findet sich jedoch eine vergleichbare Regelung.

praktiken, die die Beziehungen zwischen Wettbewerbern oder zwischen Anbietern und Abnehmern beeinträchtigen, nach § 54 Abs. 2 für unlauter und unzulässig. Im Rahmen der Durchsetzbarkeit des UWG und TTK in Fällen algorithmischer Diskriminierung kommen vor allem drei Varianten zur Diskussion:[1112]

– Eine aggressive geschäftliche Handlung nach § 4a Abs. 1 UWG bzw. § 55 Abs. 1 lit. a) Nr. 8 TTK (insbesondere durch unzulässige Beeinflussung)
– Entweder aktive oder passive Irreführung nach §§ 5, 5a UWG bzw. § 55 Abs. 1 lit. a) Nr. 5,6,7,9 TTK (insbesondere Irreführung durch Anlass über den Preisvorteil oder dessen Ausgestaltung und auch Verheimlichen wesentlicher Punkte i.S.v. § 5a UWG)
– Eine unlautere Geschäftspraktik gegenüber Verbrauchern nach § 3 Abs. 2 i.V.m. § 9 Abs. 2 UWG (keine entsprechende Regelung im TTK)[1113]

Unlauter handelt vor allem nach § 4a Abs. 1 UWG und § 55 Abs. 1 lit. a) Nr. 8 TTK, wer eine aggressive geschäftliche Handlung vornimmt, die geeignet ist, den Verbraucher oder sonstigen Marktteilnehmer zu einer geschäftlichen Entscheidung zu veranlassen, die dieser andernfalls nicht getroffen hätte.[1114] Solche Unlauterkeit könnte auch durch eine unzulässige Beeinflussung vorkommen, wenn der Unternehmer eine Machtposition gegenüber dem Verbraucher oder sonstigem Marktteilnehmer, auch ohne Anwendung oder Androhung von körperlicher Gewalt, in einer Weise ausnutzt, die die Fähigkeit des Verbrauchers oder sonstigen Marktteilnehmers zu einer informierten Entscheidung wesentlich einschränkt. Erforderlich für die Unlauterkeit nach § 4a UWG sind[1115]

– eine geschäftliche Handlung (in diesem Zusammenhang stets vorliegend),
– Ausübung von Druck durch das Unternehmen,
– eine erhebliche Beeinträchtigung der Entscheidungsfreiheit sowie

---

1112 Ausführlich zu bisheriger Diskussion *Denga*, ZfDR 2022, 229–260, 250, 2554ff., *Ebers*, MMR 2018, 423–428, 424ff., *Hennemann*, AcP 219, 819–854, 832ff., *Schäfers*, AcP 221, 41ff.

1113 Einen besonderen Schutzmechanismus für Verbraucher sieht das TTK nicht vor. § 56 Abs. 2 TTK sieht zwar einen Schadensersatzanspruch vor, jedoch parallel zur allgemeinen Regelung nicht zum Schutz des Verbrauchers, sondern des Kunden allgemein. Es könnte sogar die bessere Lösung sein, diese Ansprüche für Verbraucher nicht einzuschränken. Die Ansprüche aus dem TTK sind jedoch nicht kosten- und zeiteffizient, so dass ein besonderer Schutz des Verbrauchers vorzuziehen wäre. Es ist hervorzuheben, dass Artikel 11a der UGP-Richtlinie den Zugang der Verbraucher zu angemessenen und wirksamen Rechtsbehelfen betont. Dies verpflichtet die Mitgliedstaaten, bei der Umsetzung dieser Vorschrift den Anforderungen der Verhältnismäßigkeit und Effektivität des Verbraucherschutzes gerecht zu werden. § 56 Abs. 2 TTK erfüllt diese beiden wesentlichen Kriterien bislang noch nicht. Vgl. hier: Köhler/Bornkamm/Feddersen/*Köhler*, UWG § 9 Rn. 2.3, 2.4.

1114 Ausführlich Köhler/Bornkamm/Feddersen/*Köhler* § 4a, Rn. 1.55ff.

1115 Vgl. auch Büscher/*Büscher*, UWG § 4a Rn. 18ff.

- die Veranlassung zu einer geschäftlichen Entscheidung, die andernfalls nicht zustande gekommen wäre.

Unlauter handelt nach § 5 UWG und § 55 Abs. 1 lit. a) Nr. 5,6,7,9 TTK auch, wer eine irreführende geschäftliche Handlung vornimmt, die geeignet ist, den Verbraucher oder sonstigen Marktteilnehmer zu einer geschäftlichen Entscheidung zu veranlassen, die er andernfalls nicht getroffen hätte.[1116] Diese irreführende geschäftliche Handlung könnte z.B. durch den Anlass des Verkaufs wie das Vorhandensein eines besonderen Preisvorteils, den Preis oder die Art und Weise, in der er berechnet wird, oder die Bedingungen, unter denen die Wer geliefert bzw. die Dienstleistung erbracht wird. Dieselbe Irreführung könnte gemäß § 5a Abs. 2 UWG auch durch ein Unterlassen erfolgen,[1117] wenn der Unternehmer dem Verbraucher im konkreten Fall eine wesentliche Information vorenthält.[1118] Das Vorenthalten könnte durch das Verheimlichen wesentlicher Informationen (§ 5a Abs. 2 UAbs. 2 Nr. 1) oder dadurch erfolgen, dass diese in unklarer, unverständlicher oder zweideutiger (§ 5a Abs. 2 UAbs. 2 Nr. 2) bzw. unzeitgemäßer (§ 5a Abs. 2 UAbs. 2 Nr. 3) Art und Weise erteilt werden. Die mögliche Unlauterkeitsvariante der algorithmischen Diskriminierung i.S.v. § 5 Abs. 1 UAbs. 2 Nr. 2 UWG erfordert:[1119]
- Irreführung über den Anlass des Verkaufs oder
- Irreführung über die Preisgestaltung oder
- Irreführung über die Liefer- oder Leistungsbedingungen

Nach § 5a UWG bzw. § 55 Abs. 1 lit. a) Nr. 9 TTK kann diese Irreführung auch durch das Vorenthalten wesentlicher Informationen geschehen.[1120] Darunter fällt nicht nur das Verheimlichen dieser Informationen, sondern auch deren unklare oder nicht rechtzeitige Mitteilung. Die kombinierte Diskriminierung einschließlich Transparenzproblemen könnte vor allem zu einer Unlauterkeit nach §§ 5a Abs. 1 UAbs. 2 Nr. 2 und 3 UWG führen, wenn wesentliche Informationen über die Erhebung, Verarbeitung und Übermittlung von Daten und deren Analysen entweder unklar oder nicht rechtzeitig zur Verfügung gestellt werden. Die BGB-bezogene Inhaltskontrolle wie das AGB-Recht und die datenschutzrechtliche Schutzmechanismen gegen Intransparenz könnten dann auch Unlauterkeit ins Feld führen.

1116 Aktive Irreführung (Aktif Yanıltma). Ausführlich Köhler/Bornkamm/Feddersen/*Bornkamm/Feddersen* § 5, Rn. 1.2ff.

1117 Passive Irreführung (Pasif Yanıltma).

1118 Ausführlich Köhler/Bornkamm/Feddersen/ *Bornkamm/Feddersen* § 5a, 1.47ff.

1119 Vgl. auch Büscher/*Büscher*, UWG § 5, Rn. 28ff.

1120 Für derartige Meinung s. *Schäfers*, AcP 221, 32–67, 65.

Unlauter handelt schließlich in diesem Kontext nach § 3 Abs. 2ff. UWG, wer die geschäftliche Entscheidungsfähigkeit des durchschnittlichen Verbrauchers (§ 3 Abs. 4 S. 1 UWG) wesentlich beeinflusst, ohne hierbei der unternehmerischen Sorgfalt zu entsprechen.[1121] Die Tatbestandsmerkmale der §§ 3 Abs. 2ff. UWG sind folgende:[1122]

- Eine geschäftliche Handlung gegenüber Verbrauchern i.S.v. § 13 BGB i.V.m. § 2 Abs. 2 UWG,
- ein Verstoß gegen die unternehmerische Sorgfalt[1123] sowie
- die Beeinflussung des wirtschaftlichen Verhaltens des Verbrauchers,
- Rechtsfolge ist ein Schadensersatzanspruch des einzelnen Verbrauchers nach § 9 Abs. 2 UWG.

Im deutschen Schrifttum ist die Anwendbarkeit der UWG-bezogenen Rechtsbehelfe im Fall algorithmischer Diskriminierung bereits teilweise erörtert worden. Nach der herrschenden Meinung existiert kein generelles Verbot für algorithmische Diskriminierungen nach diesem Gesetz.[1124] Allerdings könne es bestimmte Einzelfälle geben, in denen Diskriminierungspraktiken gegen das UWG verstoßen.

Die überwiegende Zahl der wissenschaftlichen Literatur lehnt die Anwendung des § 4a UWG hier ab, denn die algorithmische Diskriminierung ist häufig nicht mit der Ausübung von Druck verbunden.[1125] Hannemann lehnt auch die Anwendung der §§ 5, 5a UWG bei algorithmischer Diskriminierung ab und führt an, dass Personalisierung keine wesentliche Information i.S.v. § 5a UWG sei.[1126] Denga lehnt den gleichen Ansatz mit alternativer Begründung ab und vertritt die Ansicht, dass personalisierte Angebote häufig keine falschen Informationen über das Produkt oder den Preis enthalten.[1127] Anders ausgedrückt: Sie führen im Einzelfall nicht zu einer Irreführung der Verbraucher oder sonstiger Marktteilnehmer i.S.v. §§ 5, 5a UWG.[1128]

1121 Ausführlich Köhler/Bornkamm/Feddersen/*Köhler* § 3, Rn 3.15ff.

1122 Vgl. hierzu auch Büscher/*Büscher*, UWG § 3 Rn. 90ff.; Spindler/Schuster/*Micklitz*/*Schirmbacher*, § 3 UWG Rn. 5ff., 13ff., 16ff.

1123 Professional Diligence (Türkisch: Basiretli Tüccar).

1124 Vgl. *Hennemann*, AcP 219, 819–854, 832; *Denga*, ZfDR 2022, 229–260, 254ff.; *Ebers*, MMR 2018, 423–428, 424ff.; *Dornis*, ZfPW 2022, 310–345, 321ff.

1125 *Zurth*, AcP 221, 514–554, 535; *Hennemann*, AcP 219, 819–854, 833; *Denga*, ZfDR 2022, 229–260, 254; *Ebers*, MMR 2018, 423–428, 424; *Dornis*, ZfPW 2022, 310–345, 322.

1126 *Hennemann*, AcP 219, 819–854, 832.

1127 *Denga*, ZfDR 2022, 229–260, 254.

1128 Für Gegenmeinung über § 5a s. *Dornis*, ZfPW 2022, 310–345, 322.

Schließlich wird auch der besondere Verbraucherschutz nach § 3a Abs. 2ff. UWG häufig verneint.[1129] Schäfers macht geltend, dass die Entscheidungsfreiheit nach dem UWG nicht mit derjenigen nach dem BGB identisch sei.[1130] Die ökonomische Bedeutung des Einzelvertrages bzw. die individuellen Fähigkeiten des Einzelverbrauchers spielen bei der Prüfung keine Rolle, was sich auch in der Rechtsprechung des EuGH widerspiegelt.[1131] Tatsächlich gibt das UWG in seinem § 3 Abs. 4 ein allgemeines Verbraucherleitbild vor und geht von einem Durchschnittsverbraucher der angesprochenen Verbrauchergruppe als Norm aus. Daher sollte das UWG auch keinen Ausweg bei algorithmischer Diskriminierung bieten, weshalb Denga Aufklärungspflichten seitens der Unternehmen statt eines Verbots im Rahmen des UWG vorsieht.[1132]

In der vorliegenden Arbeit werden die bisher vertretenen Auffassungen nur teilweise übernommen. Denn sie sind zwar im weitesten Sinne zutreffend, vernachlässigen aber die weiteren Dimensionen des Problems. Es ist in der Tat nicht hilfreich, algorithmische Diskriminierungen im Sinne des UWG pauschal zu verbieten. Die allgemeinen Rahmenbedingungen für die Anwendbarkeit des UWG in Diskriminierungsfällen lassen sich nur sehr schematisch bestimmen. Denn die Rechtsfolgen des BGB-Verstoßes lassen regelmäßig individualvertragliche Ansprüche wie Schadensersatz oder Anfechtung zu,[1133] während der UWG-Verstoß nicht nur Schadenersatzansprüche, sondern auch potenziell schärfere Rechtsfolgen wie eine Gewinnabschöpfung gem. § 10 UWG nach sich ziehen dürfte. Unabhängig davon birgt die aggressive und vernetzte Form der algorithmischen Diskriminierung durchaus die Chance, dass die beleuchtete Praxis im Einzelfall nach dem UWG verboten werden könnte.

Die kombinierte algorithmische Diskriminierung begründet in der Regel keine Ausübung von Druck im Sinne von § 4a UWG oder § 55 Abs. 1 lit. a) Nr. 8 TTK.[1134] Auch die bloße Auslobung von Vorteilen reicht für eine Druckausübung nicht aus.[1135] Eine Ausübung von Druck ist jedoch insbesondere in den Fällen denkbar, in denen die Privacy-Verletzung Teil der Kombination algorithmischer Diskriminie-

---

1129 *Ebers*, MMR 2018, 423–428, 424ff.; *Denga*, ZfDR 2022, 229–260, 255ff.; *Schäfers*, AcP 221, 41ff.

1130 *Schäfers*, AcP 221, 41.

1131 Vgl. EuGH, Urt. v. 12.3.1987 – Rs. 178/84 Rn. 31–36 – Reinheitsgebot für Bier; Urt. v. 6.7.1995 – C 470/93, Rn. 24 – Mars; Urt. v. 13.1.2000 – C 220/98, Rn. 27ff. – Estée Lauder Cosmetics. Für eine Kritik ausführlich *Ebers*, MMR 2018, 423–428, 424ff.

1132 *Denga*, ZfDR 2022, 229–260, 255ff.

1133 Insbesondere die in dieser Arbeit untersuchten Formen der Rechtswidrigkeit.

1134 Ausführlich zum Thema Spindler/Schuster/*Micklitz*/*Schirmbacher*, UWG § 4a Rn. 36ff.

1135 Köhler/Bornkamm/Feddersen/*Köhler* § 4a, Rn. 1.60.

rungen darstellt,[1136] vor allem bei Praktiken gegenüber schutzbedürftigen Verbrauchergruppen wie Jugendlichen und Kindern.[1137] Hier ist die Machtposition des Unternehmens gegenüber den Verbrauchern auch weit auszulegen.[1138] Eine Machtposition ist auch dann anzunehmen, wenn das Unternehmen aus Sicht der angesprochenen Verbraucher in der Lage ist, diese zu einer geschäftlichen Entscheidung zu veranlassen.[1139] Ein Verstoß gegen das UWG oder das TTK i. S. v. § 4a UWG und § 55 Abs. 1 lit. a) Nr. 8 TTK wegen Ausübung von Druck erscheint im B2B-Bereich jedoch nahezu ausgeschlossen.

Mit der neuen Manipulationsfähigkeit der datenbetriebenen Unternehmen ist die relevante Machtposition i. S. d. UWG[1140] grundsätzlich zu bejahen.[1141] Dies führt dann zu einer Haftung nach § 4a UWG und § 55 Abs. 1 lit. a) Nr. 8 TTK, sofern durch die Ausübung von Druck die Fähigkeit der angesprochenen Konsumenten, eine informierte Entscheidung zu treffen, wesentlich eingeschränkt wird. Insgesamt scheint Unlauterkeit nach § 4a Abs. 1 Nr. 3 UWG und § 55 Abs. 1 lit. a) Nr. 8 TTK noch selten vorzukommen.

Eine weitere Möglichkeit wäre die Annahme von Unlauterkeit nach §§ 5, 5a UWG wegen Irreführung durch Tun oder Unterlassen.[1142] Zu erwähnen ist hier insbesondere § 5 Abs. 2 Nr. 2 UWG oder § 55 Abs. 1 lit. a) Nr. 7 TTK in den Fällen der kombinierten Diskriminierungsfälle mit Preis- bzw. Suchdiskriminierung. Nach § 5 Abs. 2 Nr. 2 UWG und § 55 Abs. 1 lit. a Nr. 7 TTK ist es unzulässig, den Verbraucher oder einen sonstigen Marktteilnehmer durch irreführende Angaben über einen Preisvorteil oder dessen Berechnung zu veranlassen.

Die Annahme einer Preisdiskriminierung als unlauter wäre hier zunächst denkbar. Allerdings ist das Anbieten unterschiedlicher Preise gegenüber Verbrauchern oder Marktteilnehmern nicht per se unlauter.[1143] Im Falle einer algorithmischen Preisdiskriminierung müssten daher weitere besondere Umstände, wie z. B. eine Irreführung, hinzutreten.[1144] Kombinierte Diskriminierungsfälle haben dabei das Potenzial, neben Elementen der Preisdiskriminierung auch Elemente der Irreführung zu enthalten und damit unlauter zu sein.[1145] Dies ist z. B. bei der Kom-

1136 Vgl. Kapitel 3.
1137 Köhler/Bornkamm/Feddersen/*Köhler* § 4a, Rn. 1.61.
1138 S. auch Büscher/*Büscher*, UWG § 4a Rn. 54ff.
1139 Köhler/Bornkamm/Feddersen/*Köhler* § 4a, Rn. 1.57, 697.
1140 Spindler/Schuster/*Micklitz/Schirmbacher*, UWG § 4a Rn. 34.
1141 Vgl. Teil A-III beim Kapitel 4.
1142 Ausführlich Spindler/Schuster/*Micklitz/ Namysłowska*, UWG § 5a Rn. 9ff., 15ff.
1143 Köhler/Bornkamm/Feddersen/ *Bornkamm/Feddersen* § 5, Rn. 3.44.
1144 Köhler/Bornkamm/Feddersen/ *Bornkamm/Feddersen* § 5, Rn. 3.44ff.
1145 Vgl. auch Spindler/Schuster/*Micklitz/Schirmbacher*, UWG § 4a Rn. 43.

bination von Preisdiskriminierung und Privacy-Verstoß mit umfangreichen AGB denkbar, wenn der Kunde mittels Big-Data-Analysen nicht nur mit diskriminierenden Preisen konfrontiert wird, sondern auch über die Preisgestaltung, die Notwendigkeit oder den Nutzen des Kaufs getäuscht oder irregeführt wird.

Ebenso unlauter wegen Irreführung könnte nach § 5a Abs. 2 UAbs. 2 Nr. 1 UWG und § 55 Abs. 1 lit. a) Nr. 9 TTK auch ein Unterlassen sein, vorausgesetzt, das Unternehmen verheimlicht eine wesentliche Information, die der Verbraucher zur informierten geschäftlichen Entscheidung benötigt und die ihn zu einer Entscheidung veranlasst, die er andernfalls nicht träfe.[1146] Eine zwar richtige, aber unklare oder nicht rechtzeitige Bereitstellung solcher wesentlichen Informationen ist ebenfalls unlauter im Sinne von § 5a Abs. 2 UAbs. 2 Nr. 2 und § 5a Abs. 2 UAbs. 2 Nr. 3 UWG.

Hier wird in der Literatur auch vertreten, dass Personalisierung im Sinne von algorithmischer Diskriminierung keine wesentliche Information sei.[1147] Auch diese Auffassung ist nur teilweise zutreffend.[1148] Mildere Fälle algorithmischer Diskriminierung, wie z.B. eine Suchdiskriminierung[1149] als Einzelfall, könnten als unwesentlich akzeptiert und daher vernachlässigt werden. Die Kombination mehrerer Praktiken, insbesondere mit entweder Preisdiskriminierung oder Privacy-Verstoß, ist für Verbraucher oder andere Marktteilnehmer für eine informierte Entscheidung stets wesentlich.

So ist auch das Verheimlichen solch wesentlicher Informationen nach § 5a Abs. 2 UAbs. 2 Nr. 1 oder ihre unklare bzw. zweideutige Zurverfügungstellung nach § 5a Abs. 2 UAbs. 2 Nr. 2 sowie ihre nicht zeitgemäße Zurverfügungstellung nach § 5a Abs. 2 UAbs. 2 Nr. 3 UWG unlauter, sofern dieses Unterlassen den Vertragspartner zu einer geschäftlichen Entscheidung bewegt, die er ohne dieses Unterlassen nicht in Erwägung gezogen hätte.

Schließlich definiert § 3 Abs. 2ff. UWG solche geschäftlichen Handlungen als unlauter, die sich an Verbraucher richten bzw. Verbraucher erreichen, wenn diese Handlungen nicht der unternehmerischen Sorgfalt entsprechen und geeignet sind, das wirtschaftliche Verhalten der Verbraucher wesentlich zu beeinflussen.[1150] Nach § 3 Abs. 4 UWG sind die individuellen Fähigkeiten des Verbrauchers und der individuelle Wert des einzelnen Vertrages nicht von Belang, es wird nur auf ein durchschnittliches Mitglied der angesprochenen Verbrauchergruppe abgestellt. Eine dem

---

1146 Vgl. Spindler/Schuster/*Micklitz/ Namysłowska*, UWG § 5a Rn. 17ff.; *Zurth*, AcP 221, 514–554, 542.
1147 *Hennemann*, AcP 219, 819–854, 832.
1148 Für die Gegenmeinung *Dornis*, ZfPW 2022, 310–345, 313ff.; *Schäfers*, AcP 221, 37.
1149 Teil A-II beim Kapitel 4.
1150 Zu den verschiedenen Falltypen ausführlich Spindler/Schuster/*Micklitz/Schirmbacher*, UWG § 3 Rn. 25ff.

§ 3 Abs. 2 ff. UWG entsprechende Regelung gibt es im türkischen Lauterkeitsrecht nicht.

Auch zu dieser Unlauterkeitskonstellation zeigt sich die bisherige Literatur zurückhaltend.[1151] Es ist auch partiell zutreffend, dass das UWG den Durchschnittsverbraucher als Maßstab vorsieht. Denn § 3 Abs. 4 Satz 2 UWG sieht unmittelbar vor, dass in Fällen, die sich gegen Gruppen von Verbrauchern richten, die wegen ihres Alters, ihrer geistigen oder körperlichen Gebrechen oder ihrer Leichtgläubigkeit besonders schutzbedürftig sind, auf den Durchschnitt dieser besonderen Gruppe abzustellen ist. Dies kann in diesem Zusammenhang besonders hilfreich sein, wenn sich die Diskriminierung gegen schutzbedürftige Personen richtet.[1152] Die Verleitung zur Abgabe von Willenserklärungen gegenüber Verbrauchern[1153] ist nach Nr. 31 des Anhangs zu § 3 Abs. 3 UWG stets unlauter.[1154]

Es erscheint durchaus möglich, dass die kombinierte Art der Diskriminierung eine Intensität erreichen kann, die den Verbraucher bei Vertragsschluss wesentlich beeinflusst. Insbesondere in Fällen des Privacy-Verstoßes, der Intransparenz oder des AGB-Verstoßes könnte das Unternehmen ohne unternehmerische Sorgfalt i. S. v. § 3 Abs. 2 UWG gehandelt und dadurch seine Kunden zum Eingehen von benachteiligenden Verträgen bewogen haben. Dies kann nur durch ausreichende Aufklärung und Transparenz nach Maßgabe der unternehmerischen Sorgfalt i. S. d. § 3 Abs. 2 UWG vermieden werden.[1155]

An dieser Stelle zeigte das europäische Recht eine Tendenz zur Änderung der bisherigen deutschen Rechtsprechung. Nach der jüngsten Entscheidung des EuGH gegen die Mercedes AG legt der Gerichtshof die europäischen Regelungen so aus, dass das nationale Recht bei Individualschäden einen Anspruch gewähren müsste.[1156] Da-

1151 *Ebers*, MMR 2018, 423–428, 424 ff.; *Denga*, ZfDR 2022, 229–260, 255 ff.; *Schäfers*, AcP 221, 41 ff.

1152 S. auch Teil C-II-3-d beim Kapitel 1.

1153 Vgl. Teil C-II-3-b beim Kapitel 1.

1154 Nr. 31 des Anhangs zu § 3 Abs. 3 UWG lautet: Die unwahre Angabe oder das Erwecken des unzutreffenden Eindrucks, der Verbraucher habe bereits einen Preis gewonnen oder werde ihn gewinnen oder werde durch eine bestimmte Handlung einen Preis gewinnen oder einen sonstigen Vorteil erlangen, wenn, (a) es einen solchen Preis oder Vorteil tatsächlich nicht gibt oder (b) die Möglichkeit, einen solchen Preis oder Vorteil zu erlangen, von der Zahlung eines Geldbetrags oder der Übernahme von Kosten abhängig gemacht wird.

1155 Ausführlich *Denga*, ZfDR 2022, 229–260, 255 ff.

1156 EuGH Urteil vom 21.03.2023 C.100/21. Mit eigenen Worten des Gerichtshofs: „Das Unionsrecht ist dahin auszulegen, dass es in Ermangelung einschlägiger unionsrechtlicher Vorschriften Sache des Rechts des betreffenden Mitgliedstaats ist, die Vorschriften über den Ersatz des Schadens festzulegen, der dem Käufer eines mit einer unzulässigen Abschalteinrichtung im Sinne von Art. 5 Abs. 2 der Verordnung Nr. 715/2007 ausgestatteten Fahrzeug tatsächlich entstanden ist, vorausgesetzt, dass dieser Ersatz in einem angemessenen Verhältnis zum entstandenen Schaden steht.“.

mit wurde auch die vorherige Formulierung des UWG zum Ausschluss von Individualansprüchen wegen §§ 8a und 8b UWG in Frage gestellt.[1157] Diese Diskrepanz wurde mittlerweile zu Gunsten des Verbrauchers mit der Novellierung des UWG im Jahr 2022 beseitigt.[1158]

Bei einem UWG-Verstoß könnte darüber hinaus ein Anspruch aus Deliktsrecht bestehen, wenn der Verletzte auch einen Schaden erleidet.[1159] In Deutschland kommen insoweit vor allem die §§ 823, 826 BGB als Anspruchsgrundlage in Betracht. Aus Gründen der realistischen Durchsetzbarkeit würde dann § 823 als Anspruchsbasis ausreichen, da § 826 nur in Fällen der Sittenwidrigkeit und des Vorsatzes anwendbar ist,[1160] während § 823 BGB auch Fälle der Fahrlässigkeit erfasst und einen weiteren Anwendungsumfang hat.[1161]

Auch wenn das UWG selbst keinen Individualanspruch vorgesehen hätte, könnte ein Schadensersatzanspruch wegen algorithmischer Diskriminierung nach § 823 BGB[1162] gegeben sein. Mit der Überarbeitung gemäß Art. 11a UGP-RL[1163] ist diese Diskussion jedoch derzeit abgeschlossen.

1157 S. auch die Diskussionen bei Teilen C-II-4 bei Kapiteln 2 und 3.

1158 S. Köhler/Bornkamm/Feddersen/*Köhler*, UWG § 9 Rn. 2.1ff. Vgl auch Teil C-II-4-b beim Kapitel 2.

1159 In der Türkei gibt es dazu (noch) keine Diskussion. Obwohl das TTK auch keine individuellen Schadenersatzansprüche zulässt, könnte ein deliktischer Anspruch bei Verstoß gegen das TTK zuerkannt werden.

1160 Entspricht § 49 Abs. 2 TBK: Auch wenn es keine Rechtsnorm gibt, die die schädigende Handlung verbietet, ist derjenige, der eine andere Person vorsätzlich durch eine sittenwidrige Handlung schädigt, verpflichtet, diesen Schaden zu ersetzen.

1161 Entspricht § 49 Abs. 1 TBK (TBK ist nicht genauso explizit wie § 823 BGB formuliert): Wer durch eine widerrechtliche und schuldbare Handlung einem anderen Schaden zufügt, ist diesem zum Ersatz des Schadens verpflichtet.

1162 Und in der Türkei zukünftig gemäß § 49 TBK.

1163 Dort heißt es: Verbraucher, die durch unlautere Geschäftspraktiken geschädigt wurden, haben Zugang zu angemessenen und wirksamen Rechtsbehelfen, einschließlich Ersatz des dem Verbraucher entstandenen Schadens sowie gegebenenfalls Preisminderung oder Beendigung des Vertrags. Die Mitgliedstaaten können die Voraussetzungen für die Anwendung und die Folgen der Rechtsbehelfe festlegen. Die Mitgliedstaaten können gegebenenfalls die Schwere und Art der unlauteren Geschäftspraktik, den dem Verbraucher entstandenen Schaden sowie weitere relevante Umstände berücksichtigen. (2) Diese Rechtsbehelfe berühren nicht die Anwendung anderer Rechtsbehelfe, die den Verbrauchern nach dem Unionsrecht oder dem nationalen Recht zur Verfügung stehen.

2) Schadensersatzanspruch nach Art. 82 DSGVO

Eine Alternative im Bereich kombinierter algorithmischer Diskriminierung wäre die Geltendmachung von Schadensersatzansprüchen nach Art. 82 DSGVO.[1164] Der Art. 82 Abs. 1 DSGVO gewährt den Betroffenen einen Anspruch auf Schadensersatz, wenn ihnen durch einen Verstoß gegen die Verordnung ein materieller oder immaterieller Schaden[1165] entstanden ist. Der Verantwortliche oder der Auftragsverarbeiter ist gemäß Art. 82 Abs. 3 DSGVO von der Haftung nach Art. 82 befreit, wenn er nachweist, dass er für den Umstand, durch den der Schaden eingetreten ist, in keiner Weise verantwortlich ist.[1166] Der Art. 82 Abs. 4 DSGVO normiert eine gesamtschuldnerische Haftung für mehrere Schuldner.

Laut ihrem Erwägungsgrund Nr. 146 gelten die Ansprüche aus der DSGVO – als Teil des Unionsrechts – unbeschadet von Schadensersatzansprüchen, die sich aus anderen Vorschriften des mitgliedstaatlichen Rechts ergeben.[1167]

Die Schadenersatzbeträge für Einzelfälle nach Art. 82 DSGVO reichen derzeit in Deutschland von 25 Euro[1168] bis zu 10.000 Euro,[1169] je nach Schwere, Dauer und Art des Verstoßes und entsprechenden Vorschriften der DSGVO. Bei kombinierten Diskriminierungen könnten künftig noch höhere Schadensersatzforderungen drohen, da die verarbeiteten Datenmengen oft sehr enorm sind[1170] und die Datenübermittlung oft mehrfach und ohne umfassende Einwilligung erfolgt. Mit einer Intensivierung der Geltendmachung von Schadensersatzansprüchen nach der DSGVO ist auch nach dem aktuellen Urteil des EuGH zu erwarten, da der Gerichtshof keine Erheblichkeitsschwelle für die Geltendmachung von Schadensersatzansprüchen nach der DSGVO gefordert hat.[1171]

1164 S. die Teile C-II-4-b und C-III-3 beim Kapitel 3. Ausführlich Ehmann/Selmayr/*Nemitz*, Art. 82, Rn. 8 ff.; *Albrecht*, in: Albrecht (Hrsg.), 122–155, 152 ff.; Spindler/Schuster/*Spindler*/ *Horváth*, DS-GVO Art. 82 Fn. 7 ff.

1165 S. *Paal*/*Aliprandi*, ZD 2021, 241–247.

1166 Ausführlich *Hacker*, Datenprivatrecht, 502 ff.

1167 Vgl. hier *Hacker*, Datenprivatrecht, 505.

1168 LG Heidelberg, Urt. v. 16.3.2022 – 4 S 1/21: Übersendung von Werbe-E-Mails ohne Einwilligung des Betroffenen.

1169 LG Meiningen, Urt. v. 23.12.2020 – 3 O 363/20. In diesem Fall gab die Versicherung ohne Einwilligung des Versicherten Gesundheitsdaten aus einem Sachverständigengutachten frei, das für ein Gerichtsverfahren zu den Folgen eines Verkehrsunfalls erstellt wurde. Die Daten gingen an die Rechtsanwaltskanzlei, die den Versicherten in einem weiteren Gerichtsverfahren vertrat, in dem eine andere Versicherung als Gegenseite auftrat. Die Rechtsanwältin verwendete Zitate aus diesem Gutachten in einem Schriftsatz.; ArbG Oldenburg, Urt. v. 9.2.2023 – 3 Ca 150/21. Hier wurde über eine 20 Monate verspätete Auskunft an ehemalige Beschäftigte nach Art. 15 DSGVO entschieden.

1170 S. oben Teil C-II-2-a beim Kapitel 1.

1171 EuGH, Urteil vom 04.05.2023 – C-300/21. Verstoß gegen die Bestimmungen der DSGVO, die Entstehung eines materiellen oder immateriellen Schadens und der Kausalzusammenhang zwischen

Dem türkischen Pendant zur DSGVO, dem KVKK, fehlt jedoch dieses wesentliche Korrelat, um effektiv abschreckend auf Unternehmen oder Institutionen zu wirken, die Daten intransparent verarbeiten oder Benutzer diskriminieren. Im Gegensatz zu Art. 82 DSGVO sieht es keinen Rechtsschutz für einzelne Betroffene vor, sondern begnügt sich mit organisatorischen Sanktionen für Fälle algorithmischer Diskriminierung.

Wie oben dargelegt, könnten viele der Schadensszenarien auf Seiten der Betroffenen in gewisser Weise durch die allgemeinen Regelungen des BGB und des TBK abgedeckt werden.[1172] Dennoch ist es für die Betroffenen, deren personenbezogene Daten zu finanziellen und sogar diskriminierenden Zwecken verwendet oder übermittelt werden, von größerer Rechtssicherheit, auch nach den Datenschutzgesetzen mit Schadensersatzansprüchen geschützt zu sein.

In Fällen kombinierter Diskriminierung mit materiellem oder immateriellem Schaden auf Seiten der Betroffenen könnte der Einsatz diskriminierender Praktiken in Deutschland auch zu einem Schadensersatzanspruch nach Art. 82 DSGVO führen. Der materielle bzw. immaterielle Schaden i.S.d. DSGVO könnte sich z.B. aus Art. 5,[1173] 6,[1174] 7,[1175] 8,[1176] 9[1177] oder 12ff. DSGVO[1178] ergeben.

Im Hinblick auf kombinierte Diskriminierungsfälle ist an dieser Stelle auch Art. 9 DSGVO von Bedeutung.[1179] Art. 9 DSGVO verbietet ausdrücklich die Verarbeitung besonderer Arten von personenbezogenen Daten, aus denen u.a. die rassische Herkunft, politische Meinungen, religiöse oder weltanschauliche Überzeugungen etc. hervorgehen, es sei denn, die Verarbeitung solcher Daten ist ausdrücklich erlaubt bzw. erforderlich i.S.v. Art. 9 Abs. 2 DSGVO. Big-Data-Analysen mit Profiling

---

Schaden und Verstoß sind für das Gericht ausreichend, damit die betroffene Person Schadenersatz verlangen darf. Ausführlich dazu *Heynike*, 09.05.2023.

1172 S. oben Teil C bei Kapiteln 2,3 und 4.

1173 Grundsätze für die Verarbeitung personenbezogener Daten: Transparenz (Açıklık/Saydamlık), Zweckbindung (Amaca Bağlılık), Datenminimierung (Veri Minimizasyonu), Richtigkeit (Doğruluk), Speicherbegrenzung (Kayıt Sınırlamaları), Integrität und Vertraulichkeit (Veri Güvenliği).

1174 Rechtmäßigkeit der Verarbeitung (İşleme Faaliyetinin Yasallığı).

1175 Bedingungen für die Einwilligung (Rıza İçin Gerekli Koşullar). Hier ist insbesondere das Koppelungsverbot i.S.v. Art. 7 Abs. 4 DSGVO zu beachten. Ausführlich *Hacker*, Datenprivatrecht, 454ff. S. auch *Zurth*, AcP 221, 514–554, 539.

1176 Bedingungen für die Einwilligung eines Kindes in Bezug auf Dienste der Informationsgesellschaft (Çocuğun Rızasına Yönelik Özel Koşullar).

1177 Verarbeitung besonderer Kategorien personenbezogener Daten (Özel Nitelikli Kişisel Verilerin İşlenmesi).

1178 Rechte der betroffenen Person (Veri Sahibinin Hakları).

1179 Vgl. *Brunnenberg*, 249ff.

im Sinne von Art. 4 Abs. 4 DSGVO könnten daher nach Art. 9 Abs. 1 DSGVO unzulässig sein und nach Art. 82 DSGVO Schadensersatzansprüche auslösen.[1180]

3) DMA / DSA und ETK / ETY

Der kombinierte Einsatz diskriminierender Praktiken durch ein Unternehmen gibt wichtige Aufschlüsse über dessen Motive oder zumindest über dessen Unwillen, beanstandete Elemente aus den Datensätzen und der Datenanalyse zu entfernen. Die neuen Regelungen in der Türkei und in Deutschland, die die Plattformökonomie und die Nutzung von KI durch datengetriebene Unternehmen regulieren sollen, drohen solche kombinierten Diskriminierungen zu bekämpfen. In Deutschland sind das neue DSA,[1181] das DMA,[1182] die KI-Verordnung[1183], Data Act[1184], die sogenannte P2B-Verordnung vom 2019[1185] und die GBV aus dem Jahr 2018[1186] zu nennen, während der türkische Gesetzgeber im Jahr 2014 das Gesetz über den elektronischen Geschäftsverkehr (ETK),[1187] welches zuletzt 2022 geändert wurde, zusammen mit der folgenden Verordnung über den elektronischen Verkehr (ETY)[1188] erlassen hat.

Derartige Regelungen dienen im Kontext dieser Arbeit im Wesentlichen zwei Zwecken: Erstens bieten sie zusätzliche Schutzmechanismen für einzelne Nutzer gegen fragwürdige Analyse- und KI-Aktivitäten. Zweitens bieten sie strengere Regeln für größere Unternehmen, die nicht nur gegenüber den Nutzern, sondern auch gegenüber kleineren Unternehmen eine Informationsasymmetrie genießen, um den Wettbewerb zu unterstützen.[1189]

1180 Vgl. *Zurth*, AcP 221, 514–554, 540 ff.; *Dornis*, ZfPW 2022, 310–345, 317 ff.

1181 Verordnung (EU) 2022/2065 des Europäischen Parlaments und des Rates.

1182 Legislative Entschließung des Europäischen Parlaments vom 5. Juli 2022 zu dem Vorschlag für eine Verordnung des Europäischen Parlaments und des Rates über bestreitbare und faire Märkte im digitalen Sektor (Gesetz über digitale Märkte) (COM (2020)0842 – C9-0419/2020 – 2020/0374(COD)).

1183 Vorschlag für eine Verordnung des Europäischen Parlaments und des Rates zur Festlegung harmonisierter Vorschriften für Künstliche Intelligenz (Gesetz über Künstliche Intelligenz) und zur Änderung bestimmter Rechtsakte der Union – COM/2021/206 Final.

1184 Vorschlag für eine Verordnung des Europäischen Parlaments und des Rates über harmonisierte Vorschriften für einen fairen Datenzugang und eine faire Datennutzung (Datengesetz) – COM/2022/68 final; siehe dazu ausführlich *Bomhard/Merkle*, RDi 2022, 168–176.

1185 Verordnung (EU) 2019/1150 des Europäischen Parlaments und des Rates vom 20. Juni 2019 zur Förderung von Fairness und Transparenz für gewerbliche Nutzer von Online-Vermittlungsdiensten.

1186 Verordnung (EU) 2018/302 des Europäischen Parlaments und des Rates.

1187 Volltext (Türkisch) abrufbar unter: https://www.mevzuat.gov.tr/mevzuatmetin/1.5.6563.pdf.

1188 Volltext (Türkisch) abrufbar unter: https://www.resmigazete.gov.tr/eskiler/2022/12/20221229-5.htm.

1189 Vgl. hierzu Teil C-II-3-c beim Kapitel 1.

Beispielsweise sieht das neue DSA in Art. 25[1190] ein Verbot für Anbieter digitaler Dienste vor, ihre Dienste in einer Weise zu gestalten, die gegen die allgemeinen Transparenz- und Gutglaubensvorschriften der DSGVO und der nationalen Zivilgesetze wie BGB und TBK verstößt. Laut Art. 25 Abs. 1 DSA dürfen die Anbieter von Online-Plattformen ihre Online-Schnittstellen nicht so konzipieren, organisieren oder betreiben, dass Nutzer getäuscht, manipuliert oder anderweitig in ihrer Fähigkeit, freie und informierte Entscheidungen zu treffen, maßgeblich beeinträchtigt oder behindert werden. Insofern ähnelt die Regelung dem Konzept der Entscheidungsfreiheit im deutschen UWG und verbietet die maßgebliche Beeinträchtigung oder Behinderung bei der Entscheidungsfindung. Dieser Artikel wäre insbesondere für Fälle von Privacy-Verletzungen relevant.

Art. 26 DSA regelt das Verbot weiterer Werbepraktiken auf Plattformen. Art. 1 DSA sieht Informationspflichten für Anbieter von Online-Plattformen vor und Art. 3 verbietet insbesondere Werbeaktivitäten, die Profiling i. S. v. Art. 4 Abs. 4 i. V. m. Art. 9 Abs. 1 DSGVO beinhalten.[1191]

Zusätzlich erlegt das DMA den Torwächtern wie Meta, Google oder Apple strengere Verpflichtungen auf.[1192] Folgende Bedingungen werden berücksichtigt, um ein Unternehmen als Torwächter einzustufen:[1193]

- **Binnenmarktrelevanz (Größenkriterium):** Ein Mindestjahresumsatz im Europäischen Wirtschaftsraum und ein zentraler Plattformdienst in mindestens drei EU-Mitgliedstaaten.
- **Kontrolle über ein wichtiges Zugangsportal als Brücke zwischen gewerblichen und Endnutzern (Gateway-Kriterium):** Das Unternehmen bietet einen zentralen Plattformdienst an, der von mindestens 45 Millionen monatlich aktiven Endnutzern mit Sitz oder Wohnsitz in der Europäischen Union und von mindestens 10 000 jährlich aktiven gewerblichen Nutzern mit Sitz in der Europäischen Union genutzt wird.
- **Etablierte Position (Dauerhaftigkeitskriterium):** Das Erreichen der oben genannten Nutzerzahlen in den letzten drei Geschäftsjahren.

1190 Der Artikel über Gestaltung und Organisation der Online-Schnittstelle.

1191 Vgl. auch *Dornis*, ZfPW 2022, 310–345, 317 ff.

1192 S. über die Relativität des DMA ausführlich *Hacker*, KI und DMA – Zugang, Transparenz und Fairness für KI-Modelle in der digitalen Wirtschaft, GRUR 2022, 1278–1284; *Kerber*, Datenrechtliche Aspekte des Digital Markets Act, ZD 2021, 544–548.

1193 *Europäische Kommission*, Pressemitteilung vom 31.10.2022. Ausführlich zu Kriterien: *Herbers*, RDi 2022, 252–259, 254, 255.

Von besonderer Relevanz für diese Arbeit ist Art. 5 DMA. Nach Art. 5 Abs. 1 DMA dürfen Torwächter personenbezogene Daten von Nutzern,[1194] die über Dienste Dritter erhoben wurden, nicht für eigene Werbezwecke verwenden, sie dürfen verschiedene Datensätze von unterschiedlichen Plattformen nicht übermäßig kombinieren und sie dürfen eine widerrufene oder verweigerte Einwilligung für die Dauer von einem Jahr nicht mehr abfragen.[1195] In den folgenden Absätzen geht es um wettbewerbsorientierte Regelungen, die kleinere Unternehmen[1196] vor Torwächtern und damit den Wettbewerb untereinander schützen sollen. Nach Art. 30 Abs. 1 DMA drohen Sanktionen von bis zu zehn Prozent des weltweiten Jahresumsatzes, nach Art. 30 Abs. 2 sogar bis zu einem Fünftel des Jahresumsatzes bei Wiederholung der Nichterfüllung dieser Verpflichtungen.

Der Data Act wiederholt die Begriffsdefinition des Torwächters und legt für diese Unternehmen weitreichende Einschränkungen bei der Datenverarbeitung fest.[1197]

Ähnlich untersagt auch Art. 5 Abs. 1 lit. a der neuen europäischen KI-Verordnung das Inverkehrbringen, die Inbetriebnahme oder die Verwendung eines KI-Systems, das unterschwellige Techniken außerhalb des Bewusstseins einer Person einsetzt, um das Verhalten einer Person in einer Weise zu beeinflussen, die dieser oder einer anderen Person körperlichen oder psychologischen Schaden zufügt oder zufügen kann.[1198] Ebenso verbietet Art. 5 Abs. 1 lit. b das Inverkehrbringen, die Inbetriebnahme oder die Verwendung eines KI-Systems, das die Schwächen einer bestimmten Gruppe von Menschen aufgrund ihres Alters oder einer körperlichen oder geistigen Behinderung ausnutzt, um das Verhalten einer Person aus dieser Gruppe in einer Weise zu beeinflussen, die dieser Person oder einer anderen Person körperlichen oder seelischen Schaden zufügt oder zufügen kann.[1199]

Die Einordnung von Plattformdiensten und -unternehmen stammt aus dem jüngst geänderten ETK und neuen ETY[1200] in der Türkei und unterscheidet sich in etwa von der in Deutschland. Das ETK und ETY unterscheiden die beiden Unternehmenstypen strikt nach ihrem Gesamtumsatz- und Transaktionsvolumen und unterwerfen sie je nach Größe unterschiedlichen bzw. allmählichen Verpflichtungen. Ein Plattformdienst gilt als mittelgroß, wenn sein Jahresumsatz zehn Milliarden TL[1201]

1194 Nach Verständnis des Gesetzes Endnutzer i.S.d. Art. 2 Abs. 1 Nr. 20 DMA.

1195 S. ausführlich *Herbers*, RDi 2022, 252–259, 255ff.

1196 Im Verständnis des Gesetzes gewerbliche Nutzer nach Art. 2 Abs. 1 Nr. 21 DMA.

1197 *Bomhard/Merkle*, RDi 2022, 168–176, 171ff.

1198 Vgl. *Çekin*, Yapay Zekâ Teknolojilerinin Hukuki İşlem Teorisine Etkileri, 2021, 114, 115.

1199 Vgl. *Dornis*, ZfPW 2022, 310–345, 342ff.

1200 Elektronik Ticaret Yönetmeliği (Richtlinie über den elektronischen Geschäftsverkehr).

1201 Beträgt etwa 350 Millionen Euro Mitte 2023.

übersteigt, als groß, wenn er 30 Milliarden TL[1202] übersteigt und als sehr groß, wenn er 60 Milliarden TL[1203] übersteigt. Die mittleren, großen und sehr großen Plattformunternehmen sind nach Zusatzartikel 2 Abs. 2 lit. a) ETK und Art. 21 Abs. 1 ETY[1204] verpflichtet, die Daten der Nutzer und der ETHS[1205] nur zur Optimierung der Vermittlung und nicht für eigene Werbe- und Wettbewerbszwecke zu verwenden. Art. 11 ETY enthält weitere Vorgaben zur Wettbewerbsförderung.

ETY verbietet jedem Unternehmen drei Aktivitäten, abgesehen von der Marktposition: Rechtswidrige Inhalte, unlautere Geschäftspraktiken sowie unfaire Konkurrenz.[1206] Für große Plattformen mit einem Umsatz von mehr als zehn Milliarden TL kommt die faire Datennutzung zum Einsatz. Für Plattformen mit einem Umsatz von mehr als 30 Milliarden TL gelten weitere Verpflichtungen in Bezug auf Werbe- und Rabattbudgets. Für sehr große Unternehmen folgen weitere amtliche Anordnungen. Die größeren Unternehmen tragen die früher von den kleineren Unternehmen übernommenen Verpflichtungen mit.

Das türkische Recht bedarf hier dringend weiterer Regulierung.[1207] Zwar sind die Änderung des ETK und der Erlass des ETY Schritte in die richtige Richtung, aber es fehlen noch viele dem DSA bzw. DMA entsprechende Bestimmungen. Zunächst fehlen dem ETK relative Marktpositionen. Ähnlich dem KVKK[1208] sehen das ETK und ETY erneut rein quantitative Umsatzebene für jeden Unternehmenstyp vor, während das DMA vollständigere Merkmale bei der Bestimmung des Torwächters berücksichtigt.[1209] Des Weiteren werden in Art. 12 des ETK, der die Strafbestimmungen enthält, feste Geldstrafen aufgeführt, ähnlich wie im Fall der KVKK. Dies führt dazu, dass die Strafmaße je nach Unternehmensgröße variieren, was, wie bereits erwähnt,[1210] aus Sicht der Rechtspflege problematisch ist.

Diese Neuregelungen sind in diesem Zusammenhang eine Unterstützung der Datenschutzgesetze wie der DSGVO, des BDSG und des Bundesdatenschutzgesetzes

1202 Beträgt ungefähr eine Milliarde Euro Mitte 2023.

1203 Beträgt etwa 2 zwei Milliarden Euro Mitte 2023.

1204 Gemäß Art. 35 Abs. 1 lit. c) ETY trat die im Zusammenhang mit Art. 21 ETY getroffenen Bestimmungen und Verpflichtungen am 01.01.2024 in Kraft.

1205 Entspricht dem Begriff des gewerblichen Nutzer i. S. d. DMA.

1206 Vgl. *Ekingen*, The Legal Treatment of Online Multi-Sided Platforms in Turkey: New Obligations for E-Commerce Marketplaces Laid Down in Amendments to the Law on the Regulation of E-Commerce, Network Industries Quarterly, Volume: 25, 3–7, 5.

1207 Vgl. *Sanlı/Doğan*, Rekabetin Korunması Hakkında Kanun'da Değişiklik Yapılmasına Dair Düzenleme Taslağı: Genel Bakış, Karşılaştırma ve Değerlendirmeler, 02.01.2023; *Ekici Tağa et. al.*, New Draft Bill on Regulating Digital Platforms in Turkey, 04.11.2022.

1208 S. hier Teil C-III-3 beim Kapitel 4.

1209 Vgl. *Ekingen*, NIQ, 3–7, 5.

1210 S. vor allem Teil C-II-4-b beim Kapitel 4.

und eine Förderung des Wettbewerbs. Diskriminierende Aktivitäten, die gegen die allgemeinen Regelungen dieser Gesetze verstoßen, könnten in Zukunft verboten sein oder Bußgelder für Unternehmen nach sich ziehen, insbesondere für große Unternehmen. Durch kombinierte Diskriminierung wird dieses Risiko, dass die Aktivitäten eines datenverarbeitenden Unternehmens gegen die Vorschriften des DSA, DMA, DSGVO sowie ETY und KVKK verstößt, drastisch erhöht.

Künftig könnten bestimmte Arten kombinierter Diskriminierung als solche verboten werden, auch ohne dass sie zu einem individualvertraglichen Schaden auf Seiten des Benutzers führen. Dies ist z. B. relevant für Analyse und algorithmische Aktivitäten, die die Privatsphäre der Benutzer stark verletzen sowie den Wettbewerb stark schwächen, insbesondere zu exzessiven Werbeaktionen und personalisierten Werbungen.

C. Zusammenfassung Vernetzungsproblematik

In den meisten Fällen handelt es sich bei diskriminierenden Aktivitäten im Sinne dieser Arbeit um eine Kombination aus mehreren Arten von Diskriminierung. Einige davon sind enger miteinander verbunden, z. B. Geoblocking und Preisdiskriminierung oder Transparenzverbot und Verletzung der Privatsphäre, während andere Kombinationen eher selten auftreten. Abgesehen davon ist die Kombination von diskriminierenden Praktiken auch aus vertragsrechtlicher Sicht von Bedeutung.

Zum einen wird durch die Vernetzung die Beurteilung subjektiver Tatbestandsmerkmale wie Vorsatz oder Fahrlässigkeit erleichtert. Zum anderen kann die kombinierte Diskriminierung eine eigene Rechtsverletzung darstellen, auch wenn die zusammenwirkenden Aktivitäten für sich genommen nicht als rechtswidrig anzusehen sind. Insofern ähnelt die Rechtswidrigkeit dem Summierungseffekt im AGB-Recht. Die kleineren Generalklauseln, die für sich genommen nicht gegen das BGB oder die TBK verstoßen, könnten zusammengefasst als unwirksam angesehen werden.

Einer kombinierten algorithmische Diskriminierung drohen die Kontrolle der Allgemeinen Geschäftsbedingungen und die Inhaltskontrolle nach Treu und Glauben. Unter Umständen verstoßen Klauseln gegen AGB-Recht, die übermäßige Nebenpflichten und Datenübermittlungen implizieren. § 242 BGB und § 2 TMK haben hier bei der Beurteilung unterstützende Funktion.

Neben dem BGB und dem TBK kommen die Unlauterkeitsvorschriften sowie neue Regelungen in Deutschland und der Türkei in Betracht. Die kombinierte algorithmische Diskriminierung stellt in der Regel keine Ausübung von Druck im Sinne von § 4a UWG oder § 55 Abs. 1 lit. a) Nr. 8 TTK dar, könnte aber in Extremfällen insbesondere gegenüber schutzbedürftigen Personen in Betracht kommen. So ist das Vorenthalten wesentlicher Informationen nach § 5a Abs. 2 UAbs. 2 Nr. 1 oder deren unklare oder zweideutige Mitteilung nach § 5a Abs. 2 UAbs. 2 Nr. 2 sowie deren nicht rechtzeitige Zurverfügungstellung nach § 5a Abs. 2 UAbs. 2 Nr. 3 UWG unlauter, wenn diese Unterlassung den Vertragspartner zu einer geschäftlichen Entscheidung veranlasst, die er ohne diese Unterlassung nicht getroffen hätte. Insbesondere in den Fällen der Privacy-Verletzung, der Intransparenz oder des Verstoßes gegen Allgemeine Geschäftsbedingungen könnte das Unternehmen ohne die erforderliche unternehmerische Sorgfalt i.S.v. § 3 Abs. 2 UWG und damit unlauter gehandelt haben.

Im Falle einer unzulässigen Verarbeitung von Daten ist auch in Deutschland ein Schadensersatzanspruch i.S.v. Art. 82 DSGVO möglich. Die neue Rechtsprechung lässt erwarten, dass die Häufigkeit solcher Ansprüche zunehmen wird.

Nicht zuletzt sind die Neuregelungen in Deutschland und der Türkei zur Verbesserung des Daten- und Wettbewerbsschutzes zu berücksichtigen. Dazu gehören in Deutschland DSA, DMA, Data Act, GBV, KI-Verordnung und in der Türkei ETY. Diese können es ermöglichen, künftige Diskriminierungen von Anfang an zu verbieten oder hohe Bußgelder zu verhängen.

Die Türkei sollte an dieser Stelle einen Anspruch auf Schadensersatz im Rahmen des Datenschutzgesetzes und einen effektiveren Schutz der Nutzer und kleinerer Unternehmen vor unlauterer bzw. unredlicher Datenanalyse und Diskriminierung einführen. Darüber hinaus erscheint ein System proportionaler Geldbußen in der gegenwärtigen Situation vernünftig und gerecht.

6. Kapitel
Schlussbemerkungen und Fazit

In diesem Teil der Arbeit wird eine Bilanz der bisherigen Arbeit gezogen. Insgesamt werden bis zu diesem Stand folgende Arten von algorithmischer Diskriminierung untersucht:

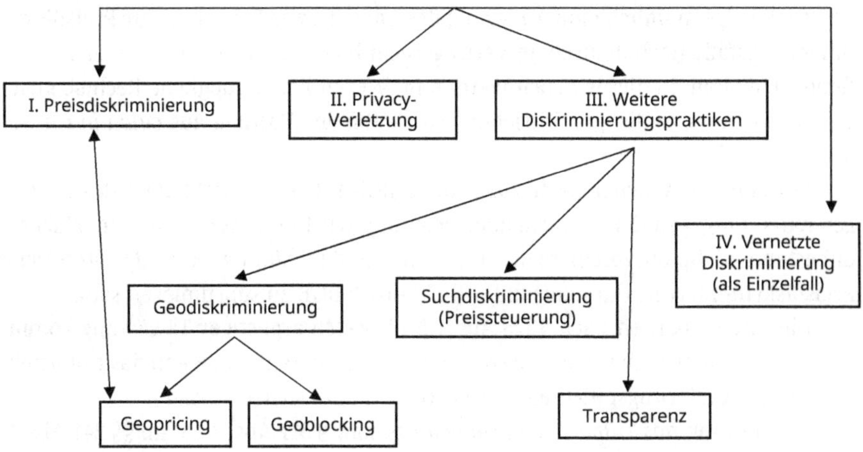

Abbildung 4: Diskriminierungstypen durch Big-Data-Analyse. (Quelle: Vom Autor erstellt.)

Diese Diskriminierungsvarianten werden anhand des deutschen und türkischen Rechts komparativ untersucht. Eine herkömmliche Rechtsvergleichung zwischen beiden Ländern wird jedoch nicht angestrebt, denn die Grundlinien der beiden Rechtsordnungen sind hinsichtlich des allgemeinen Zivil- und Vertragsrechts sehr ähnlich.[1211] Aus diesem Grund wäre es zweckmäßiger, die Punkte zu untersuchen, in denen Abweichungen bestehen.

Es gibt auch strukturelle Unterschiede zwischen den beiden Ländern, die für die Zwecke dieser Arbeit ebenfalls relevant sind. Ein Beispiel wäre die Definition des Verbrauchers in beiden Ländern, wobei juristische Personen nur in der Türkei als Verbraucher agieren dürfen.

Teil I verdichtet die bisherigen Ergebnisse der Arbeit zur algorithmischen Diskriminierung für das deutsche Recht, Teil II für das türkische Recht, Teil III fasst die

1211 S. hierzu etwa Teil „Erster Überblick über die verglichenen Rechtsordnungen" in Einleitung.

https://doi.org/10.1515/9783111653686-007

oben genannten Abweichungen zusammen und Teil IV schließt mit Vorschlägen gegen Diskriminierungspraktiken. Teil V schließt die Arbeit in kurzen Thesen.

A. Zusammenfassung der Ergebnisse für Deutschland

Die Preisdiskriminierung infolge von Big-Data-Analysen ist die gewichtigste Diskriminierungsvariante, da sie in der Praxis am häufigsten vorkommt und immer eine konkrete Folge, nämlich eine Änderung des Entgelts, zur Folge hat. Für Preisdiskriminierungsfälle nach deutschem Vertragsrecht bietet das BGB verschiedene Abhilfemöglichkeiten. In dieser Arbeit werden im Wesentlichen mögliche Rechtsbehelfe wegen Wuchers, arglistiger Täuschung sowie die der Haftung aus *culpa in contrahendo* geprüft.

Ein Fall von Wucher nach § 138 Abs. 2 BGB führt zur Nichtigkeit des Rechtsgeschäfts. Entgegen der herrschenden Meinung wird in dieser Arbeit ein Wuchertatbestand nicht ausgeschlossen. Unter Umständen könnte eine algorithmische Preisdiskriminierung durchaus unter § 138 Abs. 2 BGB zu subsumieren sein.

Die Anfechtbarkeit nach § 123 Abs. 1 BGB wegen arglistiger Täuschung kommt unter Umständen auch wegen passiven Verhaltens in Betracht, wenn das Unternehmen seine Aufklärungspflichten in arglistiger Weise vernachlässigt.

Die Haftung aus *culpa in contrahendo* gemäß § 311 Abs. 2 i.V.m. §§ 241 Abs. 1, 280 Abs. 1, 249 BGB ist bei einer Preisdiskriminierung ebenfalls möglich. Der Vorteil des Rechtsinstitut der *culpa in contrahendo* ist, dass eine solche Haftung auch bei Fahrlässigkeit entstehen dürfte.

Die zweite Variante algorithmischer Diskriminierung ist die Verletzung der Privatsphäre des Nutzers im Zusammenhang mit personalisierter Werbung. Die vorliegende Arbeit unterscheidet zwischen zwei Arten von Verträgen, die in diesem Zusammenhang geschlossen werden. Der B2B-Vertrag über den Erwerb personenbezogener Daten für Werbezwecke wird zwischen dem Datenverarbeiter und dem Werbetreibenden geschlossen, und die individuellen Verträge werden zwischen dem Werbetreibenden und dem Benutzer als Folge der personalisierten Werbung geschlossen.

Der Vertrag über den Erwerb sittenwidriger personenbezogener Daten ist in der Regel nach § 134 BGB verbots- und nach § 138 BGB sittenwidrig. Für Individualverträge erscheint eine Kategorisierung als verbots- oder sittenwidrig nicht sachgerecht, allerdings könnten bestimmte Verträge mit problematischem Inhalt ausnahmsweise zur Verbots- oder Sittenwidrigkeit führen. Individuelle Vertragsabschlüsse durch personalisierte Werbung könnten auch zu Anfechtungsansprüchen nach § 123 Abs. 1 BGB führen, wenn der Werbende seine Informationspflichten durch Unterlassen verletzt. Seltener als bei der Preisdiskriminierung kommt unter Umständen auch eine Haftung aus *culpa in contrahendo* in Betracht, wenn der Nutzer durch die Diskriminierung auch einen Schaden erleiden müsste.

Als mildere Versionen der Diskriminierung kommen grundsätzlich Geoblocking, Suchdiskriminierung und Transparenzfälle in Erwägung. Diese drei Varianten bilden eine Brücke zwischen den individuellen Diskriminierungsarten und der Vernetzungsproblematik, da sie für sich genommen milder als die beiden anderen sind und häufig in Verbindung mit anderen Diskriminierungsarten auftreten.

Als Ausnahme könnte ein mittelbarer Kontrahierungszwang gegen Geoblocking-Fälle bestehen, wenn der inhaltsgleiche Offline-Vertrag einem Kontrahierungszwang unterliegen würde, z. B. bei verschreibungspflichtigen Medikamenten. Unternehmen, die solche Medikamente anbieten, sollten kein Geoblocking praktizieren dürfen, ebenso wie Unternehmen, die die gleichen Medikamente in der Apotheke anbieten.

Im Schadensfall könnte auch eine Haftung aus *culpa in contrahendo* in Rede stehen. Allgemeine Geschäftsbedingungen, die solche Praktiken ermöglichen, könnten nach §§ 305 ff. BGB für unwirksam erklärt werden. Die exzessive Verwendung von AGB durch das Unternehmen könnte zu einer Haftung aus *culpa in contrahendo* führen, denn der Summierungseffekt beim AGB-Recht verlangt, dass Klauseln in einem Vertrag mit diskriminierendem Inhalt, die für sich genommen unbedenklich sind, aber inhaltlich im Zusammenhang zueinanderstehen, in ihrer Gesamtwirkung zu einer unangemessenen Benachteiligung des Vertragspartners i. S. v. § 307 BGB bzw. § 21 Abs. 1 TBK führen können.

Zudem drohen Bußgelder nach Art. 82 DSGVO, die bei Verstößen gegen Art. 5, 6, 7 und 9 DSGVO bis zu 20 Millionen Euro betragen können. Nach Art. 82 Abs. 1 DSGVO besteht auch ein Anspruch auf Schadenersatz, wenn dem Nutzer ein materieller oder immaterieller Schaden entstanden ist. Nach der neuen Rechtsprechung in Europa ist für die Geltendmachung dieses Anspruchs nicht mehr eine bestimmte Schwelle des Schadens erforderlich.

Die verschiedenen Arten algorithmischer Diskriminierung werfen für die Zwecke dieser Arbeit ein weiteres Problem auf, nämlich das der Vernetzung. Damit ist die Kombination mehrerer diskriminierender Praktiken gemeint, da diese Praktiken häufig nicht als eine reine Handlung auftreten, sondern als Kombination verschiedener Handlungen, die als diskriminierend verstanden werden dürfen.

Die Kombination algorithmischer Diskriminierungstypen hat zwei Hauptfunktionen: Erstens unterstützt sie in der Forschung die Tatbestandsmerkmale bisheriger vertragsrechtlicher Instrumente. Diese sind insbesondere bei der Beurteilung subjektiver Tatbestandsmerkmale wie Arglist, Vorsatz oder Fahrlässigkeit relevant. Auch bei bestimmten subjektiven Tatbestandsmerkmalen auf Seiten des Benutzers, wie z. B. bei der Beurteilung der Zwangslage des Benutzers, erweist sich die Kombination als wertvoll.

Zweitens stellt eine kombinierte Diskriminierung einen Einzelfall dar, in dem verschiedene Arten von Diskriminierung zusammenkommen und eine größere Benachteiligung verursachen. Kombinierte Diskriminierung als Einzelfall könnte unter Umständen als unlauter angesehen und nach dem UWG verboten sein.

Vor allem kommen die AGB-Kontrolle nach den §§ 305ff. BGB und im Rahmen von Treu und Glauben nach § 242 BGB in Betracht. Klauseln, die zu einer kombinierten Diskriminierung führen, könnten im Rahmen der AGB-Kontrolle für unwirksam erklärt werden. Einen schönen Anknüpfungspunkt bietet hier der Summierungseffekt im AGB-Recht. Danach können kleinere, mildere Klauseln in der Summe gegen das AGB-Recht verstoßen, obwohl sie für sich genommen nicht das Niveau eines AGB-Verstoßes erfüllen. Zur Unterstützung kommt auch § 242 BGB und der dort bestimmte Rahmen von Treu und Glauben in Betracht.

Danach kommen nach dem UWG grundsätzlich drei Unlauterkeitsfälle in Betracht. Zunächst könnte eine kombinierte Diskriminierung nach § 4a UWG wegen Ausübung von Druck unlauter sein. Diese Unlauterkeitsvariante wird in dieser Arbeit in Übereinstimmung mit der herrschenden Meinung in der Regel verneint, eine Unlauterkeit könnte aber in Extremfällen, insbesondere bei exzessiven Eingriffen in die Privatsphäre, vorliegen. Auch eine aktive oder passive Irreführung nach §§ 5, 5a könnte hier erwogen werden. Diese Arbeit verneint wiederum eine Unlauterkeit per se, akzeptiert aber entgegen der herrschenden Meinung die kombinierte Diskriminierung als wesentliche Information. Das Vorenthalten solcher Informationen könnte zu Unlauterkeit durch Unterlassen nach § 5a führen. Schließlich könnte Unlauterkeit gegenüber Verbrauchern vorliegen, wenn das wirtschaftliche Verhalten des Unternehmens die Entscheidungsfreiheit der Verbraucher wesentlich beeinflusst und nicht der unternehmerischen Sorgfalt entspricht.

Darüber hinaus sieht Art. 82 DSGVO Schadensersatzansprüche für den Fall vor, dass die Datenverarbeitung, die zu einer Diskriminierung führt, ohne Beachtung der datenschutzrechtlichen Voraussetzungen erfolgt und den Betroffenen ein materieller oder immaterieller Schaden entsteht. In Fällen, in denen die bestehenden Rechtsinstrumente des BGB nicht vollständig oder nicht zügig genug helfen, könnten die Schadensersatzansprüche der DSGVO zur Anwendung kommen.

B. Zusammenfassung der Ergebnisse für die Türkei

Die Diskussionen um Big-Data-Analysen und deren Einfluss auf die Kontrahierung und einzelne Vertragsabschlüsse sind in der Türkei vergleichsweise neu und werden sich in den kommenden Jahren gewiss intensivieren. Eine Preisdiskriminierung löst in diesem Kontext verschiedene Schutzmechanismen in den TBK, KVVK, TMK und TTK aus.

Zum einen kommt ein Wuchertatbestand i.S.v. Art. 28 Abs. 1 TBK in Betracht, der in der Türkei dem Betroffenen ein Wahlrecht einräumt, entweder am Vertrag festzuhalten und die Differenz zurückzufordern oder am Vertrag insgesamt nicht mehr festzuhalten. Ein Wuchertatbestand könnte bei Preisdiskriminierung in Betracht kommen, wenn die Leistungsdifferenz mehr als 25 % beträgt und eine Zwangslage bzw. besondere Unerfahrenheit vorliegt.

Zum anderen könnte die Willenserklärung, die unter algorithmischer Diskriminierung abgegeben wird, wegen Täuschung angefochten werden. § 36 TBK sieht hierzu ebenfalls einen Anfechtungsgrund vor, wenn die Offenbarung des Umstandes nach Treu und Glauben im Sinne des § 2 TBK sowie nach der Verkehrsauffassung zu erwarten war und unterblieben ist. Diese Offenbarungspflicht ist bei einer Preisdiskriminierung immer gegeben, denn eine Preisdiskriminierung betrifft die *essentialia negotii* eines Vertrages und es liegt immer im Interesse des Benutzers, zu erfahren, dass gerade ein diskriminierender Preis verlangt wird.

Drittens kann eine Haftung gemäß *culpa in contrahendo* im Sinne von § 2 TMK in Erwägung gezogen werden. Diese Haftung hat zwei wesentliche Vorteile gegenüber den ersten beiden Rechtsbehelfen. Zum einen setzt die Haftung kein auffälliges Missverhältnis zwischen den Leistungen voraus, wie etwa Wucher, und schon eine einprozentige Diskrepanz könnte relevant sein. Zweitens erfasst die *culpa in contrahendo* auch Fälle fahrlässigen Handelns und reicht damit weiter als das Vorsatzerfordernis der Anfechtung.

Unter Umständen akzeptiert diese Arbeit alle drei Schutzmechanismen des TBK gegen algorithmische Preisdiskriminierungsfälle.

Die zweite Art der Diskriminierung ist die Verletzung der Privatsphäre. In dieser Arbeit wird zwischen zwei Arten von Verträgen hinsichtlich der Privacy-Verletzung unterschieden: Zum einen der B2B-Vertrag über den Erwerb personenbezogener Daten zwischen Unternehmen zu Werbezwecken und zum anderen die Einzelverträge zwischen dem Werbetreibenden und dem Nutzer über verschiedene Waren und Dienstleistungen. Der Erwerb sensibler personenbezogener Daten könnte nach § 27 Abs. 1 Alt. 2 verbots- und nach § 27 Abs. 1 Alt. 2 TBK sittenwidrig sein.

Allerdings sind Einzelverträge nicht systematisch als verbots- oder sittenwidrig anzusehen. Unter Berücksichtigung einzelner Verbotsgesetze können Individualverträge ggf. ebenfalls verbotswidrig sein. Besteht jedoch eine Offenbarungspflicht über Umstände, deren Aufklärung nach Treu und Glauben i.S.v. § 2 TMK sowie nach der im Verkehr herrschenden Anschauung erwartet werden kann, so ist eine Offenbarungspflicht zu bejahen. Ein Verstoß gegen diese Offenbarungspflicht führt unter weiteren Voraussetzungen zur Anfechtbarkeit nach § 36 TBK. Dass es sich gerade um personalisierte Werbung handelt, liegt grundsätzlich im Interesse der Benutzer zu Kenntnis zu gelangen.

Eine Haftung aus *culpa in contrahendo* nach § 2 TBK kommt schließlich unter Berücksichtigung von Treu und Glauben in Betracht, wenn der Benutzer durch die Privacy-Verletzung auch einen Vermögensschaden erleidet.

Auch zu nennen als weitere Praktiken sind Geoblocking, Suchdiskriminierung und Transparenzfälle. Geoblocking könnte als Ausnahme im Rahmen des Kontrahierungszwangs verboten werden. In der Türkei besteht ein Kontrahierungszwang, wenn ein bürgerliches Gesetz oder ein Gesetz dies ausdrücklich vorsieht oder wenn de facto ein Monopol besteht. Weniger schwerwiegende Fälle, die nicht unter den Kontrahierungszwang fallen, könnten eine deliktische Haftung nach § 49 Abs. 2 TBK für die auf den Vertrag verzichtende Partei nach sich ziehen. Für Fälle des Geoblockings bei algorithmischer Diskriminierung sollte die türkische Rechtsordnung dem deutschen System folgen, um besser vor benachteiligenden Aktivitäten schützen zu können.

Ebenfalls zu erwägen ist eine Haftung aus *culpa in contrahendo* gemäß § 2 TMK. Diese Haftung könnte in Geoblocking-Fällen auch bei Nichtzustandekommen eines Vertrages in Betracht kommen, wenn eine Partei in letzter Sekunde und ohne Rücksicht auf Treu und Glauben vom Vertrag zurücktritt. Eine solche Haftung wird in diesem Papier grundsätzlich ausgeschlossen.

Für andere Diskriminierungsfälle könnte ein AGB-Verstoß in Betracht kommen. Nach § 21 TBK werden Klauseln, die der AGB-Kontrolle unterliegen, für ungeschrieben gehalten. Nach dem Verständnis dieser Arbeit müssen solche Praktiken, die die Kontrahierungs- und Entscheidungsfähigkeit der Benutzer beeinflussen, für AGB-konform erklärt und der anderen Partei übermittelt werden. Andernfalls besteht die Gefahr, dass solche Klauseln im Rahmen der AGB-Kontrolle nach §§ 20ff. TBK für unwirksam erklärt werden.

Bei Intransparenz drohen zudem Bußgelder nach dem türkischen Datenschutzrecht, z. B. nach Art. 18 KVKK, die bis zu 9,5 Millionen TL im Jahr 2024 betragen können. Individuelle Schadensersatzansprüche aus dem KVKK gibt es in der Türkei derzeit leider nicht. Individuelle Schadensfälle müssten dann nach den allgemeinen Regeln des TBK und TMK entschädigt werden.

Als letztes Problem ist die Vernetzung bzw. Kombination weiterer diskriminierender Praktiken zu nennen. Algorithmische Diskriminierungen treten selten als reine Praktiken auf, sondern häufig mehrdimensional und kombiniert. Die Kombination mehrerer Diskriminierungstypen könnte bei der Beurteilung subjektiver Tatbestandsmerkmale früherer Rechtsinstrumente hilfreich sein, wie z. B. Vorsatz bei der Anfechtung oder Fahrlässigkeit bei *culpa in contrahendo* oder unternehmerische Sorgfalt im Lauterkeitsrecht.

Darüber hinaus können verschiedene Arten von Diskriminierung zu einer einzigen Diskriminierung kumuliert werden. An dieser Stelle drohen bei Vernetzung mehrerer Diskriminierungsfällen die AGB-Kontrolle nach § 20ff. TBK und der allgemeine Grundsatz von Treu und Glauben aus § 2 TBK. Der Summierungseffekt im AGB-Recht bietet einen schönen Anknüpfungspunkt, bei dem kleinere, mildere Klauseln zusammengenommen gegen AGB-Recht verstoßen können, obwohl sie bei Einzelbetrachtung nicht das Niveau eines AGB-Verstoßes erreichen. In den seltenen Fällen, in denen keine andere Abhilfe möglich ist, könnte auch der allgemeine Rahmen des Art. 2 TMK helfen.

Gegen kombinierte Formen der Diskriminierung helfen sowohl die vorhandenen als auch andere Rechtsinstrumente. Insbesondere können solche Praktiken unlauter i.S.d. §§ 54ff. TTK sein. Diese Arbeit folgt dem allgemeinen Ansatz und lehnt ein pauschales Diskriminierungsverbot in Übereinstimmung mit Lauterkeitsrecht ab. Eine kombinierte Diskriminierung stellt in der Regel ebenfalls keine Ausübung von Druck gemäß § 55 Abs. 1 lit. a) Nr. 8 TTK dar. In Fällen der Privacy-Verletzung ist jedoch die Ausübung von Druck denkbar, insbesondere wenn sich die Verletzung gegen besonders schutzbedürftige Personen wie Jugendliche oder Kinder richtet.

Eine kombinierte Diskriminierung stellt zwar keine unmittelbare Irreführung i.S.v. § 55 Abs. 1 lit. a) Nr. 7 TTK dar. Das Verheimlichen solcher Praktiken könnte jedoch zur Unlauterkeit durch negatives Tun führen, da die vieldimensionale Diskriminierung grundsätzlich als wesentliche Information für die Entscheidungsfreiheit des Nutzers angesehen wird.

C. Konzentration auf die bisherigen Unterschiede beider Rechtsordnungen

Der Vergleich zwischen dem türkischen und dem deutschen Recht, die sich, wie bereits erwähnt, in einem allgemeinen Sinne ähneln, stellt eine unorthodoxe Methode des Rechtsvergleichs dar. Dieser Beitrag konzentriert sich auf die strukturellen und praktischen Unterschiede, anstatt die Institutionen, die sich in beiden Ländern nicht unterscheiden, doppelt zu erwähnen.

Dennoch lassen sich einige Unterschiede zwischen dem türkischen und dem deutschen Zivilrecht feststellen, wenn es um mögliche Rechtsansprüche in Diskriminierungsfällen aufgrund von Big-Data-Analysen geht. Diese Unterschiede reichen von Unterschieden in der Wortwahl – wie z.B. bei der Anfechtung, wo das Wort Arglist in einem Land explizit verwendet wird, in dem anderen aber nicht, ohne dass dies zu großen praktischen Abweichungen in den rechtlichen Konsequenzen führt – bis hin zu tiefgreifenderen Unterschieden, wie z.B. bei den Verbraucherbegriffen und -rechten, die in der Literatur und Rechtsprechung je nach Land große Unterschiede hervorrufen. Diese Unterschiede gehen insbesondere bei den Neuregelungsbereichen tiefer.

Die Hauptunterschiede, die in dieser Arbeit bei der Behandlung von Fällen algorithmischer Diskriminierung festgestellt werden, lassen sich wie folgt zusammenfassen:

- Der erste Unterschied findet sich in den Verbraucherschutzgesetzen und -begriffen der beiden Rechtsordnungen. Das BGB behandelt den Verbrauchervertrag im Wesentlichen zwischen den §§ 312 bis 361, wobei die wichtigen Definitionen des Verbrauchers und des Unternehmers aus den §§ 13, 14 BGB i.V.m. § 2 UWG und die Definition des Verbrauchervertrages aus § 310 Abs. 3 BGB stammen. Dem Anwendungsbereich der §§ 312ff. BGB unterfallen ausschließlich Rechtsgeschäfte zwischen Verbrauchern und Unternehmern. Die Türkei hat demgegenüber ein eigenes Gesetz für Verbraucherverträge und Verbraucherrechte erlassen, nämlich das TKHK, das 2014 in Kraft getreten ist. Das Gesetz beschäftigt sich in § 3 mit Begriffsbestimmungen und enthält in diesem Artikel alle Definitionen wie Verbraucher gemäß § 3 Abs. 1 lit. k), Verkäufer gemäß § 3 Abs. 1 lit. n), Ware gemäß § 3 Abs. 1 lit. h), Dienstleistung gemäß § 3 Abs. 1 lit. d) oder Verbrauchergeschäft gemäß § 3 Abs. 1 lit. m). Der Unterschied besteht nicht nur in der Kodifikationstechnik, sondern auch in der Definition des Verbrauchers. Nach § 3 Abs. 1 lit. k TKHK ist ein Verbraucher eine natürliche oder juristische Person, die zu einem Zweck handelt, der nicht ihrer gewerblichen oder beruflichen Tätigkeit zugerechnet werden kann. Dementsprechend wird der Verbraucherbegriff des § 13 BGB wie folgt enger gefasst: Verbraucher ist jede natürliche Person, die ein Rechtsgeschäft zu Zwecken abschließt, die überwiegend weder ihrer gewerblichen noch ihrer selbständigen beruflichen Tätigkeit zugerechnet werden können. Das deutsche Verbraucherrecht kennt keine juristischen Personen als Verbraucher, obwohl das TKHK auch juristische Personen als Verbraucher zulässt. Für die Diskriminierungsfälle, in denen auch KMU und weitere Organisationen von algorithmischer Diskriminierung betroffen sein können, dürfte die umfassendere Formulierung des türkischen Rechts besser geeignet sein.
- Ein weiterer Unterschied besteht in den Verbraucherrechten. Im Gegensatz zum ersten Punkt erscheint das deutsche Recht hier umfassender und bietet einen allgemein stärkeren Verbraucherschutz. § 3 Abs. 2ff. UWG definiert beispielsweise die besondere Unlauterkeit gegenüber Verbrauchern und erklärt solche geschäftlichen Handlungen für unlauter, die sich an Verbraucher richten bzw. Verbraucher erreichen, wenn diese Handlungen nicht der unternehmerischen Sorgfalt entsprechen und geeignet sind, das wirtschaftliche Verhalten der Verbraucher wesentlich zu beeinflussen. Eine entsprechende Regelung zu §§ 3 Abs. 2ff. UWG findet sich im türkischen Lauterkeitsrecht in den §§ 54ff. TTK nicht. Deutsche bzw. die in Deutschland agierenden Verbraucher sind daher besser vor algorithmischer Diskriminierung im lauterkeitsrechtlichen

Sinne geschützt. Insbesondere nach der zwischenzeitlich erfolgten Novellierung des UWG hat sich diese Diskrepanz vertieft, da § 9 Abs. 2 UWG nunmehr auch den Verbraucher unmittelbar vor unlauteren Geschäftspraktiken schützt.

- Nach § 2 EGBGB ist Gesetz im Sinne des BGB jede Rechtsnorm. Das TBK versteht unter Gesetz vielmehr die besondere Art der Rechtsnorm, die in der Normenhierarchie nach dem Grundgesetz kommt und in der Regel vom Gesetzgeber erlassen wird. Der Begriff des Gesetzes erfasst m. a. W. in Deutschland einen weiteren Kreis von Rechtsnormen.
- Es gibt auch Vorschriften, die in Deutschland ausdrücklich geregelt sind, in der Türkei aber nicht. Ein erstes Beispiel wäre die Haftung aus *culpa in contrahendo*, die in Deutschland in § 311 Abs. 2 BGB geregelt ist. Demgegenüber ist die *culpa in contrahendo* im türkischen Recht nicht ausdrücklich geregelt, sondern findet ihren Anwendungsbereich im Rahmen von Treu und Glauben i. V. m. § 2 Abs. 1 TMK. Nach Art. 2 Abs. 1 TMK hat sich jedermann bei der Ausübung seiner Rechte und der Erfüllung seiner Pflichten nach Treu und Glauben zu richten. Dieser Grundsatz, der im türkischen Recht auch als Vertrauensprinzip bezeichnet wird, gebietet es, dass Personen, zwischen denen eine besondere Rechtsbeziehung besteht, die eine Grundlage für gegenseitiges Vertrauen bilden kann, dieses Vertrauen, das sie in die andere Partei gesetzt haben, nicht durch ihre Worte und Taten zerstören. Mit anderen Worten hat die *culpa in contrahendo* auch in der Türkei einen ähnlichen Anwendungsbereich wie in Deutschland, obwohl eine konkrete Regelung fehlt.
- § 2 TMK hat im türkischen Recht als Generalklausel eine weitere Dimension. Dies entspricht z. B. auch der Inhaltskontrolle nach § 242 BGB über die Leistungspflicht nach Treu und Glauben. Nach § 242 BGB ist der Schuldner verpflichtet, seine Leistung so zu bewirken, wie Treu und Glauben mit Rücksicht auf die Verkehrssitte es erfordern. Dementsprechend ist nach § 2 TMK jedermann verpflichtet, bei der Ausübung von Rechten und der Erfüllung von Pflichten nach Treu und Glauben zu handeln. Wie bei der *culpa in contrahendo* bleibt dieser Unterschied jedoch nur strukturell und praktisch unerheblich.
- Bei der Kategorisierung der Anfechtung einer Willenserklärung unterscheiden sich die beiden Rechtsordnungen wieder. Das BGB erkennt eine anfechtbare Willenserklärung grundsätzlich als wirksam an, gibt dem Betroffenen aber die Möglichkeit, die Willenserklärung zu vernichten bzw. den Vertrag aufzulösen. Das TBK geht in umgekehrter Richtung vor, indem der durch Irrtum, arglistige Täuschung oder Drohung betroffene Vertragspartner den Vertrag nur dann genehmigt, wenn er die Anfechtung nicht innerhalb der Anfechtungsfrist ausübt. M. a. W. räumt das TBK das Recht ein, eine ansonsten wirksame Willenserklärung zu beseitigen, während das deutsche Vertragsrecht dem Vertragspartner

die Möglichkeit einräumt, eine ansonsten unwirksame Willenserklärung wieder aufleben zu lassen.

- Bereits im Bereich der Anfechtung findet sich ein weiterer Unterschied zwischen den beiden Rechtsordnungen. Während § 123 Abs. 1 Alt. 1 BGB ausdrücklich die Arglist des Täuschenden voraussetzt, lässt der Wortlaut des § 36 Abs. 1 TBK ein Kriterium für die Täuschungshandlung vermissen, indem er lediglich die Formulierung *„durch Täuschung"* benutzt. Der Vorsatz als subjektives Tatbestandsmerkmal der Täuschung i.S.v. § 36 TBK ist jedoch auch in der Türkei zu bejahen. Auch hier handelt es sich um einen rein strukturellen Unterschied ohne praktische Bedeutung.
- Obwohl die Voraussetzungen des Wuchertatbestandes in Deutschland und der Türkei ebenfalls ähnlich sind, weichen die Rechtsfolgen voneinander ab. In Deutschland führt die Erfüllung des Wuchertatbestands wegen Sittenwidrigkeit des Rechtsgeschäfts zur Nichtigkeit nach § 138 Abs. 2 BGB, während § 28 Abs. 1 TBK dem Bewucherten die Möglichkeit einräumt, sich von dem Vertrag zu lösen oder an dem Vertrag festzuhalten und den Differenzbetrag zu verlangen, ohne dass der Vertrag zivilrechtlich für nichtig erklärt wird. Auch hier erscheint der türkische Lösungsansatz aus praktischen und wirtschaftlichen Gründen sachgerechter. Denn die im türkischen Recht vorgesehene Regelung führt nicht unmittelbar zur Nichtigkeit wie § 138 Abs. 2BGB, sondern ermöglicht auch die Aufrechterhaltung des in Frage stehenden Rechtsgeschäfts.
- Der objektive Tatbestand des Wuchers erfasst auch verschiedene Missverhältnisse zwischen den Leistungen. Die Preisdifferenz muss in Deutschland mindestens 100 % und in der Türkei mindestens 25 % betragen. Anzumerken ist, dass die von den deutschen Gerichten gezogene Grenze logischer erscheint als die von den türkischen Gerichten gezogene Grenze. Eine Preisdifferenz von 25 % dürfte nicht ausreichen, um eine Willenserklärung als sittenwidrig zu beurteilen und den Tatbestand des Wuchers zu bejahen. Der oben erwähnte Ergebnisunterschied kompensiert dieses Manko jedoch in etwa.
- Zusammenfassend lässt sich sagen, dass das deutsche Recht ein Rechtsgeschäft, das ein auffälliges Missverhältnis enthält, unter strengeren Voraussetzungen in den Anwendungsbereich des § 138 BGB einbezieht, aber ein Rechtsgeschäft, das gewissermaßen in diesen Anwendungsbereich fällt, unmittelbar für nichtig erklärt.[1212] Die Analyse der TBK könnte auch unter milderen Voraussetzungen zur Rechtswidrigkeit führen, die Rechtswidrigkeit führt aber nicht zur Nichtigkeit, sondern zu einem anfechtungsähnlichen Rechtsergebnis.

1212 Vgl. hier auch die Diskussion über wucherähnliche Rechtsgeschäfte für mildere Tatbestände, s. auch dazu oben Teile C-III-2 und C-III-3 beim Kapitel 2.

- Darüber hinaus gibt es in der Türkei keine entsprechende Regelung gegen Geoblocking-Praktiken wie die Geoblocking-Verordnung in Deutschland als Teil europäisches Rechts. Ziel der Verordnung (EU) 2018/302 ist die Beendigung ungerechtfertigter Diskriminierung bei Online-Käufen auf der Grundlage der Staatsangehörigkeit, des Wohnsitzes oder des Ortes der Niederlassung im Binnenmarkt. Die Verordnung trat am 23. März 2018 in allen EU-Mitgliedstaaten in Kraft, gilt aber erst seit dem 3. Dezember 2018. Obwohl sie für die in diesem Dokument behandelten Arten von Diskriminierung nicht besonders relevant ist, könnte eine entsprechende Regelung einen wichtigen Baustein für die Bekämpfung gegen diskriminierende Online-Aktivitäten in der Türkei bilden.
- Ein Rechtsgeschäft, das gegen die guten Sitten verstößt, ist nach § 138 Abs. 1 BGB nichtig. Der § 27 Alt. 2 TBK bevorzugt hier nur den Begriff *Ahlak* anstelle der guten Sitten, der enger als die guten Sitten erscheint, aber mehr oder weniger den gleichen Inhalt hat. Definitionsgemäß könnte jedoch vieles unter den Begriff der guten Sitten fallen. Aus diesem Grund wird in dieser Arbeit nicht näher auf diesen Unterschied und seine Interpretationen eingegangen und die *Ahlak* nach dem TBK als direktes Äquivalent der guten Sitten nach dem BGB betrachtet.
- Unterschiede zwischen beiden Ländern zeigen sich auch beim Verständnis des Kontrahierungszwangs. Das türkische Recht kennt den Kontrahierungszwang zwar genauso wie das Deutsche, in der Praxis wird er aber wesentlich seltener angewandt. Ein Kontrahierungszwang besteht nur, wenn ein zivilrechtliches oder öffentlich-rechtliches Gesetz dies ausdrücklich vorsieht oder *de facto* ein Monopol besteht. Ansonsten existiert kein Kontrahierungszwang, allerdings wird ein grundloser Verzicht auf den Abschluss eines Vertrages unter bestimmten Umständen als zivilrechtliches Delikt i.S.v. § 49 Abs. 2 TBK angesehen. Der Fall des Kontrahierungszwangs kommt in der Türkei aus zwei Gründen seltener vor. Zum einen fehlt es an umfangreichen und vielfältigen gesetzlichen Regelungen wie im deutschen Recht, z.B. für den öffentlichen Personennahverkehr, das Taxigewerbe, Apotheken und ähnliche Branchen.
- Andererseits wird der Kontrahierungszwang vom türkischen Kassationsgerichtshof *Yargitay* etwas restriktiver gehandhabt. So wird anerkannt, dass ein Apotheker, Arzt, Bäcker, Restaurantbetreiber oder Taxifahrer, der ein faktisches Monopol innehat, grundsätzlich nicht verpflichtet ist, einen Vertrag abzuschließen. Verstößt die Vertragsverweigerung jedoch gegen die guten Sitten oder gegen Treu und Glauben, kann ein mittelbarer Kontrahierungszwang bestehen. Unabhängig von der Branche und der faktischen Monopolsituation kann daher im türkischen Recht nicht von einem generellen Kontrahierungszwang gesprochen werden, sondern die Besonderheiten des konkreten Einzelfalls sind zu prüfen. Grundsätzlich gegensätzliche Positionen zum Kontrahierungszwang

bestehen daher in der Rechtsprechung beider Länder. Während der deutsche Bundesgerichtshof die Möglichkeit der Vermeidung von Verträgen als Ausnahme ansieht und den Kontrahierungszwang in der Regel in den Fällen bejaht, in denen ein Unternehmen oder ein Verband über erhebliche Marktmacht verfügt, sieht das türkische Yargitay die Fälle des tatsächlichen Kontrahierungszwangs als Ausnahme an und akzeptiert den Vorrang der Vertragsfreiheit, mit gewissen Einschränkungen sogar in Monopolsituationen. An dieser Stelle sei angemerkt, dass das deutsche System in dieser Hinsicht sinnvoller erscheint. Statt in jedem Einzelfall zu prüfen, ob Verstöße gegen Treu und Glauben oder gegen die guten Sitten vorliegen, werden durch die unmittelbare Einbeziehung bestimmter Tätigkeitsbereiche in den Anwendungsbereich des Kontrahierungszwangs sowohl die Rechtsanwender entlastet als auch Wertungswidersprüche zwischen den Gerichten vermieden. Zudem erscheint es angesichts der durchschnittlichen Dauer und der Kosten eines Gerichtsverfahrens kaum praktikabel, die Gerichte nur für den Abschluss eines Vertrages anzurufen.

- Die beiden Rechtssysteme weisen Unterschiede hinsichtlich der Rechtsfolgen bei Teilunwirksamkeit der Allgemeinen Geschäftsbedingungen auf. Gemäß § 306 Abs. 3 BGB besteht in bestimmten Fällen eine Ausnahme von der Unwirksamkeit des gesamten Vertrages, wenn das Festhalten am Vertrag ohne die unwirksamen Klauseln eine unzumutbare Härte *für eine Vertragspartei* darstellen würde. Demgegenüber sieht § 22 Abs. 1 Satz 2 TBK im Fall der Unwirksamkeit einzelner Klauseln vor, dass der Verwender sich nicht darauf berufen kann, dass er den Vertrag mit den übrigen Bestimmungen nicht geschlossen hätte, wenn die als ungeschrieben geltenden Bedingungen nicht vorgelegen hätten. Hierbei bevorzugt das türkische Rechtssystem nur den Schutz der anderen Vertragspartei, der die AGB vorgelegt werden, während das BGB einen solchen Anspruch beiden Vertragsparteien gewährt.
- Ein weiterer Unterschied zwischen den beiden Rechtsordnungen liegt im Abstraktionsprinzip. In Deutschland hat die Nichtigkeit eines Verpflichtungsgeschäfts grundsätzlich keine Auswirkungen auf die Wirksamkeit des Erfüllungsgeschäfts, sofern der Inhalt dieses zweiten Rechtsgeschäfts nicht selbst verboten ist. Eine Rückabwicklung des unwirksamen Erfüllungsgeschäfts kann jedoch gemäß §§ 812 ff. BGB möglich sein. Im türkischen Recht besteht ebenfalls eine klare Unterscheidung zwischen Verpflichtungs- und Erfüllungsgeschäft, jedoch ist ein abstraktes Verpflichtungs- oder Erfüllungsgeschäft nicht zulässig. Vielmehr muss das Erfüllungsgeschäft immer kausal in dem Sinn sein, dass es nur dann vertragsrechtlich wirksam ist, wenn ihm ein wirksames Verpflichtungsgeschäft vorausgeht.
- Das türkische Datenschutzgesetz KVKK lässt drei wesentliche Elemente der Datenschutz-Grundverordnung vermissen. Zum einen enthält das KVKK keine Re-

gelung zum Transparenzgrundsatz. Dieser Grundsatz wird jedoch durch eine weitreichende Auslegung der Informationspflichten seitens der türkischen Datenschutzbehörde als integraler Bestandteil der Datenverarbeitung anerkannt.

- Zum anderen sind keine proportionalen Bußgelder für größere Unternehmen vorgesehen. Wenn ein Unternehmen z. B. einen Jahresumsatz von weniger als einer Million Euro hat, würde die in Art. 18 KVKK vorgesehene Höchststrafe von 200.000 Euro dieses Unternehmen eindeutig treffen, aber für viel größere Unternehmen (oft auch Torwächter) wie Google, Meta oder Uber – die auch die wichtigsten Unternehmen sind und die die Macht haben, zwischen großen Nutzergruppen zu diskriminieren und die bisher am häufigsten bei diskriminierenden Aktivitäten erwischt wurden – hätten die Strafen keine tatsächliche abschreckende Wirkung. Daher sollte eine proportionale Berechnung, die auch die Vorjahreseinnahmen der betroffenen Unternehmen bzw. Organisationen berücksichtigt, in das türkische Recht einfließen.
- Darüber hinaus sieht das KVKK – anders als Art. 82 DSGVO – keine Abhilfe für den einzelnen Betroffenen vor, sondern nur organisatorische Sanktionen gegen Fälle algorithmischer Diskriminierung. Viele der Schadensszenarien auf Seiten der Benutzer könnten zwar in gewisser Weise durch die allgemeinen Regelungen des BGB und des TBK abgedeckt werden. Dennoch ist es für die Betroffenen, deren personenbezogene Daten zu finanziellen und diskriminierenden Zwecken verwendet oder weitergegeben werden, rechtssicherer, unmittelbar nach dem Datenschutzrecht mit einem allgemeinen Schadensersatzanspruch geschützt zu bleiben.
- Ein letzter Unterschied zwischen den Kodifikationen besteht darin, dass die DSGVO und weitere Verordnungen in Deutschland als Teil des Europarechts Anwendungsvorrang vor gesamten nationalen Gesetzen genießen. Sie gelten gemäß Art. 288 Abs. 2 AEUV unmittelbar in den Mitgliedstaaten, was bei den türkischen Pendants wie dem KVKK oder ETK, nicht der Fall ist. Das KVKK sowie ETK sind mit anderen in dieser Arbeit genannten türkischen Zivilgesetzen wie TBK, TMK oder TTK in der Normenhierarchie identisch.
- Die Unterschiede zwischen beiden Ländern gehen tiefer, insbesondere hinsichtlich der neueren Gesetzgebung. Die Türkei befindet sich im Vergleich zu den Gesetzgebungsaktivitäten in der Europäischen Union in einem früheren Stadium, weshalb sie derzeit möglicherweise nicht mit dem Tempo der europäischen Regelungen Schritt halten kann. Obwohl das ETK und ETK in der Türkei Schritte in die richtige Richtung darstellen, fehlen immer noch viele Regelungen, die dem Regelungspaket der Europäischen Union – wie DSA, DMA, P2B-Verordnung, Data Act usw. – entsprechen.
- Ein wesentlicher Unterschied besteht hierbei darin, dass im ETK relative Marktpositionen fehlen. Im Gegensatz dazu sehen das DSA und DMA eine um-

fassendere Berücksichtigung verschiedener Merkmale vor, um Torwächter-Unternehmen zu bestimmen. Des Weiteren werden im ETK feste Geldstrafen ähnlich wie im oben erwähnten Fall des KVKK aufgeführt. Dies führt dazu, dass die Strafmaße je nach Unternehmensgröße variieren, was, wie bereits erwähnt, problematisch sein kann.

D. Rechtsüberlegungen und Vorschläge

Ein generelles Verbot von Personalisierung von Preisen oder diskriminierenden Aktivitäten auf der Basis von Big-Data-Analysen ist nicht zielführend. Wie Wagner und Eidenmüller dargelegt haben, sind die Argumente, die die Personalisierung individueller Verträge durch Algorithmen als gegen die guten Sitten verstoßend einstufen und radikale Gegenmaßnahmen vorschlagen, nicht überzeugend.[1213]

Dies bedeutet freilich nicht, dass jedwede Form algorithmusbasierter Diskriminierung toleriert werden sollte. Die Rahmenbedingungen für Big-Data-Analysen und deren Einfluss auf individuelle Verträge sind nach wie vor durch das deutsche und türkische Vertragsrecht zu bestimmen. Dazu gehört auch das Verbot extremer Diskriminierungspraktiken nach DSGVO, DMA, DSA, GBV und KI-Verordnung in Deutschland sowie KVKK und ETY in der Türkei.

Die algorithmische Diskriminierung sollte zuerst aufgrund der DSGVO-Transparenzregeln und der Informationspflichten der datenbetriebenen Unternehmen eingeschränkt werden. Eine transparente und rechtmäßige Einwilligung des Benutzers ist erforderlich, um personalisierte Preise durch Big-Data-Analysen anbieten zu können. Die Unternehmen könnten weiterhin personalisierte Preise anbieten, während die Benutzer die Möglichkeit haben, sich über den Prozess zu informieren und ihn gegebenenfalls nach eigener Wahl abzulehnen. Dies würde zu faireren Diskriminierungen des Preises führen und Anfechtungsfälle verhindern. Insgesamt würde dies zu einer ausgewogeneren Transaktion führen, bei der die Nachteile der Informationsasymmetrie zwischen den Parteien[1214] verringert werden.

Zu beachten ist, dass sich diese Vorsichtsmaßnahmen bzw. Vorkehrungen nicht gegenseitig ausschließen, sondern je mehr sie von datengetriebenen Unternehmen eingehalten werden, desto wahrscheinlicher ist es, dass alle datengetriebenen Vertragsabschlüsse für beide Parteien fairer und gerechter ablaufen, einschließlich etwaiger Diskriminierungen. Im Wesentlichen bestehen drei Möglichkeiten, um einer unfairen Benachteiligung von Kunden durch Big-Data-Analysen entgegenzuwirken:

1213 *Wagner/Eidenmüller*, ZfPW 2019, 220–246, 228, 245.

1214 S. ausführlich *Grundmann*, CMLR 2002, 269–293, 271ff., 280.

- Weitgehende Aufklärungsmöglichkeiten
- Opt-Out-Lösung
- Kontrolle der Algorithmen

I. Weitgehende Aufklärungsmöglichkeiten

Die bisherige Diskussion hat sich in der einen oder anderen Weise mit Informations- und Sorgfaltspflichten von datenverarbeitenden Unternehmen befasst. Für die Beurteilung von Täuschung durch Unterlassen, *culpa in contrahendo*,[1215] Datenschutzverstößen und Unlauterkeitskontrolle führt die unzureichende Erfüllung oder Unterlassung vergleichbarer Pflichten zu Haftungs- oder Anspruchsgrundlagen.[1216]

Aus diesem Grund wäre der erste Mechanismus gegen eine unbillige Benachteiligung im Fall algorithmischer Diskriminierung die bereits in dieser Arbeit im Rahmen der Diskussionen um Preisdiskriminierung und Privacy-Verletzung erwähnte umfassende Aufklärungspflicht.[1217]

Eine pauschale Aufklärungspflicht wäre freilich nicht angemessen oder zumutbar. Vielmehr sollte sich eine solche Pflicht auf die Fälle beziehen, in denen eine Aufklärung vernünftigerweise erwartet werden kann und in denen der Einsatz von Big Data für das Unternehmen erhebliche Vorteile mit sich bringt bzw. die Position des Unternehmens signifikant verbessert.

Vorrangiges Ziel der Rechtsordnung sollte es sein, das allgemeine Problembewusstsein für personalisierte Preismodelle und sonstige diskriminierende Aktivitäten durch umfassende Verpflichtungen zur Unterrichtung über derartige Aktivitäten zu schärfen.[1218] Unternehmen, die aufgrund von Datenanalysen Preisdiskriminierung, personalisierte Werbung oder andere Formen der Diskriminierung durchführen, die die Entscheidungsfähigkeit bzw. die Vertragswahrscheinlichkeit des Benutzers spürbar beeinflussen, sollten Aufklärungspflichten über diese Praktiken unterliegen.

1215 S. BGH, Urt. vom 11.11.2011 – V ZR 145/10 (OLG Hamm). Dazu NZW 12/2012, 846 ff.; supra Fn. 489.

1216 Zur Beziehung zwischen lauterkeitsrechtlichen und vertragsrechtlichen Aufklärungspflichten bzw. Informationspflichten ausführlich *Busch*, 161 ff.

1217 Vgl. *Çekin*, Yapay Zekâ Teknolojilerinin Hukuki İşlem Teorisine Etkileri, 2021, 113; *Denga*, ZfDR 2022, 229–260, 259; *Hennemann*, AcP 219, 819–854, 845; *Hacker*, IDPL 2017, 266–286, 286; *Zander-Hayat et. al.*, VUR Heft 11 2016, 403–409, 406–409, ins. 407 und 409. *Hofmann/Freiling*, ZD 2020, 331–335, 334 ff.; *Tribess*, ZD 2020, 440–444; *Linderkamp*, ZD 2020, 506–511, insbes. 510; für einen teilweise kritischen Ansatz s. *Grundmann*, in: Grundmann et. al., 2021, 230–247, beispielsweise 246; *Grundmann*, CMLR 2002, 269–293, 285 ff.; *Ben-Shahar*, ERCL 1/2009, 1–28.

1218 Vgl. hierzu *Wagner/Eidenmüller*, ZfPW 2019, 220–246, 233.

In diesem Zusammenhang könnte z.B. die im TKHK in § 47 Abs. 3 verankerte Verpflichtung zur Bereitstellung klarer und verständlicher Informationen[1219] für außerhalb von Geschäftsräumen geschlossenen Verträge analog auch für Fälle der Diskriminierung durch Algorithmen vorgesehen werden.[1220]

Aufklärungspflichten stellen für sich genommen keine befriedigende Antwort auf die Macht von Algorithmen und Datenunternehmen dar.[1221] Zum einen ist es schwierig zu definieren, welche Punkte unter die Informationspflichten fallen sollten und welche nicht. Zum anderen lesen viele Kunden diese Hinweise ohnehin nicht und werden diese zusätzlichen Informationen auch überspringen.[1222] Dennoch stellen die weitreichenden Unterrichtungspflichten stellen zumindest einen fairen Ansatzpunkt dar, um die asymmetrische Macht bei der datengetriebenen Vertragsgestaltung abzumildern. Es sollte auch eine Kausalitätsvermutung in Bezug auf die Verpflichtung zur Aufklärung bei Schadensfällen gelten.[1223]

Insbesondere ist darauf zu achten, dass die schutzbedürftige Partei über diese besondere Art der Vertragsgestaltung durch Big-Data-Analyse in geeigneter Weise informiert wird und dass diese Partei in der Lage sein sollte, darauf zu reagieren, d.h. eine angemessene Wahlmöglichkeit zu haben.[1224] Die Komplexität solcher Aussagen sollte bestmöglich minimiert werden, so dass der durchschnittliche Nutzer sie verstehen könnte.[1225]

Denkbar wäre zum Beispiel eine Button-Lösung[1226] analog zur algorithmischen Diskriminierung, bei der die Informationen mit den Diskriminierungsmerkmalen

---

1219 § 47 Abs. 3 TKHK lautet: „Der Verbraucher ist klar und verständlich über die in der Verordnung festgelegten Einzelheiten zu informieren, bevor er durch den außerhalb von Geschäftsräumen geschlossenen Vertrag oder das ihm unterbreitete Angebot gebunden ist. Die Beweislast dafür, dass der Verbraucher informiert wurde, liegt beim Verkäufer oder Dienstleistungserbringer."

1220 *Çekin*, Yapay Zekâ Teknolojilerinin Hukuki İşlem Teorisine Etkileri, 2021, 114.

1221 Vgl. *Wagner/Eidenmüller*, ZfPW 2019, 220–246, 233.

1222 Der Benutzer hat häufig keine Gelegenheit, Zeit oder Lust, die Bedingungen durchzulesen, in der Praxis klickt er sie oft einfach weg. Ein Extrembeispiel ergab, dass 98 % der Teilnehmer nicht einmal bemerkten, dass sie zugestimmt hatten, ihr erstgeborenes Kind als Bezahlmethode aufzugeben. Ausführlich *Vedantam*, NPR 23.09.2016; *Ben-Shahar*, ERCL 1/2009, 1–28. S. auch oben Teil: C-II-1-c beim Kapitel 1.

1223 Vgl. für frühere derartige Entscheidung BGH, Urt. v. 12.5.2009 – XI ZR 586/07.

1224 Ausführlich *Grundmann*, CMLR 2002, 269–293, 285.

1225 Vgl. *Grundmann*, CMLR 2002, 269–293, 287, 288.

1226 Die Button-Lösung reguliert eine besondere Aufklärungspflicht von Unternehmen bei zahlungspflichtigem Online-Verhalten des Verbrauchers. Nach § 312j Abs. 3 BGB muss der Verkäufer im elektronischen Geschäftsverkehr den Verbraucher auf seine Zahlungspflicht hinweisen und dies durch deutlich lesbare und verständliche Worte wie *hier zahlungspflichtig bestellen* oder andere vergleichbaren Formulierungen machen. Ausführlich *Fervers*, Die Button-Lösung im Lichte der Rechtsgeschäftslehre, NJW 32/2016, 2289–2294.

und deren Begründungen auf einem separaten Button angezeigt werden.[1227] In den meisten Fällen führen diskriminierende Praktiken zu einer Preisänderung. Auch wenn die Kunden nicht wegen des Preises, sondern aus anderen Gründen diskriminiert werden, erscheint es angemessen, diese Kunden über die Existenz und die Weite solcher Praktiken aufmerksam machen zu müssen.

Im Idealfall sollte vor und während des Bezahlvorgangs auf eine bestehende diskriminierende Praxis hingewiesen werden, mit der Möglichkeit, weitere Informationen abzurufen, wenn die Nutzer es wünschen. Eine andere Möglichkeit bei der Preisdiskriminierung wäre, dass der diskriminierungsfreie Preis zusammen mit dem tatsächlichen Marktpreis bzw. Preis ohne Diskriminierung angezeigt wird. Ebenso könnte während des Bezahlvorgangs ein klarer Vorschlag angezeigt werden, z. B. *Sie könnten 5 Euro weniger bezahlen, wenn Sie jetzt Mitglied werden und der Datenanalyse zustimmen / Sie erhalten gerade 10 % Rabatt auf Ihre Bestellung durch Personalisierung / Sie sehen den speziell auf Sie zugeschnittenen Sonderpreis – lesen Sie hier, warum und wie*, natürlich immer mit der Option, bei Interesse weiterzulesen.

Hiermit ist nicht nur die reine Aufklärungspflicht der Unternehmen gemeint, sondern auch unterstützende Informationen und andere Hilfsmittel, die den Interessen der Nutzer zum Weiterlesen entgegenkommen sollen. Beispielsweise könnten die Informationen durch einen Link zu einer häufig besuchten Vergleichswebseite unterstützt werden, wenn der Anbieter zwischen Nutzern diskriminiert, insbesondere Preisdiskriminierung anwendet. So ließe sich die Transparenz der gesamten Transaktion erhöhen.[1228]

Eine Alternative wäre die Kennzeichnung von Verträgen, wie sie auf Lebensmitteln in Deutschland als *Nutri-Score* zu finden ist.[1229] So könnte z. B. *der Buchstabe B* für einen diskriminierungsfreien Vertrag stehen, *A* dagegen für diskriminierende Praktiken zugunsten des Benutzers[1230] und *C* für benachteiligende diskriminieren-

---

1227 Vgl. auch *Denga*, ZfDR 2022, 229–260, 241.

1228 Vgl. *Zurth*, AcP 221, 514–554, 547 ff.

1229 Der Nutri-Score wird ab 2020 in Deutschland für die Kennzeichnung der Nährwerte von Lebensmitteln verwendet. Die freiwillige farbige Nährwertkennzeichnung auf der Verpackung wird von immer mehr Lebensmittelherstellern genutzt. Er macht es einfacher, das Nährwertprofil von verpackten Lebensmittelprodukten zu vergleichen. Ausführlich *Verbraucherzentrale*, Nutri-Score: Das bedeutet die Kennzeichnung, Bericht vom 23.05.2023, abrufbar unter: https://www.verbraucherzentrale.de/wissen/lebensmittel/kennzeichnung-und-inhaltsstoffe/nutriscore-das-bedeutet-die-kennzeichnung-76209.

1230 Beispielsweise muss der Benutzer im Falle einer Preisdiskriminierung manchmal einen niedrigeren Preis zahlen als den nicht personalisierten Listenpreis. Manchmal werden auch relevantere und sogar billigere Optionen als Ergebnis der personalisierten Werbung gesehen. In diesem Sinne könnte die Preisdiskriminierung für beide Parteien von Vorteil sein, s. dazu auch Teil C beim Kapitel 2.

de Aktivitäten, wie z.B. einen erhöhten personalisierten Preis. Dies könnte das Interesse des Benutzers wecken, zumindest weiterzulesen, um zu verstehen, womit er bei der Kontrahierung konfrontiert ist.

Künftig könnten die Platzhirschen, wie unten dargestellt, auch verpflichtet werden, anstelle von Buchstaben Farben zu verwenden, wiederum mit der Möglichkeit, weiterzulesen, wobei die kälteren Farben vorteilhafte und die wärmeren Töne benachteiligende Diskriminierungen darstellen:[1231]

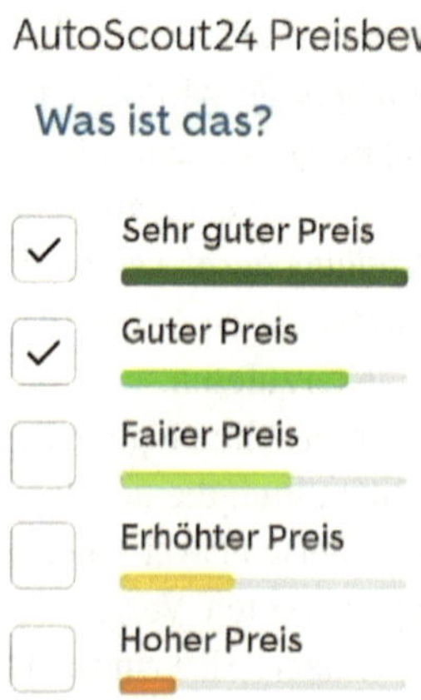

Abbildung 5: Preisbewertungsbeispiel von AutoScout24. (Quelle: https://www.autoscout24.de)

In jedem Fall könnte die Aufklärung in Fällen algorithmischer Diskriminierung durch stark suggestive Anzeigen und/oder Audiosignale unterstützt werden.[1232] Sie wecken daher zumindest die Aufmerksamkeit der Nutzer, über die Art und Weise der Preisgestaltung sowie die Datenverarbeitungsgrundlagen weiterzulesen.

1231 Diese Grafik wurde der Webseite von AutoScout24 entnommen. AutoScout24 ist eine Vermittlungsplattform für Gebrauchtwagen in Deutschland und verwendet grün für Angebote mit einem besseren Preis-Leistungs-Verhältnis und rot für Angebote mit einem schlechteren. Für die besten Angebote mit dunkelgrüner Farbe erklärt die Plattform z.B. folgendes: *Das Preis-Leistungs-Verhältnis liegt deutlich unter dem aktuellen Marktwert. Es wird empfohlen, die detaillierte Beschreibung der Besonderheiten und Mängel zu diesem Angebot zu beachten.* Für die Fälle der algorithmischen Diskriminierung, insbesondere der Preisdiskriminierung, könnten vergleichbare Erläuterungen formuliert werden. Siehe hierzu auch unter der URL: https://www.autoscout24.de/detailsuche?sort=standard&desc=0&ustate=N,U&atype=C&cy=D&ocs_listing=include&source=homepage_search-mask.

1232 *Wagner/Eidenmüller*, ZfPW 2019, 220–246, 228.

II. Opt-out-Lösung

Es folgt eine Opt-Out-Lösung bzw. ein „*Stop-Schalter*“[1233] gegen diskriminierte algorithmische Aktivitäten, damit der Benutzer den datenfreien Vertrag mit diskriminierungsfreiem Inhalt auswählen und weiterhin kontrahieren darf. Diese Option wurde bereits in der Literatur vorgeschlagen[1234] und auch teilweise kritisiert[1235]. Es ist in der Tat schwierig, den Marktwert für jede Ware bzw. Dienstleistung im Fall einer Diskriminierung zu bestimmen. Es bleibt allerdings vernünftig, eine Opt-out-Lösung als Standard festzulegen, die es den Kunden ermöglicht, ohne Diskriminierung weiter zu kontrahieren.

Die Diskussion in der aktuellen Literatur um vertragsrechtliche Folgen von Big-Data-Analysen konzentriert sich auf die Preisdiskriminierung.[1236] In dieser Arbeit wird jedoch argumentiert, dass der Benutzer auch in den Fällen ein Interesse an einer Opt-Out-Lösung haben sollte, in denen die Diskriminierung nicht in einer Preisänderung resultiert, sondern andere Formen wie die Verletzung der Privatsphäre oder personalisierte Suchergebnisse zeigt. Beispielsweise wird ein Opt-out dann für angemessen gehalten, wenn der Kunde beim Online-Einkauf keine personalisierte Werbung wünscht, selbst wenn die ausgeübte Personalisierung der Werbung keine erhebliche Änderung beim Vertragsinhalt mit sich bringt.

Analog zu den obigen Diskussionen sollte es jedoch keine pauschale Opt-Out-Möglichkeit geben, sondern nur dann, wenn der Einsatz von Big Data signifikante Vorteile für das Unternehmen bringt bzw. seine Position gegenüber den Nutzern erheblich verbessert.

Denkbar wäre auch die unkomplizierte Kombination beider Lösungsansätze, also der Aufklärungspflichten und mit Unterstützung durch die Lösung zum Opt-Out. Die Unternehmen könnten ihre umfassenden Aufklärungspflichten durch eine Opt-out-Möglichkeit ergänzen und damit viele mögliche zukünftige Streitfälle vermeiden. Beispielsweise könnte man bei der Kennzeichnung im Rahmen der Aufklärungspflichten von *C* nach *B* – oder vom benachteiligenden zum fairen Vertrag – wechseln,[1237] wenn man personalisierte Werbung deaktivieren wollte.

1233 *Çekin*, Yapay Zekâ Teknolojilerinin Hukuki İşlem Teorisine Etkileri, 2021, 113, 114, *Wagner/Eidenmüller*, ZfPW 2019, 220–246, 229.

1234 Vgl. *Wagner/Eidenmüller*, ZfPW 2019, 220–246, 229; *Zurth*, AcP 221, 514–554, 553. S. auch *Albrecht*, in: Albrecht (Hrsg.), 122–155, 140.

1235 *Hennemann*, AcP 219, 819–854, 847 ff., 854. S. auch *Schäfers*, AcP 221, 32–67, 56 ff.

1236 Vgl. *Wagner/Eidenmüller*, ZfPW 2019, 220–246, *Çekin*, Yapay Zekâ Teknolojilerinin Hukuki İşlem Teorisine Etkileri, 2021, 113, 114.

1237 Supra Fn. 1228–1230.

Die Einführung einer Opt-out-Option ist aus mehreren Gründen gerechtfertigt. Erstens würde sie den gesamten Prozess transparenter machen und damit die oben erwähnten Aufklärungspflichten unterstützen. Darüber hinaus wird der Kunde durch die Einführung eines Opt-out-Rechts anstelle eines allgemeinen Diskriminierungsverbots nicht von Situationen der Diskriminierung ausgeschlossen, die zu seinen Gunsten ausfallen könnten. Die Möglichkeit der Nichtanwendung von Diskriminierung unterstützt andererseits die oben erwähnte geeignete Information der schutzbedürftigen Partei.[1238]

III. Algorithmenkontrolle

Wie an dieser Stelle klar wird, besteht die Transparenz von Algorithmen, die im Rahmen der Vertragsgestaltung eingesetzt werden, aus zwei Aspekten: der sichtbaren Oberfläche, die die Interaktion mit dem Nutzer umfasst, und dem verborgenen „Unterwasserteil", der durch komplexe und undurchsichtige Mechanismen entsteht. Die sogenannte algorithmische Personalisierungsoberfläche könnte mit – idealerweise einer Kombination aus – transparenten Informationskomponenten und einem Opt-Out-Verfahren in gewissem Umfang eingedämmt werden. Dennoch bleibt die Frage nach der Kontrolle solcher Personalisierungselemente bestehen.[1239]

Selbst wenn die Informationsmöglichkeiten durch Webseiten und Plattformen sowie eine Opt-out-Option sinnvoll sind, reichen sie nicht allein zum Schutz der Nutzer aus. Um die Privatautonomie zu schützen und zu fördern, ist es erforderlich, dass der Gesetzgeber auch in die Verarbeitung und Übermittlung von Daten eingreift, die naturgemäß nicht mit dem Endkunden geteilt werden können. Solche Komponenten sollten regelmäßig durch Offenlegung seitens der Unternehmen und die Überwachung durch öffentliche Stellen kontrolliert werden.

In dieser Hinsicht stellen die Reformen in beiden Rechtssystemen gute Ansatzpunkte dar. Eine regelmäßige Überprüfung der von den datengetriebenen Unternehmen eingesetzten Mechanismen und Algorithmen könnte den Prozess insgesamt transparenter und überprüfbarer machen.

Gemäß den Artikeln 33ff. des neuen DSA sind sehr große Unternehmen verpflichtet, ihre Daten und Algorithmen für einen bestimmten Zeitraum zu archivieren und sie Behörden, autorisierten Forschern sowie qualifizierten gemeinnützigen Einrichtungen, Organisationen oder Verbänden zugänglich zu machen.[1240] Ebenso

1238 Vgl. *Grundmann*, CMLR 2002, 269–293, 285.

1239 Vgl. etwa *Dornis*, ZfPW 2022, 310–345, 341ff.; *Hacker*, GRUR 2022, 1278–1284.

1240 Vgl. *Dornis*, ZfPW 2022, 310–345, 344, 345.

muss ein Gatekeeper gemäß Art. 15 DMA innerhalb von sechs Monaten nach seiner Ernennung zum Gatekeeper sämtliche Profiling-Techniken offenlegen.

Hierzu bedarf es einer entsprechenden Regelung im türkischen Recht. Obwohl das neue ETY in Art. 21 Informationspflichten vorsieht,[1241] beziehen sich diese nur auf die unternehmerische Beziehung im engeren Sinne. Gemäß dieser Regelung sind Plattformen verpflichtet, Datenverarbeitung auf Anfrage der auf der Plattform tätigen Unternehmen bereitzustellen. Solche Verpflichtungen gelten jedoch nicht für Nutzer, öffentliche Stellen oder Forscher.[1242]

Für die Zukunft erscheint es sinnvoll, dass das ETK auch Offenlegungspflichten für Daten und Algorithmen von großen bzw. sehr großen Unternehmen einführt. Es wäre beispielsweise plausibel, solche Pflichten zusätzlich zu den bereits im Zusatzartikel 4 ETK vorgesehenen Anforderungen einzuführen, die für die jährlich zu erneuernde elektronische Geschäftslizenz erforderlich sind.[1243]

IV. Zusammenfassung Rechtsüberlegungen

Im Ergebnis könnten die beiden Rechtsordnungen durch praxisnahe Regelungen eine Vielzahl von Benachteiligungen durch Big-Data-Analysen vermeiden. Ein Diskriminierungsverbot käme nur in dem äußersten Fall in Frage, in dem die Entscheidungsfreiheit der Benutzer durch den Einsatz von Algorithmen nahezu aufgehoben wird. Insbesondere exzessive Diskriminierungen gegenüber schutzbedürftigen Personen könnten verboten werden. Auch völlig sachfremde Diskriminierungsfälle, bei denen die Diskriminierung keinem besonderen Zweck für den Verkehr oder das Geschäft dient, sondern nur den wirtschaftlichen Interessen der ohnehin schon gegenüber den Benutzern starken Unternehmen, könnten im Zusammenhang mit DSA, DMA oder ETY verboten werden.

Für die übrigen Fälle kommen vor allem die erweiterten Aufklärungspflichten zur Geltung. Diese Aufklärungspflichten müssen die Diskriminierung umfassend

---

1241 Der Artikel sowie Art. 31 Abs. 5 ETY traten gemäß Art. 35 ETY am 01.01.24 in Kraft. Die übrigen Bestimmungen des ETY sind bereits seit dem 01.01.23 rechtskräftig.

1242 Vgl. z. B. Art. 33ff. DSA.

1243 Der Zusatzartikel 4 Abs. 1 ETK lautet: Ein Anbieter von Vermittlungsdiensten für den elektronischen Handel, dessen Nettotransaktionsvolumen in einem Kalenderjahr mehr als zehn Milliarden Türkische Lira (etwa über 250 Millionen Euro) beträgt und dessen Anzahl der Transaktionen ohne Stornierungen und Rückgaben mehr als hunderttausend beträgt, ist verpflichtet, eine Lizenz beim Handelsministerium zu beantragen und diese Lizenz jährlich zu erneuern, um seine Tätigkeit fortsetzen zu können. Der Antrag auf Erteilung einer Lizenz ist im März des Kalenderjahres zu stellen, das auf das Überschreiten der Schwellenwerte folgt, und der Antrag auf Erneuerung der Lizenz ist im März jedes Kalenderjahres zu stellen, solange die Schwellenwerte überschritten werden.

darlegen und dies in klarer und verständlicher Sprache tun. Hilfreich könnte auch eine entsprechende Button-Lösung für alle Arten von Diskriminierungsfällen sein, unabhängig davon, ob sie entgeltliche oder unentgeltliche Folgen haben oder nicht. Der Einsatz weiterer Hilfsmittel käme zusätzlich zugute. Dazu gehören der Einsatz von Aufmerksamkeit erregenden Hilfsmitteln, wie z.B. die Kennzeichnung mit Buchstaben oder Farben, immer mit der Option, die Informationen durchzulesen, und die Verknüpfung zu einem Vergleichsportal.

Auch eine Opt-out-Möglichkeit wäre geeignet. Die Vertragspartei, deren eigene Daten zu Diskriminierungssituationen geführt haben, dürfte die Wahlfreiheit haben, aus dieser Diskriminierung auszusteigen. Dies könnte viele Schadens- und Streitfälle vermeiden und auch die positiven Diskriminierungssituationen ermöglichen, in denen beide Vertragsparteien Vorteile aus der Diskriminierung ziehen. Dies dient auch dem Zweck der oben beschriebenen Auskunftspflichten.

Die Informationspflichten der datenverarbeitenden Unternehmen und allgemeine Transparenzgeboten sind in Deutschland durch die neuen Regelungen wie DSA, DMA, Data Act und Änderungsregelungen zu diesen bereits teilweise eingeführt. Das Streben nach Transparenz und fairem Wettbewerb im Bereich neuer Technologien fängt in der Türkei vergleichsweise neu an.[1244] Diese Regelungsbereiche sind auch in der Türkei sehr ernst zu nehmen und umgehend weiterhin zu reglementieren.

Die Privatautonomie steht im Mittelpunkt des gesamten Vertragsrechts. Sie zu gewährleisten und zu ergänzen, sollte die primäre Aufgabe der Rechtsordnung sein.[1245] Die vorliegende Arbeit schließt diesen Teil mit der Erwägung ab, dass Informationspflichten in Verbindung mit einer Opt-out-Option die Informationsasymmetrie zwischen datenverarbeitenden Unternehmen und Nutzern bzw. nicht datenverarbeitenden Unternehmen in gewissem Umfang verringern könnten. Diese Informationen müssen auf ein Mindestmaß beschränkt und zweckmäßig sein und auf eine Art und Weise vermittelt werden, die die Aufmerksamkeit des Betroffenen erregt.

1244 Einige der oben genannten Punkte, wie die Offenlegungspflicht von Algorithmen und Daten, sind noch nicht geregelt, und die meisten Vorschriften sind noch nicht in Kraft. Gemäß dem vorläufigen Artikel 2 der ETK werden einige Artikel der ETK, wie Artikel 21 und Artikel 31 Absatz 5 der ETY, Anfang 2023 in Kraft treten, während andere Anfang 2024 in Kraft treten. S. supra Fn. 1241.

1245 Vgl. auch *Dornis*, ZfPW 2022, 310–345, 341, 342.

V. Fazit in Thesen

- Die modernen datengetriebenen Unternehmen verfügen mit Hilfe von Big-Data-Analysen über eine Manipulationsmacht, über die sie früher nicht verfügten. Von der Bestimmung von Werbeinhalten und -zeiten bis hin zum individuellen Vertragsdesign verfügen diese Unternehmen über eine ständig weiterentwickelte Verhandlungsmacht. Dies verschärft ebenso das Machtgefälle zwischen den Unternehmen.
- Diese Informationsasymmetrie bei der Kontrahierung wirft ethische und rechtliche Fragen auf. Auch ohne den Willen des Unternehmens können Big-Data-Analysen zu Diskriminierungsfällen führen. Darüber hinaus gibt es Hinweise darauf, dass einige Unternehmen diese Möglichkeit schon in Anspruch nehmen.
- Die bisherigen Arbeiten zu diesem Thema haben sich auf das Recht des Datenschutzes konzentriert, aber diese Diskriminierungen stellen auch vertragsrechtliche Fragen. Vor allem im Allgemeinen Teil des BGB und in TBK und TMK gibt es Rechtsinstitute, die Schutz vor diskriminierenden Verträgen bieten sollen.
- Die vorliegende Arbeit behandelt fünf verschiedene Arten von Diskriminierung im Kontext des Vertragsrechts: Preisdiskriminierung, Privacy-Verletzung, Geoblocking, Suchdiskriminierung und Intransparenz. Auch eine Kombination dieser Praktiken ist möglich und Gegenstand der Untersuchung.
- Preisdiskriminierung im Sinne dieser Arbeit kann u.a. anhand des verwendeten Betriebssystems, des Standorts des Nutzers, der Batterie des Geräts verfolgt werden. Gegen Preisdiskriminierung drohen Nichtigkeit wegen Wucher, Anfechtung wegen arglistiger Täuschung und eine Haftung aus *culpa in contrahendo* sowie weitere Ansprüche aus Verbraucher- und Lauterkeitsrecht.
- Die Privacy-Verletzung betrifft zwei Verträge. Der erste B2B-Vertrag über den Erwerb sensibler Informationen kann verbots- und sittenwidrig sein. Der individuelle Vertrag, der sich aus der Privacy-verletzenden Werbung ergibt, ist nicht direkt verbots- oder sittenwidrig, kann aber zur Anfechtung oder einer Haftung aus *culpa in contrahendo* führen. Schadenersatz aufgrund Art. 82 DSGVO kommt ebenso in Betracht.
- Die anderen Praktiken dienen eher der Unterstützung und anderen Arten der Diskriminierung. Als Einzelpraxis führt Geoblocking unter sehr engen Voraussetzungen und für bestimmte Dienste zu einem Kontrahierungszwang. Eine Haftung aus *culpa in contrahendo* wegen des Nichtzustandekommens eines Vertrages könnte in extremen Schadensfällen ebenfalls in Betracht kommen. Gegen die Suchdiskriminierung ersten Grades sind die Feststellungen zum Geoblocking analog heranzuziehen.

- Unzulässig sind allgemeine Geschäftsbedingungen, soweit sie Geoblocking oder eine Suchdiskriminierung ermöglichen und nicht in zumutbarer Weise zugänglich gemacht und genehmigt werden.
- Unzulässig sind auch AGB, soweit sie Geoblocking oder Suchdiskriminierung ermöglichen und nicht in zumutbarer Weise zugänglich gemacht und vereinbart werden. Ebenso drohen bei Verstößen gegen das Transparenzverbot im Einzelfall sowohl die AGB-Kontrolle als auch weitere Bußgelder nach DSGVO und KVKK sowie Schadensersatzansprüche gemäß Art. 82 DSGVO.
- In Kombination lösen die Diskriminierungen weitere vertragsrechtliche Mechanismen aus. Die Kombination kann zu Haftungsfällen führen, auch wenn die einbezogenen Praktiken an sich nicht rechtswidrig sind. Einer kombinierten algorithmischen Diskriminierung stehen die AGB-Kontrolle und die Inhaltskontrolle nach Treu und Glauben entgegen.
- Neben dem BGB und dem TBK kommen bei kombinierter Diskriminierung auch die Unlauterkeitsvorschriften sowie neue Regelungen in Deutschland und der Türkei in Betracht. Eine kombinierte algorithmische Diskriminierung löst weitere Ansprüche aus dem UWG und Schadensersatz nach dem § 9 Abs. 2 UWG und der DSGVO aus.
- Die Datenschutzbestimmungen werden durch eine Reihe neuer Regelungen wie z B. DSA, DMA und ETK und ETY unterstützt und erweitert. Vor allem für marktmachtgenießende Unternehmen bzw. Torwächter bringen sie zusätzliche Verpflichtungen, insbesondere Informationspflichten, mit sich.
- Das türkische und das deutsche Recht weisen geringfügige Unterschiede beim Vertragsrecht auf, insbesondere bei Wucher, Kontrahierungszwang und Anfechtung. Größer sind die Unterschiede bei den Neuregelungen, da es in der Türkei derzeit keinen Schadensersatzanspruch nach KVKK gibt und das ETY nur einen Teil der DSA, DMA und KI-Verordnung erfasst. Weitere Regelungen sind erforderlich.
- Zur Vermeidung von Schadens- und Haftungsfällen durch Big-Data-Analysen können Unternehmen eine Reihe von Maßnahmen ergreifen, wie z.B. Informationspflichten mit weiteren Hilfsmitteln wie Farben, Audioelementen oder Vergleichsmöglichkeiten und ein Opt-Out für einen diskriminierungsfreien Vertrag.

Literaturverzeichnis

Monografien – Beiträge – Kommentare

Adams, Michael, Ökonomische Begründung des AGB-Gesetzes, BB 1989, Heft 12, 781–788.

Akerlof, George A., The Market for „Lemons“: Quality Uncertainty and the Market Mechanism, The Quarterly Journal of Economics, Vol. 84, 1970, 488–500.

Aktürk, Ipek Yücer, Tüzel Kisi Tacirin Tüketici Sıfatı, GUHFD 20-2016, 103–128.

Albrecht, Florian, Das neue Datenschutzrecht, in: Albrecht, Florian (Hrsg.), Informations- und Kommunikationsrecht – Lehrbuch für das gesamte IT-Recht, Verlag W. Kohlhammer, 1. Auflage 2018.

Amstutz, Marc, Dateneigentum – Funktion und Form, AcP 218 (2018), 439–551.

Andrejevic, The Big Data Divide, International Journal of Communication 2014, 1673–1689.

Barocas, Solon / Selbst, Andrew D., Big Data's Disparate Impact, California Law Review 2016, 671–732.

Bauermeister, Tabea, Die „Bezahlung“ mit personenbezogenen Daten bei Verträgen über digitale Produkte, AcP 222 (2022), 372–400.

Bayamlıoğlu, Emre, Transparency of Automated Decisions in the GDPR: An Attempt for Systemisation, Tilburg University-Tilburg Institute for Law 16.01.2018. Abrufbar unter: https://papers.ssrn.com/sol3/papers.cfm?abstract_id=3097653.

Bayat, Tayfur / Kayhan, Selim / Tasar, Izzet, Re-Visiting Fisher Effect for Fragile Five Economies, Journal of Central Banking Theory and Practice, 2018, 203–218.

Becker, Michael, Der unfaire Vertrag, Tübingen 2003.

Ben-Shahar, Omri, The Myth of the 'Opportunity to Read' in Contract Law, European Review of Contract Law 1/2009, 1–28.

Bernhard, Jochen, Die Geoblocking-Verordnung in der Praxis, Neue Juristische Wochenschrift 2019, 472–476.

Bezzenberger, Tilman, Ethnische Diskriminierung, Gleichheit und Sittenordnung im bürgerlichen Recht, AcP 198 (1998), 395–433.

Blattberg, Robert C. / Deighton, John, Interactive Marketing: Exploiting the Age of Addressability, Sloan Management Review 33(1) 1991, 5–14.

Bomhard, David / Merkle, Marieke, Der Entwurf eines EU Data Acts – Neue Spielregeln für die Data Economy, RDi 2022, Heft 4, 168–176.

Borgesius, Frederik J. Zuiderveen, Personal Data Processing for Behavioural Targeting: Which legal Basis?, International Data Privacy Law 2015, 163–176.

Bork, Reinhard, Allgemeiner Teil des Bürgerlichen Gesetzbuchs, Mohr Siebeck, 4. Neubearbeitete Auflage 2016.

Böhm Franz, Privatgesellschaft und Marktwirtschaft, ORDO, 1966, 75–150.

Börklüce, Cihat, Rechtsfragen zum Alexa-Fall, unveröffentlichte Masterarbeit, Humboldt Universität zu Berlin. Berlin, 06.2019. Vollmanuskript abrufbar unter: https://www.academia.edu/44350324/Rechtsfragen_zum_Alexa_Fall.

BR na Rede, Brazil's Decolar.com Is in Hot Water for Geopricing Allegations, 22.07.2018. Abrufbar unter: http://brnarede.com.br/en/brazils-decolar-com-is-in-hot-water-for-geopricing-allegations/#more-363.

Brox, Hans / Walker, Wolf-Dietrich, Allgemeiner Teil des BGB, Verlag Franz Vahlen, 46. Neubearbeitete Auflage, 2022.

Brömmelmeyer, Christoph, Schuldrecht Allgemeiner Teil, Nomos, 2. Auflage 2020.

https://doi.org/10.1515/9783111653686-008

Brunnenberg, Jan Niklas, Privates Datenschutzrecht – Über Privatautonomie im Datenschutzrecht – unter besonderer Berücksichtigung der Einwilligung und ihrer vertraglichen Kopplung nach Art. 7 Abs. 4 DS-GVO, Nomos 2020.

Brunner, Alexander, Der Konsumentenvertrag im Schweizerischen Recht, Aktuelle Juristische Zeitschrift 1992.

Brunotte, Nico / Eichenhofer, Philipp, Unwirksamkeit eines Kaufvertrags über den Erwerb von Adressdaten wegen Verstoßes gegen Datenschutzrecht, IPT-Germany 24.02.2018. Abrufbar unter: https://blogs.dlapiper.com/iptgermany/2018/02/24/olg-frankfurt-unwirksamkeit-eines-kaufvertrags-uber-den-erwerb-von-adressdaten-wegen-verstoses-gegen-datenschutzrecht/.

Busch, Christoph, Informationspflichten im Wettbewerbs- und Vertragsrecht, Mohr Siebeck, 2008.

Bucher, Eugen, Schweizerisches Obligationenrecht – Allgemeiner Teil ohne Deliktsrecht, 2., neubearbeitete und erweiterte Auflage, Schulthess Polygraphischer Verlag, Zürich 1988.

Buz, Vedat, Immer noch »allgemeine« Geschäftsbedingungen? – Kritische Gedanken zum Vielzahlkriterium nach § 305 Abs. 1 BGB, Archiv für die civilistische Praxis, Jahrgang 2019 (219), 1–28.

Buz, Vedat / Tekin, Ufuk, Thoughts on the Art. 3 a of the Swiss Unfair Competition Code, International Company and Commercial Law Review, 2022 33(11), 551–564.

Büscher, Wolfgang, Gesetz gegen den unlauteren Wettbewerb, Carl Heymanns Verlag, 2. Auflage 2021 (zitiert als: Büscher/*Bearbeiter*).

Calo, Ryan, Digital Market Manipulation, UW Law Digital Commons 2014, 995–1051.

Calo, Ryan / Rosenblat, Alex, The Taking Economy: Uber, Information and Power, Columbia Law Review 2017, 1623–1689.

Chirita, Anca D., The Rise of Big Data and the Loss of Privacy, in: Bakhoum, Mor / Gallego Conde, Beatriz / Mackenordt, Mark-Oliver / Surblyte-Namaviciene, Gintare (Hrsg.), Personal Data in Competition, Consumer Protection and IP Law – Towards a Holistic Approach?, Springer, 28. Auflage 2018, 153–189, Durham Law School Research Paper, 2016. Abrufbar unter: https://ssrn.com/abstract=2795992 or http://dx.doi.org/10.2139/ssrn.2795992.

Chowdhry, Amit, Uber: Users Are More Likely To Pay Surge Pricing If Their Phone Battery Is Low, Forbes Bericht vom 25.05.2016. Abrufbar unter: https://www.forbes.com/sites/amitchowdhry/2016/05/25/uber-low-battery/?sh=65a003c74b3b.

Cohen, Julie E., Law for the Platform Economy, U.C. Davis Law Review 2017, 133–204. Abrufbar unter: https://core.ac.uk/download/pdf/141869903.pdf.

Collins, Hugh, Regulating Contracts, Oxford University Press, 2002.

Confessore, Nicholas, Cambridge Analytica and Facebook: The Scandal and the Fallout So Far, New York Times 04.04.2018. Abrufbar unter: https://www.nytimes.com/2018/04/04/us/politics/cambridge-analytica-scandal-fallout.html.

Copeland, Brian J., Artificial Intelligence, Britannica 11.09.2020. Abrufbar unter: https://www.britannica.com/technology/artificial-intelligence.

Conrad, S. Conrad, Künstliche Intelligenz und die DSGVO – Ausgewählte Problemstellungen, K&R 2018, 741–746.

Çekin, Mesut Serdar, Avrupa Birliği Hukukuyla Mukayeseli Olarak 6698 Sayılı Kişisel Verilerin Korunması Kanunu, On İki Levha Yayıncılık, İstanbul 2018.

Çekin, Mesut Serdar, Das Türkische Datenschutzrecht im Überblick – Gemeinsamkeiten und wesentliche Unterschiede zur RI 95/46 und zur DSGVO in Theorie und Praxis, TAÜHFD 2023, Heft: 5(1), 323–336.

Çekin, Mesut Serdar, Yapay Zekâ Teknolojilerinin Hukuki İşlem Teorisine Etkileri, On iki Levha Yayıncılık, İstanbul 2021.

Dahl, Melissa, People Get Suspicious When the Uber Surge Price Is A Round Number, The Cut 17.05.2016. Abrufbar unter: https://www.thecut.com/2016/05/people-get-suspicious-when-the-uber-surge-price-is-a-round-number.html.

Dannemann, Gerhard / Schulze, Reiner, German Civil Code – Bürgerliches Gesetzbuch (BGB), Volume 1, Books 1–3: §§ 1–1296. C.H. Beck – Nomos, 2020 (zitiert als: Dannemann/Schulze/*Bearbeiter*).

Dauner-Lieb, Barbara / Werner, Langen, Nomos-Kommentar BGB Schuldrecht, Band 2/1: §§ 241–487, Nomos, 4. Auflage 2021 (zitiert als: NK-BGB/*Bearbeiter*).

Denga, Michael, Digitale Manipulation und Privatautonomie-Provozierte Erklärungen im Privatrecht, Zeitschrift für Digitalisierung und Recht 2022, 229–260.

Dignan, Larry, Mac users pay more than PC users, says Orbitz, C-Net 25.07.2012. Abrufbar unter: https://www.cnet.com/news/mac-users-pay-more-than-pc-users-says-orbitz/#:~:text=The%20travel%20site%20says%20Mac,on%20hotels%20than%20PC%20users.&text=Apple%20customers%20are%20known%20to,more%20for%20hotel%20rooms%20too.

Domo, Data Never Sleeps 6.0, 6. Auflage, 2018. Abrufbar unter: https://www.domo.com/data-never-sleeps#.

Domo, Data Never Sleeps 10.0, 10. Auflage, 2022. Abrufbar unter: https://www.domo.com/data-never-sleeps#.

Dornis, Tim W., Personalisierte Vertragsanbahnung und Privatautonomie, ZfPW 2022, 310–345.

Ebers, Martin, Beeinflussung und Manipulation von Kunden durch Behavioral Microtargeting, MMR 2018, 423–428.

Ehmann, Eugen / Selmayr, Martin, DSGVO – Datenschutzgrundverordnung Kommentar, C.H. Beck – LexisNexis, 2. Auflage 2018 (zitiert als: Ehmann/Selmayr/*Bearbeiter*).

Ekici Tağa, Hatice / Uçar, Cennet Sümeyye / Sabancı, Öykü Su, New Draft Bill on Regulating Digital Platforms in Turkey, Lexology 04.11.2022. Abrufbar unter: https://www.lexology.com/commentary/tech-data-telecoms-media/turkey/zdastanli-ekici-attorney-partnership/new-draft-bill-on-regulating-digital-platforms-in-turkey.

Ekingen, Erman, The Legal Treatment of Online Multi-Sided Platforms in Turkey: New Obligations for E-Commerce Marketplaces Laid Down in Amendments to the Law on the Regulation of E-Commerce, Network Industries Quarterly, Volume: 25, No: 1, 2023, 3–7. Abrufbar unter: https://www.network-industries.org/wp-content/uploads/2023/06/NIQ-Vol-25-Issue-1-March-2023-251.pdf.

Erbek, Özge, Taşınır Mülkiyetinin Devrinde Sebebe Bağlılık (İllîlik) – Soyutluk (Mücerretlik) Meselesi, Yasar Üniversitesi E-Dergisi, Heft:8 06.2013, 937–985. Abrufbar unter: https://dergipark.org.tr/tr/download/article-file/179454.

Eren, Fikret, Borçlar Hukuku Genel Hükümler, Yetkin Yayınları, 22. Auflage, 2017.

Engert, Andreas, Digitale Plattformen, Archiv für die civilistische Praxis 218 (2018), 305–376.

Europäische Kommission, A European Strategy for Data, 19.02.2020, COM(2020) 66 final.

Europäische Kommission, Consumer Market Study on Online Market Segmentation Through Personalized Pricing/Offers in the European Union, Executive Summary 19. 07.2018. Abrufbar unter: https://ec.europa.eu/info/files/executive-summary-en_en.

Europäische Kommission, Wegweisende EU-Regeln für faire digitale Märkte treten in Kraft, Pressemitteilung vom 31.10.2022. Abrufbar unter: https://germany.representation.ec.europa.eu/news/wegweisende-eu-regeln-fur-faire-digitale-markte-treten-kraft-2022-10-31_de.

Fabiano, Nicholas, Internet of Things and the Legal Issues related to the Data Protection Law according to the new European General Data Protection Regulation, Athens Journal of Law, 3. Auflage, 2017, 201–214.

Faust, Florian, Bürgerliches Gesetzbuch Allgemeiner Teil, Nomos, 7. Auflage, 2021.

Frankenfield, Jake, Artificial Intelligence (AI), Investopedia 13.05.2020. Abrufbar unter: https://www.investopedia.com/terms/a/artificial-intelligence-ai.asp.

Federal Trade Commission, FTC and DOJ Charge Amazon with Violating Children's Privacy Law by Keeping Kids' Alexa Voice Recordings Forever and Undermining Parents' Deletion Requests, Report vom 31.03.2023. Abrufbar unter: https://www.ftc.gov/news-events/news/press-releases/2023/05/ftc-doj-charge-amazon-violating-childrens-privacy-law-keeping-kids-alexa-voice-recordings-forever.

Federal Trade Commission, FTC Will Require Microsoft to Pay $20 million over Charges it Illegally Collected Personal Information from Children without Their Parents' Consent. Report vom 05.06.2023. Abrufbar unter: https://www.ftc.gov/news-events/news/press-releases/2023/06/ftc-will-require-microsoft-pay-20-million-over-charges-it-illegally-collected-personal-information.

Federal Trade Commission, Secret Surveillance Scoring: Urgent Request for Investigation and Enforcement Action, Report vom 24.06.2019.

Federal Trade Commission, The Microsoft Xbox Live settlement: What it means for your child's privacy, Report vom 05.06.2023. Abrufbar unter: https://consumer.ftc.gov/consumer-alerts/2023/06/microsoft-xbox-live-settlement-what-it-means-your-childs-privacy.

Fervers, Matthias; Die Button-Lösung im Lichte der Rechtsgeschäftslehre, Neue Juristische Wochenschrift 32/2016, 2289–2294.

Fikentscher Wolfgang / Heinemann, Andreas, Schuldrecht – Allgemeiner und Besonderer Teil, De Gruyter, 12. Auflage 2022.

Fuster, Gloria Gonzales / Scherrer, Amandine, Big Data and Smart Devices and Their Impact on Privacy, 2015.

Gal, Michal S. / Elkin-Koren, Niva, Algorithmic Consumers, Harvard Journal of Law & Technology Volume: 30, Nr. 2 2017, 309–352. Abrufbar unter: https://papers.ssrn.com/sol3/papers.cfm?abstract_id=2876201.

Gauvry, Isabelle, New Beauty Study Reveals Days, Times and Occasions When U. S. Women Feel Least Attractive, PR Newswire 02.10.2013. Abrufbar unter: https://www.prnewswire.com/news-releases/new-beauty-study-reveals-days-times-and-occasions-when-us-women-feel-least-attractive-226131921.html.

Goanta, Catalina / Mulders, Stephan, 'Move Fast and Break Things': Unfair Commercial Practices and Consent on Social Media, Journal of European Consumer and Market Law 2019, 136–146.

Gola, Peter / Heckmann, Dirk, Datenschutz-Grundverordnung – Bundesdatenschutzgesetz – Kommentar, C.H. Beck, 3. Auflage 2022 (zitiert als: Gola/Heckmann/*Bearbeiter*).

Graham, Darin, Italy Fines Facebook 10 Million Euro for Misleading Users over Data Practices, Euronews 08.12.2018. Abrufbar unter: https://www.euronews.com/2018/12/08/italy-fines-facebook-10million-for-misleading-users-over-data-practices.

Granka, Laura / Joachims, Thorsten / Gay, Geri, Eye-Tracking Analysis of User Behaviour in WWW Search, ACM SIGIR 2004, 478–479.

Grundmann, Stefan, Information, Party Autonomy and Economic Agents in European Contract Law, Common Market Law Review, Volume 39, Issue 2, 2002, 269 – 293. Abrufbar unter: https://doi.org/10.54648/406099.

Grundmann, Stefan, Privatrecht und Regulierung, in: Privatrechtsdogmatik im 21. Jahrhundert: Festschrift für Claus-Wilhelm Canaris zum 80. Geburtstag. Berlin, Boston: De Gruyter, 2017.

Grundmann, Stefan / Hacker, Philipp, The Digital Dimension as a Challenge to European Contract Law – The Architecture. In Grundmann, Stefan (Hrsg.), European Contract Law in the Digital Age, Intersentia, 2018, 3–46.

Grundmann, Stefan / Micklitz, Hans-W / Renner, Moritz, New Private Law Theory: A Pluralist Approach, Cambridge University Press 2021. Abrufbar unter: https://doi.org/10.1017/9781108760089 (zitiert als: *Bearbeiter*, in: Grundmann et. al.)

Grüneberg, Christian, Bürgerliches Gesetzbuch: BGB, Beckische Kurz Kommentare, C.H.Beck, 82. Auflage 2023 (zitiert als: Grüneberg/*Bearbeiter*).

Gümüş, Alper, 6502 Sayılı Tüketicinin Korunması Hakkında Kanun Şerhi, 1. Band, Artikel: 1–46, İstanbul 2014.

Hacker, Philipp, Daten als Gegenleistung: Rechtsgeschäfte im Spannungsfeld von DS-GVO und allgemeinem Vertragsrecht, ZfPW 2019, 148–196.

Hacker, Philipp, Datenprivatrecht – Neue Technologien im Spannungsfeld von Datenschutzrecht und BGB, Mohr Siebeck 2020.

Hacker, Philipp, Exploitative Contracts im Zeitalter maschinellen Lernens: Eine rechtsökonomische Analyse, in Faust/Schäfer (Hrsg.), Zivilrechtliche und rechtsökonomische Probleme des Internet und der künstlichen Intelligenz, Mohr Siebeck 2019, 87–119.

Hacker, Philipp, KI und DMA – Zugang, Transparenz und Fairness für KI-Modelle in der digitalen Wirtschaft, GRUR 2022, Heft 17–18, 1278–1284.

Hacker, Philipp, Personal Data, Exploitative Contracts, and Algorithmic Fairness: Autonomous Vehicles Meet the Internet of Things, International Data Privacy Law, Volume 7, Issue 4, 11.2017, 266–286. Abrufbar unter: https://doi.org/10.1093/idpl/ipx014.

Hacker, Philipp, UberPop, UberBlack and the Regulation of Digital Platforms after the Asociacion Profesional Elite Taxi Judgement of the CJEU, ERCL 2018, 14(1), 80–96.

Hacker, Philipp, Verhaltensökonomik und Normativität, Die Grenzen des Informationsmodells im Privatrecht und seine Alternativen, Mohr Siebeck 2017.

Hacker, Philipp / Krestel, Ralf / Grundmann, Stefan / Naumann, Felix, Explainable AI under Contract and Tort Law: Legal Incentives and Technical Challenges, Artificial Intelligence and Law 28 2020, 415–439. Abrufbar unter: https://link.springer.com/article/10.1007/s10506-020-09260-6.

Hannak, Aniko, Personalization in Online Services- Measurement, Analysis, and Implications, College of Computer and Information Science Northeastern University 2016. Abrufbar unter: https://www.ccs.neu.edu/home/ancsaaa/files/proposal.pdf.

Hannak, Aniko / Soeller, Gary / Lazer, David / Mislove, Alan / Wilson, Christo, Measuring Price Discrimination and Steering on E-Commerce Web Sites, ACM 2018, 305–318.

Hateley, Stephen, Subscription Pricing Models: The 6 Most Common Explained, DigitalRoute, Bericht vom 06.05.2022. Abrufbar unter: https://www.digitalroute.com/blog/subscription-pricing-models-the-6-most-common-explained/#author.

Hatemi, Hüseyin / Gökyayla, K. Emre, Borçlar Hukuku Genel Bölüm, Vedat Yayınları, 3. Auflage, İstanbul 2015.

Hawkins, Andrew J., Uber is Trying to Make You Forget that Surge Pricing Exists, The Verge 23.06.2016. Abrufbar unter: https://www.theverge.com/2016/6/23/12017002/uber-surge-pricing-upfront-fare-app-update-announcement.

Hellgardt, Alexander, Regulierung und Privatrecht, Mohr Siebeck, 2016.

Helvacı, Ilhan, Medeni Hukuk ve Borçlar Hukuku Terimleri ve Kullanım Örnekleri, Onikilevha Yayınları, 1. Auflage, 2020.

Helvacı, Ilhan, Turkish Contract Law, Springer International Publishing AG, 2017.

Hennemann, Moritz, Die personalisierte Vertragsanbahnung, Archiv für die civilistische Praxis 2019, 819–854.

Helberger, Natali, Profiling and Targeting Consumers in the Internet of Things – A New Challenge for Consumer Law, SSRN Electronic-Journal, 2016.

Herbers, Björn, Der Digital Markets Act (DMA) kommt – neue Dos and Don'ts für Gatekeeper in der Digitalwirtschaft, RDi 2022, Heft 6, 252–259.

Hern, Alex, Google fined Record £44m by French Data Protection Watchdog, The Independent, 21.01.2019. Abrufbar unter: https://www.theguardian.com/technology/2019/jan/21/google-fined-record-44m-by-french-data-protection-watchdog.

Hessel, Stefan / Leffer, Lena / Potel, Karin, Datengetriebene Geschäftsmodelle – Datenwirtschaftsrecht V: Personenbezogene Daten als Wirtschaftsgut, ZD 2022, Heft 10, 537–541.

Heynike, Francois, EuGH zum Datenschutz: Keine Erheblichkeitsschwelle für Schadensersatz, KPMG Law Insights, 09.05.2023. Abrufbar unter: https://kpmg-law.de/eugh-zum-datenschutz-keine-erheblichkeitsschwelle-fuer-schadensersatz/.

Hill, Kashmir, I Got Access to My Secret Consumer Score. Now You Can Get Yours Too, NYT 04.11.2019. Abrufbar unter: https://www.nytimes.com/2019/11/04/business/secret-consumer-score-access.html?utm_campaign=The%20Interface&utm_medium=email&utm_source=Revue%20newsletter.

Hill, Kashmir, How Target Figured Out A Teen Girl Was Pregnant Before Her Father Did, Forbes 16.02.2012. Abrufbar unter: https://www.forbes.com/sites/kashmirhill/2012/02/16/how-target-figured-out-a-teen-girl-was-pregnant-before-her-father-did/.

Hirsch, Dennis D., Protecting the Inner Environment: What Privacy Regulation Can Learn from Environmental Law, Georgia Law Review 41/2006, 4–63.

Hoeren, Thomas / Sieber, Ulrich / Holznagel, Bernd, Handbuch Multimedia-Recht – Rechtsfragen elektronischen Geschäftsverkehrs, C.H Beck 2022.

Hofmann, Franz / Freiling, Felix, Personalisierte Preise und das Datenschutzrecht – Anforderungen an die datenschutzrechtliche Einwilligung, ZD 2020, Heft 7, 331–335.

Hosanagar, Kartik / Fleder, Daniel / Lee, Dokyun / Buja, Andreas, Will the Global Village Fracture into Tribes? Recommender Systems and Their Effects on Consumer Fragmentation, Management Science 2013, 805–823.

İnal, Tamer H., Internet Sözleşmelerinde Haksiz Sartlar, Aristo Yayınları, 2018.

Jacoby, Florian / von Hinden, Michael, Studienkommentar BGB, C.H. Beck München, 15. Auflage, 2015.

Jauernig, Othmar, Bürgerliches Gesetzbuch Kommentar, Verlag C.H. Beck München, 11. Auflage, 2004 (zitiert als: Jauernig/*Bearbeiter*).

Kelber, Ulrich, „Alle meine Daten“ – der Abschlussbericht der Datenethikkommission – Forderung nach einem starken Datenschutz im digitalen Zeitalter, ZD 2020 Heft: 2, 73–76.

Kendigelen, Abuzer, Yeni Türk Ticaret Kanunu: Değişiklikler, Yenilikler ve İlk Tespitler, On İki Levha Yayıncılık 3. Auflage, İstanbul 05.2016.

Kerber, Wolfgang, Datenrechtliche Aspekte des Digital Markets Act – Datenwirtschaftsrecht I: Vorschlag einer Ex-ante-Regulierung von Gatekeeper-Plattformen, ZD 2021, Heft 10, 544–548.

Kirchberger, Hans, Unlauterer, sittenwidriger und unerlaubter Wettbewerb, Verlag Chemie 1931.

Kramer, Adam / Guillory, Jamie / Hancock, Jeffrey, Experimental Evidence of Massive-Scale Emotional Contagion Through Social Networks, PNAS 2014, 8788–8790.

Krugman, Paul R. / Obstfeld, Maurice, International Economics – Theory and Policy, 6. Auflage, 2003.

Kosinski, Michal / Stillwell, David / Graepel, Thore, Private Traits and Attributes are Predictable from Digital Records of Human Behavior, PNAS 11.03.2013. Abrufbar unter: https://www.pnas.org/doi/10.1073/pnas.1218772110.

Kosinski, Michal / Wang, Yilun, Deep Neural Networks Are More Accurate Than Humans at Detecting Sexual Orientation From Facial Images, Journal of Personality and Social Psychology 2018, Volume: 114 Issue: 2, 246–257. Abrufbar unter: https://doi.org/10.1037/pspa0000098.

Köbler, Gerhard, Juristisches Wörterbuch, Verlag Franz Vahlen, 18. Auflage, 2022.

Köhler, Helmut / Bornkamm, Joachim/Feddersen, Jörn, Kommentar zum Gesetz gegen den unlauteren Wettbewerb, C.H. Beck München, 42. neu bearbeitete Auflage, 2024 (zitiert als: Köhler/Bornkamm/Feddersen/*Bearbeiter*).

Köszegi, Botond, Behavioral Contract Theory, Journal of Economic Literature 2014, 1075–1118.

La Diega, Guido Noto, Uber Law and Awareness by Design. An Empirical Study on Online Platforms and Dehumanised Negotiations, European Journal of Consumer Law 2015/2, 383–413. Abrufbar unter: https://papers.ssrn.com/sol3/papers.cfm?abstract_id=3277557.

Lambert, Paul, Gringras: The Laws of the Internet, Bloomsbury Professional, 5. Auflage 2018.

Leonhard, Franz, Die Haftung des Verkäufers für sein Verschulden beim Vertragsschlusse, Göttingen 1896.

Levin, Sam, Facebook Told Advertisers It Can Identify Teens Feeling ‚insecure' and ‚worthless', The Guardian 01.05.2017. Abrufbar unter: https://www.theguardian.com/technology/2017/may/01/facebook-advertising-data-insecure-teens#:~:text=3 %20years%20old-,Facebook%20told%20advertisers%20it%20can%20identify,'insecure'%20and%20'worthless'&text=Facebook%20showed%20advertisers%20how%20it,conducted%20by%20the%20social%20network.

Linderkamp, Jörn, Der digitale Preis – eine automatisierte Einzelfallentscheidung? – Personalisierte Preisgestaltungen im Kontext des Datenschutzrechts, ZD 2020, Heft 10, 506–511.

Linden, Greg; Smith, Brent und York, J., Amazon.com Recommendations: Item-to-item Collaborative Filtering, IEEE Internet Computing 2003, 76–80.

Loos, Marco / Luzak, Joasia, Wanted: A Bigger Stick. On Unfair Terms in Consumer Contracts with Online Service Providers, Journal of Consumer Policy 2016, 63–90.

Looschelders, Dirk, Schuldrecht Allgemeiner Teil, Vahlen, 19. Auflage 2021.

Louis, Tristan, How Much is a User Worth?, Forbes 31.08.2013. Abrufbar unter: https://www.forbes.com/sites/tristanlouis/2013/08/31/how-much-is-a-user-worth/#351a221d1c5.

Mak, Vanessa, Regulating Online Platforms – The Case of Airbnb. In Grundmann, Stefan (Hrsg.), European Contract Law in the Digital Age, Intersentia, 2018, 87–102.

Marr, Bernard, How Much Data Do We Create Every Day? The Mind-Blowing Stats Everyone Should Read, Forbes 21.05.2018. Abrufbar unter: https://www.forbes.com/sites/bernardmarr/2018/05/21/how-much-data-do-we-create-every-day-the-mind-blowing-stats-everyone-should-read/?sh=9443ace60ba9.

Mason Rowena / Farah, Hilbaq, Electoral Commission Apologises for Security Breach Involving UK Voters' Data, The Guardian 08.08.2023. Abrufbar unter: https://www.theguardian.com/technology/2023/aug/08/uk-electoral-commission-registers-targeted-by-hostile-hackers.

Mattioli, Dana, On Orbitz, Mac Users Steered to Pricier Hotels, The Wall Street Journal 23.08.2012. Abrufbar unter: https://www.wsj.com/articles/SB10001424052702304458604577488822667325882.

Machkovech, Sam, Report: Facebook Helped Advertisers Target Teens Who Feel „Worthless" [Updated], ArsTechnica 05.01.2017. Abrufbar unter: https://arstechnica.com/information-technology/2017/05/facebook-helped-advertisers-target-teens-who-feel-worthless/.

Manne Henry, Insider Trading and the Stock Market, The Free Press, 1966, 76–91.

Manwaring, Kayleen, Will Emerging Technologies Outpace Consumer Protection Law? The Case of Digital Consumer Manipulation, Competition and Consumer Law Journal 2018, 141–181. Abrufbar unter: https://papers.ssrn.com/sol3/papers.cfm?abstract_id=3284143.

McColgan, Peter, Die Inhaltskontrolle von Datenschutzerklärungen ist keine Inhaltskontrolle – Zum Verhältnis von Datenschutzrecht und AGB-Recht, AcP 221 (2021), 695–731.

Medicus, Dieter / Lorenz, Stephan, Schuldrecht I-Allgemeiner Teil, C.H. Beck, 22. Auflage, 2021.

Medicus, Dieter / Petersen, Jens, Allgemeiner Teil des BGB, C. F. Müller, 11. Auflage, 2016.

Metzger, Axel, Dienst gegen Daten: Ein synallagmatischer Vertrag, AcP 216 (2016), 817–865.

Meyerhof Salama, Bruno / Batista da Silva, Leda, Personalized Pricing in Brazil, 09.2023. Abrufbar unter: https://papers.ssrn.com/sol3/papers.cfm?abstract_id=4559468.

Mikians, Jakub / Gyarmati, Laszlo / Erramilli, Vijay / Laoutaris, Nikolaos, Detecting Price and Search Discrimination on the Internet, Association for Computing Machinery 2012, 79–84.

Mittelstadt, Brent Daniel / Allo, Patrick / Taddeo, Mariarosaria / Wachter, Sandra / Floridi, Luciano, The Ethics of Algorithms: Mapping the Debate, Big Data&Society, July-December 2016, 1–21.

Mittelstadt, Brent Daniel / Floridi, Luciano, The Ethics of Big Data: Current and Foreseeable Issues in Biomedical Contexts, Science and Engineering Ethics, Springer 2015. Abrufbar unter: https://www.researchgate.net/publication/277079050_The_Ethics_of_Big_Data_Current_and_Foreseeable_Issues_in_Biomedical_Contexts.

Morrissey, Brian, Google Filters Sites in France and Germany, Internetnews, 24.10.2002. Abrufbar unter: https://www.internetnews.com/it-management/google-filters-sites-in-france-and-germany/.

Münchener Kommentar zum Bürgerlichen Gesetzbuch, C.H. Beck München, 9. Auflage, 2021 (zitiert als: MüKoBGB/*Bearbeiter*).

Navarro, Susana Navas, Discrimination and Online Platforms in the Collaborative Economy, EuCML 2019, 34–38.

Neuner, Jörg, Allgemeiner Teil des bürgerlichen Rechts, C.H. Beck, 13. Auflage, 2023.

Nowak, Glen J. / Phelps, Joseph, Direct Marketing and the Use of Individual-level Consumer Information: Determining How and When „Privacy" Matters, Journal of Direct Marketing 11(4) 1997, 94–108.

Odlyzko, Andrew, Privacy, Economics, and Price Discrimination on the Internet, CEC2003: Fifth International Conference on Electronic Commerce, 355–366. Abrufbar unter: https://papers.ssrn.com/sol3/papers.cfm?abstract_id=429762.

Oğuzman, Kemal / Öz, Turgut, Borçlar Hukuku Genel Hükümler Cilt-1, Vedat Yayınları, 9. Auflage, İstanbul 2011.

Özel, Çağlar / Özdemir, Semih Sırrı, Türk Hukukunda Haksız Rekabete İlişkin Düzenlemeler, DEÜHFD 19, 2017, 189–206.

Paal, Boris / Aliprandi, Claudio, Immaterieller Schadensersatz bei Datenschutzverstößen – Bestandsaufnahme und Einordnung der bisherigen Rechtsprechung zu Art. 82 DS-GVO, ZD 2021, Heft 5, 241–247.

Pan, Bing/Hembrooke, Helene/Joachims, Thorsten/Lorigo, Lori/Gay, Geri/Granka, Laura, In Google We Trust: Users' Decisions on Rank, Position and Relevance, Journal of Computer-Mediated Communication 12/2007, 801–823.

Pariser, Eli, The Filter Bubble: What the Internet is Hiding from You, The Penguin Press, New York 2011.

Paschke, Anne, Digital Commerce und Softwarevertragsrecht, in Albrecht, Florian (Hrsg.) Informations- und Kommunikationsrecht – Lehrbuch für das gesamte IT-Recht, Verlag W. Kohlhammer, 1. Auflage 2018, 156–186.

Petersen, Jens, Examens-Repetitorium Allgemeines Schuldrecht, C.F. Müller, 10. Neubearbeitete Auflage, 2021.

Picht, Peter Georg, Relative Marktmacht, Geoblocking und Digitalisierung, Schweizerische Zeitschrift für Wirtschafts- und Finanzrecht 4, 315–325, 2022. Abrufbar unter: https://www.zora.uzh.ch/id/eprint/226228/.

Rainer, Anton, Lebensmittellieferung in zehn Minuten – kann das auf Dauer funktionieren?, Spiegel 02.04.2021. Abrufbar unter: https://www.spiegel.de/wirtschaft/unternehmen/gorillas-flink-und-grovy-lebensmittel-in-zehn-minuten-geliefert-kann-das-auf-dauer-funktionieren-a-4bcd3ea0-ee43-4459-b5e6-423e8dec73d8.

Reisoğlu, Safa, Türk Borçlar Hukuku Genel Hükümler, Beta Yayınları, 25. Auflage, İstanbul 2014.

Rosen, Rebecca J., Is This the Grossest Advertising of All Time?, The Atlantic, 3.11.2013. Abrufbar unter: https://www.theatlantic.com/technology/archive/2013/10/is-this-the-grossest-advertising-strategy-of-all-time/280242/.

Rosenblat, Alex, Uber's Phantom Cabs, Vice 27.07.2015. Abrufbar unter: https://www.vice.com/en/article/mgbz5a/ubers-phantom-cabs.

Rosenblat, Alex / Hwang, Tim, The Wisdom of the Captured, Data&Society 2016.

Rouse, Margaret, Internet of Things (IoT), IoT Agenda 2020. Abrufbar unter: https://internetofthings agenda.techtarget.com/definition/Internet-of-Things-IoT.

Sack, Rolf, Das Anstandsgefühl aller billig und gerecht Denkenden und die Moral als Bestimmungsfaktoren der guten Sitten, NJW 1985, 761–769.

Sanlı, Kerem Cem / Doğan, Cihan, Rekabetin Korunması Hakkında Kanun'da Değişiklik Yapılmasına Dair Düzenleme Taslağı: Genel Bakış, Karşılaştırma ve Değerlendirmeler, 02.01.2023. Abrufbar unter: https://rhm.bilgi.edu.tr/media/document/2023/01/02/sanli_dogan_rekabet-kanunu-taslagi-hakkinda-degerlendirmeler.pdf.

Schäfers, Dominik, Rechtsgeschäftliche Entscheidungsfreiheit im Zeitalter von Digitalisierung, Big Data und Künstlicher Intelligenz, AcP 221(2021), 32–67.

Schellhammer, Kurt, Schuldrecht nach Anspruchsgrundlagen – samt BGB Allgemeiner Teil, C.F. Müller, 11. Auflage, 2021.

Schmidt-Kessel, Martin, The Processing of Personal Data, in De Franceschi, Alberto/Schulze, Reiner (Hrsg.), Digital Revolution – New Challenges for Law, 75–83.

Schreiber, Marc/Iller, Marie-Louise, Handbuch Fragebogen zur Erfassung der Persönlichkeit (IPIP-240), ZHAW 2016.

Schwab, Dieter / Löhnig, Martin, Einführung in das Zivilrecht, C.F. Müller, 20. Auflage, 2016.

Schwab, Martin, AGB-Recht, C.F. Müller, 3. Auflage 2019.

Serozan, Rona, Medeni Hukuk: Genel Bölüm / Kişiler Hukuku, Vedat Kitapçılık, 8. Auflage 2018.

Sirmen, Lale, Eşya Hukuku, Yetkin Yayınları, 9. Auflage, Ankara 2021.

Solove, Daniel J., Privacy Self-Management and the Consent Dilemma, Harvard Law Review 2013, 1880–1903.

Souto Correa Advogados, Procon/SP Fines Decolar on BRL 1.1 Million for Varying Prices in Accordance with Customer Location, 05.02.2020. Abrufbar unter: https://www.soutocorrea.com.br/en/newsletters/consumidor-product-liability-7-fev2020/.

Spindler, Gerard / Schuster, Fabian, Recht der elektronischen Medien – Kommentar, C.H. Beck, 4. Auflage 2019 (zitiert als: Spindler/Schuster/*Bearbeiter*).

Splittgerber, Andreas (Hrsg.), Praxishandbuch Rechtsfragen Social Media, De Gruyter, 2014 (zitiert als: Splittgerber/*Bearbeiter*).

Stadler, Astrid, Allgemeiner Teil des BGB, C.H. Beck, 21. Auflage 2022.

Staudinger, Kommentar zum Bürgerlichen Gesetzbuch mit Einführungsgesetz und Nebengesetzen, Neubearbeitung 2018, Sellier – De Gruyter 2018 (zitiert als: Staudinger/*Bearbeiter*).

Taeger, Jürgen / Kremer, Sascha, Recht im E-Commerce und Internet, 2. Auflage, Fachmedien Recht und Wirtschaft, 2021.

Tironi, Sara, Geopricing and Geoblocking are Considered a Violation of Consumer Rights by Senacon, GCA 06.07.2022. Abrufbar unter: https://gcalaw.com.br/en/geopricing-and-geoblocking-are-considered-a-violation-of-consumer-rights-by-senacon/.

Tribess, Alexander, Datenzugangsrechte in der Plattformökonomie – Auswirkungen der P2B-Verordnung im Bereich datenschutzrechtlicher Transparenzpflichten, ZD 2020, Heft 9, 440–444.

Tschider, Charlotte A., Regulating the Internet of Things: Discrimination, Privacy and Cybersecurity in the Artificial Intelligence Age, Denver Law Review 2018, 87–143.

Twin, Alexandra, Geographical Pricing, Investopedia Business Essentials, 04.01.2021. Abrufbar unter: https://www.investopedia.com/terms/g/geographical-pricing.asp#:~:text=Geographical%20Pricing%20Strategy&text=For%20example%2C%20the%20seller%20may,competitively%20in%20a%20foreign%20market.

United States Government Accountability Office, Internet of Things: Status and Implications of an Increasingly Connected World, 2017. Abrufbar unter: https://www.gao.gov/assets/files.gao.gov/assets/gao-17-75.pdf (zitiert als: *USGAO*).

Valentino-DeVries, Jennifer / Singer-Vine, Jeremy / Soltani, Askhan, Websites Vary Prices, Deals Based on Users' Information, The Wall Street Journal 24.12.2012. Abrufbar unter: https://www.wsj.com/articles/SB10001424127887323777204578189391813881534.

Vedantam, Shankar, National Public Radio 23.09.2016, die schriftliche Form ist abrufbar unter: https://www.npr.org/2016/08/23/491024846/do-you-read-terms-of-service-contracts-not-many-do-research-shows?t=1600011945692.

Von Jhering, Caspar Rudolf Ritter, Culpa in Contrahendo oder Schadensersatz bei nichtigen oder nicht zur Perfektion gelangten Verträgen, in: Jherings Jahrbücher = Jahrbücher für die Dogmatik des heutigen römischen und deutschen Privatrechts 4, 1861.

Von Münch, Maximilian, Die Einbeziehung von AGB und AVB im elektronischen Rechtsverkehr, Nomos, 2004.

Wachter, Sandra, GDPR and the Internet of Things: Guidelines to Protect Users' Identity and Privacy, 2017.

Wagner, Gerhard, Prävention und Verhaltenssteuerung durch Privatrecht – Anmaßung oder legitime Aufgabe?, AcP 206 (2006), 352–476.

Wagner, Gerhard / Eidenmüller, Horst, In der Falle der Algorithmen? Abschöpfen von Konsumentenrente, Ausnutzen von Verhaltensanomalien und Manipulation von Präferenzen: Die Regulierung der dunklen Seite personalisierter Transaktionen, Zeitschrift für die gesamte Privatrechtswissenschaft 2019, 220–246.

Waterson, Jim, UK Fines Facebook £500,000 for Failing to Protect User Data, The Guardian 25.10.2018. Abrufbar unter: https://www.theguardian.com/technology/2018/oct/25/facebook-fined-uk-privacy-access-user-data-cambridge-analytica.

Weber, Klaus (vormals Creifelds), Rechtswörterbuch, C.H. Beck München, 24. Neu Bearbeitete Auflage 2022.

Wolf, Manfred / Lindacher, Walter F. / Pfeiffer, Thomas, AGB-Recht Kommentar, C.H. Beck München, 7. Auflage 2020 (zitiert als: Wolf/Lindacher/Pfeiffer/*Bearbeiter*).

Wood, Graeme, Anthropology Inc., The Atlantic 03.2013. Abrufbar unter: https://www.theatlantic.com/magazine/archive/2013/03/anthropology-inc/309218/.

Yazıcıoğlu, Remziye Hazal, Online Behavioural Advertising: A Case Study of Belgian and Turkish Spotify Users' Privacy Concerns, Vrije Universiteit Brussel, 2018. Abrufbar unter: https://www.academia.edu/36999705/Master_Thesis_Online_Behavioural_Advertising_A_Case_Study_of_Belgian_and_Turkish_Spotify_Users_Privacy_Concerns.

Youyou, Wu / Kosinski, Michal / Stillwell, David, Computer-based Personality Judgements are More Accurate than Those Made by Humans, PNAS 112/2015, 1036–1040.

Zander-Hayat, Helga / Reisch, Lucia A. / Steffen, Christine, Personalisierte Preise – Eine verbraucherpolitische Einordnung, Verbraucher und Recht, Heft 11 2016, 403–409. Abrufbar unter: https://research-api.cbs.dk/ws/portalfiles/portal/46861460/lucia_reisch_personalisierte_preise_postprint.pdf.

Zurth, Patrick, Personalisierte Preise, AcP 221 (2021), 514–554.

Weitere Ressourcen zu Definitionen / Statistiken

- https://www.autoscout24.de/detailsuche?sort=standard&desc=0&ustate=N,U&atype=C&cy=D&ocs_listing=include&source=homepage_search-mask (Fn. 1231 – Aufklärungsbeispiel).
- https://www.bundesnetzagentur.de/DE/Fachthemen/Digitalisierung/Internet/Geoblocking/start.html (Fn. 992, 995).

- https://developers.facebook.com/blog/post/2018/%2012/14/notifying-our-developer-ecosystem-about-a-photo-api-bug/ (Fn. 157 – Facebook-Bug-Erklärung).
- www.docmorris.de (Fn. 846 – DocMorris – Hauptseite).
- https://www.duden.de/rechtschreibung/Arglist (Fn. 428 – Definition Arglist).
- https://www.duden.de/rechtschreibung/Kontrahierungszwang (Fn. 920 – Definition Kontrahierungszwang).
- https://www.duden.de/suchen/dudenonline/Big%20Data (Fn. 7 – Definition Big-Data).
- https://www.electoralcommission.org.uk/media-centre/electoral-commission-subject-cyber-attack (Fn. 163 – Pressemitteilung Wahlkommission).
- https://gdprhub.eu/index.php?title=CNIL_(France)_-_SAN-2019-001 (Fn. 222, 873 – CNIL – englische Zusammenfassung).
- https://www.idealo.de/ (Fn. 187 – Idealo – Hauptseite).
- https://www.kvkk.gov.tr/SharedFolderServer/CMSFiles/fcbcf082-1c32-4e53-af98-b90ac7aa298e.pdf (Fn. 1013 – Obergrenzen türkisches KVKK).
- https://www.legifrance.gouv.fr/cnil/id/CNILTEXT000038032552/ (Fn. 222, 1011 – CNIL-Entscheidung).
- https://www.orbitz.com/ (Fn. 180 – Orbitz – Hauptseite).
- https://www.phdmedia.com/about-us/ (Fn. 193 – PHD-Media – Hauptseite).
- https://www.procon.sp.gov.br/procon-sp-multa-decolar/ (Fn. 170, 337, 834, 1023 – Decolar-Entscheidung).
- https://www.resmigazete.gov.tr/eskiler/2022/12/20221229-5.htm (Fn. 1188 – ETY-Volltext).
- https://www.shop-apotheke.com/ (Fn 847 – ShopApotheke – Hauptseite).
- https://www.statista.com/statistics/280134/online-smartphone-purchases-in-selected-countries/ (Fn. 16 – M-Commerce Statistiken).
- https://www.statista.com/statistics/379046/worldwide-retail-e-commerce-sales/ (Fn. 13 – Weltweite Statistiken über E-Commerce).
- https://www.statista.com/statistics/534123/e-commerce-share-of-retail-sales-worldwide/ (Fn. 14 – Anteil der E-Commerce).
- https://www.strategyand.pwc.com/tr/turkish-e-commerce-ecosystem-outlook (Fn. 17 – E-Commerce in der Türkei).
- https://www.torproject.org/ (Fn. 387 – Tor Browser – Hauptseite).
- https://www.uber.com/us/en/drive/driver-app/how-surge-works/ (Fn. 555).
- https://www.verbraucherzentrale.de/wissen/lebensmittel/kennzeichnung-und-inhaltsstoffe/nutriscore-das-bedeutet-die-kennzeichnung-76209 (Fn. 1229 – NutriScore Kennzeichnung).

Abbildungsverzeichnis

https://doi.org/10.1515/9783111653686-009